U1013695

北京高校优质本科教材

中国大学出版社图书奖第二届优秀教材奖一等奖

区域经济学

（第六版）

孙久文 主编

首都经济贸易大学出版社
Capital University of Economics and Business Press
·北 京·

图书在版编目(CIP)数据

区域经济学 / 孙久文主编. -- 6 版. -- 北京 : 首都经济贸易大学出版社, 2024.8

ISBN 978-7-5638-3655-0

Ⅰ. ①区… Ⅱ. ①孙… Ⅲ. ①区域经济学 Ⅳ. ①F061.5

中国国家版本馆 CIP 数据核字(2024)第 026631 号

区域经济学(第六版)
孙久文 主编
QUYU JINGJIXUE

责任编辑 薛晓红
封面设计 风得信·阿东 FondesyDesign
出版发行 首都经济贸易大学出版社
地　　址 北京市朝阳区红庙(邮编 100026)
电　　话 (010)65976483　65065761　65071505(传真)
网　　址 http://www.sjmcb.cueb.edu.cn
经　　销 全国新华书店
照　　排 北京砚祥志远激光照排技术有限公司
印　　刷 唐山玺诚印务有限公司
成品尺寸 185 毫米×260 毫米　1/16
字　　数 512 千字
印　　张 19.5
版　　次 2006 年 10 月第 1 版　2010 年 1 月第 2 版
2014 年 3 月第 3 版　2017 年 7 月第 4 版
2020 年 2 月第 5 版　**2024 年 8 月第 6 版**
印　　次 2025 年 1 月总第 17 次印刷
书　　号 ISBN 978-7-5638-3655-0
定　　价 45.00 元

序:中国区域经济学的创新与发展

我国区域经济各学科的发展,长期以来一直坚持以马克思主义为指导,这是建设中国特色社会主义的历史必然性使然。党的二十大提出,面对国际上百年未有之大变局和国内经济社会事业的不断发展,我们要深入建设中国式现代化,到 21 世纪中叶把我国全面建设成为社会主义现代化强国。围绕这个重大时代课题,在探索中国区域经济发展的理论和实践方向的过程中,毫无疑问,习近平新时代中国特色社会主义思想的指导意义十分重要。

首都经济贸易大学出版社即将出版《区域经济学》第六版,我们在教材修订的过程中,努力按照党的二十大精神阐述区域经济学的基本理论,建立和完善具有中国特色的区域经济学,探索新时代中国区域经济发展的规律和实现充分发展与协调发展的途径。

以习近平新时代中国特色社会主义思想为指导,完善具有中国特色的区域经济学,就要认识到中国社会的主要矛盾已经转化为人民日益增长的美好生活需要和不平衡不充分的发展之间的矛盾,必须坚持"以人民为中心"的发展思想,不断促进人的全面发展和全体人民共同富裕。习近平区域发展思想的核心,就是区域发展要"以人民为中心",将区域发展的目标诉求转向追求高质量发展、全面协调发展,确保提升人民群众的获得感和幸福感。

习近平总书记在党的二十大报告中提出:深入实施区域协调发展战略、区域重大战略、主体功能区战略、新型城镇化战略,优化重大生产力布局,构建优势互补高质量发展的区域经济布局和国土空间体系。根据党的二十大精神,区域协调发展已经成为新时代建设现代化经济体系的重要组成部分,也已成为中国经济高质量发展的重要组成部分。

围绕党的二十大报告的精神,中国区域经济学进入了一个以创新促进学科发展的新时代。对于新时代的中国区域经济学,本书重点强调以下几点:

1. 区域协调发展的"新"空间性

任何经济行为归根结底都立足空间之中。区域经济作为国民经济的子集,天然地具有空间性的特征。在新征程上,经济活动的空间产生了若干新变化,这也就催生了区域协调发展的"新"空间性,体现在:

其一,城镇化革新空间经济格局。改革开放四十多年来,我国城市化水平日益攀升,截至 2021 年底,全国常住人口城镇化率为 64.72%[①],城镇已然成为国家经济运行体系的重要支撑与经济活动的主要发生地。不同于过去数十年间的"乡土中国"与"城乡中国",基本实现城镇化的"城市中国"将是未来区域协调发展的绚丽舞台。

其二,数字经济拓展经济空间范畴。正如习近平主席在二十国集团领导人第十七次峰会第一阶段会议上所指出的,数字经济是促进当今世界发展的重要因素[②]。随着大数据、物联网、人工智能、区块链等数字技术的迅猛发展,数字经济已成为国家经济增长的"新引擎"。数字经济以数据为核心生产要素,在挣脱传统要素市场束缚的同时创新资源配置的空间范围,其所涵盖

---

① 国家统计局. 中华人民共和国 2021 年国民经济和社会发展统计公报. http://www.gov.cn/shuju/2022-02/28/content_5676015.htm。

② 参见新华网 2022 年 11 月 15 日报道《习近平在二十国集团领导人第十七次峰会第一阶段会议上的讲话(全文)》,http://jhsjk.people.cn/article/32566625。

的空间既包含了现实世界，也囊括了以互联网为代表的虚拟平台，新征程上区域协调发展所讨论的空间范围也将随之延拓。

其三，治理体系优化赋能空间尺度细分。空间尺度细分的现实必要性由来已久：一方面，宏观经济的区域化特征不断增强，随着经济社会的快速发展，四大板块（即东部地区、中部地区、西部地区与东北地区）中任一板块的经济规模都与21世纪初全国经济规模大体相当，细化大尺度区划刻不容缓；另一方面，我国是世界上唯一拥有联合国产业分类目录中全部行业的国家，大尺度下区域管理的难度与成本较高，随着新征程上治理体系与治理能力的不断优化，空间尺度的细化逐渐成为可能，未来区域协调发展的政策单元亦能够不断缩小，并通过在原有大板块和大经济地带范围划分的基础上增加跨区域、次区域规划，来提高区域政策的精准性。

2. 区域协调发展的"新"功能性

过去，区域协调发展的功能性往往体现在区域产业发展中，也即在产业发展的过程中形成区域产业功能结构。新征程上，区域协调发展将在综合考量类型区与系统区空间划分的同时，将功能性延展至生态保护、国家安全等更多领域。以主体功能区为代表的类型区，是一种静态排列的空间划分，相同类型区内的自然景观和经济景观具有一定程度的相似性。基于这一相似性，可以通过政策来引导同类型系统去实现特定环节的优化。划分系统区时，并不强求各区域在自然与经济特征上的一致性，而更侧重于将区位相近、相互联系紧密的区域作为整体进行统筹规划，以期实现特定的区域发展目标。新征程上，系统区的两个典型代表是黄河流域与粤港澳大湾区，前者将侧重于黄河流域生态保护和高质量发展，后者则肩负着推动香港与澳门更好地融入国家发展大局的重任。

3. 区域协调发展的"新"均衡性

囿于特定的社会与政策背景，改革开放以来，中国区域运行呈现出显著的非均衡性。新时代以来，随着经济社会的不断发展，强调公平与效率的协调成为重要的战略选择，少数区域率先发展的倾斜性战略亦逐步转变为均衡的区域发展战略。"精准扶贫"是上一阶段区域协调发展均衡性的体现。依据"实事求是、因地制宜、分类指导、精准扶贫"的原则，对贫困人口进行有针对性的帮扶，从根本上消除导致其贫困的各种因素和障碍，通过可持续减贫来实现区域间发展的相对均衡。截至2020年，9 899万农村贫困人口全部脱贫，832个贫困县全部摘帽，12.8万个贫困村全部出列，脱贫攻坚战取得了全面胜利。在消除绝对贫困的当下，区域协调发展将转向扎实推进共同富裕，使发展的成果真正惠及各个区域的全体人民，使发展的成果能够在不同区域之间分享。

是为序。

孙久文

中国人民大学应用经济学院吴玉章讲席教授

博士生导师

2024年7月30日

第六版前言

经历漫长的夏季时间的煎熬，交由首都经济贸易大学出版社出版的《区域经济学》第六版的修订工作，终于完成了。

党的二十大以来，中国区域经济学的理论体系日趋成熟，区域经济学的教材体系要求更多地把中国区域经济学的内容融入其中，形成从中国国情出发的区域经济学的理论体系。本次修订中，一方面，为保持区域经济学学科体系的完整性、知识的基础性和内容的条理性，我们尽量采用成熟的理论和观点；另一方面，我们努力将中国区域经济理论的新内容纳入本书，力求形成一个全新的研究框架，以完整介绍区域经济学的学科体系，归纳总结我国区域经济学的学术研究成果，使学生通过学习本书，能够基本掌握区域经济学的理论和方法，并能够对中国的区域经济发展有深刻的理解。秉承这样的原则，我们对本书进行了大量的内容更新。本书第六版的书稿基本上是在第五版的基础上由我自己重新撰写的，同时文余源教授对其撰写的第 14 章进行了修订，并撰写了第 15 章。在本书的修订过程中，姚永玲教授因病去世，保留了她在上一版中撰写的"区域空间组织"一节，调整为第 6 章 6.1 节。周孝伦博士、胡俊彦博士、程芸倩博士协助我进行了本书的部分修订工作，并对全书的数据进行了更新。

本次修订我们参考、借鉴了一些研究成果，对相关学者谨在此表示衷心的感谢。凡在书中直接引用的内容，作者都加了页下注，并在书末列入参考文献。由于作者的疏漏而未加注释的，谨在此表示由衷的歉意和谢意。

《区域经济学》第六版倾注了作者大量的心血。由于著述匆匆，错误之处在所难免，希望广大读者不吝赐教。

孙久文

2024 年 7 月 30 日

于北京中国人民大学明德楼

目 录

1 导论:区域经济学的基本概念

重点问题

- 区域经济学的学科基础
- 区域经济学的研究对象和理论体系
- 区域经济学的最新发展

经济学是研究人类社会的各种经济活动和各种相应的经济关系的科学,经济理论是探寻经济运行和发展规律的学科,其核心思想是从生产要素出发来考察资源的稀缺性和如何有效利用资源。

区域经济学是经济学的一个重要的组成部分,是从地域空间出发探寻经济运行和发展规律的学科。事实上,要完整准确地解释人类经济活动的规律,从空间出发与从要素出发具有同等的重要性。因此,我们对区域经济学的定义是:区域是一切经济活动的空间,区域经济学是解释经济活动在空间上的运行规律的科学。

1.1 区域经济学的学科基础

1826年,德国经济学家冯·杜能在《孤立国》一书中提出了农业区位理论,标志着区域经济学的发轫。经过100多年的发展,区域经济学在20世纪50年代正式形成。到20世纪末,以新经济地理理论为代表,区域经济学进入了一个新阶段。进入21世纪以来,区域经济学在中国的发展更是方兴未艾,成为指导中国经济发展的重要经济基础理论。

1.1.1 区域的概念

区域(region)的概念是区域经济学学科的起点。区域是一个多维度、多层次的概念,对其进行界定或定义,需要从地理学、政治学、经济学等多学科的角度出发。

(1)地理学的区域概念

地理学是最早提出区域概念的学科。为了便于考察,地理学把地球空间进行了分类或者是区划,将其划分为各种类型的区域,如海洋区、陆地区、高原区、平原区、丘陵区等。各类区域不同的特征以及温度、降雨和生物物种分布等方面的巨大差异,使每一个区域的禀赋都更加丰富和多样化。

地理学对区域研究的主要贡献,是把区域定义为地球表面的一个地域单元。如果我们把地球表面看作是一个整体,则区域作为一个地域单元就是这个整体的一个部分。

(2)政治学的区域概念

政治学是从行政管理的角度去观察和分析各种不同的地区,根据人口居民点和社会经济活动的位置及分布状况,划分系统的地方行政单元。对于全球体系来说,国家是一个地方单元;对于国家体系来说,省、市、县、乡、村等都是地方单元。这种地方行政单元就是政治学的区域。这样的划分使政令能够逐层下达,使行政管理能够方便地进行,所以古人讲“郡县治、天下治”。政治学中的区域不但表示地理区域的概念,而且还包含地方居民间的文化联结、惯例认同、心理归属、民族历史、社会经济关系等含义。

(3)经济学的区域概念

经济学的区域概念就是区域经济学的区域概念。区域经济学在地理学和政治学关于区域概念的基础上,考虑某个特定地域空间的人口、经济、资源、环境、公共设施和行政管理等的特点,形成一个相对完整的区域概念。所以,经济学的区域指的是居民高度认同、地域完整、功能明确、内聚力强大的经济地域单元,又称为经济区域。

经济区域内部由四个相互联系的基本要素组成(见图 1.1)。

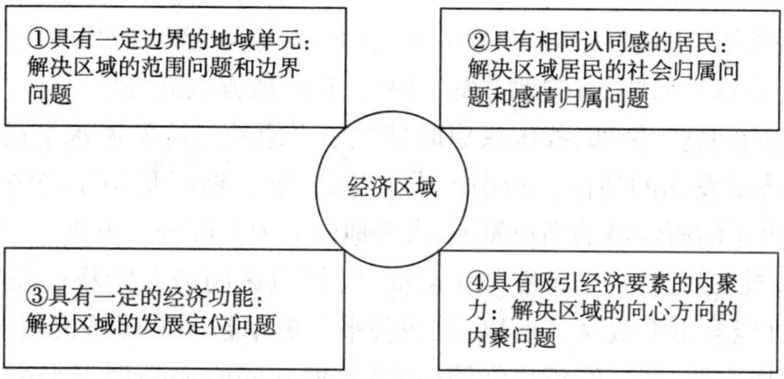

图 1.1　经济区域的四个基本要素

经济区域一般以两种形式存在:同质区域和极化区域。

第一,同质区域,又称匀质区域,它是源于区域内部的相似性而形成的一种区域。同质区域的存在,依据的往往是区域内部共同拥有某一个特定的标志,如经济发展水平、产业结构、消费习惯或政治理念等。静态的区划一般是同质区域的划分,比如大的区域板块的划分,就是从区域内部的相似性出发的。

第二,极化区域,又称结节区域,是相异性区域通过要素流动联系在一起,具有很强的内聚力的一种区域。所谓"结节",是指这类区域有一个或多个中心节点,其经济运行依赖于中心节点与周边地区之间的相互作用;所谓" 极化",是指区域中心节点周边的腹地的生产要素有向该节点集中的趋势。动态的区划一般是极化区域的划分,如经济带、都市圈、城市群等的划分都属此类。

1.1.2　区域经济

区域经济是特定区域的经济活动和经济关系的总和。如果我们把国民经济看作一个整体,那么区域经济就是这个整体的一部分,是国民经济整体不断分解为它的局部的结果。对于国民经济来说,整体系统涵盖了部门体系,也涵盖了区域体系。区域经济是一个空间实体,是国民经济的一个空间子系统。区域体系由无数个区域实体组成,而且每一个实体都有其自身的特点和运行规律。我们把国家宏观经济管理职能下按照地域范围划分的经济实体及其运行,都看作是区域经济的运行。

区域经济的特点是十分突出的,主要有以下几点:

(1)地域性

每一个地区都有自己的特点,如自然条件特点、资源条件特点、文化甚至语言特点等,所以每一个区域的经济发展都应有自己的特色,包括发展目标、发展原则、发展重点、发展道路和途径等,称之为区域经济的地域性。一个区域的发展可以借鉴其他区域的经验,但都必须与当地的具体情况相结合,才能够促进区域经济的发展。地域性是区域经济最根本的特点。

国民经济强调宏观性,区域经济也强调宏观性,但它同时更强调地域性。国民经济主要反映社会经济总需求和总供给的规模和结构,从总量上调控市场的供求。因此,国民经济调控经济增长速度、经济结构、投资与消费、进出口、货币供给与流通等。区域经济不强调总量,但是强调在国民经济全面分工中的特点;不强调完整,只强调特色。研究地域性,就是研究地区经济发展中有哪些区别于其他地区的特点。

(2)非均衡性

非均衡性也被称为不平衡性。对于任何一个区域来说,经济发展都不可能是均衡的:有的地方水平高些,有的地方水平低些;有的地方发展快些,有的地方发展慢些。一个国家、一个省、一个县,其内部都有同类的问题。例如,我国汉唐时期关中平原的经济发展水平最高,到了宋元时期,长江下游又成为经济最发达的地区。新中国成立初期,东北地区是国家经济发展水平最高的地区,改革开放之后,由于沿海经济的高速发展,沿海地区成为我国经济发展水平最高的地区。对于决策者来说,把资金投在发达地区,可能效率会高些,但地区间的差距将会拉大;投到落后地区,可缩小差距,但又可能会影响效率。所以,兼顾公平与效率是区域经济发展中的根本性问题。

国民经济强调战略性,区域经济也强调战略性,但它同时还强调不平衡性。区域发展首先要体现国家和民族的意志,其次要体现战略目标的稳定,最后要体现经济发展的全局性。区域经济强调的战略性和不平衡性,是基于地方政府成为地区利益的代表这一现实情况,反映在国家利益得到充分保证前提下的地方利益、地方经济发展的战略规划中。由于发展条件的不同,各地区一般是不可能平衡发展的,这种不平衡发展所带来的负面效应,要由国民经济的宏观调控来应对。

(3)阶段性和连续性

区域经济发展具有很强的阶段性。区域经济的阶段性体现在,区域经济的发展由初期发育阶段、中期成长阶段、成熟转型阶段最后再到高质量发展阶段这四个阶段组成。由于发展的背景和条件的差异,每一个阶段的经济特点不可能永远存在,要根据新的形势制定新的目标,调整发展的方向。区域经济发展的连续性是指各个发展阶段之间应该是连续的,具有良好的前后衔接关系,而不是断裂的。

党的二十大以来,我国进入建设中国式现代化的新发展阶段,区域经济发展阶段与之相对应,也已经进入了高质量发展的阶段。区域经济的高质量发展,是指以科技创新为主导、以生产高附加值产品为核心、质量主导数量、GDP 无水分,推动产业不断升级,推动区域的经济建设、政治建设、文化建设、社会建设、生态文明建设五位一体全面可持续发展。创新性、再生性、生态性、精细性、高效益,是区域经济高质量发展的本质特征。区域经济发展的目标是推进城乡融合和区域协调发展,推动经济实现质的有效提升和量的合理增长。

(4)开放性

区域经济发展当中十分注重强调开放性。区域经济的开放包括两个方面的内容:

一个方面是对内开放。对于区域经济来说,由于其在生产、流通、消费等各领域中通常没有制度、体制和运行机制上的根本差别,人为的限制性因素比较少,因而具有更大的开放性。扩大对内开放可以更好地解决区域之间的资源分配和经济互补等问题。一般来讲,区域之间在发展特点上如果有一定的互补性,则开放程度就会更高。

另一个方面是对外开放。在国家积极主动地扩大对外经济交往,放宽政策,放开或者取消各种限制,发展开放型经济的大背景下,区域对外开放是指落实国家开放政策,把对外开放在空间上落到实处。对外开放是中国经济腾飞的一个秘诀,也是实现中国式现代化的一件法宝。

(5)政策性

国民经济强调政策性,区域经济也强调政策性。区域经济的政策性反映在用政策与发展指标相结合来指导经济活动上,同时也反映在用区域规划来加快政策的落实上。以调节供需为特色的经济总量平衡政策,以调节产业活动为重点的经济结构调整政策,以处理公平与效率关系为重点的收入分配政策,以及财政、货币、税收、投资等政策,都是调节经济的杠杆。区域经济的运行一方面要贯彻国家的这些政策,另一方面还要制定具体的实施规划,进行具体操作。

1.1.3 区域经济学

区域经济学是研究区域经济的特点和区域之间关系的科学,它要回答的问题是:一个区域是如何实现经济发展的,各个区域之间是怎样相互联系的,以及它们在全国经济发展分工中的地位如何,等等。区域经济学是研究区域经济一般规律的科学,具有很强的综合性,需要经济地理学、发展经济学和产业经济学等作为研究的知识后盾。

(1)区域经济学与经济地理学的关系

区域经济学是在经济地理学基础上产生的一门应用经济学科,它借助地理学关于区域的概念的质的规定性,建立起科学的区域经济学的区域概念,同时,借助经济地理学的一些方法论来研究区域经济问题,显示出无比旺盛的生命力。但我们绝不主张用区域经济学代替经济地理学(事实上也无法代替),而是主张两者并行发展。自 20 世纪 90 年代以来,经济地理学获得了新的发展。区域经济学不是经济地理学,经济地理学也不是区域经济学,但两者无论是方法还是研究本身都在日益靠拢、日趋融合。

(2)区域经济学与发展经济学的关系

发展经济学作为一门经济学科,是第二次世界大战以后逐渐形成的。它以发展中国家的经济发展问题为研究对象,为发展中国家的经济发展提供理论依据。发展经济学的理论体系包括宏观发展理论、微观分析理论、结构发展理论等,研究范畴涉及发展中国家的经济增长速度、二元经济结构、资本积累和外资利用、人口问题和就业、产业发展战略、技术革命和技术引进、收入分配、对外贸易模式等。区域经济学中的很多概念和理论都来自发展经济学。比如区域增长理论,就是在发展经济学的增长理论的基础上引入了区域的概念而形成的。

区域经济学和发展经济学的区别主要体现在:发展经济学主要研究的是发展中国家的增长问题,区域经济学研究的空间范围则不存在局限性,可以大到国家,小到乡镇,所以对引入的理论需要进行区域化的改造;发展经济学没有地理学的基础,而区域经济学在研究很多问题时都把地理环境作为研究的出发点。从目前的学科发展来看,区域经济学还在不断地把经济学的理论应用于区域的研究,其中也包括大量的发展经济学的理论。

(3)区域经济学与产业经济学的关系

产业经济学是现代经济学的重要分支,是现代经济学中用来分析实现经济增长的应用经济理论。产业经济学以产业部门作为研究的对象,研究企业组织、产业组织及其行为和相互关系,以改进企业关系、优化产业结构、提高企业和产业经济竞争力为研究目的,所以,产业经济学是为制定国家经济发展战略和以推动经济发展为目标的产业政策服务的经济理论。产业问题也是区域经济研究的核心内容。区域经济中的产业发展和结构演变理论来自产业经济学。区域经济学中的产业研究区别于产业经济学的是,区域经济学中的产业研究有特定的范围,即局限于特定的区域。但是,如果产业经济学研究的是某一个特定区域的产业结构,就为其加入了区域的概念,于是研究的特征就不同于一般性的产业结构,而是在特定位置上的产业结构,或称为区域产业结构了。另外,产业结构研究不是区域经济学研究产业问题的目的,区域经济学研究产业问题是为产业的布局服务的,最终要形成服务于区域经济发展的产业布局方案。实际上,区域经济学与产业经济学在理论上的互相借鉴一直都存在,如产业经济学中对产业布局的研究也要应用区位理论,它已成为产业经济学研究的重要组成部分。

1.2 区域经济学的来源与基石

区域经济学界普遍承认,区域经济学有两个来源:一个是地理学,一个是区位论;区域经济学有三个基石:生产要素的不完全流动性、生产活动的不完全可分性和空间成本的不可回避性。

1.2.1 区域经济学的两个来源

(1)区域经济学的经济地理来源

区域经济学的经济地理学来源,主要有两个方面:一个是区域的概念,另一个是地理环境及资源条件对经济发展的作用。

通过地理学树立区域的概念。人们对区域的认识,首先是考察各种不同空间和地点的特征,再进行深入研究,探索其分布的状态。地理上的区域和区域之间通常并不是明显接替的,而是存在一个相当范围的过渡地带。所以,地理学家从一开始就认为,区域之间的过渡不是跳跃的,而是渐进的、互相衔接的,这种思想一直影响着今天我们对经济区域的认识。我们今天所看到的所谓区域的界限,实际上都是人为划分的,且是为了某种目的而划分的。例如,欧洲和亚洲的分界乌拉尔山和高加索山,它们虽然是两大洲天然的障碍,但古代生活在这条线两侧的人们在人种上的巨大差别才是划分的主要理由。再如,蒙古高原和内蒙古高原的分界,完全是由于蒙古国的独立所造成的一个划分。也就是说,人们通常是先找到一个表面的、突出的、标志性的景观——可能是山脉,也可能是河流,再将其确定为标志或者是界限,以此将两边的区域分开。有了区域的概念,才有了在此之上的与区域有关的各类学科。所以,我们应当把区域概念的建立作为区域经济学产生的起点。

地理学为区域经济发展提供了本底的基础,即自然的空间基础。为了便于考察,地理学把地球空间按照其相互关系进行分类或者区分,并用一定的事先设定的法则将其划分为各种区域,比如海洋区、陆地区、高原区、平原区、丘陵区等。每一类区域不同的特征以及温度、降雨和生物物种分布等的巨大差异,使每一个区域的内容更加丰富和多样化。

将经济要素纳入区域研究当中,使区域的内容更加丰富,并形成了经济地理学。经济地理学对区域的认识,是在自然地理空间的基础上加入了人类的和经济的因素。而按照可持续发展的观点,人类和自然都应属于区域的特征,但在某些地区,例如城市地区,人类的作用可能明显些,在另一些地区,例如极地、高原、海洋等,自然的作用可能更明显。把一个地区的自然特征和人类所从事的经济活动结合起来,是经济地理学对区域进行研究的主要特点。显然,经济的区域和自然的区域在大多数情况下并不能够完全重合,这就增加了区域研究的难度,而经济因素的变化又很快,所以经济的区域也处在一种变化的过程当中,使我们很难完全依照自然科学的研究方法去研究经济区域。

自从人们认识了区域,区划就成为人们认识区域内部的组成及区域之间相互关系的一种必然手段。事实上,人们对区域的观点和对区划的观点是紧密相连的,按照赫特纳的观点,“区划就其概念来说是整体的一种不断进行的分解,一种地理区划就是地表不断地分解为它的部分"①。也就是说,我们首先把地表看作一个整体,然后对地表进行逐层分解,形成一个区域系统。整体的分解,可以有不同的分解办法,分解成不同的系统。其中,两类系统对于我们认识区域是十分重要的:第一是类型区,第二是系统区。类型区的划分是依据区域的相同性或相异性的关系,即区内的相同性和区际的相异性来划分的,显然,这是一种静态的排列,例如主体功能区。差异研究是区域研究的生命,有差异才有类型。系统区是区域之间位置关系和相互作用关系的一种表现形式。系统区的划分是将位置相连的区域放在一起,并不强求自然和经济的统一性,而仅仅是去研究它们之间的相互关系。应先研究整体的特征,再研究各部分的特征。例如,我们对"四大板块"②的研究就是这样的性质。

人与自然的关系在区域经济当中占据了相当的位置,这使我们对区域经济的研究不可能是纯经济学的,而必须考虑自然环境的容量、资源条件的限制,从而使区域经济的研究具备了一定的自然科学的性质。然而,由于经济的区域和自然的区域在大多数情况下并不能够完全重合,这就增加了区域研究的难度,而经济因素的变化又很快,所以经济的区域也处在一种变化的过程当中,使我们很难完全依照自然科学的研究方法去研究经济区域。我们看到,经济地理学对区域经济学的影响在今天不但没有减弱,反而不断加强。

(2)区域经济学的区位论来源

区位理论是微观经济理论,它要解决的问题主要是厂商如何进行布局才能实现成本最低或利润最大。区位理论是区域经济学的微观理论基础,它的许多理论和方法都已成为区域经济学理论的组成部分,例如区域分工理论、比较优势理论、资源禀赋理论、相互依存理论、区域市场和区域利益理论等。我们在后面各章中将陆续介绍有关的理论。

在区位论产生的19世纪,工业的发展使生产力迅速提高,地区间的经济联系不断增强,商品销售地与原料供应地的范围愈来愈广,企业区位问题成为研究的对象。农业布局的目的是寻找最佳的土地利用模式,工业布局的目的是寻找生产成本最低点的厂址,但其基本做法都是先研究运费对产业布局的影响,再研究劳动力成本与聚集因素对产业布局的影响。到了20世纪30年代以后,韦伯、克里斯塔勒、廖什、胡佛等学者扩展了区位论的范围,将城市等级、生产市场区和贸易流量与运输网络中的服务区位问题纳入进来,这标志着近代区位理论发展时期的到来。

从区位理论到区域经济学的飞跃发生在20世纪50年代以后。美国经济学家艾萨德对区位论研究的内容进行了总结,其出版的《区域科学导论》一书,标志着区域经济学的正式形成。

区位论把空间作为经济学研究的重要维度,融入经济学的规范分析框架中。艾萨德发现,传统区位论有一些重要的缺陷,不能对区域问题做出解释,束缚了区域研究的拓展。主要表现在:对供求市场的研究缺少一般均衡区位的思路;以企业为研究对象,不能解释全部的区域问题,也不能确定整体的经济系统在空间的分布状态。艾萨德通过把研究对象从企业拓展到区域层面,把研究假设从个别要素的空间位置选择拓展到要素流动的一般规律,把研究方法从简单的区位三角形拓展到区域模型,从而把分析微观主体的区位论拓展为研究宏观主体的区域经济学。

---

① 赫特纳:《地理学》,商务印书馆1983年版,第308页。

② 即东部地区、中部地区、西部地区和东北地区。

1.2.2 区域经济学的三个基石

为什么会产生区域经济？在构筑区域经济学的理论体系的过程中，早期学者们提出了区域经济学的三个基石。

(1)生产要素的不完全流动性

人类的经济活动总要落脚在一定的地域空间上，而这个地域空间的自然条件多种多样，社会经济条件千差万别。一些地方的自然条件适于人类的生存与发展，而另一些地方就不适于或难以适应人类的生存与发展的需要；一些地方宜于粮棉油农业生产，而另一些地方则宜于矿业开发建设。因此，一些地方的资源在该地的组合效率可能优于其他地方，这样就产生了区域差异和区域优势。

生产要素包含自然资源和社会经济资源。与人类需求的无限性相比较，无论自然资源还是社会经济资源都是有限的。这些稀缺的资源即使分布均匀，但由于区位效应的作用，也会向某些地区集聚。自然资源的位置确定之后，或者不能被移动(如土地、森林、矿山、草原等)，或者很难移动(如水资源等)；社会经济资源当中，最主要的是人力资源、资本和技术，这些资源的流动虽然是正常的，但必须付出相应的流动成本。所以，任何一个地区都具有利用本地资源优势发展区域经济的必要。

生产要素分布的不均衡性和生产要素的不完全流动性，使得人类的经济活动不可能实现空间的绝对均衡化。假如生产要素的分布是均衡的，或者即使不均衡但却在空间上可以自由流动，各要素自然会向条件好的地区集中。但由于存在空间上不能移动的生产要素，所以人们需要探讨资源替代和利用级差地租开发不同地区土地资源的可能性，以期形成经济与产业在空间上的集聚，达到理想的分布状态。

因此，要素的不完全流动性是区域经济学的灵魂与活力所在，是区域经济分异的前提，也是区域经济多样性、互补性和区域分工的基础。

(2)生产活动的空间不完全可分性

企业的生产过程可以按照操作技术划分为若干彼此相连的工序，从降低生产成本的要求考虑，各个工序在空间上应当集中在同一个地点，而不是零散分布在不同的区域。一个产业部门和一个产业群是由众多企业组成的，同样具有空间不完全可分性的客观要求。把众多企业集中到一起，是生产联系、信息共享、共同利用基础设施和管理方便的必然要求，而企业集中在一起之后，其成本一般会明显下降，这种结果又加大了聚集的力度。这种生产活动的聚集具有循环累积效应。

经济活动的聚集性表现为规模经济和集聚经济，它是由经济本身的趋利性和成本节约性而引起的。在经济规律的作用下，要素的流向总是趋向于使其增值或提高效率的方向。一个企业的生产规模在一定限度内增大，一般可得到节省单位产品成本和提高效率的好处，这就是企业的规模经济。若干个企业集中于一个地点，能为各个企业带来成本节约等经济利益，这就是集聚经济。规模经济和集聚经济使得各生产要素和经济单位集结在一定空间上，形成区域经济的增长极。

由于规模经济和集聚经济的存在，生产活动不可能被彻底地分割及均衡地分布在所有的地区。我们必须考虑到规模经济和聚集的要求，在条件好的地方集中布局各类产业，而聚集区的形成又会带来人口的增加，从而形成城市这种地区的经济中心。

(3)空间成本的不可回避性

由于商品交易与提供服务存在空间障碍,所以任何的经济活动都必须支付交易成本[①]。对于一个区域的经济活动来说,由于距离因素的影响,大多数商品交易与提供服务需要空间上的位移。要想实现这种空间移动,就必须支付相应的运输成本,否则就不可能流动。运输成本是空间成本中重要的组成部分。而为了减少距离成本,产品与服务的地方化,即靠近消费市场就十分必要。产品与服务的不完全流动性造成了空间成本的不可回避性。

尽管现代科技和现代交通、通信业的发展使得空间距离对人类活动的限制越来越少,但是,只要距离存在,从事经济活动就要支付距离成本。这些距离成本仍对区域禀赋优势的发挥和空间集聚经济的实现有着极为重要的影响。然而,人们正在通过现代技术的发展,来减少这种空间障碍对生产活动的影响。首先,空间距离产生运输成本。在一定的交通运输技术条件下,距离越远成本越大。伴随现代通信技术和信息技术的发展,特别是互联网技术的发展与普及,有些商品交易和服务已经不需要人的空间位移就可以瞬间解决,例如远程教育、远程医疗、远程会议、体育比赛现场直播等,都降低了空间成本。其次,商品交易与提供服务存在一定的时间成本。时间成本对于人的位移和货物的运输都很重要。伴随交通运输速度的提升,例如高速公路、高速铁路的网络形成与应用的普及,时间成本已经大大压缩,从而使经济活动的时效性大大提高。最后,交通运输和通讯的可达性仍在普及当中,其结果就是参与经济活动的区域越来越广,参与的内容越来越复杂。总之,商品交易与提供服务存在的空间障碍在不断被克服,经济活动的空间成本在不断地降低,经济活动的地区参与程度也在不断地提高。

综上所述,区域经济学是建立在上述三个基石之上的应用经济学。

1.3 区域经济学的学科体系

1.3.1 区域经济学的研究内容

无论是区域经济学的理论体系研究还是区域问题研究,其基本内容都有以下几个方面。

(1)区域经济发展研究

对区域经济发展问题的研究是从20世纪50年代开始的,20世纪70年代末期伴随改革开放而逐渐影响到我国。区域经济发展研究的内容主要集中在五个方面:一是要素禀赋问题。生产要素禀赋是指区域内各种生产要素的相对丰裕程度。在可利用的各种生产要素中,那些与其他地区相比具有相对较低价格的要素即丰裕的要素。丰裕的生产要素就具有禀赋优势,禀赋优势是产业发展的比较优势的基础。利用比较优势发展区域产业,是区域经济发展的重要内容,并因此引出了产业选择问题和产业布局问题。二是经济活动的空间选择问题。如果说利用比较优势解决了区域经济发展的产业选择问题,那么利用增长极理论就可以解决区域经济发展的空间选择问题。增长极理论描述的是建立区域经济增长的中心,产生对区域经济发展的带动作

① 由于交易成本泛指所有为促成交易发生而形成的成本,因此很难对其进行明确的界定与列举,不同的交易往往就涉及不同种类的交易成本。传统上,区域经济学较多考察运费成本,由于互联网等技术的发展,区域经济学中交易成本的范畴也在扩大。

用,辐射周边区域,从而推动整个区域的经济增长。增长极作为区域经济的增长中心,就是现实中的城市。增长极理论成为区域经济发展的实用的工具。三是区域空间组织问题。四是区域创新问题。五是区域开发问题。

(2)区域经济关系研究

区域是国家经济整体的一部分,区域关系可以分为两大类:一类是区域内部的各组成部分之间的关系,另一类是区域之间的关系。区域内各组成部分之间或区域之间都不可避免地会发生经济联系,有摩擦和冲突,也有互补与合作。因此,区域经济研究十分关注对区域关系的考察。区域关系的研究内容包括:

第一,竞争关系研究。区域竞争关系主要体现在特点相似的区域之间。这些区域的产业特点比较相近,结构趋同,极易发生区域竞争,包括争夺市场,也包括争夺资源。正如胡佛所指出的那样,在区域经济增长和发展中,至关重要的是不同活动对稀缺、不易开拓的地方性资源的竞争。市场区域之间存在竞争,供给区域之间也存在竞争。竞争可能是善意的比赛,也可能是摩擦,更可能是冲突,这主要看竞争主体的规模、水平和竞争客体对竞争区域的重要程度。

第二,合作关系研究。区域竞争虽然存在,但区域合作仍然是区域关系的主流。这是区域关系中一种活动的产出表现为另一种活动的投入时所形成的相互吸引的关系,对区域合作的双方都有好处,因为合作的内容经常是两区域之间劣势生产要素的互补,或者是互为市场以扩大生产的规模。

第三,发展差距研究。不同的区域经历了一定时间的发展以后,由于各区域不可能保持同等的发展速度和水平,产生发展差距不可避免。对于区域发展的差距问题,美国经济学家威廉姆森提出了区域收入水平趋同假说,即著名的"倒 U 字曲线"。各地区之间的经济发展水平是趋同还是趋异,或者称为收敛还是发散,是区域经济研究的热点问题。一些发展中国家或地方政府都在资助对这个问题的研究,努力寻求解决区域收入水平与福利水平差异的途径。

第四,区域贸易研究。区域发展离不开区域贸易。通过区域贸易,各区域可以获取本区域缺少的资源或者为本区域的产品寻求市场,同时,资源稀缺的生产要素及商品也得以丰富并相应降低了价格,从而使生产的成本降低。区域贸易问题的研究一般着眼于在什么条件下会发生区域贸易,自然资源禀赋、人力资源禀赋、技术水平、需求结构、市场规模、运输成本等对区域贸易会产生怎样的影响等。另外,对于区域之间的数字贸易的研究则刚刚开始。

第五,产业转移研究。区域差距的存在使得区域之间的产业发展产生了高梯度区域和低梯度区域的区别。研究者将产业的生命周期理论引入区域经济学,产生了区域发展的产业转移理论。区域经济的发展取决于区域产业结构的状况,而区域产业结构的状况与区域产业部门的技术水平相关。主导产业在生命周期中所处的阶段,决定了区域产业结构的优劣。如果主导产业部门由处于创新阶段或发展阶段的专业部门所构成,且具有较高的技术水平,则该区域就是高梯度区域,反之就是低梯度区域。受产业发展要素变化的影响,有些产业从高梯度地区向低梯度地区推移,从而促进了落后区域的经济发展。这种产业转移主要通过多层次的城市系统而扩展开来。产业转移的原因,首先是创新产品不断趋于成熟,产品市场扩大,从而要求生产规模的扩大;其次是高梯度地区创新活动加强,新的创新产品代替原有的创新产品,要求为其创新活动和生产活动提供足够的生产要素和生产空间;最后是高梯度地区生产费用上升,从降低生产成本的角度,也要求产业向成本低的区域转移。

各区域产业生产不可能都局限在本区域,区域之间产业上的生产联系十分普遍,成为区域合作的基本形式。产业合作带动了其他方面的合作,所以开展区域合作应当从产业的合作开始。

(3) 区域经济应用工具研究

发展战略、区域规划、区域政策等属于区域经济的应用工具,是近年来区域经济学的研究热点。欧盟及包括中国在内的发展中国家都十分重视发展战略、区域规划与经济政策的问题。有关中国的区域经济政策,目前存在两种观点:一种观点认为,中国目前不存在区域经济政策,为此应该构建中国区域经济政策体系,对区域经济政策概念、范畴从理论层面进行规范;另一种观点认为,中国的区域经济政策应当是经济政策和产业政策的区域化,没有必要也不可能制定专门的区域政策。这两种观点虽然有很大区别,但都认为中国目前的区域政策尚缺乏理论的基础。

1.3.2 区域经济学的理论体系

区域经济学正处在蓬勃发展之中,各种理论、观点同时存在,极大地丰富了区域经济学的理论体系,并为区域经济学理论的发展做出了贡献。

(1) 区域经济学的研究进程

区域经济理论是研究区域经济发展一般规律的科学。其探寻各种经济社会现象及其影响因素,它们都有各自的运行规律。

与马克思同时代的杜能创立了农业区位理论,为区域经济的研究做了开创性的工作。现代区域经济学形成于20世纪50年代,它的创始人——美国的艾萨德教授归纳总结了杜能、韦伯、克里斯塔勒和廖什等人的区位论观点,把成本最小化和利润最大化的区位决策引入一般化的经济学研究当中,探讨了在平衡状态下空间经济的一般形态,并进而探讨空间经济的相互依存问题。艾萨德对区域经济学的最大贡献在于,他将纯理论的推导带入了空间上区域各发展阶段的经济分布及其空间结构的研究之中,并设计出了区域分析和应用的模型。这些模型为区域经济学进入主流经济学奠定了基础。

如前所述,现代区域经济学产生的理论基础来源于埃德加·胡佛构筑的区域经济学的三个理论基石。由于存在生产要素的不完全流动性,任何一个地区都具有利用资源优势发展区域经济的必要;由于生产的不完全可分性,增长极的形成是区域发展的必然要求;由于距离因素的影响,产品与服务的移动必须支付相应的运输成本,聚集经济成为区域经济发展的基本特点。

在国际上,对区域经济问题的研究已经有比较长的历史,从区域经济学产生以来,基本上围绕三个方向展开:

第一,区域经济学的学科体系构建。其代表性成果主要有艾萨德的《区域科学论》和胡佛的《区域经济学导论》等。

第二,地区发展与区域规划问题研究。其代表性成果主要有弗里德曼的《区域政策》、汉森的《区域开发中的增长极核》、劳埃德等的《空间区位》和里查森的《区域增长理论》等著作。

第三,区域经济研究方法。比较有代表性的成果有布鲁诺的《区域—国家经济模型》、英蒂盖特的《经济模型技术与应用》等。

区域经济学的最新研究进展是由新经济地理学(空间经济学)的研究取得的。克鲁格曼认为,国家之间的贸易代表了这些国家根据规模收益递增原理而发展专业化的结果。首先,在规模经济和收益递增的驱动下,产出规模扩大带来生产成本下降。各国通过发展专业化和贸易,提高收益。其次,在不完全竞争的条件下,生产要素的需求和回报状况取决于微观尺度上的生产技术条件。生产技术条件的变化可以改变生产要素的需求结构和收益格局,从而影响相似要素条件下的贸易。最后,不完全竞争和收益递增的存在,为国家和区域采取战略性贸易政策创造竞争优势提供了可能。

(2)区域经济学的理论体系

胡佛在其《区域经济学导论》一书中,最早构建了一个区域经济学的学科体系,这个体系包括:厂商的一般区位偏好,交通运输对区域发展的影响,区域的工业部门结构,区域的空间结构及其变化趋势,区域发展问题,区域政策问题,等等。这个理论体系对于今天的区域经济学研究仍然有着巨大的影响。

区域经济学在发展过程中,形成了具有区域特点的学科理论和研究的方法论,主要包括区域经济增长理论、输出基础理论、增长极理论、区域发展阶段理论、区域发展战略理论和区域经济模型等,从而丰富了现代区域经济学的内容。

当前区域经济学的理论体系可以分为三部分:区域经济发展理论、区域关系理论和区域经济应用工具。区域经济发展理论以区域的自然和社会经济条件为基础,研究一个区域内部的发展问题;区域关系理论以区域专业化分工与区域贸易为基础,研究一个区域与其他区域之间、若干区域之间的相互关系;区域经济应用工具则为区域发展提供研究途径、规划方案和实施政策。

区域经济学理论体系的基本框架见图 1.2。

- 区域经济理论体系
  - 区域经济发展
    - 区域经济增长
    - 区域产业发展
    - 区域创新
    - 区域空间结构
    - 区域可持续发展
    - 区域制度建设
  - 区域经济关系
    - 区域分工
    - 区域要素流动
    - 区际贸易
    - 区域经济梯度转移
    - 区域经济差距
  - 区域经济应用工具
    - 区域开发与战略
    - 区域经济规划
    - 区域投资环境
    - 区域政策
    - 区域经济应用方法

图 1.2　区域经济学理论体系的基本框架

1.3.3　区域经济学的新发展

(1)新经济地理学研究

作为当代区域经济学的最新发展,新经济地理学(空间经济学)更多地继承和发展了区位论的思想。

20 世纪 90 年代,以保罗·克鲁格曼(Paul Krugman)、藤田昌久(Masahisa Fujita)等学者为代表的新经济地理学派形成。其形成背景是:20 世纪 70 年代,以报酬递增和不完全竞争为基础的迪克西特-斯蒂格利茨(Dixit-Stiglitz)模型提出并得到广泛应用;经济全球化的迅猛发展及其引发的一些投资、贸易、要素流动和区域政策问题对经济地理学的研究提出了新的要求;相应模型处理手段的建立以及计算机科学技术的飞速发展为经济学探索“经济空间”的含义提供了技术上的支持。

首先,克鲁格曼认为,区位理论应分为两个部分:一部分是韦伯的工业区位论,它分析的是厂商的区位决策问题;另一部分是中心地理论,由克里斯塔勒和廖什提出,分析了制造业和市场营销中心的定位和作用,并认为中心地方应当是分层级的。克鲁格曼认为,“中心地方理论”及其模型化是区域经济学今后研究的方向之一。其主要理由是:“规模经济要求生产地点的个数尽可能少,而增加地点却可以降低运输成本,每一个厂商都要权衡规模经济与运输成本……除非你可以描述不完全竞争的市场结构,否则不可能说清楚中心地方是如何形成的。”①

其次,克鲁格曼十分重视城市地理学的传统。在城市地理学中,人们借助物理学的公式来描述城市地理现象。如“城市位次规模法则”“城市地理联系”“城市市场潜力模型”②等。这里面隐含了市场结构的假设,也隐含了垄断竞争。如果商品规模报酬不变,那么在全国设立一个工厂就够了,也就用不着去分析市场潜力了。

最后,克鲁格曼认为,积累因果关系理论和外部经济理论是地区集聚的因缘。克鲁格曼认为,超发展理论的思想在区位问题中的应用比在发展经济学中更合适。例如,公司往往趋向于布局在市场规模较大的地区,而市场的扩大又与公司的数量增加相关,这样因果积累,市场规模越来越大,集中的趋势越来越明显。马歇尔所表述的外部经济,其概念是:生产者聚集在一个特定区位有许多优势,而这些优势反过来又可以解释这种聚集现象。在聚集经济当中,地租和土地利用十分重要。杜能的从中心到外围地租不断下降的模型,涉及均衡理论、价值理论、土地价格理论等,具有广阔的前景。

新经济地理学认为,区域经济学有五大传统,并依照这五个方面向前发展:

一是区位理论。克鲁格曼认为,它应分为两个部分:一部分是韦伯的工业区位论,它分析的是厂商的区位决策问题;另一部分是中心地理论,由克里斯塔勒和廖什提出,这个理论分析了制造业和市场营销中心的定位和作用,并认为中心地方应当是层级的。依据这个传统,艾萨德从理论上对“中心地方理论” 进行了阐述。克鲁格曼认为,“中心地方理论”及其模型化是区域经济学今后研究的方向之一。其主要理由是:“规模经济要求生产地点的个数尽可能少,而增加地点却可以降低运输成本,每一个厂商都要权衡规模经济与运输成本……除非你可以描述不完全竞争的市场结构,否则不可能说清楚中心地方是如何形成的。” ④

二是城市地理学。城市地理学是从区域的空间组织和城市内部的空间组织这两种地域系统来考察城镇的空间组织的学科。与城市经济学着眼于城市的产业、土地、住宅、劳动、交通、环境等经济问题不同,城市地理学着重从空间观点研究城市或区域城镇体系的功能结构、层次结

① 克鲁格曼. 发展、地理学与经济理论[M]. 北京大学出版社,2000:40.

② 城市位次规模法则:$P_r=P_1/r$,式中,P_r 为第 r 位城镇的人口数,P_1 为第 1 位城镇的人口数,r 以 P_i 为序。城市地理联系率 $=100-1/2\sum|S_i-P_i|$,S_i 和 P_i 为 i 区域的 A 要素和 B 要素占全国的比重。城市市场潜力模型 $D_{ij}=(\Delta D_{ij}/D_{ij})/(\Delta N_i/N_{1i})$,式中,$D_{ij}$ 为 i 地区 j 产业产品的需求收入弹性系数,$\Delta D_{ij}/D_{ij}$ 为 i 地区 j 产业产品的需求增长率,$\Delta N_i/N_{1i}$ 为 i 地区的国民收入增长率。

构和地域结构。

城市地理学的主要研究内容包括:①城市化研究,包括城市化的衡量尺度、城市化过程,各国城市化的比较、城镇人口集聚的规律,大城市的优势,以及城市化的效果和问题等;②城镇体系研究,包括城镇体系的分布特征和功能、规模结构等;③城市形态研究,包括城市内部特征、城市分布格局和城市景观等;④城市群和都市圈研究,包括城市群和都市圈的构成、空间分布、人口分布等。

三是累积因果关系。累积因果关系是缪尔达尔、赫布曼等人提出来的一种发展经济学理论,其中心是"累积循环因果关系"的概念,艾伦·普里德将其应用到分析地区增长问题中去。克鲁格曼认为,超发展理论的思想在区位问题中的应用比在发展经济学中更合适。例如,公司往往趋向于市场规模较大的地区,而市场的扩大又与公司的数量增加相关,这样因果累积,市场规模越来越大,集中的趋势越来越明显。

四是外部经济。马歇尔所表述的外部经济,其概念是:生产者聚集在一个特定区位有许多优势,这些优势反过来又可以解释这种聚集现象。外部经济对地区发展的作用很大,但人们对这方面的研究还不够深入,它是区域经济学的一个重要研究方向。

五是地租和土地利用。杜能的农业区位论思想设想了一个从中心到外围地租不断下降的模型。克鲁格曼认为,这个模型涉及均衡理论、价值理论、土地价格理论等,具有广阔的前景。该模型只揭示了从中心到外围的扩散效应,而同时存在的从外围到中心的聚集效应却没有揭示,这方面也应是区域经济学要研究的重点方向。

(2)区域政策研究

区域政策研究的中心是将制度要素引入区域分析当中,研究政府及其体制对区域发展的影响,并通过制定相应的区域政策,协调区域发展。所以,研究的中心是区域政策问题。

目前,区域政策问题在欧洲已引起了相当多的人的重视。其主要原因在于,欧盟内部各个国家之间的关系转变成为一种"国家地区"与"国家地区"之间的关系。如何在欧盟的层面上协调各国的利益(实际上也就是地区利益),成为欧盟经济政策研究的中心之一。正是在这样的背景下,区域经济政策的研究才成为欧洲各国区域经济学家的工作重心之一。

显然,区域政策主要是解决区域问题和协调区域利益。约翰·弗里德曼认为:"区域政策处理的是区位方面的问题,即经济发展'在什么地方'。它反映了在国家层次上处理区域问题的要求。只有通过操纵国家政策变量,才能对区域经济的未来做出最有用的贡献。"区域政策的主要特征是积极的区域倾斜和集中化,因而,区域政策的内容包括:①通过政府的干预而促进生产的空间转移。政府可以选定可支持的部门,并由这些部门的分布来影响空间结构,从而提高地区的经济竞争力,改善贸易平衡,发展自身的研发能力等。②产业和部门规划。国家通过制定援助规划,促进某些产业和部门的发展,或是延缓其衰退的过程。③缩小区域差距。国家通过财政政策、金融货币政策等,实现转移支付,帮助落后区域的发展,缩小地区差距或者抑制地区差距的扩大。缩小区域差距是区域政策最直接的内容。

综观世界各国所提出的区域政策,其主要目标可概括如下:①提高区域内现有资源的利用水平;②更有效地在区内各种用途间分配资源;③实现区域内的最佳增长;④在区域间有效地再分配生产要素,以使总收入与总增长最大化;⑤实现区域间增长率的均等化;⑥实现区域间收入的均等化;⑦为缓解通货膨胀压力而缩小区域差异;⑧减少因区内拥挤而造成的外部成本,从而形成最佳空间结构。上述目标在许多情况下并不是相容的,所以必须依据不同的区域和不同的发达程度做出选择。

(3)区域管理研究

区域管理是区域经济融入管理学的内容后形成的新的学派,在区域经济学从理论到应用的过程中起着一个桥梁的作用。

区域管理起源于人们对20世纪五六十年代区域发展和区域问题的认识。由于落后地区和发达地区的对立,人口大量从落后地区流向发达地区,而发达地区的产业部门却很难向落后地区转移,产业结构升级受到阻碍。人们认识到,要解决这一问题,仅有政策和规划是不够的,还必须借助管理学的方式,把区域作为对象进行管理,如日本的国土开发、美国的区域再开发等,都是著名的范例。

区域管理由三部分内容组成。

一是区域经济发展管理。区域经济发展管理面对的主要是宏观经济问题,面临的两大挑战是经济增长和充分就业。美国田纳西河流域的开发是区域发展管理的经典范例。

区域经济发展管理是在公平竞争的前提下,通过对区域内经济资源的有效协调,使区域经济能够健康有效地发展。区域经济管理的主要方法有三种:一是管理学的方法,二是法律的方法,三是行政的方法。这些方法当中既包括指导性的手段,也包括强制性的手段。

二是区域人口管理。区域管理的基本目标是服务于人,人口管理是区域管理的基本问题。人是生产者,也是消费者。由于人口的增长速度一直在加快,目前全球人口已超过80亿,而我们所拥有的资源在一定技术条件下是固定不变的。所以,对一个区域来说,区域发展必须考虑适度的区域人口规模。适度人口的思想是由英国学者德温坎南于19世纪末提出来的,对于一个国家是如此,对于一个区域也是如此。区域的适度人口主要应考虑区域内的资源状况、经济发展基础和人口就业的形势。人口管理和人力资源开发可以促使区域的发展上到一个新的台阶。人力资源开发是近年来颇受重视的一个区域发展的题目。在新经济时代,人力资源已逐渐成为创造财富的主体资源。区域的发展状况在很大程度上取决于这个区域的人口教育水平、科技开发能力和技术创新精神,所以,人力资源开发正成为区域管理的重要组成部分。人口和劳动力迁移也是近年来区域发展的重要题目。国外从事区域经济学研究的学者对人口迁移进行了详细的研究,提出了出发地或迁出地、目的地或迁入地及介于两者之间障碍的要素理论。在中国,近几十年来的"民工潮"使人口迁移问题在区域管理中显得更为重要。无论是沿海发达的人口迁入地区,还是内地落后的人口迁出地区,都期望从民工的迁移中获得好处。对于沿海城市来讲,民工的涌入可以使其保持一个相对较低的工资水准,从而使降低产品成本进而增强市场竞争力成为可能;对于内陆地区而言,民工从沿海地区汇回的现金收入可以使前者的消费受到拉动,同时也形成了一部分固定资产投资。

区域人口管理不同于全国整体性管理的地方就在于:其人力资源的开发更为具体,人口就业形势更加多变,人口迁移缺乏规律性。这些常常带来一些相应的社会问题。

三是区域环境管理。区域环境管理正在成为区域管理的主要内容。有的学者认为,区域环境管理主要是对矿产资源、土地资源、大气污染、噪声及废弃物污染等进行管理,这种观点侧重于从环境经济学的角度来阐述区域管理的内容。但近年来,一些学者提出,区域环境管理应当是造就一种发展的模式,在对环境进行严格控制的前提下,造就一种经济发展的良好空间。这种观点被称为"环境经济模式",其认为,环境经济模式是以区域或城市的区位优势和环境优势为前提,发展相应的经济中心,带动周边地区的发展。这种模式将区域或城市视为最大的产品,以城市自身形象为品牌,吸引投资者,促进区域和城市发展。由于这种模式的行为主体是地方政府,所以更能够突出其环境管理的功能,引起的累积效应也就更大。

由于环境影响的进一步增强,人们已经不仅仅从环境的直接影响的角度去研究区域环境管理问题,而是以环境控制和保护作为最基本的发展条件,以寻找区域发展和产业发展的新模式和新途径。

总之,区域经济学发展到今天,其研究内容在不断扩展,理论体系在不断完善,应用方法在推陈出新。区域经济学这个"经济学的最后前沿",在经历了70多年的发展历程之后,正迎来一个学科发展的大好时机。

1.4 本章小结

区域经济学是经济学的一个重要的组成部分,是从空间出发探寻经济运行和发展规律的学科。区域经济学的定义是:区域是一切经济活动的空间,区域经济学是解释经济活动在空间上的运行规律的科学。区域经济学有两个来源,一个是地理学,另一个是区位论。从这两个来源产生了区域经济学的三个基石:生产要素的不完全流动性、生产活动的不完全可分性、商品交易与服务存在空间障碍。区域经济学的理论体系可以分为三部分:区域经济发展理论、区域关系理论、区域经济应用工具。伴随着现代经济区域理论的发展,新经济地理理论研究、区域政策研究和区域管理研究已成为区域经济学的三个重要的研究方向。

复习思考题

1. 简述区域和区域经济的概念。
2. 区域经济学的两个来源是什么?
3. 区域经济学的三个基石是什么?
4. 区域经济学研究的主要内容是什么?
5. 简述区域经济学的理论体系。
6. 区域政策研究的主要观点是什么?

建议阅读书目

[1]安虎森、孙久文、吴殿廷:《区域经济学》(马工程教材),北京:高等教育出版社2018年版。

[2]孙久文、叶裕民:《区域经济学教程》,北京:中国人民大学出版社2020年第三版。

[3]张文忠:《经济区位论》,北京:商务印书馆2022年版。

[4]米罗斯拉夫·约万诺维奇:《演化经济地理学》(安虎森等译),北京:经济科学出版社2012年版。

[5]吴殿廷:《区域经济学》,北京:科学出版社2015年第三版。

[6]魏后凯:《现代区域经济学》,北京:经济管理出版社2006年版。

[7]埃德加·胡佛:《区域经济学导论》(中译本),上海:上海远东出版社 1992 年版。
[8]李小建:《经济地理学》,北京:高等教育出版社 2019 年第三版。
[9]阿瑟·格蒂斯,朱迪丝·格蒂斯,杰尔姆·D. 费尔曼:《地理学与生活》,北京:世界图书出版公司 2017 年版。
[10]爱德华·格莱泽:《城市的胜利》,上海:上海社会科学院出版社 2012 年版。
[11]藤田昌久,雅克·弗朗斯瓦·蒂斯:《集聚经济学》,上海:格致出版社 2015 年版。

2
中国区域经济学的理论基础与研究框架

重点问题

- 中国区域经济学的理论基础
- 中国区域经济学的研究对象和理论体系
- 中国区域经济学的最新发展

中国区域经济学是区域经济学的发展与传承,是在继承和发展区域经济理论的基础上,研究中国区域经济发展和区际关系协调一般规律的科学。这门学科要回答的主要问题有:中国的一个具体区域是如何实现经济增长和经济发展的?全国各个地区以及主要城市在劳动地域分工中具有什么样的优势,应该处于什么样的地位,承担什么样的功能?国内区域之间和与国际区域之间应该建立什么样的技术、经济联系,如何建立这样的联系?中央与地方政府如何规划特定区域的发展方向并协调不同区域之间的关系?经过改革开放40多年的经济理论与实践探索,对这些问题的研究已经有了一些初步的收获,区域经济学理论界将对这些问题的研究总结归纳为"中国区域经济学"。

当前,中国区域经济学是一门初步形成、蓬勃发展、应用性很强的应用经济科学。本书拟从理论基础、学科概念和基本研究框架等几个方面,探讨中国区域经济学的研究内容。

2.1 中国区域经济学的理论基础

中国区域经济学的理论基础由两部分组成:一是马克思主义经典理论,在其指导下开创中国区域经济学的基础理论体系;二是区位论和区域经济学的理论沿革,在其影响下形成中国区域经济学的学科概念和标准范式。

2.1.1 马克思主义经典理论与中国区域经济学

马克思主义经典理论当中,对我们建立中国区域经济学的理论体系具有指导意义的主要是三个方面:马克思主义关于空间生产的论述、马克思主义关于分工的论述和马克思主义关于城乡关系的论述。

(1)空间生产是马克思主义经济学对当代空间理论的重要贡献

在《资本论》中,马克思关心的是商品的价值。但马克思在关心商品的价值的同时,也十分关注商品的使用价值。马克思明确地把空间属性视为商品使用价值的必要的组成部分①。马克思指出,"劳动对象发生某种物质变化——空间的、位置的变化","它的位置改变了,从而它的使用价值也起了变化。因为这个使用价值的位置改变了,商品的交换价值增加了"②。马克思把商品与空间结合起来,进而与资本相结合,由此空间的性质就完全脱离了单纯的自然空间,而进入了经济的空间。

根据马克思的分析,为了生产剩余价值,就必须有大量的生产资本以工厂、机器、交通线、仓库以及其他设施的形式存在,并在相当长的一段时间内固定在某个空间③。因此,当我们去认识某一个空间的时候,这个空间是以两种属性存在的:一种是自然属性,即固定的经纬度的位置存在;另一种是经济属性,即具有使用价值的商品生产的位置存在。正因为这样,我们就可以用马克思的理论来解释当前经济空间的发展与运行的问题。

例如,从马克思主义政治经济学中社会扩大再生产的生产、分配、流通、消费这四大环节探

① 尼尔·史密斯.不平衡的发展[M].北京:商务印书馆,2021:147.
② 《马克思恩格斯全集》第26卷第1册,北京:人民出版社,1974:444-445.
③ 参见大卫·哈维《社会争议与城市》一书中的相关内容。

讨新发展格局的循环机理，就需要着眼于扩大内需，总结国内各大经济区的生产、分配、流通、消费四大环节运转的关键特点，研究创新链、产业链和供应链在不同经济区的空间存在的特点。有的学者主张，以剩余价值生产为驱动重塑生产空间，作为构建新发展格局的现实逻辑，也是基于马克思关于空间的属性的分析。

(2)马克思主义分工理论是当代聚集经济的理论基础

马克思在《资本论(第一卷)》中阐述了分工理论。他从资本主义工场手工业中看到了分工协作的好处。马克思指出，“许多人在同一生产过程中，或在不同的但互相联系的生产过程中，有计划地一起协同劳动”。马克思说的协作是由工厂手工业工人间的分工带来的，他从工场手工业内部的分工协作想到了社会内部的分工协作，进而想到了地域间的分工协作。马克思对劳动地域分工做出过详细的解释。马克思曾说：“一个民族的生产力发展的水平，最明显地表现在该民族分工的发展程度上”，“这既包括部门、企业间和企业内部的分工，也包括把一定生产部门固定在国家一定地区的地域分工”。

马克思主义关于分工的理论，是中国当前产业集聚与经济区建设的理论基础。马克思对于分工的考察，从一般的社会分工开始，进而考察不同部类的分工，这就是我们今天所看到的产业的门类的划分，如钢铁、汽车、建材、电子行业等。如果社会的集中是交换价值被集中到越来越少的人的手里，那么空间上的集中就是使用价值的物理集中①。在现实生产中表现为生产的集中，也就是产业部门的集中，空间上的形态就是经济区。经济规模越大，产业部门的规模也就越大，所聚集空间的自然尺度也会越大。恩格斯指出，可以充分利用各地区的资源优势，缩小各地区的发展差距，消灭城乡差别。作为区域协调发展基础的生产力平衡分布的思想，最早可以追溯到马克思主义早期的经典论述。

(3)马克思关于城乡关系的论述是中国城市化的理论依据

马克思和恩格斯提出了要在共产主义阶段消灭城乡对立、实现城乡融合的设想。恩格斯在《反杜林论》中指出：“通过消除旧的分工，进行生产教育、变换工种、共同享受大家创造出来的福利，以及城乡的融合，使社会主体成员的才能得到全面的发展”，并指出“城市和乡村的对立的消失不仅是可能的，它已经成为工业生产本身的直接需要，正如它已经成为农业生产和公共卫生事业的需要一样。只有通过城市和乡村的融合，现在的空气、水和土地的污染才能排除。只有通过这种融合，才能使现在城市中日益病弱的群众的粪便不致引起疾病，而是用来作为植物的肥料”。

我们从上述论述中可以看到，恩格斯认为可以通过生产力的平衡分布来消除城乡分离。正如他写到的：“从大工业在全国的尽可能平衡分布是消灭城乡分离的条件这方面来说，消灭城市和乡村的分离也不是什么空想”。

2.1.2 中国特色社会主义理论与中国区域经济学

中国区域经济学的形成与发展，是在中国特色社会主义理论的指导下逐步完善的。毛泽东思想、邓小平理论、习近平新时代中国特色社会主义理论是中国区域经济发展的理论依据。

(1)毛泽东思想与中国区域经济理论

新中国成立后，党和政府开始了促进区域发展的探索。1953 年起，中国开始第一个五年计

① 尼尔·史密斯. 不平衡的发展[M]. 北京：商务印书馆，2021：213.

划,毛泽东结合中国发展的国情,提出了利用沿海工业发展内地工业的生产力平衡布局思想。毛泽东在《论十大关系》一文中指出,“沿海的工业基地必须充分利用,但是,为了平衡工业发展的布局,内地工业必须大力发展”,“好好地利用和发展沿海的工业老底子,可以使我们更有力量来发展和支持内地工业”。这一思想也成为第一代中央领导集体生产力布局的指导思想。

毛泽东强调要利用沿海地区工业发展的优势,带动内地工业的发展。为实现工业在全国的均衡发展,就要实行沿海工业与内地工业并举的生产力布局。20 世纪 60 年代,由于中苏关系破裂,中国周边局势紧张,毛泽东在分析国内外形势之后,在“三五”计划的中央工作会议上指出,“在原子弹时期,没有后方不行,‘三五’计划要考虑全国工业布局不平衡的问题,要进行一、二、三线的战略布局,加强三线建设,防备敌人的入侵”(孔全新,2002)。他又在《论十大关系》中指出:“新的工业大部分应当摆在内地,使工业布局逐步平衡,并且有利于备战,这是毫无疑义的”。按照毛泽东的战略思想,新中国成立后的 28 年间,国家采取了一系列向中西部倾斜的产业布局政策,使中西部的工业得到了一定的发展。但同时,生产力和投资重点过分倾向于较落后的中西部地区,而在一定程度上忽视了经济效益目标。

(2)邓小平理论与中国区域经济学

邓小平将区域发展问题与中国特色社会主义发展的时代背景相结合,既坚持了区域发展思想的合理内核,又融入了对时代的思考。改革开放伊始,邓小平就指出,“我们坚持走社会主义道路,根本目标是实现共同富裕,然而平均发展是不可能的。过去搞平均主义,吃‘大锅饭’,实际上是共同落后,共同贫穷。我们就是吃了这个亏。改革首先要打破平均主义,打破‘大锅饭’”。1985 年,邓小平在视察天津时说,“我的一贯主张是,让一部分人、一部分地区先富起来,大原则是共同富裕。一部分地区发展快一点,带动大部分地区,这是加速发展、达到共同富裕的捷径”。1988 年 9 月,邓小平又指出,“沿海地区要加快对外开放,使这个拥有两亿人口的广大地带较快地发展起来,从而带动内地更好地发展,这是一个事关大局的问题。内地要顾全这个大局。反过来,发展到一定的时候,又要求沿海拿出更多力量来帮助内地发展,这也是个大局。那时沿海也要服从这个大局”。邓小平同志的这个论述,成为“两个大局”战略的基本指导思想。

在邓小平理论的指引下,以江泽民同志为核心的党的第三代中央领导集体进一步对区域发展理论进行了探索。在 1995 年《正确处理社会主义现代化建设中的若干重大关系》的讲话中,江泽民概括了中国现代化发展中十二大关系,深入诠释了产业与产业之间、区域与区域之间、所有制与所有制之间的一系列对立统一关系。到 20 世纪末,中国经济发展水平已提前达到小康水平,着重解决沿海与内地发展差距问题所需的条件已具备。党的第三代中央领导集体不失时机地把西部大开发提上了议事日程,实施战略重点的转移,中国区域经济开始走上了区域经济协调发展之路。江泽民指出,“国家要加大对中西部地区的支持力度,优先安排基础设施和资源开发项目,鼓励国内外投资者到中西部投资”。1999 年启动的西部大开发战略,有力地推动了西部地区经济的发展,极大地促进了中国整体经济实力的提高和综合国力的增强。

党的十六大以后,胡锦涛同志提出,统筹区域发展就是要统筹兼顾,合理布局,妥善处理区域发展中的各方面关系,走各地区协调发展、共同富裕之路。党的第四代中央领导集体在总结中国区域经济发展进程的基础上,先后启动了东北振兴和中部崛起的发展战略,并结合东部率先发展,形成了中国区域发展总体战略。为此,国家重新调整了区域发展的布局:“积极推进西部大开发,有效发挥中部地区的综合优势,支持中西部地区加快改革发展,振兴东北地区等老工业基地,鼓励有条件的东部地区率先基本实现现代化,逐步形成东、中、西部经济互联互动、优势互补、协调发展的新格局。”胡锦涛同志在中国共产党第十七次全国代表大会上所做的报告《高举中国特色社会主义伟大旗帜 为夺取全面建设小康社会新胜利而奋斗》中表示，“要推动区域协调发展，优化国土开发格局。缩小区域发展差距，必须注重实现基本公共服务均等化，引导生产要素跨区域合理流动。要继续实施区域发展总体战略，深入推进西部大开发，全面振兴东北地区等老工业基地，大力促进中部地区崛起，积极支持东部地区率先发展。加强国土规划，按照形成主体功能区的要求，完善区域政策，调整经济布局”。这些思想是党的第四代中央领导集体对区域发展的集中贡献。

(3) 习近平新时代中国特色社会主义理论与中国区域经济学

习近平总书记和党的新一代中央领导集体十分重视中国区域经济的发展。为了解决新时代社会主要矛盾中的“不平衡不充分”的发展问题，党的十九大报告将区域协调发展战略提升为区域重大战略之一，它也首次成为统领性的区域发展战略。在党的十九大报告中，习近平总书记对区域协调发展战略的阐述是：“加大力度支持革命老区、民族地区、边疆地区、贫困地区加快发展，强化举措推进西部大开发形成新格局，深化改革加快东北等老工业基地振兴，发挥优势推动中部地区崛起，创新引领率先实现东部地区优化发展，建立更加有效的区域协调发展新机制。以城市群为主体构建大中小城市和小城镇协调发展的城镇格局，加快农业转移人口市民化。以疏解北京非首都功能为‘牛鼻子’推动京津冀协同发展，高起点规划、高标准建设雄安新区。以共抓大保护、不搞大开发为导向推动长江经济带发展。支持资源型地区经济转型发展。加快边疆发展，确保边疆巩固、边境安全。坚持陆海统筹，加快建设海洋强国。”在此，习近平总书记高度概括了区域发展的核心内容，区域协调发展战略也由此成为新时代建设现代化经济体系的重要组成部分。

综上所述，中国区域经济学是以马克思主义经典理论为基本指导思想，适应中国区域发展需要，通过总结中国各个阶段区域经济发展规律而形成的应用经济学科。

2.1.3 中国区域经济学与中国区域经济发展的关系

(1) 中国区域经济学是中国区域经济发展的历史总结

早在新中国成立的初期，以毛泽东同志为核心的党的第一代中央领导集体就在指导全国经济发展中对区域经济的布局问题进行了经典性的总结，这些观点集中体现在毛泽东的《论十大关系》中。毛泽东继承和发扬了马克思、恩格斯的“大工业在全国尽可能均衡分布”的思想和列宁的“使俄国工业布局合理，着眼点是接近原料产地”的思想。毛泽东在《论十大关系》中提出了优先发展内地、平衡布局生产力的思想。他强调，生产力均衡布局要以内地为中心，解决旧中国经济发展不平衡的问题；随着新中国大规模经济建设的开始，对合理布局沿海和内地生产力，他又提出“在全国各地区适当地分布工业的生产力，使工业接近原料、燃料的产区和消费地区，并适合于巩固国防的条件”。

改革开放以后，在区域经济发展中表现出因产业均衡布局所导致的资源利用的低效率问题。提高资源利用效率是市场经济条件下经济社会发展的核心问题之一。在宏观上，随着国民经济发展由粗放型向集约型、由速度型向效益型转变，如何有效地利用全国各地区的资源，就成为社会各界广泛关心的课题；在中观上，随着中央政府的放权让利，各地方政府开始成为地方经济发展的重要主体，如何有效地利用地区资源，建立合理的产业结构，促进本地区经济发展，是各级地方政府关心的首要问题；在微观上，随着市场经济体制的逐步确立，一大批跨区域的大型企业集团得到发展壮大,它们为了开拓新的发展空间,需要了解和掌握各地区发展的优势和进一步发展的态势,研究新扩张领域的最佳区位选择。由此国家经济的发展从宏观、中观及微观的角度都提出了研究区域经济发展的迫切需要。而诸如区域差距问题、地区产业结构问题、贫困问题、城乡问题、资源开发中的环境问题等,已严重限制了国民经济的健康发展。所有这些问题都需要新的、联系中国经济发展实际的经济学理论来回答,这些问题的解决又需要运用多学科的理论和研究方法去制定具体的解决方案。于是,一门年轻的、至今为止几乎是综合性最强的经济科学——中国区域经济理论,在多个学科学者的关注和努力下,开始形成并得到迅速发展。

(2)中国区域经济学是面向社会主义现代化建设需要的经济理论

中国区域经济学是中国在新时期发展中积极应对国际国内形势的需要而得以产生和发展的。随着改革开放大幕的拉开,为使区域经济尽快摆脱低水平的均衡状态,中国政府开始实施沿海发展战略,在东部地区设立了一系列经济特区、沿海开放城市、沿海经济开放区,这些地区的经济实力迅速增强。2000 年之后,我国相继将西部大开发、东北振兴、中部崛起定位为国家战略,以解决地区发展差距扩大的问题,从而对中国区域经济格局产生了深远的影响。

2013 年之后,特别是党的十九大以来,中国经济社会的发展使空间问题越来越重要。特殊类型地区、四大板块、城市群与城市体系、京津冀与雄安新区、长江经济带、资源型地区、边疆地区以及海洋地区等,逐步进入国家规划的范畴,丰富了中国区域经济学的内容。

当前,人类社会已进入一个全新的时代,技术进步日新月异。中国已经开启了现代化建设的新征程,研究适应新发展形势、开拓新的经济发展空间,对于中国的现代化建设十分重要。然而,当前的世界经济发展给中国提出了极其严峻的挑战:中国在新时期的发展中,既要完成传统的工业化过程,又要追赶人工智能时代世界经济发展的步伐。中国已经多次错过参与世界发展的机会,中国没有理由再次错过历史的发展机遇,也没有时间再次走经济发展的弯路。为此,必须深入研究中国作为一个特定区域的经济发展的基本规律,以及人们利用规律驾驭经济活动、提高发展效率的基本途径。这也正是中国区域经济学所要研究的核心问题。

(3)中国区域经济学是适应中国国情的经济理论

中国人口众多,国土面积大,但人均资源少。这就决定了中国区域经济的发展要从地域广大的特点出发,发挥地区优势,造就发展特点,形成独特模式。中国是一个幅员辽阔的大国,各地区经济发展的条件与环境千差万别。全国资源的有效利用必须落实到各个地区,因地制宜,充分挖掘、利用各地区的资源条件,使处于不同发展阶段的各个地区根据各自的发展实际加速现代化发展进程,缩小与世界发展的差距。

随着改革开放大幕的拉开,为使区域经济尽快摆脱低水平均衡状态,中国政府开始实施沿海发展战略,在东部地区设立了一系列经济特区、沿海开放城市、沿海经济开放区,经济实力迅速增强。然而,在 20 世纪八九十年代,区域差距的持续扩大已经是一个十分严重的问题,引起了中央的重视。中央在 1996 年的"九五"计划纲要中明确提出,要"实施有利于缓解差距扩大趋势的政策";2000 年之后,又相继将西部大开发、东北振兴、中部崛起定位为国家战略,以解决地区发展差距扩大的问题,从而对中国区域经济格局产生了深远的影响。可见,强调缩小区域发展差距的必要性,提出推动区域协调发展的新构想,是中国区域经济理论的重要研究方向。

在沿海工业化已经达到较高程度的发达地区以及已经进入现代化发展阶段的城市,需要担负起发展高新技术产业和新经济的历史重任;而对相对欠发达地区而言,则需要充分发挥地区比较优势，找到本身的发展定位，形成正确的发展路径。由于中国特殊的国情，各级政府将在很长一段时期内承担起区域经济发展第一主体的重任，它们将负责制定各自区域的开发与发展规划，并采取各项政策措施，参与、促进区域经济的发展。中国的政府官员需要一种系统阐述中国区域经济发展与资源开发的理论，该理论应能够回答区域发展各个过程中所产生的基本问题以及政府可能采取的对策。这也正是中国区域经济学的特殊历史使命。因此，中国区域经济学有义务回应处于不同发展阶段的区域发展的一般要求，并向这些区域提出进一步发展的途径与措施。

(4)中国区域经济学是总结中国发展经验所形成的经济理论

改革开放以来，中国的对外开放、深化国际合作逐年走上新的台阶。改革开放充分激发了各区域发展经济的能动性和创造力；各类区域发展功能平台的先行先试和示范带动作用，使之成为推动区域发展、促进区域创新的主要动力。同时，中央通过建立区域协调机制，解决重大战略实施中出现的各种问题，极大地丰富了中国区域经济发展的内涵。当前，区域发展由追求高速增长向追求高质量发展转变，使区域经济的研究面临许多新的问题，为此需要有新的思维，坚持和完善中国特色社会主义制度，推进国家治理体系和治理能力现代化。党的十八大以来，中央先后出台京津冀协同发展、粤港澳大湾区建设、长三角一体化等国家战略，充分说明区域经济理论对国家经济政策的制定具有深刻的借鉴价值。

中国在区域经济发展的过程中形成了许多独特的发展模式，需要通过中国区域经济理论去挖掘和总结。例如，推动市场在资源配置中发挥决定性作用，其主要着力点应当放在区域发展上。地方政府具有支配地方资源的权力，是凭借政府权力分配资源，还是放到市场中由市场去配置资源？如何由市场配置资源？这些在理论上都需要加以总结和阐述。再如，反贫困问题是区域发展中必须给予足够重视的问题，抓最落后群体的生产发展和民生改善、抓解决人民群众和经济社会面对的最基本的问题，实现基本公共服务均等化，是地方政府的责任。地方政府有哪些落实社会责任的经验，更是值得总结的经验。在迈向现代化的征程中，中国既不能走1949年前的道路，也不能走西方的道路，同样不可能走苏联的道路，而是要走出一条具有中国特色的社会主义道路。这一道路在经济上的特色是，以公有制为主体、多种所有制经济共同发展，以按劳分配为主体、多种分配方式并存的社会主义市场经济体制。在空间上，则需要不断优化中国的空间结构，建设一个山清水秀的现代化国家。

2.2 中国区域经济学的发展历程与研究范围

区域经济学起源于十九世纪的德国，形成于20世纪50年代的美国，活跃在21世纪的中国。自20世纪80年代以来，通过借鉴和发展，区域经济学在中国已经成为蒸蒸日上、从者如云的学科。因此，中国区域经济理论的发展特点是：理论上的创新与内容上的传承相结合，把区域经济学的体系完善和对中国实践的指导作用作为追求的目标。

2.2.1 中国区域经济学的发展历程

在新时代构建中国现代化经济体系的实践中，中国区域经济学将发挥更大的作用。中国区域经济学的发展历程可以简述如下：

(1)经济地理研究时期

从新中国成立到1978年改革开放之前，这段时期主要是研究中国经济景观的地理分布问题，并为国家经济建设提供基础性资料。比如，为修建铁路提供沿途的经济发展情况、资源赋存情况和人口收入情况等。这些研究为中国区域经济学的形成，打下了资源和区域环境的基础。

(2)产业布局研究时期

改革开放之后，对于中国产业布局的研究形成了一个新的高潮。改革开放伊始，产业发展是当时的当务之急。从这个经济社会发展的需求出发，中国区域经济研究的重点是产业合理布局。与此同时，在借鉴区域理论的基础上，中国区域经济学专业开始形成。

(3)区域经济理论创立时期

伴随着改革开放的深入和中国社会主义市场经济体制的确立，中国区域经济学进入创立时期。从20世纪80年代区域经济专业的形成，到20世纪90年代对中国区域经济问题研究的深入，中国区域经济学的发展历程进入加速形成时期。这是对区域经济学学科性质认识的过程，当然也是"中国区域经济学"脱胎于一般的区域经济学而单独建立的过程。毫无疑问，根据中国区域经济发展的特点，深入研究适合中国国情的区域经济学，是中国经济发展的迫切需要。

(4)区域经济理论建设加速时期

党的十八大、十九大之后，特别是进入"十四五"时期即全面建设社会主义现代化的新时期，中国区域经济理论进入建设加速时期。中国区域经济学的理论建设主要体现在以下三个方面：

一是中国区域经济学是中国经济学大门类下面的应用经济学科，其主要任务是总结中国社会主义经济条件下区域经济的发展规律，在发挥地区优势的基础上实现资源优化配置，为中国各地区的区域发展提供理论依据和科学指导。

二是中国区域经济学是一门理论与实践相结合的应用性学科。中国区域经济理论的理论体系的构成，要能够对在现实的区域经济运行中可能产生的重大问题给予理论上的解释；中国区域经济问题的研究，要为解决现实区域经济运行中的问题提供思路、方法和政策。

三是中国区域经济学的研究范围应当分成两个部分：①理论研究部分，由区域分工理论、比较优势理论、区域资源配置理论、区域相互依存理论、区域产业发展和转移理论、区域空间格局演变理论和区域政府干预理论等构成的现代区域经济学的理论体系转化而来；②应用研究部分，具体分析中国区域经济发展的规律性问题，包括区域特征分析、区域发展与协调、区域产业结构、人口增长与迁徙、城市建设与中心地布局、区域国土规划，区域经济关系和区域政策等方面的内容。

2.2.2 中国经济区域的概念与划分

区域经济是国民经济的子系统，但由于区域经济类型多样，其运行规律与国民经济的运行规律不尽相同。中国区域经济学在中国发展方兴未艾，已经成为一门经世济用的学科，在企业区位选择与跨区域活动决策、地方政府寻求经济发展方向与解决自身发展难题、中央政府进行区域经济决策与调控等方面发挥着不可或缺的作用。

(1)中国区域经济学的区域概念

中国区域经济学关于区域的概念与区域经济理论相一致，认为区域是区域经济学研究的起点。区域是一个多维度、多层次的概念，对区域概念的明确界定或定义需要从多学科的角度出发。区域是一切经济社会活动得以进行的空间载体。从空间的角度考察经济发展是区域经济学有别于其他经济学分支的最突出的特点。一般而言，区域通常指特定的地理空间范围，可以泛指大到整个地球，小到县、乡、村等；而且，与区域有关的概念较多，主要有空间、地区、地域、地带、地方、区位与地点等。

中国区域经济学关于区域的概念的定义特殊性是区域的具体化与实用性。在西方国家的区域经济学中，这些相关概念有明确的内涵与外延。其中，区域特指在经济上具有同质性或内聚性的地区。在中国的区域经济实践中并没有严格区分区域与地区，例如，在政府文件中，"四大板块"（即东部地区、中部地区、西部地区与东北地区）中的地区，实质上是一种战略区域。此外，区域有尺度之分，即区域的划分范围有大有小，尺度不同的区域服务于不同的目的。需要特别指出的是，从事任何特定区域发展的研究，都必须考虑到该区域在全国经济发展中的地位和作用，考虑到该区域发展与全国经济社会发展的协调，以全国的资源得到合理开发利用以及壮大国民经济整体实力为基本出发点和目标。

因此，中国区域经济学中的区域概念，是根据区域经济学的一般概念，在综合地理学、政治学和经济学关于区域概念内涵及外延的基础上，考虑中国具体地域空间的人口、经济、资源、环境、公共设施和行政管理的特点而形成的经济区域的概念。因此，中国区域经济理论的区域概念是把研究的范围限制在中国的国家范围之内，研究的是中国各层级、各类型区域经济的活动及其对宏观经济的影响。

（2）中国的区域划分

经济学研究的区域范围称为经济区。中国区域经济理论研究的经济区是指以劳动地域分工为基础形成的不同层次、各具特色的经济地域。经济区的区内一致性和区外差异性，是中国区域经济研究的主要特点。任何经济区的存在都必然在客观上具备区内一致性，这种一致性通常表现为经济发展基础和条件的同一性，共同面临着区域经济发展的障碍与问题，共同追求经济发展的特定目标，共同享受政府赋予的特殊优惠政策等等。这种一致性是客观存在的，它促使经济区的各子区域密切联合为一体。

在实践中，中国先后采用过如下几种不同的地区划分方法来组织区域经济活动：

第一，按省级行政区划系统来划分经济区，这是中国一直沿用的一种区域经济组织形式。新中国成立之后按华北、东北、华东、中南、西南、西北六大协作区来安排地区布局，组织区域经济活动，是延续了相当长一段时间的经济区的划分系统。

第二，按照经济区的位置关系和地域依托来划分经济区。这是新中国成立之后到现在始终沿用的一种经济区的划分方法。一是新中国成立之后，按沿海与内地两大块来进行经济区的划分；二是改革开放之后，按照东部、中部和西部地区的地理位置和发展水平划分的"三大地带"；三是自"十一五"规划之后，按照东部地区、中部地区、西部地区和东北地区来划分的"四大板块"来组织区域经济，目前仍然在使用当中。

第三，按照区域经济关系和区域分工定位划分的经济区。中共十八大之后，中国经济发展更多地转向尊重市场规律，中国的区域划分也更加注重经济关系和区域分工。京津冀协同发展、长三角一体化和粤港澳大湾区建设，是根据发展水平和发展定位划分的三个区域发展引擎的经济区；长江经济带建设、黄河流域生态保护和高质量发展，是依据区域经济关系划分的国土依托型的经济区。

2.2.3 当前中国经济区域的类型

按照中国当前经济发展水平并结合各区域的发展特征进行分类，可以把中国的区域划分为四类。

(1)发达地区

发达地区是迈过现代化门槛的地区，社会经济发展的综合水平较高，主要表现在以下几个方面：①经济运行在高质量发展的合理区间，居民收入接近发达经济体水平；②实体经济壮大，产业实力稳步加强，以技术革新为引擎促进全要素生产率持续提升；③创新企业核心竞争力突出，创新活动的正外部性逐步释放；④城乡二元结构消弭，城乡逐步走向一体化；⑤循环生产模式、绿色生活方式普及，生态文明制度走向健全；⑥全方位、宽领域、多层次的对外开放向纵深迈进；⑦基本公共服务趋于均等化，人民日益增长的美好生活需要基本得到满足。

(2)欠发达地区

欠发达地区与发达地区相对应，是指尚未迈过现代化门槛的地区，是特定自然、历史、社会、文化因素共同作用的结果，其突出特征是社会经济发展不平衡、不充分。与发达地区相比，欠发达地区往往具有经济规模偏小、经济发展质量不高、居民可支配收入偏低、产业结构欠合理、科技实力不强、创新意识薄弱、资源利用效率低下、思想观念陈旧等特征。从长期来看，欠发达地区将通过工业化、信息化、城镇化、农业现代化等途径，不断缩小与发达地区的差距，最终跻身发达地区行列。

(3)特殊类型地区

特殊类型地区的表述首次出现在中国"十三五"规划纲要中，主要包括革命老区、民族地区、边疆地区、贫困地区四种类型，同时也包括存在资源枯竭、产业衰退、生态退化问题的各类地区，与欠发达地区在空间分布上具有一定的重叠。在"十四五"时期，特殊类型地区的概念和范围有所扩大，包括革命老区、民族地区、边疆地区、相对落后地区、资源枯竭型地区、环境恶化地区和老工业基地。特殊类型地区既是中国巩固拓展脱贫攻坚成果、扎实推进共同富裕的主战场，也承担着传承红色基因、增进民族团结、加快国防建设等特殊任务。

(4)海洋地区

中国的海洋区域包括领海和中国管辖的海域。毗邻中国大陆边缘的渤海、黄海、东海、南海互相连成一片，自北向南呈弧状分布，是北太平洋西部的边缘海。中国于 1958 年 9 月 4 日发表关于领海的声明，宣布中国的领海宽度为 12 海里（1 海里≈1.852 千米），该规定适用于中国的一切领土，包括中国大陆及其沿海岛屿，和同大陆及其沿海岛屿隔有公海的台湾及其周围各岛、澎湖列岛、东沙群岛、西沙群岛、中沙群岛、南沙群岛以及其他属于中国的岛屿。毗邻中国的海域总面积约为 470 万平方千米，其中，根据《联合国海洋法公约》的规定，中国主张管辖的海域面积约为 300 万平方千米，其中包括了内海、领海、毗连区、专属经济区和大陆架。

2.2.4 中国区域经济学要解决的三大问题

在中国区域经济学的发展过程中，形成了具有区域特点的学科理论和研究方法论。面对中国区域经济发展的实践，中国区域经济学的理论体系需要解决的三大问题是：区域发展，区域关系，区域经济运行。

(1) 区域发展

基于比较优势理论，以中国各区域的自然和社会经济条件为基础，研究一个区域内部的发展问题。其中包括区域经济增长问题、区域产业结构问题、区域发展的集聚与分散问题等。

(2) 区域关系

基于地域分工理论，以中国多个区域为研究对象，研究区域之间的关系。其中包括研究区域之间的经济发展差距、区际要素流动与产品贸易、区域经济合作与冲突等。

(3) 区域经济运行

基于经济循环理论，充分考虑经济发展的成本与效益关系，研究中国区域经济的运行规律。主要包括：区域经济的管理，中国区域经济运行的应用工具，区域发展战略、区域规划、区域政策等。

2.3 中国区域经济学的理论体系与发展方向

进入实现中国式现代化的新时期，在习近平新时代中国特色社会主义思想的引领下，中国区域经济发展进入一个新的时期。区域经济学在中国区域经济中的作用日益重要，完善区域经济学的学科体系并实现中国化，是未来一段时期中国区域经济学科发展的迫切任务。

2.3.1 中国区域经济学的理论沿革

国外区域经济研究是从区位论的提出而起源的，可以追溯到杜能提出的农业区位论(1826)、韦伯的工业区位论(1909)和廖什的市场区位论(1940)，他们对区域经济学科的形成做出了巨大的贡献。区域经济学的形成是在第二次世界大战结束以后，美国的艾萨德教授、胡佛教授等对学科的建立做出了杰出的贡献。

20 世纪 50 年代以后，区域经济学逐渐发展成为一门独立的学科。国外区域经济学的兴起和发展主要是为了解释区域和城乡问题，包括区域与城乡的发展问题、相互关系问题，并探索解决问题的途径。伴随着当时发展经济学的兴起，区域经济学当中融入了大量的发展经济学和产业经济学的内容，为解决区域和城市发展的问题提供了有力的武器。中国的区域经济学是从经济地理学以及生产力布局学发展起来的，改革开放之后，在大量引进区位论和区域经济理论的基础上，成为一门独立的经济学学科。

改革开放后，中国经济整体上取得了有目共睹的进步。改革开放初期，向沿海倾斜的区域发展政策，使我国东部沿海承接了国际大跨度的产业转移，并迅速崛起成为国际制造业的中心。这段时间，我国不同区域的经济发展绩效很不一致，从珠三角到长三角再到环渤海的开发和开放使得中国东部沿海地区经济取得了长足的发展，但广大的中西部内陆地区的经济发展则相当缓慢。我国的区际差异尽管在 20 世纪 80 年代轻微下调，90 年代中后期开始又迅速扩大。缩小城乡差异、统筹城乡发展、推进城镇化、加快少数民族和边疆地区经济等诸多区域性经济问题日益凸显。与之相对应，这个时期也正是中国区域经济理论从引进到成型的时期。进入 21 世纪以后，伴随着西部大开发、东北振兴、中部崛起和东部率先发展的区域发展总体战略的形成，中国的区域经济学在区域发展规划、区域开发行动和地域整治等方面发挥了独特的作用，学科本身也形成了一整套适合中国国情的区域经济理论体系。中共二十大之后,区域协调发展的四大战略,即区域协调发展战略、区域重大战略、主体功能区战略和新型城镇化战略,构成了中国区域经济理论的核心内容①。

总之,国内外的区域经济学科都是为解决区域差异、城乡差异等区域性经济问题而形成发展起来的。早在 170 多年前,马克思主义发展观已经指出了区际差异和城乡差异的形成机制。中国区域经济理论充分继承了马克思主义区域发展观的精髓,充分吸取了国际区域经济学科发展的成果,充分认识了我国当前发展阶段的特征,促进中国的区域经济学迈向一个新的学术高度。

2.3.2 中国区域经济研究要解决的理论问题

区域经济学的中国化是一个宏大的系统工程,是区域经济学理论完善的一条必由之路,也是区域经济学研究者面临的任务。然而,当前摆在我们面前的学术上的障碍,仍然需要我们去艰难地逾越。

区域经济研究传统上的三个原则:一是因地制宜原则,以比较优势理论为核心,用来指导区域经济发展中的产业选择;二是动态平衡原则,以均衡发展和非均衡发展的理论为基础,调整宏观区域关系;三是统一性原则,强调部分与整体的关系,强调区域要素中点、线、面的统一。由于中国区域经济实践日趋丰富的特征,原有的理论在解释新的问题时碰到了很多困难。在中国区域经济理论的研究中,要重点解决以下几个问题:

(1)正确认识区域经济与宏观经济的关系及其在区域发展中的作用

中国的区域经济学是伴随改革开放和中国区域经济发展而发展起来的一门应用经济学科。但是,任何一门经济学的分支学科,都不能单独成为区域发展的指导思想,而只能是基础理论。区域发展需要一系列的基础理论,区域经济学的位置应当是排在最前面的。除此之外,产业经济学、发展经济学、城市经济学、环境经济学等等,都在此列。基础理论的作用在于为构建发展战略提供思路与框架。区域发展的形势变化很快,而理论在一定时期是固定不变的。理论的创新需要对实践的总结,总结中国区域发展的实践并上升到理论,恰恰是我们当前理论研究的弱项。

实际上,迄今为止,区域经济学已经形成的分析区域发展的理论框架并不完美。现存的理论分析和现实研究都是零散和碎片化的,缺少一个完整的区域经济分析的理论框架。出现问题的原因,是我们对这门学科的认识还没有到位,我们把机理研究与发展预测混为一谈,或者看作同等重要。例如,“主体功能区”在区域发展中是一种静态的类型区划,是区域发展的依据而不是指导思想,如果我们非要用“主体功能区规划”去统领其他规划,显然就是行不通的。

(2)正确认识区域差异、城乡差异产生的基本机理

当前,对于区域差异、城乡差异产生的机理分析明显滞后,具体表现为学术界对区域差异、城乡差异产生原因的分析缺少系统性和政策上的连续性。例如,对区域发展差距的分析,“十一五”之前,大多是从“三大地带”的角度去分析原因,因而有学者提出“梯度发展”的概念,其中对于地带性的原因和发展次序的原因都有很多论述。“四大板块”提出之后,之前的区域差异、城乡差异研究平台都失去了依据,如何表述发展差距也没有一整套新的观点。同样,城乡差距

① 本书后续章节将根据需要具体阐述这些战略。

的分析除了“二元结构”之说，并没有更深入的理论创新。而现实中存在的其实是一种“三元结构”：第一“元”是城市人口，第二“元”是农村人口，第三“元”是生活在城市里的农村人口。这是一个“三元”的结构，由于处于两极中间的这部分人口随时都处于变动当中，因而这个结构不具有稳定性。

研究发展差距，我们不缺少方法，而是缺少体系。要建立完善的分析体系，应当认清三点：第一，区域差异与城乡差异是互相联系、密不可分的。前者决定后者，两者又互相影响。第二，地理环境、区位是影响发展差距的先天性因素。区域中的发展不存在偶然性，所有的偶然性都可以从地理要素中找到必然性。第三，经济发展是差异产生的主要原因，又是消除差异的主要武器。经济发展的进程启动之后，区域上存在的发展次序性是不可避免的。三十年来我国发展的重心在东部沿海，未来三十年发展的重心将转移到中部（包括部分西南的省份）。

（3）正确认识要素聚集与分散的变化规律

区域发展的核心是产业，产业发展中要素的聚集与分散对区域发展影响深远。最近一段时间以来，北方部分省区经济发展低迷，发展速度下降。这种情况与这些省区的产业结构过重有关。这固然有国际大宗物资价格下降的影响，也有这些地区单一结构造成的影响。单一结构的形成，根源在于专业化生产的理论。过度强调专业化，强调全国一盘棋，每一个地区只生产自己有优势的产品，甚至是产品的一部分，这个理论只适用于与世隔绝的经济发展环境，而一旦加入国际经济的大循环，就等于把自己置于危险的境地。所以，不是专业化生产理论不可信，而是要反对过度专业化，提倡专业化与综合发展相结合，防止掉入“比较优势陷阱”。

同样，聚集与分散也不是无限向一个方向发展的。规模效益递增应当有限度，无限地聚集必然会发展到反面。过大的产业区、过大的城市，当前在计算经济效益时仍然是最好的，这是因为负面的影响都被掩饰或者被忽略所致。到目前为止，还没有一个能够全面反映经济发展的指标体系，绿色 GDP 显然还是很不成熟。所以，大城市的经济效益比中小城市好，只能是 GDP 层面的。比如，按照规模报酬递增的理论，全国 1/4 的钢铁产量集中在河北显然是合理的，但其环境的负效益可能已经抵消了相当一部分经济效益。

从供给侧来调整区域经济结构也会面临一个风险：经济发展的高潮期与低谷期对某些产品的需求有一个很大的落差，只有绝对过剩与落后的产能是应当去掉的。

（4）正确认识区域创新对比较优势的挑战

区域发展的动力需要不断更新，区域创新对于所有的区域都是十分必要的。然而，我们要区分创新的技术性与空间性。技术上的创新需要特定的环境和条件，中国的技术和产业的创新集中在沿海地区，特别是深圳、北京、上海，这是很正常的分布。没有必要所有的地方都搞技术研发，中西部的技术创新更多应当放在引进和消化吸收上，当然也不排除当地优势技术产品的创新与发展。也就是说，中西部的引进消化再创新，不仅要针对国外，也应当针对东部沿海地区。

空间上的区域创新集中在新的区域开发上，新区开发引进新的生产要素，形成新的产业，会大大促进区域经济的发展。例如，贵州的大数据产业是一个成功范例，但应该不是孤证。新区开发的传统思路是按照比较优势选择产业，于是没有比较优势的新区就选择房地产。但是，贵州的大数据产业发展是一个“无中生有”的过程，能够“无中生有”的又往往是创新型的产业。

区域创新对比较优势理论会形成一定的挑战。区位商是用两个产值比来衡量某区域是否具有产业优势，但这种衡量对新区不起作用，因为新区还没有产业基础。资源综合优势会把一个新区的产业选择引向资源型产业，但是单一结构地区的问题已经有了前车之鉴。横向比较的产业劳动生产率也不足以决定产业的选择,如果比较一下福建和山西的煤炭产业劳动生产率,会发现福建的煤炭产业劳动生产率要高于山西,但显然不能得出福建应发展煤炭产业的结论。所以,区域创新正在形成对比较优势的挑战,我们需要找到创新与比较优势相结合的正确的途径。

2.3.3 中国区域经济学学科体系创新的主要思路

改革开放以来,区域经济学在中国的发展蒸蒸日上。中国区域经济学是与改革开放共生的一门应用学科。虽然区域经济学是自西方引进的一门经济学科,但到中国来,在中国的实践中应用,通过中国区域经济的实践,使区域经济学的内容极大地丰富起来,是这门学科的幸运。

促进中国区域经济学的现代化并服务中国式现代化,建立中国区域经济学的学术自信,一是要以习近平新时代中国特色社会主义理论为指导思想;二是要从实践中提炼出具有普遍意义的中国区域经济的理论与方法,把普遍接受的经济理论体系和区域经济研究紧密结合起来;三是把国外的区域经济理论和国内的区域经济理论研究结合起来,构建具有中国特色的区域经济学理论体系。

具体思路如下:

(1)以"新发展理念"引领中国区域经济理论的学科建设

塑造引领区域发展的新理念,是区域经济学学科建设的当务之急。以"新发展理念"引领中国区域经济理论的学科建设包括五个方面:

第一是创新发展。把创新摆在国家发展全局的核心位置,同时也摆在区域发展的核心位置,在国家推进理论创新、制度创新、科技创新、文化创新等各方面创新的同时,同步推进区域创新。

第二是开放发展。区域的开放是与国民经济的开放相辅相成的,构建互利共赢的开放战略,发展更高层次的开放型经济,包括与国际经济的接轨,也包括国内区域之间的开放与融合。

第三是协调发展。促进区域城乡协调发展,促进经济社会协调发展,促进新型工业化、信息化、城镇化、农业现代化同步发展。

第四是绿色发展。节约资源和保护环境是基本国策,也是区域发展必须坚持的可持续发展战略。加快建设资源节约型、环境友好型社会,形成人与自然和谐发展的现代化建设新格局,需要从区域做起。

第五是共享发展。区域共享发展,包括发展的均衡、各区域发展机会的均等、各区域人民获得福利水平的基本一致,以及实现各区域全体人民共同迈入全面小康社会的目标。

(2)把中国区域经济实践与学科建设相融合

区域经济学的学科发展与中国区域经济实践的融合,需要从四个方面推进:

第一,树立新区域发展理念,这就是协调发展的理念。推动区域协调发展、城乡协调发展、物质文明和精神文明协调发展、经济建设和国防建设协调发展。

第二,建立新空间战略,这就是经济带+经济区战略。形成沿海与沿江为主轴,沿主要交通干线经济带为核心的纵向横向经济轴带,落实区域重大战略培育壮大若干重点经济区。

第三,完善区域发展新机制,这就是区域创新机制和产业转移机制。区域创新的重点在东部沿海地区,产业转移的重点是中西部地区。目标是形成均衡协调发展的区域经济发展框架。

第四,构建全新的区域经济关系,这就是加强区域合作,实现区域经济一体化的区域关系。中国的区域经济关系十分复杂,为解决区域关系采取的相应对策,比如同城化、协同发展、对口帮扶、区域支援、生态补偿等,都是构建新的区域关系的实践。

(3)以国际区域经济学科的最新学术成果丰富中国区域经济学科体系

自20世纪90年代以来,新经济地理学、空间经济学发展很快,它们的一些基本的原理、定理等极大地丰富了区域经济研究的内容,而其丰富多彩的模型方法也为区域经济学的应用提供了更多的工具。把区域经济学和新经济地理学等结合起来,形成一个涵盖新经济地理学、新贸易理论、演化经济地理学等的区域经济学的理论体系,是需要探讨但却难度很大的一个课题。一方面,强调区域经济学基本原理的准确性、理论观点的权威性、教材结构的合理性和学术研究的前沿性,以保持区域经济学的历史传承;另一方面,把新经济地理学等学科的模型融入区域经济学当中,使区域经济学更加丰满和丰富。

2.4 本章小结

中国区域经济学是区域经济学的重要组成部分,也是区域经济学的发展与传承,这门学科要回答的主要问题是中国区域经济发展中的具体问题。本章阐述了中国区域经济学的理论体系,并认为经过经济改革开放40年的理论与实践探索,这些问题已经有了一些初步的解决方法,区域经济学理论界将对这些问题的探索总结归纳为"中国区域经济理论"。中国区域经济学研究要解决的核心问题是如何把区域经济理论作为理论支撑,研究中国区域经济发展问题,并提出相应的政策思路。中国区域经济理论创新的主要方向是以新发展理念引领学科建设,结合中国区域经济实践和国际区域经济学科的发展进行学科建设。

复习思考题

1. 试述中国区域经济学的概念。
2. 中国区域经济学的理论基础是什么?
3. 中国区域经济学的发展历程是什么?
4. 中国当代经济区域是如何分类的?
5. 中国区域经济学要解决的理论问题有哪些?
6. 中国区域经济学的创新发展思路是什么?

建议阅读书目

[1]马克思:《资本论(第1卷)》,北京:人民出版社2018年版。

[2]马克思:《资本论(第3卷)》,北京:人民出版社2018年版。

[3]中共中央马克思恩格斯列宁斯大林著作编译局编译:《列宁全集(第20卷)》,北京:人民出版社1958年版。

[4]中共中央马克思恩格斯列宁斯大林著作编译局编译:《列宁全集(第34卷)》,北京:人

民出版社 1985 年版。

[5]中共中央马克思恩格斯列宁斯大林著作编译局编译:《马克思恩格斯选集(第 3 卷)》，北京:人民出版社 1995 年版。

[6]《邓小平文选(第二卷)》,北京:人民出版社 1994 年版。

[7]二十大报告,北京:中国市场出版社 2007 年版。

[8]魏后凯:《习近平区域发展战略思想支点与特征》,《人民论坛》2014 年第 5 期。

[9]孙久文:《论新时代区域协调发展战略的发展与创新》,《国家行政学院学报》2018 年第 4 期。

[10]孙久文:《习近平区域协调发展思想研究》,《党的文献》2021 年第 2 期。

3 区位与发展条件

重点问题

- 区位的概念和区位因素
- 古典区位理论、近代区位理论和现代区位理论
- 区域发展的条件

区域经济学从认识区域空间开始,从区位理论起源。区位理论是区域经济学学科发展的基础和源泉,在区域经济学中具有十分重要的地位。区域发展条件是区域经济发展的初始条件,需要在研究发展的具体问题之前掌握。

3.1 区域空间与区位

区域经济中的空间,是指人类在特定区域进行社会经济活动的场所,各项经济活动都是构成空间结构的组成部分。

3.1.1 区域空间的构成要素

归纳起来,社会经济活动在区域上以几种空间形式表现出来,这就是节点、轴线和域面。点、线、面是研究区域空间结构的三个基本要素。

(1)节点

在一定区域范围内,由经济活动内聚力而产生的极化作用,使经济活动向区域的经济中心集中,这样的中心被称为点或节点。节点一般表现为由人口集中分布而形成的居民点和城镇。由于节点的聚集规模、主要职能和空间分布形态各有差异,因此,一定区域范围内的节点存在着规模上的差异,不同节点之间在数量和规模上组成的相互关系就构成了节点的规模等级体系。

在一定的区域范围内,各节点以特定的区域职能服务于周围的地区。因此,节点的职能体系是由各个节点在社会经济地域活动中的各自分工而组成的。节点的空间分布体系是由一定区域范围内各节点在空间形态上的组合形式、相互分布位置的状况来决定的,是其职能类型结构和规模等级结构在区域空间组合中的结果和表现形式。①

节点是空间结构的最基本构成要素。它有以下特征:

第一,节点有明确的位置。每一个经济活动的中心,都可以找到其自然地理位置和经济地理位置,可以在地图上用坐标明确地表示出它的所在。

第二,节点有大小和形状。由于相互作用的大小和着力点不同,在不同地域形成的节点可能有大有小,并呈现出不同的形状。例如,平原地带的城市经济中心可能呈现出同心圆的形状,而山地或丘陵地带的城市经济中心大多沿着河流呈带状分布。

第三,节点具有不断聚集的作用。在一个节点形成之时,由于极化作用的存在,区域经济中心本身会不断成长,节点的规模也就随之变大。节点的聚集作用实际上就是增长极的作用。

第四,节点内部存在明确的功能分区。节点表现为区域经济中心,如果将节点放大来看,其表现为一个居民点和城镇的内部空间结构,存在着工业区、居民区、商业区和办公区等的功能划分,这种节点内部的功能分区,决定于这个节点本身的地位和作用,是节点经济要素聚集的反映。

第五,节点有数量和质量的概念。在一个区域内,节点的数量是可数的;同时,我们还可以确定一套指标体系来衡量节点的质量,如国民生产总值,工业总产值,等等。在区域经济规划中,节点的数量和质量对区域的发展影响很大。

---

① 参阅刘再兴:《区域经济理论与方法》,中国物价出版社 1996 年版,第 95 页。

(2) 轴线

在一定区域范围内,连接节点之间的线状经济景观称为轴线,例如,交通线、通信线路、能源和水资源运输线等都是经济轴线的组成内容。

轴线一般不能够脱离节点而单独存在。区域经济运行中的各种人流、技术流、资金流、信息流、商品流等,都是通过相应网络进行传递的。这些轴线要素通过节点相互联系在一起,为区域经济要素的流动提供了空间和载体。轴线是一个区域内经济活动的基础设施,也是经济活动空间的基本条件。

轴线有以下三个主要特征:

第一,轴线有固定的起点和终点。轴线的起点和终点是不同的节点,由于节点需要与周边地区发生各种经济联系,所以需要建设节点之间、节点与周边地区之间联系的纽带,形成轴线。

第二,轴线有一定的长度和方向。轴线的长度是由节点之间的距离决定的,轴线的方向则由节点经济活动的规模所决定。经过长期的发展,如果在一条轴线上形成了众多的节点,则这条轴线就成为“发展轴”。

第三,轴线有一定的质量标准。轴线的质量就是其经济景观内容的质量,如铁路线有一定的质量标准,能源线有一定的传输能力等。

(3) 域面

域面是节点和轴线存在的空间基础,通常与我们所说的区域的概念是一致的,但域面一般作为经济活动的“底盘”而存在。域面的特征就是一般区域的特征,是区域的质量特征。在区域经济规划中,我们更多地注意域面的范围和域面的质量。域面的范围就是经济活动的范围,所以应当是经济区域的范围,在特定的条件下,是指行政区域的范围。域面的质量是指这个区域的经济发达程度,以及这个区域的资源丰裕度。

由节点、轴线和域面组成的相互联系的系统,构成了区域经济学中的区域空间网络系统。

3.1.2 区域空间要素的相互作用和空间系统

(1) 区域空间要素的相互作用

节点、轴线和域面在区域经济发展中起着不同的作用。在空间要素之中,节点是起主导作用的要素,域面是起基础作用的要素,轴线是起联结作用的要素。

节点的作用表现出来,就是不同的城市功能。有些节点是经济组织和经济管理中心,也有些是交通中心、工业中心、文化教育科技中心等。我们可以简单地将节点的“中心”作用划分为两类:综合性中心和单一性中心。一般地区的中心城市作为地区的综合性中心而存在,不仅在经济上,在行政和社会活动上也都是中心。单一性中心决定于产业的发展,可以是以工业为主的,也可以是以第三产业为主的。

域面对节点来说,是经济中心的吸引地。节点要成长、发展,必须依靠域面源源不断地供应各种经济要素,包括人、财、物等各种资源。轴线是节点与域面联系的纽带,是经济发展的血管。对节点来说,它是物流通道,对域面来说,它是基础设施。

(2) 空间系统

空间的三个要素的不同组合,形成多种多样的空间系统,而每一个系统都会呈现出不同的特色。

第一,城镇系统。由节点与节点共同组成的空间系统是城镇系统,即城镇体系。节点之间的关系很复杂,有从属关系、共有关系、依附关系、松散关系和排斥关系等,不同的关系影响到城镇系统,使城镇系统的设计呈现出复杂化的趋势。大中小城市之间,形成等级规模系统。

第二,城市—区域系统。由节点和域面组成的空间系统,也就是城乡系统。由于经济活动向中心节点聚集,在节点周围留下了面积广大的从事农业生产的乡村区域。城市与乡村的系统关系是我们区域经济规划要解决的重点关系之一。

第三,区域网络系统。由轴线与轴线、轴线与节点和轴线与域面组合形成的系统就是区域网络系统,包括经济枢纽系统、基础设施系统和区域产业系统等。区域网络系统成为区域经济规划方案设计的重点。

第四,区域空间系统。由节点、轴线和域面共同组成的系统,就是区域空间系统。区域空间系统包括等级结构和规模结构,以及区域重心位置和经济区之间的关系。

3.1.3 区位和区位条件

任何一项经济活动都可以在区域的空间网络上找到自己的位置,从而加入区域系统之中,区位和区位条件研究的是经济活动在区域空间网络中的状态。

(1)区位和区位条件的概念

区位是指一项经济活动或经济景观(如工厂、城市建筑物、码头、机场,等等)在区域空间中所占据的位置,是地球上某一个具体的位置,可以用空间坐标来表示。这里还有一个概念就是相对区位。相对区位指的是区域内景观之间的位置,即一个景观相对于另一个景观的位置。

区位条件是由影响区域经济发展的重要的自然要素和经济要素构成的对于一项特定经济活动的条件,它包括这些要素的绝对位置和相对位置。优越的区位条件有利于产业和人口的聚集,从而必然会加快区域经济的发展进程。例如,地处平原地区的大江大河两岸的区域、沿海地区等,借助于肥沃的土质、平整的地貌、方便的灌溉条件,使农业生产快速发展,并利用优越的交通条件,发展商品贸易,从而加快了经济要素的聚集。现代工业发轫之始,总会选择具有良好区位条件的地区进行工业布局。

(2)区位选择

区位选择是指由于区位因素的影响,使企业的空间位置选择产生一定倾向性的行为。由于外部规模经济的存在,一定数量的企业聚集对一个区域的经济发展会产生决定性的影响。所以,区位和区位因素是区域经济的微观基础。

其一,区位因素的构成。区位因素的构成是十分复杂的。传统的区位因素包括作为生产要素的土地、劳动力和资本,还包括自然资源、中间产品和技术。由于这些生产要素的不完全流动性的影响,空间上完全一样的区域几乎是不存在的,区域经济的产生是区位因素多种组合的结果。在市场经济条件下,市场的作用表现出强大的势头,其作用的范围和强度都超过传统的区位因素,使区域经济的市场经济特性表现得十分明显。在一定的市场范围内寻找生产成本最低的企业区位,是产业布局的基本规律,而何处的生产成本最低,又决定于当时当地的基础设施建设的状况。

其二,区位因素的优劣。衡量区位条件优劣的主要依据是该地的交通状况。如果沿海沿江区域本身就是交通枢纽地区,航运与陆路运输方式形成良好的结合,就可以为这些地区的经济繁荣提供关键的发展条件。这种良好的区位条件,有利于区域贸易和区内、区际合作,有利于实现资源的有效配置,实现生产效益的最大化,从而拉动区域经济的发展,促进区域发展水平的提高。

有效利用良好的区位条件,有利于产业和人口的聚集,从而也会加快区域发展的进程。区域化的过程是生产要素或资源向优势区位运动和集中的过程,选择具有优越区位条件的地方建设和发展区域,在区域发展的起始阶段就为可持续发展奠定基础,是创造区域发展的先天条件,而优越的先天条件比后天的改造要好很多。

(3)区位决策

区位决策是一个区位选择的过程,是决策的主体通过考虑某地区的区位条件所做出的企业位置选择的过程。在市场经济条件下,企业主体将从占领市场的角度出发,在一定的市场区内考虑资本、劳动、资源、技术等方面的条件,根据自身的要求做出区位选择。

影响区位决策的因素很多:产业结构的变化可以改变产业对区位因素的依赖程度;技术的进步和交通设施的完善,可以减弱流动性因素的影响程度;特别是劳动力素质的提高,对区位因素当中资本要素的影响很大,影响到资本要素的区域转移情况。

区位决策的另一个重要内容是产业布局过程中的集中与分散的关系,而产业布局的集中与分散完全取决于区位因素的流动性程度,如表 3.1 所示。

表 3.1　区位因素的流动性程度与产业的区位选择

		区域化程度	
		集中	分散
流动性程度	不可流动	聚集性产业	地方性产业
	较少流动	劳动力密集产业	知识密集产业
	高度流动	高度专门化产业	分工优势性产业

注:本表在陈秀山、张可云所著《区域经济理论》(商务印书馆 2003 年版,第 39 页)中"区位因素的差别"一表的基础上改编而成。

3.2　区位理论

区位理论(location theory)又称空间理论,是研究人类活动包括产业、城市和区域经济活动的空间组织及优化的理论。经济活动的存在和运动都会占据一定的空间,从而在空间上形成一定的地理分布和移动。只有这种分布和移动比较合理,才能获得较好的经济效益,因此,区位理论的产生与社会分工和经济发展紧密相关。

古典区位理论主要是指农业区位论和工业区位论;近代区位理论主要指中心地理论、市场区位论等;现代区位理论则包括了从运输区位论到新经济地理理论中的区位理论等的大量内容。

3.2.1　农业区位论

(1)杜能"孤立国"理论的前提条件

第一,在"孤立国"中只有一个城市,且位于中心,其他都是农村和农业土地。农村只与该城市发生联系,即城市是“孤立国”中商品性农产品的唯一销售市场,而农村则靠该城市供给全部工业品。

第二,“孤立国”内没有可通航的河流和运河,马车是城市与农村间联系的唯一交通工具。①

第三,“孤立国”是一片天然均质的大平原,各地农业发展的自然条件等都完全相同,宜于植物、作物生长。荒地圈的存在使孤立国与外部世界隔绝。

第四,农产品的运费与重量及产地到消费市场的距离成正比关系。

第五,农业经营者以获取最大经济收益为目的,并根据市场供求关系调整他们的经营品种。

(2)杜能农业区位理论的主要内容

第一,杜能区位理论的基本经济分析。杜能根据其理论前提,认为市场上农产品的销售价格决定了农业经营的产品和经营方式,农产品的销售成本为生产成本和运输费用之和,而运输费用又决定着农产品的总生产成本。因此,某个经营者是否能在单位面积土地上获得最大利润(P),将由农业生产成本(E)、农产品的市场价格(V)和把农产品从产地运到市场的费用(T)三个因素所决定,它们之间的变化关系可用公式表示为:

$$P = V - (E + T) \tag{3.1}$$

按照杜能理论的假设前提进一步分析,“孤立国”中的唯一城市是全国各地农产品的唯一销售市场,故农产品的市场价格都要由这个市场来决定。因此,在一定时期内“孤立国”的各种农产品的市场价格应是固定的,即 V 是个常数。杜能还假定,“孤立国”各地发展农业生产的条件完全相同,所以各地生产同一农产品的成本也是固定的,即 E 也是个常数。因此,V 与 E 之差也是常数,故上式可改写成:

$$P + T = V - E = K \tag{3.2}$$

上式中 K 表示常数,也就是说,利润加运费等于一个常数。其意义是,只有把运费支出压缩为最小,才能使利润增至最大。因此,杜能农业区位论所要解决的主要问题归为一点,就是如何通过合理布局使农业生产节约运费,从而达到最大限度地增加利润的目的。

第二,农业圈。根据区位经济分析和区位地租理论,杜能在其《孤立国》一书中提出六种耕作制度,每种耕作制度构成一个区域,而每个区域都以城市为中心,围绕城市呈同心圆状分布,这就是著名的“农业圈”。

第一圈——自由式农业圈。自由式农业圈为最近的城市农业地带,主要生产易腐难运的产品,如蔬菜、鲜奶等。由于运输工具为马车,速度慢,且又缺乏冷藏技术,因此需要保持新鲜的蔬菜、不便运输的果品(如草莓等)以及易腐产品(如鲜奶等)等在距城市最近处生产,形成自由式农业圈。本圈大小由城市人口规模所决定的消费量大小所决定。

第二圈——林业圈。供给城市用的薪材、建筑用材、木炭等,由于重量和体积均较大,从经济角度讲必须在城市近处产出,形成林业圈。

第三圈——轮作式农业圈。轮作式农业圈没有休闲地,在所有耕地上种植农作物,以谷物(麦类)和饲料作物(马铃薯、豌豆等)的轮作为主要特色。杜能提出了每一块地的六区轮作,第一区为马铃薯,第二区为大麦,第三区为苜蓿,第四为黑麦,第五为豌豆,第六区为黑麦。其中耕地的50%种植谷物。

第四圈——谷草式农业圈。谷草式农业圈为谷物(麦类)、牧草休耕轮作地带。杜能提出每一块地的七区轮作。同第三圈不同的是谷草式农业圈总有一区为休闲地,七区轮作第一区为

① 在杜能所处的年代,汽车和火车尚未问世,所以主要交通工具是马车。

黑麦,第二区为大麦,第三区为燕麦,第四、第五、第六区为牧草,而第七区为荒芜休闲地。

第五圈——三圃式农业圈。此圈是距城市最远的谷作农业圈,也是最粗放的谷作农业圈。三圃式农业将农家近处的每一块地分为三区,第一区是黑麦,第二区是大麦,第三区是休闲,三区轮作,即为三圃式轮作制度。

第六圈——畜牧业圈。此圈生产的谷麦作物仅用于自给,而生产的牧草用于养畜,以畜产品如黄油、奶酪等供应城市市场。此圈之外,则为无人利用的荒地。

(3)农业圈的修正模型

杜能根据假设前提得出的农业空间地域模型过于理论化。为了使其区位的图式更加符合实际条件,他在《孤立国》一书中对他的假设前提加以修正,指出现实存在的国家与“孤立国”有以下区别:

在现实存在的国家中,找不到与《孤立国》中所设想的自然条件完全相同的土地。不可能有那种唯一的大城市,它既不靠河流边,也不在通航的运河边,在具有一定国土面积的国家中,除了它的首都,还有许多小城市分散在全国各地。

针对以上情况,杜能根据市场价格的变化和可通航河流和其他小城市的存在对“孤立国”农业区位模式产生的巨大影响,对“农业圈”进行了修正。他假设当有一条通航河流可达中心城市时,若水运的费用只及马车运费的1/10,则一个距城160.93公里(100英里)且位于河流边上的农场,与一个同城市相距16.09公里(10英里)远、位于公路边上的农场是等同的。这时,农作物轮作制将沿着河流两岸延伸至边界(如图3.1所示)。

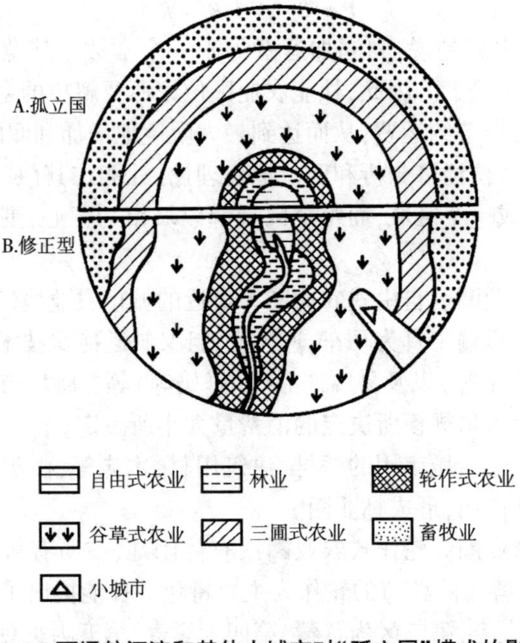

图3.1　可通航河流和其他小城市对“孤立国”模式的影响

资料来源:李小建:《经济地理学》,北京:高等教育出版社1999年版,第57页。

杜能还考虑了在“孤立国”范围中出现其他小城市的可能。大小城市会在产品供应等方面展开市场竞争,结果根据实力和需要形成各自的市场范围。大城市人口多,需求量大,不仅市场范围大,市场价格和地租亦高;相反,小城市市场价格低,地租亦低,市场波及范围也小。

3.2.2 工业区位论

工业区位论的理论核心就是通过对运输、劳力及集聚因素相互作用的分析和计算，找出工业产品的生产成本最低点，作为配置工业企业的理想区位。

(1) 韦伯工业区位论的假设条件

为了理论演绎的需要，韦伯首先做了下列若干基本假设：

第一，研究的对象是一个均质的国家或特定的地区。在此范围内只探讨影响工业区位的经济因素，而不涉及其他因素。

第二，工业原料、燃料产地分布在特定地点，并假设该地点为已知。

第三，工业产品的消费地点和范围为已知，且需求量不变。

第四，劳动力供给亦为已知，劳动力不能流动，且在工资率固定的情况下，劳动力的供给是充裕的。

第五，运费是重量和距离的函数。

第六，仅就同一产品讨论其生产与销售问题。

(2) 区位三角形

假设在一个市场和两个原料产地的情况下，市场和原料产地之间的连线将形成一个三角形。如果市场 C 需要某种产品，生产该产品主要需要 M_1 和 M_2 两种原料，则在三角形内必有一点 P 是生产该产品工厂的最佳厂址，如图 3.2 所示。这就是著名的“韦伯区位三角形”。

韦伯又将区位三角形一般化为区位多边形。因为一个工厂往往不只有一个原料地，他假定有 n 个原料地，将一个市场和几个原料产地之间用直线连接起来，就形成了一个多边形，韦伯将其称为“区位多边形”。在区位多边形中，选择工厂的最优区位必须满足的条件为：

$$\min F = f - \min(M_i R_i + R_k) \tag{3.3}$$

式中：F 为单位产品总运费，f 为运费率，$M_i(i=1,\cdots,n)$ 为单位产品消耗的 i 原料或燃料的重量，R_i 为 i 原料或燃料的运距，R_k 为产品运距。

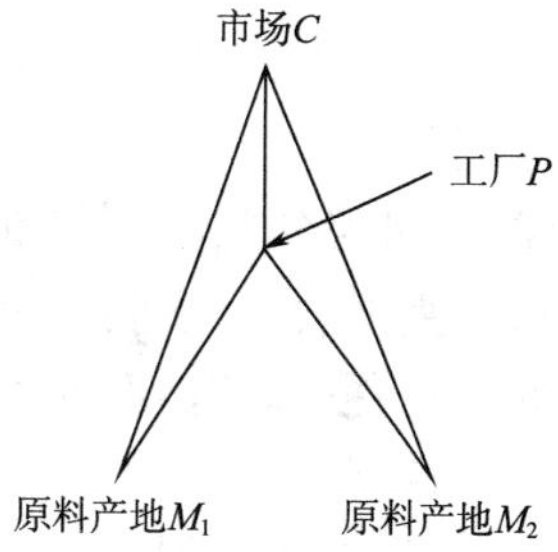

图 3.2 区位三角形

(3) 以运输成本为基础的工业区位分析

以运输成本为基础的工业区位分析，是假定在没有其他因素的影响下，仅就运输与工业区位之间的关系而进行的分析。韦伯认为，工厂自然应选择在原料和成品二者的总运费最小的地方，因此，运费的大小主要取决于运输距离和货物重量，即运费是运输物的重量和距离的函数，亦即运费与运输吨公里成正比关系。

在货物重量方面，韦伯认为，货物的绝对重量和相对重量（原料重量与成本重量间的比例）对运费的影响是不同的，后者比前者尤为重要。为此，他对工业用原料进行了分类：一是遍布性原料，指到处都有的原料，此类原料对工业区位影响不大；二是限地性原料，也称地方性原料，即只分布在某些特定地点的原料，它对工业区位的选择有重大影响。

根据以上分类，韦伯提出了原料指数的概念，以此来论证运输费用对工业区位的影响。所谓原料指数，是指需要运输的限地性原料总重量和制成品总重量之比，即：

$$原料指数 = \frac{限地性原料总重量}{制成品总重量}$$

按此公式推算,可得到在工业生产过程中使用不同种类原料的原料指数。限地性原料的失重程度越大,原料指数也越大;遍布性原料的参用程度愈大,原料指数则愈小。原料指数的不同将导致工业区位的趋向不同。因此,在原料指数不同的情况下,只有在原料、燃料与市场间找到最小运费点,才能找到工业的理想区位。

(4) 劳动成本影响工业区位趋向的分析

韦伯从运输成本的关系角度论述了工业区位模式之后,对影响工业区位的第二项因素——劳动力成本进行了分析。他认为,劳动力成本是导致以运输成本确定的工业区位模式产生第一次变形的因素。所谓劳动力成本,就是指每单位产品中所包含的工人工资额,或称劳动力费用。

韦伯认为,当劳动力成本(工资)在特定区位对工厂配置有利时,可能使一个工厂离开或者放弃运输成本最小的区位,而移向廉价劳动力(工资较低)的地区选址建厂。其前提是在工资率固定、劳动力供给充分的条件之下,工厂从旧址迁往新址,所需原料和制成品的追加运费小于节省的劳动力费用。在具体选择工厂区位时,韦伯使用了单位原料或单位产品等运费点的连线即等费用线的方法加以分析。同时,他还考虑了劳动力成本指数(即每单位产品的平均工资成本)与所需运输的原料和成品总重量的比值即劳工系数的影响。

(5) 集聚与分散因素影响工业区位的分析

集聚因素是指促使工业向一定地区集中的因素,又可分为一般集聚因素和特殊集聚因素。它们主要通过以下两方面对工业企业的经济效益产生影响。

第一,生产或技术集聚,又称纯集聚。它对工业效益的影响主要通过两种方式:一是由工厂企业规模的扩大带来的;二是同一工业部门中,企业间的协作使各企业的生产在地域上集中,且分工序列化。

第二,社会集聚,又称"偶然集聚"。它是由企业外部因素引起的,也包括两方面:一是由于大城市的吸引、交通便利以及矿产资源丰富等原因使工业集中;二是一个企业选择了与其他企业相邻的位置,以获得额外利益。

韦伯认为,生产集聚是一般集中因素,社会集聚则是特殊集中因素。前者是集聚的固定内在因素,而后者则是偶然的外在因素。我们在讨论工业区位时,应主要注意一般集中因素,而不必太注意特殊集中因素。

集聚因素如同劳动力成本可以克服运输成本最小区位的引力一样,由其形成的集聚经济效益也可使运费和工资定向的工业区位产生偏离,从而形成工业区位的二次变形。

与"集中因素"相反,"分散因素"指不利于工业集中到一定区位的因素。因此,一些工厂宁愿离开工业集聚区,搬到或新建在工厂较少的地点去,但前提条件是要看集中与分散的比较利益的大小。

3.2.3 中心地理论

中心地理论是由德国著名的地理学家 W. 克里斯塔勒(W. Christaller)提出的。在他的重要著作《德国南部的中心地——关于具有城市职能聚落的分布与发展规律的经济地理学研究》中,系统地建立起了这一对地理学尤其是聚落地理学具有重大影响的中心地理论。

(1) 中心地理论的基本概念

了解中心地理论,首先应明确如下几个基本概念:中心地和中心地职能、中心性、需求门槛、商品销售范围。

中心地是相对于一个区域而言的中心点,不是一般泛指的城镇或居民点。更确切地说,它是指区域内向其周围地域的居民点居民提供各种货物和服务的中心城市或中心居民点。

由中心地提供商品和服务就称为中心地职能。中心地职能主要以商业、服务业方面的活动为主,同时还包括社会、文化等方面的活动,但不包括中心地制造业方面的活动。

中心性或者中心度,可理解为一个中心地对周围地区的影响程度,或者说中心地职能的空间作用的大小。中心性可以用“高”“低”“强”“弱”“一般”“特殊”等概念来形容和比较。

需求门槛是指某中心地能维持供应某种商品和劳务所需的最低购买力和服务水平。在实际中,需求门槛多用能够维持一家商服企业的最低收入所需的最低人口数来表示。这里的最低人口数,就称为门槛人口。

在其他条件不变的情况下,消费者购买某种商品的数量取决于他们准备为之付出的实际价格。此价格就是商品的销售价格加上为购买这种商品来往所花费的交通费用。显然,实际价格是随消费者选择商品提供点的距离的远近而变化的。距离越短,交通花费越少,商品的实际价格越低,该商品的需求量也就越大;否则相反。由此可以得出,商品销售范围就是指消费者为获取商品和服务所希望通达的最远路程,或者是指中心地提供商品和劳务的最大销售距离和服务半径。

(2)中心地理论的假设条件

中心地理论的假设条件如下:

第一,研究的区域是一块均质的平原,其上人口均匀分布,居民的收入水平和消费方式完全一致。

第二,有一个统一的交通系统,对同一等级规模的城市的便捷性相同,交通费用和距离成正比。

第三,厂商和消费者都是经济人。

第四,平原上的货物可以完全自由地向各方向流动,不受任何关税或非关税壁垒的限制。

(3)六边形市场区

在一个均质平原上,让所有的人都由一个中心地提供商品和服务显然是不可能的。超额利润的存在,必然吸引其他中心地的厂商加入进来。为了避免相互竞争引起销售额下降,第二个中心地必须与第一个中心地相隔一定距离,不能相距太近。以后,第三个中心地、第四个中心地……都会以同样的方式加入进来。

在这块平原上,由于新的中心地厂商的不断自由进入,竞争结果使各厂商经营某类商品的最大销售范围逐渐缩小,直到能维持最低收入水平的门槛范围为止。这样,就使某类商品的供给在均质平原上最终达到饱和状态,而每个中心地的市场区都成为圆形,且彼此相切。但是,相切的圆形市场区,如果不重叠的话,圆与圆之间必然会出现空隙,这将使居住在这些空隙里的居民得不到服务。但实际上,在相互激烈竞争的情况下,这种现象不可能长期存在下去。各中心地都试图把这片空白区吸引到自己的市场区内。竞争的结果,使它们之间的距离进一步缩短,以致各中心的销售范围都有一部分相互重叠。这时,居住在重叠区内的居民就有两个可供选择的区位。按照消费者在最近供应地购物的假设,重叠区就被平均分割给两个相邻的中心地。其中位于平分线上的居民到两个相邻的中心地的距离是相等的,故这条线被称为无差别线。由于重叠区被无差别线分割,圆形的市场区即被六边形的市场区所替代,从而推导出正六边形市场区这一便于组织中心地与服务区相联系的最有效的全覆盖的理论图式(如图 3.3 所示)。

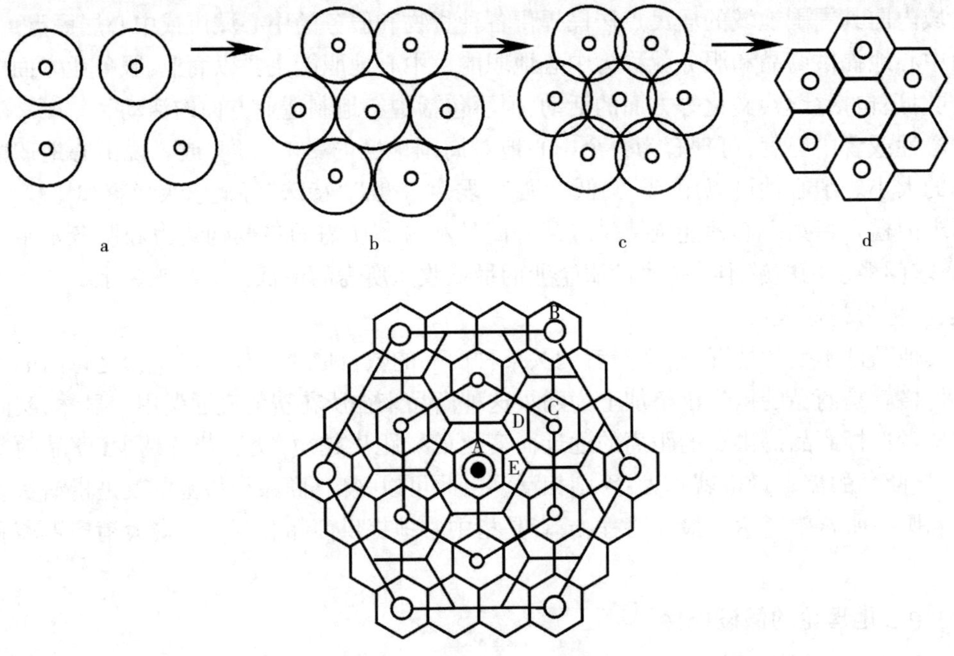

图 3.3　中心地理论市场等级序列图

(4) 市场等级序列

根据前面的论述,中心地商品和劳务的需求门槛、利润和服务范围,是与中心地规模、人口分布密度、居民收入水平及商品与服务的种类密切相关的。例如,在一个规模较小、人口密度和居民收入都很低的中心地,其每个单位面积内的商品销售量和服务需求水平亦低。不同规模的中心地,其需求门槛和销售范围也是不同的。它们在空间地域上的这些差异,经过互相作用和人类经济活动的干扰,就会形成规律有序的中心地——市场等级体系。

就区域内的各城镇而言,大城市的商服设施和商品种类向高级发展,多而全;中等规模的城市具有中高级或仅能维持中级水平,服务项目少而不齐全;小城市具有中低或只有低级水平,种类少而不全;一般城镇(县城、建制镇)只有基本生活性商服设施,水平很低,种类更少。就城市内部而言,市级中心、区级中心和小区级商服中心也有类似的分异规律。

就不同商业、服务行业而言,有些行业经营品类多,有些则少;有的以高级为主,有的以低级为主。商品的种类、级别不同,其需求门槛和服务范围也不一样,由此形成的等级序列可归并为:低级商品和服务,售价低,顾客购买频率高,需要量大,需求门槛低,销售距离短或服务半径小;高级商品和服务,因质量好、耐用、更新慢,故售价高,需要量相对少,购买频率低,运费占售价的比重小,致使其门槛高,销售距离长或服务半径大。我们可以对此按地域归类并找出规律,即高级商服中心提供高级到低级的全部商品和服务,中级商服中心提供从中级到低级的全部商服活动,而低级商服中心只提供低级的商品和服务。需求门槛和服务范围也依次由高到低、由大变小。

3.2.4 市场区位论

1939 年德国经济学家廖什(Losch)发表了《经济的空间秩序》一书,后经修改再次出版,改名为《经济区位论》,提出了与中心地理论相似的市场区位理论。廖什把市场需求作为空间变量来研究区位理论,进而探讨了市场区位体系和工业企业最大利润的区位,这一理论的产生标志着区位理论由古典区位论发展为近代区位论。

(1)基本假设

第一,在均质的平原上,沿任何方向运输条件都相同,生产所需的必要原料很充足,且均等分布。

第二,在平原中均等地分布着农业人口,最初他们的生产是自给自足的,且消费者行为相同。

第三,在整个平原中居民都具有相同的技术知识,所有的农民都可能得到生产机会。

第四,除经济方面的作用外,其他因素都可以不考虑。

(2)市场网络

在上述假设条件下,廖什认为,每一单个企业产品销售范围最初都是以生产地为圆心、最大销售距离为半径的圆形,而产品价格又是需求量的递减函数,所以单个企业的产品总销售额是需求曲线在销售园区旋转形成的圆锥体,如图 3.4 所示。

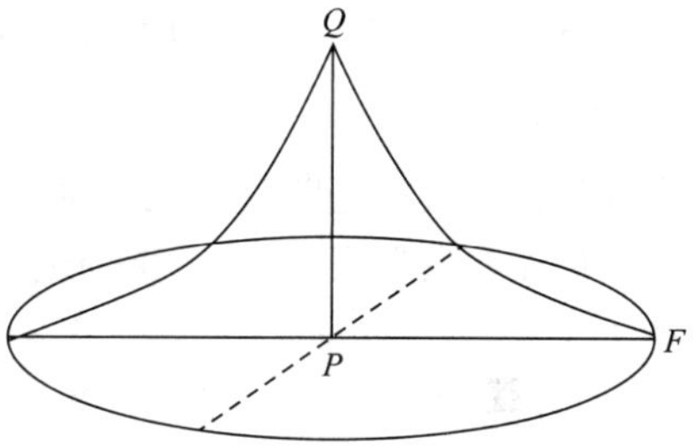

图 3.4 廖什的市场区与需求圆锥曲线

随着更多工厂的介入,每个企业都有自己的销售范围,由此形成了圆外空隙,即圆外有很多潜在的消费者不能得到市场的供给,但是这种圆形市场仅仅是短期的,因为通过自由竞争,每个企业都想扩大自己的市场范围,因此圆与圆之间的空隙被新的竞争者所占领,圆形市场被挤压,最后形成六边形的市场网络。这种理论和克里斯塔勒的中心地理论很相似。

廖什假定在整个地区内人口分布均匀,因此每种工业产品的六边形市场区域大小相同,不同的工业产品就有不同的六边形市场网络,这些市场网络交织在一起,形成了以六边形市场区位为单位的蜂巢网络体系。

在这个复杂的市场网络中,每一种产品都得到生产,工业企业都聚集在一起,容易产生规模经济和外部效应,最终也会促使大城市的形成。所有市场网交织在大城市周围,而其他两个或更多一点的生产点集聚在一起,也会形成小城镇。城市形成以后,交通线在工业区位中发挥重要作用,距离交通线近的一面发展条件较有利,距离交通线远的扇形面发展不利。由于工业和商业数量少,就形成了郊区的富裕区和贫穷区。当某个地方距离城市较远时,城市的吸引和扩散作用影响力很小,另一个城市可能就会兴起,或者这个地方会更贫穷。廖什认为,市场的分异和排列不是随意的,而是取决于利润最大化的经济原则。

3.2.5 现代区位理论

第二次世界大战以后,人类社会的生产方式发生了巨大的变化,社会生产力得到了前所未有的发展。特别是20世纪50年代以来,工业化和城市化的浪潮冲击了几乎所有的国家,极大地改变了旧的社会经济结构和生活环境,同时也产生了一系列亟待解决的重大区域经济问题,特别是宏观方面的问题。因此,这一时期的区位研究对象扩大为区域内的国民经济体系,区位布局的目的是寻求区域经济活动的部门结构和空间布局最优化,区域经济的发展必须与社会、生态相协调,从而逐步形成了有别于传统区位理论的空间区位理论和方法,使区位理论研究进入了现代区位理论研究阶段。①

(1)运输区位论学派

运输区位论学派十分重视运输因素,但运输因素本身又有很多问题需要研究。美国学者胡佛于1931年和1948年分别出版了《区位理论与皮革制鞋工业》和《经济活动的区位》两本书,考察了运输成本问题。他提出,运输成本由两部分构成:一是线路运营费用,二是站场费用;前者是距离的函数,后者在大多数情况下是常数。此项研究奠定了运输区位论的理论基础。

胡佛根据运输本身的经济特点,指出:第一,若企业用一种原料生产一种产品,在一个市场出售,且在原料与市场之间有直达运输线,则企业布局在交通线的起点或终点最佳,因为在中间设厂将增加站场费用。这就是胡佛的"终点区位优于中间区位理论"。他认为这是大城市工业集中的重要原因之一。第二,如果原料地和市场之间无直达运输线,原料又是地方失重原料,则港口或其他转运点是最小运输成本区位。

运输区位论的建立对区位论的发展起到了很大的促进作用。由于仅仅用运费来说明产业布局的指向,存在很多问题,对运输因素的深入研究则可以更准确地对其进行解释。运输区位论建立以后,引出了人们对市场区的研究,加速了古典区位论向现代区位论的转化。

(2)市场学派

市场学派出现在垄断资本主义时代,其理论核心是产业布局必须充分考虑市场因素,尽量将企业布局在利润最大的区位,该理论关注的主要问题可分为市场划分与市场网络合理结构安排两类。

德国经济学者谢费尔(Shaffle)首先用牛顿万有引力公式来模拟生产地与消费地的联系程度,即:

$$I_{ij} = K\frac{P_iP_j}{D_{ij}^2} \tag{3.4}$$

式中:I_{ij} 为 i 和 j 两地相互作用的程度;P_i,P_j 为两地的人口规模;D_{ij} 为两地距离;K 为经验常数。

当前,引力模式的最一般形式已演化为:

$$I_{ij} = \frac{(W_iP_i)(W_jP_j)}{D_{ij}^b} \tag{3.5}$$

式中:W_i,W_j 为由实验决定的权值,包括人口的性别、年龄、收入、职业构成等;b 为量度距离的摩擦指数,不同市场、不同运输方式、不同货物有别,可利用调查资料的回归分析而定。

美国经济学者费特尔(F. A. Fetter)提出了贸易区边界区位理论,他根据成本和运费的不同假定,提出了两个生产地贸易区分界线的抽象理论。瑞典经济学家帕兰德(T. Pa-lander)提出了市场竞争区位理论,这是在费特尔市场区基础之上,采用动态经济分析办法研究竞争区位。

① 关于现代区位理论,参阅任保平:《区域经济理论方法与政策》,经济科学出版社2004年版。

英国经济地理学者罗斯特朗(E. M. Rawstron)和以后的美国经济学者史密斯(Smith)提出了盈利边界理论。所谓盈利边界,就是指企业配置在一定范围内才有利可图,超过了这个范围就会亏损。其主要思想是:由供求关系确定各地的产品价格;由生产成本和运费率共同确定各地产品的社会成本;反映空间差异的成本曲线和价格曲线的共轭部分就是赢利区;两条曲线的两个交点就是所谓的赢利边界,以外的空间就是亏损区。

20 世纪 70 年代,吉(J. Gee)研究了市场区,提出了自由进入理论,即在企业自由迁入条件下,新企业如何打进老企业控制的市场区,亦即市场区的再瓜分问题。

(3)成本—市场学派

成本—市场学派是在成本学派与市场学派的基础上形成的,这一学派主张通过综合分析区位因素确定合理的布局,主要代表人物有艾萨德(Isard)、俄林(Ohlin)、弗农(Ver-noon)等。

艾萨德从韦伯的成本理论出发,详细论述了运输量、运费率、劳动力对企业布局的影响,提出了替代原则,并且,他还通过对市场区的分析,提出了竞争布局模式。

俄林的理论对原料分布、市场区、运输能力与条件、价格、劳动力和资本的分布、规模经济、利息差别、商品和要素流动等许多因素进行了综合分析,主要包括要素禀赋学说、相互依存理论、区域专业化理论。

弗农在俄林理论的基础上,提出了产品生命周期理论,对处在不同生命周期的产业布局进行了探讨。他认为产品存在生命周期,从创新期到成熟期,最终发展到衰老期,处在不同时期的产业布局各有特色。

总之,成本—市场学派建立了一般均衡理论,不仅研究了企业布局问题,而且探讨了区域产业布局和总体产业布局。20 世纪 50 年代诞生的区域经济学的许多理论都来源于这一学派学者的理论。

(4)行为学派

行为学派的主要思想是把人的主观态度和由其决定的人的行为当作影响产业布局的重要因素。这一学派重视心理文化、消费者偏好等因素对产业空间活动的影响,主张寻求最满意的区位而非最佳的区位。这是一种考虑与分析人的主观因素(对环境的知觉和相应的行为)进行产业布局的理论,它采用了对个体主观因素的群体客观分析法,考虑了人的心理过程。英国经济学者邓尼逊(S. Dennison)是行为学派理论的最早提出者之一,他在 20 世纪 30 年代初对古典区位论提出批评,认为韦伯等人的区位论是一种技术联系的空间或地域分析,而忽视了心理社会联系的空间或地域分析。该学派的基本特征是把人作为区位选择的核心因素,认为随着现代企业管理水平的提高和交通工具的现代化,人的地位和作用成了区位分析的主要因素,运输成本将降为次要因素。在现实生活中,如果只存在客观的因素,不存在主观人为的影响,最优的区位选择将很难进行。

(5)计量学派

计量学派的理论核心是用定量的方法进行区位选择研究,以保证工业区位选择的可能性和精确性。计量学派的基本特征体现在其研究方法上。其基本思想是:因为关于现代区位的研究涉及的内容多、范围广、数据繁琐,人工已经不能很好地处理了,因此必须采用定量的方法,建立数学模型,利用计算机、遥感分析等手段来处理数据和进行统计分析。

(6)社会学派

社会学派的理论核心是政府干预区域经济发展,其特征是把政府及其政策作为区位选择的核心因素。其基本内容是：政府政策、国防和军事原则、人口迁移、市场变化、居民储蓄能力等因素都在不同程度地影响着区位的配置；并且，社会经济的变化已经成为区位选择最主要的影响因素。社会学派的代表人物主要是克拉克、劳斯贝、摩尔等，他们指出，政府可以利用行政的力量和信息，为了达到区域规划目标而合理布局区域工业等。

(7) 历史学派

历史学派的理论核心是空间区位发展的阶段性，其特征是把时间因素与空间因素相结合，从历史演化的角度分析区位的选择。其基本思想是：前一时期的生产力发展水平在一定程度上会影响现代区域经济的发展，使其具有非常明显的空间结构特征。不同阶段的空间经济分布和结构变化尽管有所不同，但是有共同特征，研究以前阶段的共同性和特殊性是区域经济发展的前提。历史学派的空间结构理论在20世纪50年代获得了较快的发展，代表人物主要有达恩、奥托伦巴等。他们分析了社会经济各个阶段空间的一般特征，并从动态和微观上研究了各种工业产业之间的相互作用，从而把区位理论与经济发展理论有机结合起来，形成了区位分析的新视角。

(8) 新经济地理学中的区位理论

传统的以新古典经济理论为基础的区域经济理论，通过规模报酬不变、外生的比较利益等前提假设，得出了相应的区位理论、区域增长及发展理论。但随着外部性、聚集经济、规模经济等概念的引入，新经济地理理论逐渐形成。

迪克斯特与斯蒂格利茨主张的新贸易理论及相应的新经济地理理论，与传统的以新古典经济理论为基础所决定的企业区位选择、区域生产力布局及区域发展模式之观点不同，该理论从运输成本的降低及由此所引起的聚集经济、递增收益、规模经济性、外部性或者说溢出效应（如技术的溢出效应）等角度，探讨企业区位的选择及区域经济增长模式等。

克鲁格曼在《递增收益与经济地理》一文中，通过模型说明了一个国家或区域为实现规模经济而使运输成本最小化，从而使得制造业企业倾向于将区位选择在市场需求大的地方，但大的市场需求则又取决于制造业的分布情况。

传统的区位理论侧重于工业区位，而新经济地理理论则将工业区位理论延伸到办公区位、零售区位等。传统的工业区位决定因素对于确定诸如会计、广告及市场营销等服务部门的办公区位并没有多大作用，这些部门本身会产生自身的外部经济，而正是这种外部经济性的存在，使得金融与市场营销等部门会聚集或定位于城市中的相同地区，即这种外部经济性产生了自身的动向或推动力，从而成为决定办公区位的一个决定因素。①

3.3 区域发展条件

3.3.1 自然条件

(1) 自然环境

自然环境包括区域的气候、地形地貌和土壤状况等，自然环境对区域发展的影响主要有：

① 任保平．区域经济理论方法与政策[M]．北京：经济科学出版社，2004.

第一,对产业部门发展的影响。产业是区域发展的核心。自然环境对各类产业发展的影响,表现为直接影响各类产业的区位选择。在各种自然环境中,地形、降水、气温、日照、风向等要素往往能够决定产业的布局。例如,自然环境对工业企业的影响,主要表现在对于地质、地貌条件、气候的干湿度情况、光照、风向等的要求,它能够决定某些部门能否在一些特定的地域布局。2005 年,位于北京的首钢决定搬迁到河北唐山的曹妃甸,其之所以搬迁,与首钢处于北京的上风口,对北京的区域环境影响重大有很大的直接关系。

第二,对区域建设的影响。随着科学技术的进步和可持续发展战略的实施,区域和区域各类基础设施的建设对自然环境的要求越来越高,当然对自然环境的适应能力也越来越强。区域建设对自然环境的要求是需要满足区域建设中的用地、用水等必备条件,充分考虑地形、风向、水流和降雨等情况对区域的公用设施,特别是道路、车站、机场、港口等交通设施的影响,尽最大力量克服制约区域基础设施布局的不利因素。

第三,对区域人居环境的影响。随着区域经济的发展,居民收入增加,对居住环境的要求也不断提高,使区域建设中对居住区域自然环境的选择越来越重要。人们对山脉、河湖、古迹都有向往之心,人居环境建设就要充分考虑这些条件。因此,区域人居环境的建设要充分考虑地形、水源、山脉等景观要素的分布,因势利导,有效利用各种自然环境。

第四,对产业区域分布的影响。自然环境对产业区域分布有很大的影响。平原地区是产业发展的理想地形,易于产业的全方位扩散,易于区域内外的交通组织;而山区、丘陵、高原等经常造成区域发展空间的局促,限制产业向周边区域的扩散。

(2) 自然资源

资源禀赋的多寡是影响一个地区的区域化水平的重要因素,也是区域经济发展不平衡的重要原因之一。在一定的经济、技术条件下,产业的地区组合和企业规模,都受到地区资源禀赋的制约。

从产业布局的传统要求来看,工业接近原料地和消费地,就近取得所需的原料和燃料,是自然资源对第二产业影响的最直接体现,它同样也间接影响着区域的布局。例如,19 世纪末和 20 世纪初的钢铁企业主要布局在煤炭产地,采取“移铁就煤”的布局方式。在煤矿附近发展钢铁工业,同时促进了区域地带的形成和发展,如德国的鲁尔地区、美国的匹兹堡地区等都反映出这一点。

自然资源对产业布局的影响更多地以间接的形式表现出来。比如,工业企业在远离原料、燃料产地的市场区域或交通枢纽地布局,表现出工业生产和自然资源在空间上脱节。形成这种状况的原因主要有:第一,交通运输业的发展,使运输速度更快,运输成本更低。第二,产业结构的高级化,使某些产品中自然资源的含量微不足道,而智力资源的含量却大幅度增加。但是,这并不意味着资源对人类的重要性在减弱,而是恰恰相反。由于人口的增加,生产总规模的不断扩大,人类所消耗的自然资源的总量与日俱增,而资源存量又十分有限,使许多资源面临枯竭。因此,产业的合理布局应充分考虑资源的合理利用和合理配置。总的来看,这种使产业布局自由度增大的倾向也使区域的分布具有多样性和广泛性。

在各类自然资源中,土地资源对区域经济的影响是最重要的。土地是人类赖以生存的物质来源,是经济和社会发展的物质基础,也是人类生存环境的基本要素。合理利用和有效保护土地是全人类面临的共同任务,也是区域可持续发展战略中的一个重要组成部分。

区域土地资源首先会影响区域的工业发展。工业化大生产的特征表现为生产的高度专业化分工和集约生产,而工业化大生产又需要商业、金融、交通、信息等产业的合理流动。土地作为区域产业的载体，其利用结构会影响这些要素的组合，从而影响区域的产业结构。

3.3.2 社会经济条件

(1)劳动力条件

从区位因素的角度来考察劳动力资源的作用，把劳动力资源上升到人力资源和智力资源的高度来认识，最大限度地发挥人力资源和智力资源对区域发展的支撑作用，是实现区域经济发展的重要条件。

我们可以从以下三个方面来理解这种作用：

首先，在农业经济时代和工业经济时代，自然环境和自然资源是影响区域发展的主要因素，如很大程度上依赖于自然条件的农业生产对古代区域的发展的支撑，工业的采掘业和制造业主要取决于矿产资源的分布和初级产品是否丰富，从而依据资源的空间区位来确定区域的区位。但是，现代产业发展在依靠资源的同时更加依靠科学技术。随着科技的进步，劳动者的体力支出越来越多地为脑力支出所取代，所以必须加快劳动力资源的开发，使其升华为智力资源。

其次，在当今时代，区域产业结构升级的方向是从以劳动、资金密集型产业为主，向以知识、技术密集型产业为主过渡，服务性的无形产品生产渐渐占据主要的地位，信息、网络、资讯、金融、文化等智力型产业将会成为区域的主导产业。因此，对人力和智力资源的占有、配置、使用成为衡量区域发展条件的最重要的因素，同时也成为一种区域资本。

最后，劳动力资源上升到人力资源和智力资源之后，对区域发展的影响更强。作为现代区域发展方向的高新技术产业，从企业对科技人员数量的要求来看，如果劳动密集型产业要求科技人员的比例为4%~5%，那么高新技术产业则要求达到15%~20%，或者更高。因此，现代区域对人力资源和智力资源的吸引作用，成为衡量区域可持续发展能力的重要指标。

(2)科技条件

科技条件对区域发展的影响是通过技术进步促进产业结构的提升来体现的。科技对产业发展的影响包括：技术的进步扩展了产业分布的地域范围，改善了各类矿物资源的平衡状况及其地理分布；技术进步改善了产业本身的分布状况，即由于生产工艺、运输技术、输电技术等的进步，降低了生产成本，扩展了时空范围，从而改变了产业分布的面貌；技术进步改变了产业内部的结构，新的工业部门不断涌现，老的工业部门在新技术武装下被赋予了新的内涵，它们所消耗的能源、原材料也发生了很大变化。产业的这些变化，又直接或间接地影响到区域的发展，对区域的地区分布、规模控制和发展性质都将产生决定性的影响。

区域经济发展考虑的科技条件，主要包括三个方面：

第一，技术开发能力。它包括地区和区域科技人员的数量、专业构成和研究与开发资金的投入。区域技术开发能力的强弱，与科技经费的投入有着直接的关系。我国东部地区科技经费支出量较大，区域实力也较强，发展速度快，发展质量高；而中西部地区的科技经费投入量相对较少，这直接影响到中西部地区区域经济的发展。

第二，适用技术选择。对于区域发展来讲，根据区域的经济发展水平和发展特点选择适用的技术十分重要。有些技术很先进，但其应用需要有与之相适应的基础设施和人文条件，与地区、区域或企业的资金能力有很大的关系。所以，真正能够为发展带来机遇的是那些适用的技术，是与地区和区域发展阶段和发展能力相适应的技术。

第三，技术的地域转移规律。技术的地域转移是区域经济发展必须考虑的重要因素。目前,国际制造业及其生产技术向我国沿海地区转移,使沿海地区原来的一些纺织、原材料等的生产技术向内地转移。为了能够为引进技术创造条件,必须有效地改善本地的投资环境,包括在税收、管理、土地价格、能源和水资源供应等方面的条件。

(3)制度条件

制度条件对区域发展的影响显现出越来越重要的作用,它既影响区域经济增长的速度,也影响区域经济发展的质量。

制度条件的影响主要包括:

第一,市场化程度对区域发展的影响。市场化实质上是市场机制作用增强的过程。从区域发展的角度来看市场化,首先,生产要素能够在区域间自由流动,使资源可充分利用;其次,区域之间的信息传播无阻滞;最后,区域间的各类市场是公平竞争的。市场化程度和区域化水平呈现正相关关系,要加快区域化进程必须提高市场化程度,积极消除要素流动中的制度阻碍,形成一个各地制度环境大致相同的体制环境。

第二,产权制度对区域发展的影响。对于区域发展来说,产权安排是否合理,要看这种安排是否能够促进经济增长。也就是说,要通过经济增长的指标去检验这种安排是否合理。产权安排要与区域的发展模式相适应。区域发展的模式不同,其产权安排就不同。当一个区域选择的是外向型的发展模式时,其产权安排中的合资、合作形式将占很大的比重。由于一个国家或地区要形成外向型的发展模式,必然会引进外国的资本、技术和管理,并以国际市场为自己的主市场,这样,外国资本的进入就不可避免。如果一个地区的发展基本上是内向的,主要市场也在国内,则其合资的形式在产权安排中的比重就会缩小,而国有、私营的比重就会增加。区域经济制度环境塑造的中心任务是,处理好私有产权与公共产权的关系。

第三,地方政府行为对区域发展的影响。区域地方政府从理论上讲是地方公共利益的代表。地方政府的经济行为,包括对区域内地方性资源的支配及其利用、直接投资和政府对地区经济的管理。政府作为地方公共利益的代表,是从公共利益最大化的角度参与地区的经济活动的。但政府行为并不一定都是理性的,所以公共利益最大化并不意味着也能带来效益的最大化。所以,必须使政府所主导的公营部门与区域内的私营部门相结合,一起营造公用事业的最佳规模,以实现成本最小化。

3.3.3 人力资本

人力资本是一种通过投资于已有人力资源而形成的、以复杂劳动力为载体的可变资本。它具有资本和复杂劳动力的双重属性。从内容上来说,人力资本是花费在人力保健、教育、培训、迁移等方面的开支所形成的资本。这种资本就其实体形态来说,是活的人体所拥有的体力、健康、经验、知识和技能及其他精神存量的总称,它可以在未来特定经济活动中给有关经济行为主体带来剩余价值或利润收益。

(1)人力资本的特征

相对于物质资本而言,人力资本有一些自身的特点:

第一,人力资本的依附性。人力资本最为独特的,就是人力资本是凝结在人身上、附着在人体上的一种能力,它不能脱离人体独立存在。曾有学者说过:每个人都有属于自己的所有权,这种所有权仅属于他自己而不是别人。

第二,人力资本的被动性。人力资本承载于人的身上,与人力资本所有者不可分割。人的意志和情绪始终控制着人力资本的利用和开发。当人力资本所有者受到限制或者侵害时,人力资本的利用价值将下降或减少。因此,人的主观动机、努力和敬业程度以及责任心在很大程度上决定着人力资本作用的发挥。

第三,人力资本的难以测度性。人力资本因人的能力和天资而异,难以有一个统一的度量标准,教育程度、培训、身体健康状况等虽能在一定程度上反映人力资本的大小,但仍相当模糊。同时由于人具有社会性,人力资本发生作用与同事、单位、社会等各方面的协作,甚至一个人的为人处世的方法、性格等都有关。这些都使得人力资本的价值的发挥有很大的弹性,使人力资本的价值变得难以准确测度。

第四,人力资本的专业性。人的精力和体力非常有限,同时精通各门学科或在各个领域都有较高成就的人实属罕见。一般来说,人通过专业学习、培训,又经过一段时间的实践,会在某一方面和某几方面有所擅长,积累起人力资本。然而现如今,知识爆炸,专业类别愈加细化,人们所从事的工作也越来越专业化。全能式的人力资本不仅数量较少,其作用也越来越小,相比之下,专业性人力资本却越来越受到大家的关注。

第五,人力资本的累积性、递增性和创新性。与物质资本相比较,人力资本具有明显的累积性、递增性和创新性。众所周知,物质资本会随着不断使用而消耗,折旧就是个例子;人力资本则不然,它具有累积性、递增性和创新性,即使用次数越多,其资本价值和创新功能一般越大。

第六,人力资本的动态可变性。人力资本的可变性表现为,一方面人力资本会不断增加,但另一方面也会发生贬值。如随着教育、培训费用和卫生保健支出的增加,加上不断地使用,人力资本会不断增加。然而,如果一个人不经常学习和更新知识和技能,缺乏与时俱进的知识积累,人力资本就会趋向贬值,因此人力资本具有动态可变性。

第七,人力资本的团队协作性。社会化大生产的发展在使人力资本专业性日益强化的同时,也促使其团队协作性日趋显著,具有专用性特征的人力资本如果不参加社会协作体系便没有用武之地。人力资本为体现其价值必须与其他专业化人力资本共同协作。

(2)人力资本的形成

人力资本形成的途径是多种多样的,无数种活动都可视为人力资本的形成或者人力资本投资。按照人力资本投资的形式和形成的途径区分,一般包括教育、培训、研究和开发、实验、“干中学”、医疗保健、迁移等。需要说明的是,传统的物质资本的形成是物质的生产过程,而人力资本的形成则不同,它是人的知识的积聚和能力提高的过程。从本质上看,人力资本的形成就是人力资本投资要素转化为个人能力的过程。其主要途径有:

第一,教育。教育是人力资本形成的主要途径,基础知识和能力的形成一般都是通过教育来完成的。教育包括:由父母投资的作为代际教育后果的家庭非正式教育;通过各级教育机构而进行的正规教育。一般的较为初级的教育主要传授基本知识,它有利于整体增加人力资本。同时,由于知识的丰富、学习能力的增强,人力资本增长速度加快,在经过初级教育学习过后,部分人将接受高级的专业化知识和技能的教育或培训,人力资本将上升到更高层次。

第二,“干中学”。所谓“干中学”,是指个体亲自参加现场工作,在工作中通过学习、模仿和接受他人的示范、帮助而获得人力资本提升的一种方法。由于“干中学”属于边工作边学习,因而劳动年龄在此成为分叉点。在劳动年龄区间之外是不存在“干中学”的,在劳动年龄之上和退休之前,存在“干中学”。“干中学”对人力资本形成的影响较为复杂。我们常说的技能性人力资本的形成更多地产生于“干中学”。相对而言,“干中学”取得的人力资本多是经验层次上的。

第三,研究和开发。研究和开发是人力资本形成的一个重要途径,它包括基础研究、应用研究和技术开发。研究和开发是高智商的活动,人们通过它可以快速而有效地进行知识和技能的积累。通过研究和开发,人力资本所有者可以积累知识并形成创新能力,从而形成一种以隐性知识和能力为主的人力资本。此外,通过研究和开发,还可以培养个体创造性的思维能力和群体的协作精神。

第四,职业技术培训。职业技术培训是指在正规教育培训结束后所进行的职业技能与技术的学习,它是人力资本形成的必要过程。职业技术培训一般要求脱产,其目的在于提高知识和技能。培训的次数越多,人力资本提高的速度就越快,人力资本的总量也就越高。职业技术培训的这一特点,使得人力资本的上升具有跳跃性。每经过一次培训,有了一定的知识积累,人力资本增加的速度就会加快。

(3)人力资本对区域发展的引导作用

人力资本投资与资本、劳动、技术进步一起,推动着产业结构的升级,促进区域经济的快速增长,而且在此之中人力资本的作用越来越突出。

人力资本需求对产业结构升级的引导作用,指的是由于人力资本对产品和劳务的需求的增长而产生的对产品结构与产业结构升级的促进,这着重体现在数量与质量两个方面,即数量需求的不同影响某些产业的消长,质量需求的不同又推动产品结构与产业结构的升级,进而推动区域经济的增长。

在没有任何外界约束的条件下,产业结构升级过程是一个市场过程。产品生产以市场需求为导向,市场需求直接影响产品供给、产品结构和产业结构。然而,市场需求是一个动态的概念,因而导致产业结构也处于不断演进之中。随着经济的发展,按人口平均的人均产量逐渐增加,消费结构也随之发生变化。一般来讲,在经济发展过程中,消费结构从生产资料为主向消费资料为主转变,消费形式从生存型为主向休闲、发展型为主转变,消费品由日常消费品向耐用消费品转变,这与美国经济学家罗斯托所划分的经济成长阶段相适应。在这一转变过程中,教育、医疗保健、培训等消费也在不断增长。不论这种增长是由于收入水平的普遍提高所致,还是由于竞争的渐趋激烈所致,其结果都是造成了中间需求与最终需求的变化,产品生产也随之发生变化,整个社会产品结构逐渐趋向耐用化、高质量化与高附加值化。由此,在产品供求结构的连续变动中,产业结构也更加趋于合理化与高级化,推动区域经济向前发展。

(4)人力资本供给对区域经济发展的影响

人力资本供给对区域经济发展的影响主要表现在以下三个方面:

第一,人力资本的有效供给促进产业弹性的提升。产业结构升级、优化意味着资源、各种生产要素的重新组合与配置,即各种资源和生产要素在新旧产业部门间的转移。资源与生产要素的转移包括存量转移和增量转移。增量转移相对是比较容易的,改变新增资源与生产要素的投入就可以实现,关键在于存量转移的速度和规模。一般来讲,物质资本的转移相对容易,然后才是人力资本的结构转移。产业结构的转变首先表现在物质资本即生产设备和设施的变化上,物质资本可以很容易地通过资金物化来实现,但是,那些人力资本承载者的培养则需要一个相当长的过程,因此在产业结构转换过程中,显性或隐性结构性失业不可避免。人力资本的有效供给能显著地提高产业资源转移弹性,人力资本存量较高的人力资本承载者较一般劳动者能更快、更容易、更有效地适应新的生产环境,资源转移所遇阻力会相对较小。

第二,人力资本的充分积累促进产业活力的增强。在产业结构升级过程中,产业政策对若干产业的扶持是必要的,但是政府扶持政策并不能全面顾及,只能是有重点地选择进行,大多数产业必须依靠自身的力量才能得以生存与发展。它们只有积极创新,努力适应产业结构转换引起的其他条件的变化,才能融入产业结构调整的大趋势中。特别是那些比较落后、发展缓慢的产业与部门,如果不具备自我发展的能力,将更加落后,进一步加剧经济的"二元结构",产业结构变得更加不合理。即使是那些受益于政策扶持的产业,也必须适时增强自身竞争力,寻求自身生存发展的机会,毕竟政府政策的倾斜总是有一定限度的。我们知道,产业活力的培育取决于产业的创新能力,而创新的真正主体则是该产业的从业人员。文化素质较低的从业人员是很难成为市场创新的主体的,真正的、具有决定意义的创新源于高素质的从业人员,即人力资本含量较高的承载者。由此可见,创新的基础与源泉,产业发展的活力、动力,在于雄厚的人力资本积累。

第三,人力资本投资促进人力资本存量的增加和产业结构升级承载力的增强。产业结构升级将在很大程度上改变原有产业间的经济技术联系,引起市场等外部环境的剧烈变动。在这一过程中,各个产业不可避免地会遭遇不同程度的环境变化和压力。在这种情况下,需要产业具有一定的承受能力,经受得起产业结构升级初期外部环境混沌无序的考验。而能否真正经得起产业结构升级带来的考验,部分地取决于产业人力资本存量的大小。人力资本存量大的产业与部门更容易经得起产业关联断裂的考验,也更能尽快形成新的产业关联。

(5)产业结构升级对于人力资本的需求

产业结构的高度化需要一定的人力资本做支撑,因此,产业结构升级会对人力资本产生需求,从而对人力资本投资产生影响,人力资本结构也会逐步高度化。

产业结构的升级是当今世界产业结构转换的重要内容。产业结构升级对经济增长的促进作用主要体现在主导产业的转换给整个经济增长带来新的驱动力。主导产业的及时转换,保证了增长率较高的产业部门对资源的需要,使社会总资源得到合理的配置与利用,提高了单位资源的产出效益,使总量增长始终有充分的后劲,并保持较高速度的进行。主导产业及时转换,同时也保证了主导产业对其他产业的带动作用。

产业结构的升级必须通过大力发展人力资本才能实现。目前来说,进入知识经济时代,产业结构的升级主要是依赖于知识和信息资源、智力资源的开发,这就对人力资本的存量、增量及结构都提出了更高的标准和要求。在产业结构升级中,那些新兴的高新技术产业以及关联产业的增长比那些物质资源高消耗的传统产业的增长要快得多,这主要就是人力资本以知识密集和技术密集为方式发挥了主导作用所致。由于提升了的人力资本包括了对知识和信息的生产与扩散能力,从某种意义上来说,信息传输取代了大量物质资源传输,物质资源和能源消耗随之大大减少;同时,作为高新技术重要组成部分的新材料技术也是知识密集型的,如果没有足够的人力资本投放,也难以创新和达到新的突破。因此,产业结构的升级,要求人力资本也应加快提升速度。

3.3.4 人工智能

人工智能(Artificial Intelligence),英文缩写为AI,是新一轮科技革命和产业变革的重要驱动力量,是研究、开发用于模拟、延伸和扩展人的智能的理论、方法、技术及应用系统的一门新的技术科学。人工智能是智能学科重要的组成部分,它企图了解智能的实质,并生产出一种新的能以与人类智能相似的方式做出反应的智能机器。人工智能是十分广泛的科学,包括机器人、语言识别、图像识别、自然语言处理、专家系统、机器学习,计算机视觉等。

人工智能使用计算机来模拟人的某些思维过程和智能行为(如学习、推理、思考、规划等),作为影响区域发展等因素,是科技投入要素和人力资本要素的结合。通过计算机实现智能的原理、制造类似于人脑智能的应用,实现人力资本投入基础上的生产效率的大大提升,从而促进区域经济的高质量发展。

3.4 本章小结

本章主要介绍了区位和区域经济理论。区域经济理论是进行区域经济研究必须掌握的基础和前提,是区域经济学中重要的学习部分。区域经济活动是在一定的区域空间进行的,而区域经济的空间活动是有一定组织结构的,区域经济发展演变的过程实际上是各种要素在区域空间中进行动态配置的过程。区域空间结构的三个基本要素,即节点、轴线和域面。空间的三个要素的不同组合,形成多种多样的空间系统,每一个系统都会呈现出不同的特色。区域空间系统大致可以分为城镇系统、城市—区域系统、区域网络系统、区域空间系统四个层次。区位理论是研究人类活动,特别是产业、城市和区域间经济活动的组织和优化理论。古典区位理论主要指杜能的农业区位论和韦伯的工业区位论,两种近代区位理论主要指克里斯塔勒的中心地理论和廖什的市场区位论,现代区位理论主要包括运输区位论、市场区位论、成本—市场理论、行为学理论、计量学派、社会学派、历史学派等。随着外部性、聚集经济、规模经济等概念的引入,新经济地理理论是最近几十年的最新发展。区域经济发展的条件包括自然环境、自然资源、劳动力条件、科技条件和制度条件。

复习思考题

1. 区域空间结构的三个基本要素是什么?
2. 什么是空间系统?
3. 试述古典区位理论的内容及其基本观点。
4. 简述近代区位论理论的内容及其基本观点。
5. 现代区位理论主要有哪些学派和理论?
6. 新经济地理理论的主要内容是什么?
7. 影响区域发展的条件有哪些?

建议阅读书目

[1]冯·杜能:《孤立国同农业和国民经济的关系》,吴衡康译,北京:商务印书馆 1997 年版。

[2]韦伯:《工业区位论》,李钢剑等译,北京:商务印书馆 1997 年版。

[3]克里斯塔勒:《德国南部中心地原理》,常正文、王兴中等译,北京:商务印书馆 2011

年版。

[4]廖什:《经济空间秩序》,王守礼译,北京:商务印书馆1995年版。

[5]陈秀山、张可云:《区域经济理论》,北京:商务印书馆2010年版。

[6]李小建:《经济地理学》(第三版),北京:高等教育出版社2019年版。

[7]张文忠:《经济区位论》,北京:商务印书馆2022年版。

[8]保罗·克鲁格曼:《地理与贸易》,北京:北京大学出版社,中国人民大学出版社2002年版。

4
区域经济增长与发展模式

重点问题

- 区域经济增长的概念与影响因素
- 区域经济增长理论
- 区域分工与比较优势
- 区域经济发展阶段与模式

4.1 区域经济增长

区域经济增长是一个长期的时间序列过程,有时我们必须从一个相当长的历史时期来观察,才可能发现增长的长期趋势。由于经济本身具有波动性,增长也常常呈现出波动的态势。经济学当中的四个经济周期,在区域经济增长中都会有所反映,它们是:基钦周期(短周期)、朱格拉周期(中周期)、库兹涅茨周期(长周期)和康德拉季耶夫周期(长周期)。当然,区域经济增长的周期往往要受到宏观经济周期的影响,但两者不一定同期而至。就一国而言,发达地区的宏观经济周期往往提前,落后地区则往往拖后。在某些时候就某些地区而言,区域经济也会出现与宏观经济周期不一致的其本身的经济增长周期。

4.1.1 区域经济增长的概念与影响因素

(1) 区域经济增长的概念

区域经济增长是指一个区域内的社会总财富的增加,用货币形式表示,就是国内生产总值的增加;用实物形式来表示,就是各种产品生产总量的增加。对区域经济增长的衡量,是在一个较长的时间跨度上,一个区域的人均产出(或人均收入)水平的持续增加。用现价计算的地区生产总值,可以反映一个地区的经济发展规模;用不变价计算的地区生产总值,可以用来计算经济增长的速度。

广义的区域经济增长还包括对人口数量的控制、人均国民生产总值的提高以及产品需求量的增加等。从区域经济增长的特征来看,产值的增加并不意味着一个地区生产水平的总体提高,也不意味着一个地区人民生活水平的不断提高。只有把经济总量的提高、人口规模和产品需求量的增加结合起来,才能正确理解区域经济增长的含义。

(2) 区域经济增长的影响因素

区域经济增长的影响因素有很多,不能把影响因素等同于生产要素。按照新古典经济学模型的分析,区域经济的生产要素是资本、劳动力和技术,有了这三类要素的投入,一个地区的经济就能够增长,这是区域经济增长的必要条件。然而,一切与区域经济相关联的条件和环境都可能会影响到区域经济的增长,使区域经济的增长或快或慢。事实上,我们在用新古典模型对区域经济进行分析时,假定诸多的影响因素是固定不变的。

这些影响因素可大致划分为两类:一类是直接进入生产过程的,亦即投入的生产要素,包括资本、劳动、资源、技术等;另一类是形成生产环境的,包括硬环境和软环境。硬环境指基础设施条件、相关产业的布局条件等;软环境则包括经济制度、管理方式及组织形式等。

4.1.2 区域经济增长的机制

区域经济增长与宏观经济增长是同质的,所以其增长机制从总体上看是一致的,大致包括两个方面:其一是需求的拉动,包括区内的需求和区外对本区产品和劳务的需求,由需求拉动生产;其二是供给的驱动,原材料、资本、技术、劳动的供给,必然会带动相关产业的发展,并形成新的需求。

如果我们深入分析区域经济增长的机制,又会发现其本身的特点。

(1)要素投入的驱动机制

资本、劳动和技术的投入,从区域经济来看,存在两个杠杆:

一是投入高效率产业的杠杆。按照美国经济学家钱纳里的观点,经济增长就是生产要素从效率低的部门向效率高的部门转移。一旦一个地区将其有效的生产要素资源集中到高效率的、能够起带动作用的部门,则这个地区必然会获得增长。

二是投入高效率地区的杠杆。对不同的产业来讲,由于处于不同的地区,其生产的效率相差很大。如果我们将有效的生产要素资源都投入那些高效率的地区和部门,宏观的经济增长必然会十分明显。需要强调的是,高效率的地区并不仅仅是指发达地区,因为有很多时候不发达地区在某些发展的时段会获得比发达地区高得多的效率。

(2)中间产品投入的拉动和驱动机制

中间产品投入对区域经济增长的作用不可低估。中间产品投入对某些部门来说形成了其需求市场,对另外一些部门来说又构成了其投入的要素。中间产品投入比重的增长是区域经济增长的一种趋势。特别是在工业化的过程中,第二产业的中间产品投入增加很快,经济产品的价值也随着增加的中间产品投入而增加,从而促进区域经济的增长。

(3)产业部门增长的拉动机制

区域经济增长可以具体化为各种产业部门的增长。在一定时期,可能有某一个或某几个部门增长速度很快,成为带动性的产业,从而使区域经济获得整体上的增长。例如,北京近年来的增长主要靠高新技术产业和服务业拉动,即使在传统部门总量下降的情况下,北京的经济总量仍然保持较快的增长速度,相应地,北京的主导产业部门由过去的钢铁、化工、机械、建材转变为金融、信息服务、高新技术、文化创意、旅游服务等产业。

(4)先行地区增长的拉动机制

区域经济增长还可以具体化为各地区的增长,在一定时期内,可能有某一个或某几个地区增长速度很快,成为带动性的先行地区,从而使区域经济获得整体上的增长。例如,改革开放以来,中国沿海地区 40 多年来的经济增长受到三大直辖市和五个“新兴工业省份”(广东、福建、浙江、江苏、山东)经济增长的巨大拉动,而沿海地区更是成为中国经济增长的拉动区域。

4.1.3 区域经济增长理论

现代区域经济研究主要解决区域发展的问题以及区域之间的相互关系问题,区域经济发展理论是围绕这两个问题建立起来的,核心内容是区域经济增长问题。

20 世纪 50 年代以来,区域经济学借鉴发展经济学的理论,形成了区域平衡增长理论、区域非平衡增长理论和新增长理论;改革开放以来,在总结中国区域经济发展实践的基础上,形成了区域协调发展理论。

(1)区域平衡增长理论

平衡增长是区域经济发展的一种方式。区域平衡发展理论是从发展经济学的有关理论引进并发展形成的。这一理论主要包括莱宾斯坦的“临界最小努力”理论、纳尔逊的“低水平均衡陷阱”理论、纳克斯的“贫困恶性循环”理论和罗森斯坦—罗丹的“大推进”理论等,主要适用于经济增长初期的发展中国家或地区。

平衡发展理论认为,持续的经济增长要求打破低水平均衡陷阱;在可动员经济资源不变和没有外部刺激的情况下,要走出陷阱,就必须使人均收入增长率超过人口增长率,因此,必须多管齐下,综合治理。其主要措施有:从制度上创造有利于经济发展的"政治氛围"和社会环境;推行计划生育,缩小家庭规模,改变社会结构,鼓励节俭消费,倡导居民储蓄,培养企业家精神;改变收入分配格局,避免公平伦理观念影响效率原则,并促使财富向投资者集中;依靠国家综合投资以及国民经济发展计划和规划的确定,加大突破陷阱的力量;吸引外资以增加投资和收入;通过技术进步来提高现有资源的使用效率。

美国经济学家拉格纳·纳克斯(R Nurkse)提出了著名的"贫困恶性循环"理论,认为资本稀缺是阻碍发展中国家经济增长的决定性因素。穷人之所以穷,是因为他们的收入少;他们的收入之所以少,是因为他们的工作效率很低;他们的工作效率之所以低,是因为他们吃不饱而身体很差;他们的身体之所以差,是因为他们的收入很少,即非常贫穷。起点是贫穷,终点也是贫穷,形成了一种恶性循环。从供给角度看,由于收入水平低,导致储蓄少,储蓄少又造成资本供给不足,资本短缺就使生产率难以提高,而生产率低下又造成收入水平低下,这样,收入低下、储蓄量少、资本缺乏三者互为因果,形成一个"恶性循环";从需求角度看,由于收入水平低,造成市场购买力低,使投资引诱力减小,资本有效需求不足同样导致生产率低下,从而又导致收入水平低下,这样,收入低下、购买力萎缩、投资不足三者互为因果,又形成一个"恶性循环"。纳克斯还认为,上述两个"恶性循环"相互制约,相互强化,任何一个循环都无法自行突破而转为良性循环:如果想要增加储蓄,以便增加投资,那么,由于储蓄增加而引起购买力缩减,又会降低投资引诱力;若想提高购买力,以便增加投资引诱力,那就势必会减少储蓄,即便投资引诱力增大,也会因储蓄减少而难以继续扩大投资。因此,纳克斯得出结论:由于两个循环互相影响,使经济状况无法好转,经济增长难以实现,所以发展中国家长期贫困、经济停滞的局面难以改变。①

美国经济学家罗森斯坦·罗丹认为,发展中国家经济活动中存在着三种"不可分性":

其一,基础设施的不可分性。基础设施存在配置上的初始集聚性,基础设施项目规模宏大,配套性强,必须同时建成才能发挥作用,因而一开始就需要有大量的投资;基础设施建设有较长酝酿期,与直接生产部门比较,基础设施建设周期长,投资资金难以在短时期内回收;基础设施提供的服务不能进口或购买,基础设施产业投资必须优先于那些能更快地产生收益的具有直接生产性产业的投资。发展中国家在国民经济发展的初期必须集中精力,一次性投入大量资金于基础设施建设中。

其二,储蓄的不可分性。储蓄并不是随收入的增长而不断地增长的,相反,它的增长是有阶段性的。只有当收入的增长超过一定的限度后,储蓄才会急剧地上升,才会使更大规模的投资成为可能。因此,必须使每一阶段的经济增长规模,大到足以保证收入的增长超过一定的限度,否则储蓄将不够充分,投资也就将受到"储蓄缺口"的阻碍。

其三,需求的不可分性。如果投资只集中于某一部门或某一行业,则要使这一部门或这一行业的产出有相应的提高,就必须有充分的国内市场或有保证的国外市场。如果产品不能出口,再加上这一部门或行业以外的人口又处于失业或就业不足的状态,那么,这一部门或行业的产出,除一小部分为该行业或部门的投资所创造的收入吸收外,大部分将无人购买,从而使这笔投资以失败而告终。②

---

① 吴殿廷. 区域经济学[M]. 北京:科学出版社,2003:119.

② 陈秀山,张可云. 区域经济理论[M]. 北京:商务印书馆,2003:110.

因此,要形成广大的市场,使多种多样的商品都各有所需,就必须广泛地、大规模地在各个部门和各个行业中同时进行必要的投资。相反,如果不采用“大推进”办法,而是进行孤立的、小规模的投资,经济只能缓慢增长,不能迅速改变落后国家的经济面貌,也无助于缩小发展中国家与发达国家之间的差距。

平衡增长理论主张区域经济增长的直接原因是要素的投入,包括劳动投入、资本投入和技术投入。分析区域经济增长,就是分析这些要素在增长中所起的作用。

(2)区域非平衡增长理论

非均衡增长与均衡增长的现实基础一样,都是不发达地区的低水平均衡现象,但主张打破这种均衡的方法和路径不同。非均衡增长理论主张首先发展某一类或某几类有带动作用的部门,通过这几类部门的发展,带动其他部门的发展。其主要依据是由于落后地区资本有限,不可能将资本大规模地投向所有部门,而只能集中起来投入几类具有带动作用的部门,这样可以更有效地解决资本不足的问题。

美国经济学家赫希曼、汉斯·辛格等是非均衡增长理论的代表人物。赫希曼认为,发展的路径好比一个链条,从主导部门通向其他部门,不发达地区的发展战略就是选择若干战略部门投资,创造发展机会。赫希曼指出:如果是政府投资,则应选择公共部门,特别是基础设施建设,以创造良好的、发展的外部环境;如果是私人资本,则应投入具有带动作用的制造业部门。佩鲁的增长极理论也是非平衡增长的主要代表性理论。增长极理论主张选择区域内具有带动性的部门作为主导部门,重点投入,优先发展,并以主导部门来带动其他部门,进而促进整个区域的产业发展。后续的研究者在佩鲁的增长极理论的基础上,将其扩大到地域上,主张先发展一个中心区域,形成地域上的增长极,进而带动周边地区的增长。

非均衡增长理论提出了著名的连锁效应概念,为区域产业结构的分析提供了理论基础。连锁效应包括三方面:一是前向关联效应,指主导产业在进行生产之前,许多产业为其提供原料、燃料和生产设备等而产生的部门关联效应;二是后向关联效应,指主导产业在进行生产之后,其产品成为许多产业的原料、燃料或生产设备,或直接进入消费部门而产生的部门关联效应;三是旁侧关联效应,指主导产业在进行生产过程当中,有许多产业为其提供相关的服务而产生的部门关联效应。

区域经济获得非均衡增长的前提是存在着区域贸易。因为率先投入的部门要想带动整个地区的发展,必须有一定的规模经济,而当部门规模扩大之后,必须有庞大的市场。显然,落后地区不可能满足其要求,必须向其他地区输出,这是非均衡增长的关键所在。

(3)新增长理论

发达地区大多已经跨过了工业化的初期或中期阶段,有些地区已进入后工业化社会阶段,如北美、西欧、日本、中国沿海地区等。发达地区的经济增长出现了许多新的特点:知识在经济增长中日益重要,有形投资流向高技术产品的生产和服务,研发投入越来越多,人力资源开发成为经济增长的基石。在这种情况下,发达地区的经济增长方式发生了很大变化。均衡与非均衡增长理论阐述的地区增长问题,由于经济发展的阶段性推进,发生了很大的变化,产生了许多新的发展理论。

首先,最有代表性的是阿罗模型,该模型用技术的外部性解释经济增长。阿罗假定技术进步或生产率提高是资本积累的副产品,即投资所产生的溢出效应,不仅进行投资的厂商可以通过积累生产经验而提高生产率,其他厂商也可通过“学习”而提高生产率。这样,技术进步就成了内生变量。

其次,经济学家罗默认为内生的技术进步是经济增长的唯一源泉;卢卡斯则认为全国经济范围内的外部性是由人力资本的溢出造成的。也有学者认为,在存在外部性的情况下,分散化的均衡增长率可能等于社会的最优增长率。也就是说,在这种情况下,均衡增长是有可能的。

再次,美国经济学家克鲁格曼提出了收益递增理论。认为发达地区的经济增长主要依靠技术进步和人力资本的投入,亦即以知识为基础的增长,而知识本身是一种不断积累、不断丰富、自我学习、自动更新的要素,因此知识的投入带来的经济增长的收益是不断递增的。在克鲁格曼构建的模型中,以劳动和技术表示的总量生产函数 $Y=F(L,A)$ 具有收益递增的性质。技术进步具有正的外部性。卢卡斯模型则将技术换成人力资本。这样,经济增长的快慢就与一个地区的人力资本的状况有直接的关系。

最后就是创新与经济增长理论。发达地区经济增长的另一个重要原因是创新的存在。熊彼特的创新理论是发达地区经济增长理论的基础。人力资本成为经济增长的主要因素后,创新就成为左右经济增长的关键行动。事实上,人力资本的开发是通过创新表现出来的,这种创新可以反映在熊彼特指出的五个方面:使用一种新的技术,开发一种新的产品,运用一种新的工艺,开拓一个新的市场,尝试一种新的组织形式。但是,由于熊彼特所谓的"创造性破坏"的存在,创新的不确定性使发达地区的经济增长更具有周期性的特点。

总之,发达地区既具有平衡增长的条件,也具有非平衡增长的必要,因此,可以认为发达地区是一种综合型或者混合型的经济增长。

(4)区域协调发展理论

所谓协调发展,是促进有关各系统的均衡、协调,充分发挥各要素的优势和潜力,使每个发展要素均满足其他发展要素的要求,发挥整体功能,实现经济社会持续、均衡、健康发展。区域协调发展理论反映的是人们对市场经济规律的认识,是把经济规律和自然规律结合起来认识客观世界的实践总结。为实现经济社会可持续发展的战略目标,不是单纯追求 GDP 的增长,而是在经济发展的基础上提升全体人民的福利。

区域协调发展战略是在马克思主义经济学和习近平新时代中国特色社会主义经济思想指导下的区域经济研究的最新发展。下面将从理论标准和区域经济学特征两个方面阐述其理论内涵。

①理论标准方面。区域协调发展有四个理论标准:一是缩小并最终消除区域发展差距。现阶段促进区域协调发展的一项首要任务,就是要遏制地区间人均生产总值差距扩大的趋势,并努力使之保持在一个适度的范围内,在实现平衡发展的过程中逐步缩小。二是实现区域间公共服务的适度均衡。包括义务教育、公共卫生、基本医疗、社会保障、劳动就业、扶贫开发、防灾减灾、公共安全、公共文化等基本公共服务,不应因地区的不同、人群的不同而有明显的差异。三是实现地区间发展机会的均等。包括资源开发、企业进入、基础设施、城市建设、乡村振兴等方面的机会均等,使各地区的比较优势都能够得到合理有效的发挥,有效消除区域间的利益冲突,促进区域间的优势互补、互利互惠。四是实现人口、资源与环境的可持续发展。习近平总书记的"绿水青山就是金山银山"的理论,从根本上讲清楚了人口、资源与环境和谐发展的质的规定性,只有让人与自然关系处于和谐状态,才能真正做到区域可持续发展。

②区域经济学特征方面。如果我们把协调发展作为区域经济的一种形态,那么其在区域经济学上就具有空间性、功能性、动态性和综合性等基本特征。

区域协调发展的空间性特征表明,不能抛开区域与国家的关系而孤立地考虑区域的发展,也不能用每一个区域经济增长的叠加来计算国民经济整体的增长。正确处理区域与国家的关系和区域之间的关系,是促进协调发展的重要原则。

区域协调发展的功能性主要是通过区域定位来体现。也就是说,我们把国民经济看作是一个完整的区域系统,根据区域协调发展的要求,各区域的发展必须有一个明确的区域定位,规定该区域在区域系统中扮演的角色。

区域经济的动态性特征是指,在国家的区域发展中,有的地区水平高些,有的地区水平低些;有些地区发展快些,有些地区发展慢些,并且在不断地变化当中。区域协调发展理论为我们提供的是如何正确处理公平与效率的问题:把生产要素投在发达地区,效率高些,地区间的差距拉大;把生产要素投到落后地区,可缩小差距,但又可能会影响效率。

协调发展是区域发展综合性的一种体现。解决区域发展中存在的问题,需要对区域发展的方方面面统筹兼顾,形成各类综合体。区域的发展不能仅仅对统计意义上的"整体"做贡献,还要真正惠及由各个区域组成的有机整体。

4.1.4 区域经济增长模型

我们把新古典主义的增长模型作为区域经济增长模型的分析起点,即:国民生产总值的增长是资本积累、劳动力增加和技术变化长期作用的结果;在此基础上,劳动和资本从生产率较低的部门向生长率较高的部门转移,能够促进经济的增长,而生产要素在地域上的聚集也是经济发生增长的一个重要因素。

区域经济的非均衡与新古典主义的一般均衡不能被认为是互相矛盾的。因为一般均衡是阐述生产要素的收益与边际生产率之间关系的一般均衡,是经济学意义上的均衡;区域经济的非均衡是指区域之间发展的参差不齐状态,属空间科学的范畴。

区域经济增长模型应当包括两个互相联系的部分。

第一部分:总量增长等于各区域增长之和。

$$Q = \sum q_i \tag{4.1}$$

式中,Q 为国民生产总值;q_i 为 i 区域的国民生产总值。

如果我们用 G_v 代表总产出的增长率,则总量增长与各区域增长的关系是:

$$G_v = \sum (a_i \times G_{vi}) \tag{4.2}$$

式中,G_{vi} 为 i 区域的国民生产总值增长率;a_i 为 i 区域的国民生产总值占全国的份额,即:$a_i = q_i / Q$。

按照这个公式的含义,区域经济的非均衡增长要求我们的区域政策选择两类地区进行重点扶持:一类是 q_i 值较大的区域,另一类是 G_{vi} 值较大的区域。当然,q_i 和 G_{vi} 的值都较大的区域更要重点扶持,因为这类区域对总量增长贡献最大。

第二部分:区域经济增长是由要素投入增长和全要素生产率增长决定的。用公式表示为

$$G_{vi} = G_{ai} + \beta_{ki} G_{ki} + \beta_{li} G_{li} \tag{4.3}$$

式中,G_{vi} 为 i 区域的产出增长率;G_{ai} 为 i 区域的全要素生产率增长率;G_{ki} 为 i 区域的资本增长率;G_{li} 为 i 区域的劳动增长率;β_{ki} 为 i 区域的资本弹性系数;β_{li} 为 i 区域的劳动弹性系数,且 $\beta_{ki} + \beta_{li} = 1$。

在不考虑非流动性生产要素的前提下,区域经济的增长中存在着资本和劳动自由流动的作用。也就是说,引起经济增长的资本投入是由本地投入的资本以及流入与流出的资本之差决定

的，即：

$$G_{ki} = S_i/V_i \pm \sum G_{kji} \tag{4.4}$$

式中，G_{ki} 为 i 区域的资本增长率；S_i 为 i 区域的储蓄率；V_i 为 i 区域的资本产出率；G_{kji} 为资本每年从 j 区域流向 i 区域的数量，并且流动的数量是两个区域资本收益的函数，即 $G_{kji}=f(R_i-R_j)$，R 为资本收益率。

引起经济增长的劳动投入是由本地的劳动投入和流入与流出的劳动力之差决定的。即：

$$G_{li} = N_i \pm \sum m_{ji} \tag{4.5}$$

式中，G_{li} 为 i 区域的劳动力增长率；N_i 为 i 区域的人口自然增长率；m_{ji} 为 j 区域每年流往 i 区域的净迁移数，并且迁移数是工资率的函数，即 $m_{ji}=f(W_i-W_j)$，W 为工资率。

上述模型分析假设在均衡状态下供给要素对区域经济增长的影响没有涉及规模收益的作用。实际上，由规模收益引起的聚集也是区域经济非均衡增长的重要原因，所以，美国经济学家理查森把规模收益引入新古典模型，用式(4.6)来表示规模收益的变化。

$$G_{vi} = G_a + (\beta_k G_k + \beta_l G_l)\alpha \tag{4.6}$$

式中，G_{vi} 表示 i 区域的产出增长率；G_a 表示全要素生产率增长率；G_k 表示资本增长率；G_l 表示劳动力增长率；β_k、β_l 分别表示资本弹性系数、劳动力弹性系数；α 表示规模收益。当 $\alpha>1$ 时，规模收益递增；当 $\alpha<1$ 时，规模收益递减；当 $\alpha=1$ 时，规模收益不变。α 所决定的规模收益的变化，使产业的聚集出现不同的情况，区域经济增长就表现在产业部门的发展和聚集上。

4.2 区域分工和比较优势

当我们面对一个具体的区域时，会发现区域经济发展的条件差别巨大，所以，需要根据不同区域的发展条件进行分工。区域分工是形成区域比较优势的前提。

4.2.1 区域分工

区域分工理论的起源一般可以追溯到现代经济学之父亚当·斯密提出的绝对利益理论。从绝对利益和比较利益理论到新兴古典分工理论，区域分工理论经历了一个漫长的发展沿革过程。

(1)绝对利益与区域分工

绝对利益或绝对成本的概念，最早是由亚当·斯密在1776年出版的《国富论》一书中提出的。

首先，绝对利益的概念。亚当·斯密从一般制造业工厂内部的分工入手，进而分析了国家之间的分工，认为各国可以利用再生产某种产品的绝对优势来进行专业化生产，并以此专业化产品来同其他国家进行贸易。亚当·斯密的国际分工原则是建立在生产商品的成本差异的基础之上的，而这种成本差异是绝对的。一个国家购买其他国家的某种产品而不是自己生产，是因为该国不具有生产这种产品的绝对优势，也就是相对于购买其他国家生产的该产品而言，本国生产的成本太高。与之相对应，一个国家之所以能够向其他国家卖出某种产品，是因为该国具有生产这种产品的绝对优势。亚当·斯密进一步认为，各国生产成本的差异可以归结为生产效率的差异，而之所以会形成生产效率的国际差异，主要是因为各国所拥有的优势不同。他把这种优势分为两类：自然优势和可获得性优势。前者指超乎人力范围之外的气候、土地、矿产和其他相对固定状态的优势，后者指工业发展所取得的经济条件，如资金、技术等。一个国家在生产和输出某种商品上具有自然或可获得性优势，也就具有成本优势。

虽然斯密的分工理论是针对国际分工和贸易领域提出的，但同样也适用于区域分工。也就是说，任何区域都具有其绝对有利的生产条件，并且各区域的专业化生产能够提高生产效率。各区域按照绝对有利的生产条件进行分工，生产成本最低的产品，然后在区域之间进行交换，能够使各区域的资源和生产要素都得到最有效的利用，从而提高区域劳动生产率，增进区域经济利益。但是，绝对优势理论也存在一个明显的缺陷，就是它没有说明不具有任何绝对优势的区域如何参与区域分工并且从中获利的问题。

其次，绝对利益的获得。根据绝对利益学说的解释，我们用数据表示绝对利益的获得，见表 4.1。

假设甲、乙两个地区，每个地区都需要也有条件生产 A、B 两种产品，但是由于自然条件和经济条件的不同，A 产品的单位投入量(包括劳动耗费和资金占用)甲地区低于乙地区，B 产品的单位投入量乙地区低于甲地区。如果甲、乙两地都采取自给自足的办法，为满足 A、B 两种产品的需求，共需投入相当于 800 元的劳动耗费；而采取区际分工协作时，由于充分地利用了地区分工效益，满足同样需求只需投入 600 元，节约的 200 元称为地区分工的毛效益。假设地区之间产品流通的劳动耗费为 50 元，那么地区分工的净效益即为 150 元。总之，一些地区在某些产业或某类产品的生产效益上占优势，另一些地区在另外一些产业和产品上占有优势，不同地区各自着重发展自己具有优势的产业和产品，相互交换，即形成所谓的绝对利益。[①]

表 4.1 绝对利益与区域分工

		A 产品			B 产品			投入总量(元)
		需要量(吨)	生产量(吨)	单位产品投入量	需要量(吨)	生产量(吨)	单位产品投入量	
地区自给自足时	甲地区	50	50	2 元/吨	100	100	3 元/吨	100+300=400
	乙地区	100	100	4 元/吨	50	50	2 元/吨	300+100=400
	甲、乙两地总投入量							800
地区分工协作时	甲地区	50	150	2 元/吨	100	–	–	300
	乙地区	100	–	–	50	150	2 元/吨	300
	甲、乙两地总投入量							600
	甲、乙两地区区际商品交换中的投入量							50
地区分工毛效益	(800–600)							200
地区分工净效益	(800–600–50)							150

资料来源：陈栋生：《区域经济学》，河南人民出版社 1993 年版。

① 费洪平．中国区域经济发展[M]．北京：科学出版社，1998：35–39.

(2)比较利益与区域分工

首先,比较利益的概念。大卫·李嘉图在1817年出版的《政治经济学及赋税原理》一书中,以劳动价值论为基础,利用两个国家、两种产品模型,论证了比较利益的存在以及在国际贸易理论中的应用,从而奠定了比较利益学说的基础。按照比较利益学说,即使是不具有任何绝对优势的区域,也能参与区域分工,并且从中获利,从而弥补了绝对利益学说的缺陷。李嘉图列举了一个著名的酒和毛呢的例子来说明这个问题。假如葡萄牙生产一定单位的葡萄酒要耗费80个工人一年的劳动,生产一定单位的毛呢需要耗费90个工人一年的劳动,而英国生产同样数量的葡萄酒和毛呢则分别需要耗费120个工人和100个工人一年的劳动。不难看出,葡萄牙在生产这两种商品上都具有绝对优势,而英国在生产这两种商品上则都处于相对劣势地位。那么,按照绝对利益学说,葡萄酒和毛呢都应该集中在葡萄牙生产,这样一来葡萄牙和英国在这两种产品的生产上就不存在分工问题了。但是,按照比较利益的原则,两国之间在这两种产品之间的分工不仅是可行的,而且是更有效率的。就葡萄牙而言,其从事葡萄酒生产比从事毛呢生产具有优势,因此应该集中于生产葡萄酒;反之,对于英国而言,其从事毛呢生产比从事葡萄酒生产具有优势,因此应该集中于生产毛呢。这样一来,两个国家在这两种商品上的分工不仅能得以实现,而且还节约了劳动,增加了产出。

其次,比较利益的获得。虽然李嘉图的比较利益学说是针对国际分工与贸易提出的,但同样也适用于区域层面。下面我们用单一生产要素下两区域的两部门模型来进行说明,见表4.2。

表4.2 比较利益与区域分工

<table>
<tr><th colspan="2" rowspan="2"></th><th colspan="3">X产品</th><th colspan="3">Y产品</th><th rowspan="2">投入总量（元）</th></tr>
<tr><th>需要量（吨）</th><th>生产量（吨）</th><th>单位产品投入量</th><th>需要量（吨）</th><th>生产量（吨）</th><th>单位产品投入量</th></tr>
<tr><td rowspan="3">地区自给自足时</td><td>A地区</td><td>50</td><td>50</td><td>2元/吨</td><td>100</td><td>100</td><td>3元/吨</td><td>100+300=400</td></tr>
<tr><td>B地区</td><td>100</td><td>100</td><td>4元/吨</td><td>50</td><td>50</td><td>4.5元/吨</td><td>400+225=625</td></tr>
<tr><td colspan="7">A、B两地总投入量</td><td>1025</td></tr>
<tr><td rowspan="4">地区分工协作时</td><td>A地区</td><td>50</td><td>100</td><td>2元/吨</td><td>100</td><td>50</td><td>3元/吨</td><td>450</td></tr>
<tr><td>B地区</td><td>100</td><td>-</td><td>4元/吨</td><td>50</td><td>150</td><td>4.5元/吨</td><td>450</td></tr>
<tr><td colspan="7">A、B两地总投入量</td><td>900</td></tr>
<tr><td colspan="7">A、B两地区际商品交换中的投入量</td><td>50</td></tr>
<tr><td colspan="2">地区分工毛效益</td><td colspan="6">(1025-900)</td><td>125</td></tr>
<tr><td colspan="2">地区分工净效益</td><td colspan="6">(1025-900-50)</td><td>75</td></tr>
</table>

资料来源:陈栋生:《区域经济学》,河南人民出版社1993年版。

假设存在A、B两个区域,每个区域都只有同一种生产要素——劳动,生产X和Y两种产品,并且这两个区域对这两种产品都有需求。假设A区域生产两种产品的单位成本均低于B区域,即$c_{AX}<c_{BX}$,$c_{AY}<c_{BY}$,那么按照绝对利益原理,两种生产都应该集中在A区域生产,A,B之间的区域分工是不存在的。但是,按照比较利益原理,两区域之间的分工,还取决于各自从事不

同产品生产的相对劳动生产率。在此,我们不妨假设:$c_{AX}/c_{AY}<c_{BX}/c_{BY}$。对于 A 区域而言,生产 X 产品比生产 Y 产品的相对成本更低,即 A 区域生产 X 产品的相对劳动生产率更高,因此 A 区域生产 X 产品具有比较优势;相反,对于 B 区域而言,生产 Y 产品比生产 X 产品的相对成本更低,即 B 区域生产 Y 产品的相对劳动生产率更高,因此 B 区域生产 Y 产品具有比较优势。实际上,按照比较优势原理,区域分工的决定性因素是区域机会成本。

(3)要素禀赋理论

要素禀赋理论也称赫克歇尔—俄林模型(简称 H-O 模型),最早由瑞典经济学家赫克歇尔(E. Heckscher)于 1919 年在一篇文章中提出,后为他的学生俄林所继承和阐释,俄林在 1933 年出版的《地区间贸易和国际贸易》一书中形成了比较全面系统的要素禀赋理论,他也因此获得了 1977 年的诺贝尔经济学奖。

H-O 模型突破了古典经济学劳动价值论的观点,以新古典经济学作为区域分工和国际贸易理论的基础,用生产要素禀赋差异导致的价格差异代替李嘉图的生产成本差异来进行研究,认为区域分工以及国际贸易产生的主要原因是各地区生产要素的丰裕程度,并由此决定了生产要素相对价格和劳动生产率的差异。俄林假定,商品在区域间可以自由移动(无运费),而生产要素不能自由移动。不同区域的生产要素禀赋不同,也就是生产要素的供应丰裕程度不同,会引起两区域生产要素的相对价格比例不同。根据生产费用理论,生产要素价格比例不同,会使两区域生产出的商品的相对成本比例不同,从而在孤立的状态下会使两区域商品相对价格不同。而且,正是由于两区域商品相对价格不同,才会导致区域贸易的发生。一个区域输出那些含有区内供应丰裕而价廉的生产要素的商品,输入那些含有本国供应稀缺而价高的生产要素的商品。通过这样的自由贸易,地区间可以获得比较利益,而且在生产要素自由流动的条件下,贸易的结果可以使商品价格均等化,某种程度上也可以使生产要素价格均等化。若要用一句话概括 H-O 模型的实质,那就是生产要素的丰裕程度决定了商品相对价格和贸易格局。

俄林的价格差异指的是相对价格差异,假定在只存在资本和劳动力两种生产要素,并且生产每一种产品都需要使用这两种要素的情况下,各国和地区将出口那些较多使用本国和本地区富裕的生产要素的产品,即资本富裕的国家和地区出口资本密集型产品,而劳动力富裕的国家和地区将出口劳动密集型产品。也正因为如此,H-O 模型也被称为资源禀赋学说。H-O 模型以相对价格差异学说补充了斯密和李嘉图以劳动价值论为基础的区域分工论,并且首先将一般均衡的分析方法运用于国际和区际贸易理论,影响巨大。

(4)区域分工理论的进一步发展

20 世纪 60 年代以来,产业组织理论、博弈论等相关经济学基础理论的发展,为新的区域分工理论的发展提供了重要的分析工具,区域分工理论得到进一步继承和发扬,涌现出了许多有代表性的学说和理论。

首先是相似偏好理论。古典和新古典的劳动分工理论都是从供给和成本的角度来分析国际和区域分工与贸易,由于假设需求不变,因此很难解释收入水平相近、资源禀赋相似的国家或地区产生大规模贸易的现实。针对这一问题和现象,瑞典经济学家林德(Linder)在《论贸易和转变》一书中提出了相似偏好理论,从需求结构的角度来研究国际和区域分工与贸易。林德认为,H-O 模型重视供给方面的作用,这比较适用于对初级产品出口问题的研究,而对工业品的国际贸易格局却缺乏说服力。因为工业品要成为潜在的出口产品,首先必须在国内形成消费需求,即产品出口的可能性取决于它的国内需求,因为只有国内产品需求趋于饱和时,产品才有可能出口。他认为,之所以发生国际贸易,主要是因为贸易国之间存在着重叠需求,而且两个国家的需求结构越相似,那么它们之间形成的贸易量可能就越大。因为商品需求取决于消费者的偏好和兴趣,进而又取决于购买力和收入水平,因此两个国家或地区的发展水平越相近,则意味着它们的购买力和收入水平就越相近,由此导致的需求结构和需求偏好也越相近,在它们之间也就越容易形成贸易,贸易量也越大。林德的偏好相似理论为解释"里昂惕夫之谜"提供了一个很好的思路,也说明了工业结构相同的国家之间工业品贸易为何最大等一些传统国际贸易和分工理论所无法解释的问题。

其次是协议性区域分工理论。协议性区域分工理论最早是由日本学者小岛清提出的。林德的相似偏好理论主要是从需求角度论述了发展水平相近的国家和地区之间形成较大量贸易的原因,而小岛清的协议性区域分工理论则是从规模经济收益递增的角度来解答"里昂惕夫之谜"。协议性区域分工理论认为,即使是在生产要素禀赋比率差异不存在的情况下,区域分工还是可能发生的。他指出,即使消除了比较优势差距,也就是市场力量不能决定专业化的基本方向的极端情况下,仍然存在向较优技术水平的生产地区转移的分工,或者是存在为了相互获得规模经济的分工。此外,小岛清还认为,对于要素禀赋相同地区间形成的分工,虽然可以通过市场机制的作用来加以调节,但这要以资源的浪费和不合理使用为代价,并有可能引发地方保护或恶性竞争。相对于市场调节,小岛清认为由中央政府和有关政府出面,通过协商进行分工更有效率。正因为如此,他也把这种分工称为协议性区域分工。

再次是相似条件下的地域分工理论。以克鲁格曼(Krugman)、赫尔普曼(Helpman)、格罗斯曼(Grossman)等为代表的一些经济学家将产业组织理论和递增的规模报酬系统地引入国际贸易理论,从而推动了新贸易理论的形成和发展。在新贸易理论中,对区域分工理论的发展贡献最大的要数克鲁格曼的相似条件下的地域分工理论。克鲁格曼认为,国际分工与贸易的形成,特别是要素供给结构相似的国家之间形成的同类产品的贸易,是这些国家按照规模收益递增原理而发展专业化的结果,与国家之间生产要素禀赋差异关系不大。与小岛清相似,克鲁格曼同样认为,规模收益递增是要素供给相似国家或地区之间形成分工和贸易的原因,但与之不同的是,克鲁格曼认为"历史和偶然"具有重要作用,是空间分工和差异的基础,而规模收益递增则不断强化这种既定的分工贸易格局。也就是说,国家和地区之间的分工和贸易格局具有很强的路径依赖性。相似条件下的地域分工理论将规模经济作为一个重要的因素来研究国际贸易问题,能够更好地解释资源禀赋相近国家之间的分工和贸易问题,具有更强的解释能力。

最后是新兴古典专业化区域分工理论。20 世纪 90 年代以后,杨小凯运用超边际的分析方法,对传统的古典经济学理论发动了强有力的挑战,从而也掀起了一场声势浩大的新兴古典经济学革命。在区域分工理论领域,杨小凯等人也构造出一个与新古典区域分工模型不同的区域分工模型。他们认为,假定交易效率是交易规模的增函数,如果交易效率有提高,则均衡分工水平(贸易依存度)就会上升,反过来将扩大交易规模,因而应提高交易效率,再进一步提高均衡分工水平。在新兴古典专业化区域分工理论中,存在一个关键性的概念,那就是交易效率。按照杨小凯的解释,交易效率是指"分工带来的好处与分工产生的交易费用的两难冲突"①。此外,在新兴古典区域分工模型中,分工的实现也有赖于聚集效应,并且历史的、偶然的因素在区域分工进程中起着重要的作用,这与克鲁格曼的相似条件下的地域分工理论是一致的,不过这两个模型对于聚集效应产生的原因以及对区域分工问题的解释能力还存在着明显区别。

① 江世银. 区域产业结构调整与主导产业选择研究[M]. 上海:上海人民出版社,2004.

4.2.2 区域经济发展比较优势

李嘉图在研究比较利益时,指出国与国之间在生产率方面存在着很大的差距,即使一个国家在每一种商品的生产上都比其他国家绝对地缺乏生产率,它依然能够通过生产和出口那些与外国相比生产率差距相对较小的产品,在国际分工中占有一席之地;而在每一种产品生产上都比其他国家绝对地具有较高生产率的国家,也只能通过生产和出口与外国相比生产率差距较大的产品获取贸易利益,这是比较优势概念提出的原因。

(1)比较优势的成因

根据区域分工理论,具有同样消费者偏好、技术、要素禀赋结构的国家,将会有同样的均衡价格比率出现,因而就不会有国际贸易的动力。三者之中有一项不同,就会产生价格差异,使比较利益拉开差距。在同样的技术和要素禀赋条件下,一个国家可以在它的人民不大喜爱(相对于其他国家人民的偏好而言)消费的商品中获得比较利益——该商品在该国价格会比较低廉。同样,如果要素禀赋和偏好相同,那么,比较利益将由相对技术效率利益决定;如果消费偏好和技术状况相同,则比较利益将会由要素禀赋的差异决定。

举例来说,假定一个地区纺织工人的产品产量是另一个地区纺织工人产品产量的30倍,则这个地区就有很高的劳动生产率;但是,市场却被另一个地区所占领,原因是另一个地区的纺织业工人的小时工资是这个地区工人小时工资的30倍以上。因此,一个地区可以凭借低得更多的工资率来抵消低生产率的影响而取得市场的出口产业地位。

(2)比较优势的衡量指标

根据比较利益理论的原则,区位商指标值常被用来衡量比较优势。区位商(location quotient)是空间分析中用以计量所考察的多种对象相对分布的方法,它也同时将分析结论体现为一个相对份额指标值,即区位商值。区位商可用公式表示如下:

$$LQ_{ij} = \frac{L_{ij} \Big/ \sum_{j} L_{ij}}{\sum_{i} L_{ij} \Big/ \sum_{i} \sum_{j} L_{ij}} \tag{4.7}$$

式中:LQ_{ij} 为 i 地区 j 行业的区位商;i 为第 i 个地区;j 为第 j 个行业;L_{ij} 为第 i 个地区、第 j 个行业的产出指标。

区位商的另一种表示形式是:

$$LQ_{ij} = \frac{L_{ij} \Big/ \sum_{i} L_{ij}}{\sum_{j} L_{ij} \Big/ \sum_{i} \sum_{j} L_{ij}} \tag{4.8}$$

第一种形式的区位商表示的是 i 地区 j 行业在本地区总产出中的份额与全国j行业占整个国民经济产出份额之比,其含义是:假定各地区产出结构与全国相同,则意味着这是一个自给自足的经济;而当各地区产出结构与全国产出结构存在差异时,则意味着地区间存在着地域分工和产品贸易。具体说来,就是:

当 $LQ_{ij}>1$ 时,意味着 i 地区 j 行业的供给能力能够满足本区需求而有余,可对外提供产品;

当 $LQ_{ij}<1$ 时,意味着 i 地区 j 行业的供给能力不能满足本区的需求,需要由区外调入;

当 $LQ_{ij}=1$ 时,意味着 i 地区 j 行业的供给能力恰好能够满足本区需求。

第二种形式的区位商表示的是 i 地区 j 行业占全国同业的比重与 i 地区经济总量占全国经

济总量的比重之比,其含义是:如果 i 地区 j 行业的比重相对大于本地区总量占全国总量的比重,则意味着 i 地区 j 行业具有优势地位。两种区位商公式本质上是一致的。

区位商指标的优点是:

第一,它解决了地区间贸易数据的问题。在有关比较优势讨论的文献中,通常都是依据各国出口产品内容以及占有国际市场的份额来判断各国优势的。在我们进行区际比较优势的研究与识别时,首当其冲的障碍就是无从获得有关区际贸易的统计数据。区位商指标帮助我们克服了这一障碍。

在区位商的第一种形式中,指标的分子部分反映了区域具体行业在区域产出结构中的产出份额,分母部分反映了该行业在整个国民经济中的产出份额。整个指标的优点是把各地区的产出结构(区域内部的各行业份额)放在更大的空间系统中,以整个国民经济产出结构作为参照系来判断各地区各行业的相对份额大小,借以判定地区产业的相对优势,由此揭示地区产出结构与整个国民经济产出结构的差异,进而表明各地区在全国劳动地域分工中的地位——是出口区域抑或进口区域,以及进出口规模的大小。

第二,它体现了比较优势理论的内涵。依据比较优势理论,生产率可能会集中在某些经济发达区域,但是各种产品的市场竞争力(区域产品竞争力体现在区际市场的份额占有上)不会为任何区域垄断,而必然由参与分工与贸易的各区域分享。区位商指标恰恰体现了上述比较优势理论的内涵。它显示了各区域在各行业上的进出口贸易格局,从而反映了它们在各行业上参与区际贸易的竞争能力;同时也显示了这种竞争力(比较优势)绝不会为少数发达区域所垄断,而必然由各参与分工与贸易的区域所分享这一事实。

(3)比较优势的分类

比较优势存在于区域经济发展的方方面面。从存在的形式上看,可以有四种分类:有形优势与无形优势,绝对优势与相对优势,局部优势与全局优势,空间优势与时间优势。从来源上,又可以分为下面三类。

第一,资源优势。资源优势是通过对资源的数量和质量的区域间的比较分析,认识到某个区域具有比其他区域更丰富、开发条件更好的资源蕴藏,并可以通过资源的开发,形成优势的资源产业。单个种类资源的区域比较,可以通过各区域资源储量和品位的横向比较来确定。区域资源综合优势的比较,可以用资源的综合优势度的指标来衡量。

资源综合优势度的评价公式为:

$$P_i = \frac{mn - d_{ij}}{mn - m} \tag{4.9}$$

式中:P_i 为地区的资源综合优势度,m 为被统计的资源种类数,n 为对比的地区个数,d_{ij} 为地区被统计的资源种类数占全国名次之和。①

第二,产业优势。产业优势是指区域的某类产业与其他地区的同类产业相比,生产成本较低、产品质量较好和所占有的市场份额较大,在这三个方面都具有优势。产业优势有时也被称为"竞争优势",这是因为产业优势一般都是在市场竞争中取得的。

如果单纯进行生产成本的比较,只要符合本地生产的某类产品的成本加上运到销售市场的运费,小于市场当地生产的同类产品的生产成本的条件,就表明该地区的该产业具有比较优势。如果进行综合的比较,仍然可以用区位商的指标,只要对指标的含义稍加更改:产业优势的区位

---

① 刘再兴. 中国区域经济——数量分析和对比研究. 北京:中国物价出版社,1994.

商是指,某地区向全国输出的某类产品的价值与该地区向全国输出的产品的总价值之比,同全国市场中该产品的输入总价值与全国市场的总规模之比,两个比值相除,结果大于1则表明有优势,结果小于1则表明没有优势。

第三,环境优势。由于环境对人类经济生活的影响越来越大,拥有良好的环境,也能够形成经济发展的优势。环境优势是指一个地区拥有良好的自然环境和良好的人文环境,从而吸引更多的企业来落户。良好的自然环境是指废弃物的排放被限制在一定的标准之内,空气新鲜,林木和草地的覆盖率高,人们感觉到的舒适度高。良好的人文环境是指一个地区浓郁的文化氛围、较高的政府办事效率和文明的当地人的生活习惯等。由于智力资源的载体是人本身,而人们倾向于选择环境良好的区域生活,所以,环境优势常常成为吸引高新技术产业、旅游业等新兴产业的主要条件。

综上所述,比较优势对区域经济发展的作用,主要是为区域发展中的产业选择提供依据。当一个区域启动发展的战略时,在众多的产业和行业中选择一个自己要发展的产业和行业是十分困难的,比较优势原理则提供了这种选择的基本途径。

区域经济发展具有很强的阶段性,不同的阶段有不同的发展模式,产业发展是区域经济发展任何一个阶段的核心内容。一个区域的产业发展状况在一定程度上决定着该区域经济发展的潜力和水平,产业结构是区域经济能否健康发展的重要影响因素之一。

4.3 区域经济的发展阶段与模式

区域经济发展是一个动态的过程,在这一过程中,量的变化和质的飞跃使区域经济发展呈现出不同的阶段性,也形成不同的发展模式。

4.3.1 区域经济的发展阶段

区域经济学者按经济增长的程度、经济结构的成熟和高级化以及生活质量的改善等标准提出了不同的发展阶段理论。本书采用美国经济学家惠特曼·罗斯托(Whitman Rostow)在1960年出版的《经济增长的阶段》一书中,以主导产业、制造结构和人类的追求目标为标准,采用部门总量分析方法,根据对已经完成工业化的一些发达国家的经济增长过程所做的研究结果,对区域经济发展的阶段性规律做了颇有影响的探讨分析,在宏观经济层面上提出:一个国家或区域的经济增长需经历传统社会阶段、起飞准备阶段、起飞阶段、成熟阶段、高额消费阶段五个阶段。在1971年出版的《政治与增长阶段》一书中,罗斯托又补充了一个阶段——追求生活质量阶段。罗斯托认为,在这六个阶段中,起飞阶段和追求生活质量阶段是两个关键性的阶段。

(1)第一阶段:传统社会阶段

罗斯托认为,传统社会的社会结构虽然是在生产功能有限的情况下发展起来的,但增长在一定条件下还是存在的。他认为,传统社会生产力水平低下,产业结构单一,区域内的经济活动基本上是原始的农业活动,农业是居民和国家的主要收入来源。传统社会的思想观念和价值判断与现代社会差别很大。

(2) 第二阶段：起飞准备阶段

起飞准备阶段，即为起飞创造前提条件的阶段，是向起飞阶段过渡的阶段。在这一阶段中，农业制度开始变化，农业生产技术有所改良；家庭手工业和商业逐渐兴起，出现了专业化的分工和协作；资本市场开始发育，金融制度应运而生；区域不断发展，经济活动开始突破地域的限制，进行国内外贸易扩张。罗斯托认为，这个阶段经济和整个社会的变化对以后的经济增长具有关键意义，为经济起飞创造了条件。

(3) 第三阶段：起飞阶段

经过长期的积累，经济增长发生了质变，由缓慢增长进入持续、高速的增长阶段，即起飞阶段。罗斯托认为，在人类经济增长的六个阶段中，"起飞阶段"相当于工业化的初期，是一个具有决定性意义的转变时期，是传统社会进入现代社会的分水岭，是社会变化质的飞跃。在这一阶段中，人均国民收入快速、持续地增长；农业技术进一步提高，农村经济走向商品化，劳动力向工业领域的流动加速；资本在部门间的转移加快；近代工业和交通运输业带动了其他产业的快速发展，成为推动经济增长的主导力量。罗斯托从主导部门和内在机制的角度，讨论了突破传统社会经济停滞状态、实现经济"起飞"的三个基本条件：一是高积累率，通过私人储蓄、国家积累或国外(区外)资本输入等多种形式，确保生产性净投资率达到国民收入的10%以上；二是培植区域主导产业，保证一个或几个具有高生产率的现代产业部门产生，这些部门通过回顾、旁侧和前瞻影响对整个经济产生扩散效应；三是变革制度，根据具体的国情和经济背景来建立一个有利于现代产业扩张的政治结构、社会结构和制度结构。罗斯托认为，如果一个国家具备了这三个基本条件，经济就能"起飞"，从而步入工业化道路。

(4) 第四阶段：成熟阶段

经济起飞之后，再经过大约五六十年持续、稳定的增长，就会进入成熟阶段。成熟阶段的标志是技术上的成熟。在这一阶段，新的主导产业部门(钢铁、电力、煤炭等)逐渐替代了旧的主导产业部门，成为带动经济增长的"火车头"；劳动力素质提高了，农业劳动力持续向工业部门转移；人口继续向区域集聚；新的管理方式、新的融资方式以及新的销售方式不断出现。

(5) 第五阶段：高额消费阶段

经过成熟阶段的发展，经济水平大幅度提高，物质生活较为丰富，人们的基本生活已经得到满足，社会的注意力由生产转向消费，经济增长进入高额消费阶段。在这一阶段，在满足基本生活必需品消费需求的基础上，人们对耐用消费品和服务业的需求空前增长，导致消费结构发生了重大变化；为了满足耐用消费品需求的增长，主导部门由工业开始转移到耐用消费品生产和服务业方面，汽车工业成为这一阶段具有代表性的主导部门，标志着"高额消费阶段"的到来。这一阶段的经济特点主要是"服务型"经济和"福利型"经济。

(6) 第六阶段：追求生活质量阶段

随着物质生活水平的进一步提高，耐用消费品的边际效用趋于递减，人们开始追求生活的舒适，开始偏好文化娱乐方面的享受，这一消费倾向的改变对第三产业提出了更高的要求。由此，提供劳务和提高生活质量的服务部门(包括公共投资的教育、卫生保健、住宅建筑、区域和郊区的现代化建设、文化娱乐、社会福利等)替代了生产耐用消费品的部门，成为推动经济增长的新的主导部门。人类不再以有形产品数量的多少来衡量社会的成就，而是以"生活质量"的增进程度作为衡量区域是否成熟的标志。

经济增长阶段理论对发展中国家选择发展战略、重点和模式,揭示主导部门带动经济增长的作用及资本积累的重要性有一定的指导意义。但是,由于世界各国的历史、文化、制度和经济发展水平存在着很大的差异,不可能选择完全相同的发展道路,因此,不能机械地照搬这一理论。

4.3.2 区域经济的发展模式

区域经济的发展模式是指经过长时期的实践形成的较为固定的发展模式,是实践经验在理论上的升华。区域经济的发展模式按照形成的源流,并根据改革开放多年来我国区域经济发展实践的总结,大致可以分为三类:区域经济发展的组织模式、区域经济发展的产业模式和区域经济发展的空间模式。

(1)区域经济发展的组织模式

区域经济发展的组织模式指区域经济发展中对区域经济活动的组织方式,主要与产权和管理相关。例如,我国改革开放以来形成的"温州模式",是以发展民营经济、股份制经济为特征的模式;20 世纪 90 年代以来形成的"苏州模式",则是以扩大开放、吸引外资、发展多种形式的所有制形式为特征。

(2)区域经济发展的产业模式

区域经济发展的产业模式是指区域经济产业发展的战略模式。

第一,初级产品生产和出口的产业模式。初级产品生产和出口的产业模式的特点是利用本国本地区丰富的自然资源,以发展农业、矿业产品的出口来带动本国本地区经济的发展,属于外向型经济发展战略。这种发展战略最大的局限性,就是严重依赖国际或外部市场,内部经济结构单一,经济具有很大的脆弱性。对于落后地区,由于缺少发展的机会,只有开发某种优势资源才能启动经济发展,所以在发展的初期,选择这种战略具有客观必然性,但是,其后必须寻找新的发展机遇,进行发展战略的升级。

第二,发展进口替代产品的产业模式。进口替代模式,就是用本国本地区产品替代进口产品的战略,是处于工业化初级阶段的发展中国家和地区应付国际竞争、发展本国本地区现代工业的一种内向型战略。从面向市场的消费品入手,用本国产品替代进口产品,是下游产业的进口替代,如优先发展食品工业、服装工业及轻纺工业等。生产资料的生产部门,如优先发展钢铁、化工、机械等产业,称为上游产业的进口替代。上游产业的发展需要大量的投资,上游产业开始的进口替代,对技术和劳动力的要求都相对较高,生产的规模一开始就比较宏大,因此,一般只有在国家的统一安排下,调集巨大的人力和财力,才有可能实现。

第三,发展出口替代产品的产业模式。出口替代的产业模式,就是用工业制成品的出口来代替农矿产品的出口,并利用劳动力价格低的优势,以廉价的产品打开国际市场。出口替代的类型很多。有的国家以增加本国出口农矿产品的加工深度为主,有的以加工外来原料为主,等等。依据加工深度的不同,出口替代可分为初级出口替代和高级出口替代两种。初级出口替代是指以发展技术水平较低的消费品(如食品、服装、玩具等)为主的替代战略;高级出口替代是指以发展高档耐用消费品(如机械设备、电子仪器等)为主的替代战略。一般来说,各国都有一个从初级出口替代向高级出口替代转化的过程。

第四,优先发展赶超部门的产业模式,即工业赶超战略。这种模式主张以发展优势工业来带动经济的发展,缩小同发达国家的差距。一个落后的国家或地区,要想在短期内赶上先进国家,就必须大规模发展工业,以工业的快速增长来促进其他产业的增长,实现国家或地区的跃进。工业赶超战略的关键是选准优先发展的工业部门。要考虑到发展该部门所需的资金、劳动力、原料来源和产品的市场等。我国选择优先发展现代制造业,印度选择优先发展软件产业,都具有前瞻性。

(3) 区域经济发展的空间模式

第一,增长极模式。区域空间开发的理论基础是增长极理论,并由此产生了增长极模式。增长极理论最初是由法国经济学家弗朗索瓦·佩鲁于20世纪50年代提出来的。其基本思想是:经济增长并非同时出现在所有地方和部门,而是首先集中在某些具有创新能力的行业和主导产业部门,这些主导部门通常累积在大城市中心。经济的增长首先出现在增长极上,然后通过不同的渠道向外扩散,并对整个区域产生影响。增长极通过支配效应、乘数效应、极化效应、扩散效应等对区域经济活动产生以下作用:

一是支配效应。增长极上的产业具有技术、经济方面的先进性,能够通过与周围地区的要素流动关系和商品供求关系,对周围地区的经济活动产生支配作用。也就是说,周围地区的经济活动是随增长极的变化而发生相应变动的。

二是乘数效应。增长极的发展对周围地区的经济发展产生示范、组织和带动作用,从而加强了与周围地区的经济联系。在这个过程中,受循环积累因果机制的影响,增长极对周围地区经济发展的作用会不断得到强化和放大,影响范围和程度也随之增大。

三是极化效应。即增长极周围区域的生产要素向增长极集中,增长极本身的经济实力不断增强。我们现在一般把一个区域内的中心城市称为增长极,把受到中心城市吸引的区域称为"极化区域"。为什么主导产业的产生会在增长极出现极化作用?这主要是由于规模经济作用引起的产业聚集作用使增长极能够不断成长壮大的缘故。

四是扩散效应。扩散效应是与极化效应同时存在、作用力相反的效应,是生产要素从增长极向周边区域扩散的趋势效应。由于技术发展水平的不断提升,增长极上的产业不断发生更替,被更替下来的产业向增长极周边地区转移;随着社会经济发展水平的提高,增长极的产业部门存在的机会成本增加,使效率相对较低的产业向周边扩散。扩散效应又被称为"涓滴效应",即通过扩散而促进增长极周边所有地方的发展,从而缩小地区之间的差异。

增长极的形成必然改变区域的原始空间平衡状态,使区域空间出现不平衡。增长极的成长将进一步加剧区域的空间不平衡,导致区域内地区间的经济发展的差异。不同规模等级的增长极相互联结,就共同构成了区域经济的增长中心体系和空间结构的主体框架。区域经济空间开发的其他各种模式,都是从增长极当中演化出来的。

第二,发展轴模式。发展轴模式是增长极模式的扩展。由于增长极数量的增多,增长极之间也出现了相互联结的交通线,这样,两个增长极及其中间的交通线就具有了高于增长极的功能,理论上称之为发展轴(或称为"点轴")。随着地区开发的深入和增长极数量的增加与质量的提高,根据区域经济空间相互作用理论和空间近邻效应,区域经济增长极之间产生相向的聚集与扩散,建立起各种交通线路以及各种经济社会联系,产生相对密集的要素流,从而形成区域内经济相对发达的轴线。这种轴线一旦形成,就可激活沿线地区经济的发展潜力。同时,由于轴线地区具有良好的区位优势,它将吸引区域内其他地区的资源,使企业和经济部门等向此集聚。发展轴同样存在着聚集和扩散效应,而且效应的强度更强,对周边的影响更大。发展轴在不断丰富之后,力量更强大,最后将成为一条发展地带。发展地带是发展轴的成长结果及其演化的最后形式。

第三,网络型模式。网络型模式是发展轴的一种演化结果,就是由若干个发展轴联合在一起,形成你中有我、我中有你的局面,从而形成增长的网络。增长网络的形成,使极化效应产生的聚集规模经济在更大的范围内表现出来,而不仅仅是从一个点上表现出来。对于网络所在的区域来说,这意味着增长结果的分散化和增长极点的分散化;而对于更大的区域来说,这意味着整个网络区域都被视为一个巨大的增长极,所以其极化的效应可能更强,对区域经济的影响也可能更大。网络型模式的联系方式组成了具有不同层次、功能各异、分工合作的区域经济系统,并能够将区域外的一些资源纳入这个系统之中,对其他地区的影响作用也最明显,它一般发生在发达地区。这种模式是区域一体化和城乡一体化的基础。

第四,经济带模式。经济带是以某一类经济和地理因素为纽带,由多个相邻的城市群、都市圈和产业区组成的带状经济区域。经济带作为社会生产地域分工的表现形式,是客观存在的,也是可以认识的。经济带占据一定的空间,具有相对合理的带状条形地域组成范围,有四至与边界,可表示在地图上,并可度量。经济带包括不同等级和层次,每个上一级经济区带是若干个下一级经济区带的有机集合,各个层次客观地反映了不同等级的地域经济单元。每个经济带不是封闭的、自给自足的自然经济,它通过复杂的物质流、信息流、人流与其他经济区域保持密切联系。经济带形成后并非一成不变,随着生产的发展和社会生产地域分工的演变,经济带经历着量的积累和质的飞跃,并会影响经济区划。

4.4 本章小结

现代区域经济研究主要解决区域发展的问题以及区域之间的相互关系问题。区域经济增长是现代区域经济研究的核心问题,新古典主义的增长模型是区域经济增长模型的分析起点。广义的区域经济增长需要把经济总量的提高、人口规模和产品需求量的增加结合起来进行理解。围绕这一问题,区域经济学逐步发展形成区域平衡增长理论、区域非平衡增长理论、新增长理论和区域协调发展理论。在分析区域之间的相互关系时,需要根据不同区域的发展条件进行区域分工,形成区域比较优势。根据区域经济的动态变化过程,罗斯托将区域经济划分为传统社会阶段、起飞准备阶段、起飞阶段、成熟阶段、高额消费阶段、追求生活质量阶段六个阶段。根据改革开放多年来我国区域经济发展实践的总结,区域经济发展模式大致可以分为三类:区域经济发展的组织模式、区域经济发展的产业模式和区域经济发展的空间模式。

复习思考题

1. 区域经济增长的概念是什么?
2. 主要的区域经济增长理论有哪些?
3. 区域分工的基本概念是什么?
4. 什么是绝对比较利益和相对比较利益?
5. 试述区域发展的阶段与模式。

建议阅读书目

[1]罗斯托:《经济增长的阶段》,郭熙保、王松茂译,北京:中国社会科学出版社 2001 年版。

[2]任保平:《区域经济理论方法与政策》,北京:经济科学出版社 2004 年版。

[3]孙久文、叶裕民:《区域经济学教程》(第三版),北京:中国人民大学出版社 2020 年版。

[4]罗伯特·卡佩罗:《区域经济学》(第二版),安虎森等译,北京:经济管理出版社 2022 年版。

[5]陈秀山、张可云:《区域经济理论》,北京:商务印书馆 2010 年版。

[6]简·雅各布斯:《城市与国家财富——经济生活的基本原则》,金洁译,北京:中信出版社 2018 年版。

5
区域产业结构与产业布局

重点问题

- 区域产业结构及其优化
- 产业布局指向及地域合理规模
- 新产业区布局

5.1 区域产业结构

发展产业是区域发展的关键内容。目前,在区域经济研究中主要采用三次产业的划分方法,对产业结构的分析也是从三次产业的比例的角度进行的。

5.1.1 产业分类

区域产业分类是对区域经济活动进行分解与归类,是建立产业结构概念和研究产业结构的基础。由于研究的目的与角度的不同,人们采取了多种多样的产业分类法。一般而言,产业分类依据的是产业的同质性与功能。下面是几种流行的产业分类法。

(1)三次产业分类法

三次产业的划分是英国著名的经济学家科林·克拉克(C. G. Clark)于1940年在其著名经济学著作《经济进步的条件》中提出的。书中克拉克总结了伴随经济发展的产业结构的演变规律,从而开创了产业结构理论。产业结构理论已成为分析国家和地区产业发展的有力工具。

克拉克将产业部门归并为三类,具体来讲是:

第一产业:取自自然物的生产。它包括种植业、畜牧业、林业和狩猎业等。

第二产业:加工于自然物的生产。它包括采矿业、制造业、建筑业、煤气、电力、供水等。

第三产业:繁衍于自然物之上的无形财富的生产。它包括商业、金融及保险业、运输业、服务业、其他公益事业和其他各项事业。

这种分类法从经济学理论上来看并非很严谨,其中采矿业、煤气、电力、供水、其他公益事业等行业的产业归属问题也有争议,但从应用经济分析来看,它是研究伴随经济发展的资源分配结构变化趋势的一种有用工具。

我国在1985年规定了对三次产业的划分标准。第一产业:农业(包括种植业、林业、牧业和渔业);第二产业:工业(包括采掘业、制造业、自来水、电力、蒸汽、热水、煤气)和建筑业;第三产业:除第一、第二产业外的其他各业。第三产业又可以分为三类:一是主要为生产服务的第三产业,如运输业、金融业、通信业等;二是主要为生活服务的第三产业,如商业、餐饮业、旅游业等;三是社会性的第三产业,如教育、科技、政府、军队、警察等。

(2)国际标准产业分类法

为了统一各国的产业分类,联合国于1971年颁布了《全部经济活动的国际标准产业分类索引》。这一分类法将全部经济活动分为10大项:①农业、狩猎业、林业和渔业;②矿业和采石业;③制造业;④电力、煤气、供水业;⑤建筑业;⑥批发与零售业、餐馆与旅店业;⑦运输业、仓储业和邮电业;⑧金融业、不动产业、保险业及商业性服务业;⑨社会团体、社会及个人服务;⑩不能分类的其他活动。

国际标准产业分类与三次产业分类之间存在很强的对应关系。这种分类比较规范,便于进行国际或区际比较。

(3)两大部类和农轻重分类法

马克思在《资本论》当中,把生产产业分为两大部类,即生产生产资料的部门和生产消费资料的部门。根据两大部类的产品物质属性,又划分为农业、轻工业和重工业三个部门。两大部类和农轻重的分类法是把社会总产品从实物形态上按其最终使用方向划分为生产资料部类和生活资料部类,并相应地把生产这些产品的部门也划分为两大部类,即生产生产资料部类和生产生活资料部类。

马克思曾用这种分类法说明社会再生产的实现条件和社会经济需要的满足过程。这种产业分类法是产业结构理论的基本来源之一,是投入产出表的基础。其局限性是:覆盖面窄,实际应用困难。两大部类分类方法未能将一切物质生产领域和非物质生产领域包括进去,从分类界限来看,有些产品难以确定为两大部类中的生产资料或消费资料。

在具体的应用中,两大部类和农轻重分类法将社会生产划分为农业、轻工业和重工业三大部门。一般属于重工业的工业部门有冶金工业、建材工业、机械工业、化学工业、煤炭工业、石油工业等,属于轻工业的工业部门一般有食品工业、纺织工业、造纸工业等。这种分类方法对于经济学理论研究意义重大。

(4)要素密集度分类法

根据各类生产要素的密集程度,经济活动一般可分为资源密集型产业、劳动密集型产业、资本密集型产业与技术密集型产业。这种分类有利于揭示区域要素禀赋构成与生产优势,研究区域分工与要素密集程度差异对区域经济发展与区际经济关系的影响。要素密集度分类法进行产业划分的特征在于,它存在于将各个产业使用的各种资源的组合在产业之间进行的比较中,因此,它是一种相对的划分,不存在绝对的划分标准。一般而言,像钢铁工业、石油化学工业等被认为是资本密集型产业,采矿业等被认为是资源密集型产业,纺织工业等被认为是劳动密集型产业,而电子计算机工业等则既是技术密集型产业又是劳动密集型产业。[①] 生产要素密集程度分类法可以说明区域产业结构的素质,揭示区域产业结构的发展趋势,并在区域产业结构规划中发挥重要作用。

(5)区域产业功能分类法

根据产业在区域经济发展中所发挥的功能作用,各类区域经济活动可分为三类:主导产业、辅助产业与基础产业。

主导产业又称专业化产业,是决定区域在区域分工格局中所处地位与作用的、对区域整体发展具有决定意义的产业。辅助产业是围绕主导产业发展起来的产业,主要是为主导产业的发展进行配套的产业以及主导产业产前和产后的延伸产业。基础产业是为保证区域主导产业与辅助产业发展与生活需要而形成的产业,主要包括基础设施产业和服务业。

在一个区域中,主导产业是其经济核心,主导产业的兴衰决定了区域经济的兴衰。辅助产业与主导产业之间存在着前向联系和后向联系,在很大程度上取决于主导产业的构成与规模。基础产业主要面向区内,受区内生产与生活需求的量与结构影响较大。区域产业功能分类一般用于研究区域主导产业选择与区域规划,是最常用的区域产业分类法之一。

5.1.2 产业结构演进

按照一定的分类而形成的产业之间的比例,就是产业结构。随着经济的发展,区域产业结构会发生相应的转换和演变。这种结构变化不是随意的,往往表现出一定的规律性。

---

① 陈秀山,张可云. 区域经济理论[M]. 北京:商务印书馆,2003:107.

(1)配第—克拉克定理

早在17世纪,英国经济学家威廉·配第在他的名著《政治算术》中就指出:制造业比农业能够得到更多的收入,而商业比制造业能够得到更多的收入。在经济发展中,这种不同产业之间相对收入上的差异,会促使劳动力向能够获得更高收入的部门移动。20世纪50年代,科林·克拉克就此问题做了进一步研究。克拉克搜集和整理了若干国家按照年代的推移,其劳动力在三次产业之间移动的统计资料,得出如下结论:随着经济的发展,即随着人均国民收入水平的提高,劳动力首先由第一产业向第二产业移动,当人均国民收入水平进一步提高时,劳动力便向第三产业移动。劳动力在产业间的分布状况是:第一产业将减少,第二、第三产业将增加。这就是所谓的"配第—克拉克定理"。①

"配第—克拉克定理"不仅可以从一个国家经济发展的时间系列中得到印证,还可以从处于不同发展水平的国家在同一时点上的横断面的比较中得到类似结论。也就是说,人均国民收入水平越高的国家,农业劳动力在全部劳动力中的比重相对越小,而第二、第三次产业的劳动力所占的比重相对越大;反之,人均国民收入水平越低的国家,农业劳动力所占比重相对越大,而第二、第三产业的劳动力所占的比重相对越小。

(2)库兹涅茨法则

著名经济学家库兹涅茨自20世纪40年代开始便致力于发掘各国的历史资料,根据这些资料对产业结构变化与经济发展的关系进行系统考察。库兹涅茨在他的著作《各国的经济增长》一书中,从国民收入和劳动力这两个方面,对伴随经济发展而出现的产业结构演变规律做了分析研究,得出的结论如下:

首先,随着国民经济的发展,区域内第一产业实现的国民收入在整个国民收入中的比重与第一产业劳动力在全部劳动力中的比重一样,处于不断下降之中。

其次,在工业化阶段,第二产业创造国民收入的比重及占用劳动力的比重都会提高,其中前者上升的速度会快于后者。在工业化后期特别是后工业化时期,第二产业的国民收入比重和劳动力比重会不同程度地下降。

最后,第三产业创造国民收入的比重及占用劳动力的比重会持续处于上升状态,其中在工业化中、前期,占用劳动力比重的上升速度会快于创造国民收入的比重。

这样,在整个工业化时期,产业结构的转换就表现为第一产业创造财富和吸收就业的份额逐渐转移到第二产业和第三产业中去,其中,在工业化中期,第二产业逐渐成为财富的主要创造者,而第三产业则是吸收劳动力的主要场所;到了工业化后期,第二产业创造财富的比重也开始下降,第三产业则成为经济发展的主体,既是财富的主要创造者,也是吸收劳动力的主要场所。②

因此,在工业化过程中,三次产业的发展是相辅相成的。如果第二产业总量增长很快,而第三产业发展滞后,那么必然表现为第二产业在GDP总额中的比重增加得很快,但是劳动力转移过程受阻,大量的劳动力滞留于低效率的第一产业,城市化水平难以提高。

(3)霍夫曼定理

德国学者霍夫曼对工业化过程中的工业结构演变规律做了开创性研究,研究的重点是制造

---

① 吴殿廷. 区域经济学[M]. 北京:科学出版社,2003:119.

② 陈秀山,张可云. 区域经济理论[M]. 北京:商务印书馆,2003:110.

业中消费资料工业和资本资料工业在工业化的不同阶段的比例关系的变动趋势。他将制造业划分为消费资料工业、资本资料工业和其他工业三种。消费资料工业的净产值和资本资料工业的净产值的比值,就是所谓的"霍夫曼比例",也称"霍夫曼系数",用公式表示如下:

霍夫曼系数=消费资料工业的净产值/生产资料工业的净产值

霍夫曼在《工业化的阶段和类型》一书中,将工业化过程分为四个阶段:

第一阶段,消费资料工业在制造业中占统治地位,资本资料工业不发达,霍夫曼系数为5左右;

第二阶段,资本资料工业的增长速度高于消费资料工业,但消费资料工业在制造业总产值中所占的比重仍大于资本资料工业比重,霍夫曼系数为2.5左右;

第三阶段,消费资料工业所占比重与资本资料工业所占比重大致相似,霍夫曼系数约为1;

第四阶段,资本资料工业所占比重大于消费资料工业,霍夫曼系数小于1。如表5.1所示。

表5.1 霍夫曼系数

工业化过程阶段	霍夫曼系数	工业化过程阶段	霍夫曼系数
第一阶段	5(±1)	第三阶段	1(±0.5)
第二阶段	2.5(±1)	第四阶段	1以下

一般来讲,资本资料生产属于重工业,消费资料生产属于轻工业。重工业在工业生产中的比重增大是工业化过程当中的必然趋势。当工业化达到一定的程度之后,重工业的比重将大体上处于一个稳定的状态。从区域的角度出发来分析轻重工业的比例,必须注意到区域经济的特殊性。由于各区域并不要求形成完整的工业体系,且各区域都有自己的区域优势,加之无限制的区域贸易的存在,在一个国家的内部将形成重工业区域与轻工业区域的区别,所以,用霍夫曼比例衡量区域经济结构的变化,有一定的局限性。

目前国际和国内有几种比较流行的产业分类方法,对研究区域经济十分重要。区域产业结构演进理论包括配第—克拉克定理、库兹涅茨法则、霍夫曼定理以及雁行模式理论,是进行产业结构分析的基础。主导产业选择的成功与否直接决定着区域发展的程度和水平。

区域产业结构优化问题包括产业结构合理化、高度化;区域产业结构优化的方法包括因素分析法和模型分析法。投入产出分析对优化产业结构也十分重要。

5.2 主导产业与区域产业结构优化

5.2.1 地区生产专业化

地区生产专业化是生产在空间上大规模集中地发展某个行业或某类产品,然后向区外输出,以求获得最大经济效益的生产形式,是区域产业发展经常采取的一种产业配置形式。

(1)地区生产专业化的概念

地区生产专业化是生产在空间上高度集中的表现形式,它是指按照劳动区域分工规律,利用特定区域某类产业或产品生产的特殊有利条件,大规模集中地发展某个行业或某类产品,然后向区外输出。地区生产专业化是工业化过程中大机器发展的必然产物。大机器工业的出现为扩大生产规模、实现规模经济效益提供了可能；工业化和技术进步创造了现代化的交通和通信系统，大大降低了地区之间经济联系的成本，使全国甚至于全世界各地区之间可以互为原料地、互为市场，共同构成一个不可分割的经济体系。

工业化不仅为地区生产专业化提供了可能，也使专业化生产成为必要。在大机器生产的条件下，要在市场竞争中取胜，就必须充分利用地区资源优势，利用最先进的技术设备，扩大生产规模，降低生产成本，提高生产率，从而获得最大的经济效益。地区专业化部门具有特定的区域属性，一个县的专业化产品对于一个省来说就不一定是专业化产品，甚至还需要输入。这对于更大的范围比如一个省和一个大区来说，也是一样。

在区域经济学中，通常用区位商指标来判断一个产业是否构成地区专业化部门。当区位商$LQ_{ij}>1$时，可以认为i产业是j地区的专业化部门，LQ_{ij}值越大，专业化水平越高；当$LQ_{ij}\leqslant 1$时，则认为i产业是j地区的自给性部门。

可见，利用区位商判断产业的生产专业化状况，实际上是以全国产业结构的平均值作为参照系。假定全国各地区对产品的消费水平基本一致，那么，当一个地区某产业或产品产值占总产值比重高于全国平均比重时，则认为该产业提供的产品或服务在满足了本地区消费需求之后还有剩余，可用于输出，因而成为专业化部门。并且，其比重比全国平均值高出越多，则可用于输出的产品也就越多，专业化水平也越高。

(2) 地区主导产业

地区主导产业是指对地区经济发展有带动作用、代表这个地区发展方向的产业部门。所有的专业化部门在地区经济中都起主要作用，但只有主导专业化部门也即主导产业才能在地区经济中起主导作用，带动整个地区经济的发展。一个专业化部门要想成为地区经济发展的主导产业，必须同时具备如下四个性质，这也是主导产业的含义和选择标准：

一是有较高的区位商或专业化水平。一般LQ_{ij}值在2以上，该产业的生产主要为区外服务。

二是在地区生产中占有较大的比重，在一定程度上主宰地区经济发展。一般而言，在选择主导产业时，地区范围越大，对区位商和产值比重的要求相对越低；而地区范围越小，则要求的区位商和产值比重越高。一个城市选择主导产业要求的区位商和产值比重比大经济区要高，因为城市具有更高的外向性，而大区具有更强的综合性。

三是与区内其他主要产业关联度较高，能带动整个地区经济的发展。主导产业与区内其他产业之间的联系越广泛、越深刻，就越能通过乘数效应带动整个地区经济的发展。

四是能够代表区域产业发展方向。主导产业是在较长时间内支撑、带动区域经济发展的产业，因而必须是有发展前途的、代表区域发展方向的产业。

(3) 地区主导产业的选择

选择地区主导产业，应该考虑如下因素：

第一，根据本区域所处经济发展阶段选择主导产业。处于工业化前期阶段的地区，主导产业一般具有劳动、资金密集型特性，可以在轻工业领域和基础性的重工业领域中选择；处于工业化中期阶段的地区，主导产业一般具有资金、技术密集型特性，可以在重工业中的深加工工业领域中选择；处于工业化后期的地区，主导产业具有技术密集型及服务型特性，可以在技术密集型产业、高新技术产业及新型服务业中选择。

第二,根据产业发展的阶段来选择主导产业。根据产业生命循环理论,任何产业在某一地区的发展中都规律性地经过科研创新期、发展期、成熟期和衰退期,主导产业要在科研创新期和发展期的产业中选择,其中处于科研创新期的产业可以作为潜在主导产业来培育。

第三,根据产业产品的收入弹性来衡量。主导产业应该是具有高收入弹性的产业,随着区域经济的发展,该主导产业能够拥有不断扩大的市场。

5.2.2 区域产业结构优化

区域产业结构优化就是区域产业结构趋向合理、对不合理的区域产业结构不断调整的过程。从本质上来说,产业结构的协调,是指产业间有机联系的聚合质量,即产业之间相互作用所产生的一种不同于各产业能力之和的整体能力。

区域产业结构优化一般包括区域三次产业的结构优化和产业功能结构的优化。区域产业结构优化有非常严格的衡量标准,合理的区域产业结构标准是由产业结构的特性决定的,而产业结构是一个相互制约、相互促进的有机整体。所以,要评价一个区域的产业结构是否优化,必须采取相互联系的指标,进行综合性、系统性的分析。判断区域产业结构是否优化主要有以下标准:

(1)是否充分合理地利用了自然资源

自然资源是产业的物质基础。产业的形成和发展都不可能脱离物质基础,只有充分合理地利用自然资源,才能取得最佳的经济效益。自然资源一般都具有多用性,合理的产业结构就能充分利用这一特点,生产多种产品。自然资源有三类:第一类是流失性资源,如太阳能、风能、潮汐能等;第二类是可更新资源;第三类是不可更新资源。流失性资源不管人们使用与否,都照样流失,因此,应努力地开发利用。可更新资源利用得好,能保持其再生能力,做到循环使用,这是一种合理的利用,但是,如果对可更新资源的利用是毁灭性的,使其丧失了再生的条件,则可更新资源也会枯竭。对于不可更新资源应选择好的时机,提高投入产出比,尽可能高效地利用,使地区优势充分发挥,从而取得最佳经济效益。

(2)各产业发展是否协调,是否存在“瓶颈”产业

对于合理的区域产业结构来说,各产业之间应该是协调发展的,具有整体性。各产业在发展中能相互创造条件,形成良性的经济互补关系,推动各产业在生产、分配、交换、消费各个环节间的和谐运动。各产业部门之间在质上相互依存、相互制约,在量上按一定的比例组成,形成产业有机整体。合理的产业结构不能存在“瓶颈”产业与过剩产业。

(3)是否能及时提供社会所需要的产品和服务

合理的产业结构应能及时提供社会所需要的产品和服务,具有应变能力,能最大限度地满足社会需求。产业结构的应变能力是指各产业根据经济发展和市场变化具有的一种自我调节能力。合理的产业结构应能适应社会需要,因为任何社会生产都要受到社会消费需要的制约。社会需要不是静止的,而是变动的,它会随着劳动生产率的提高、人民收入水平的增长而不断变化。因此,合理的产业结构也需要随着社会需求的变化而调整,为了适应这一变化,要有多层次的反应灵敏的信息网络,及时预测市场需求的变化。

(4)是否取得了最佳经济效益

合理的产业结构应能获得较好的经济效益,调整产业结构的目的就是提高经济效益。因此,取得最佳的经济效益是产业结构合理化的重要标志。在一定的条件下,如果经济效益不好,产业结构肯定不合理。最佳经济效益就是要注意劳动耗费与有效成果的比较,争取用最少的劳动耗费取得最大的效益。合理的产业结构与经济效益的提高是互为因果、相互影响的,即产业结构的合理化会促进经济效益的提高,反过来,经济效益的提高也有助于产业结构的合理化。合理的产业结构能较好地发挥自然资源、经济资源的优势,做到人力、物力、财力、自然资源、科学技术等因素充分而合理地使用,避免由于失调而造成的巨大浪费和损失;而经济效益的提高会节约劳动时间,为产业结构趋向合理创造条件。

经济效益应是宏观效益与微观效益的统一,是长期效益与短期效益的统一,那种只顾微观效益和短期效益的做法,会危害产业结构的合理化。

(5)国内外的成熟技术是否得到了合理开发与利用

合理化的区域产业结构应该能够合理开发和利用国内外的成熟技术,能够充分吸收当代最新科学技术成果,改善人类的劳动与生活环境条件。人类劳动的最终目的是人类自身的生存,科学技术是人类利用自然、改造自然的强大力量。只有充分利用科学技术成果,才能使人类的生活环境与劳动条件获得最大的改善。如果一种产出结构对人类已取得的科学技术成果没有充分利用,则说明这种产业结构是低级落后的,当然也是不合理的。

(6)能否充分开展区域间的分工合作

随着经济全球化的发展,充分合理利用区域间的分工合作,是提高劳动生产率、促进经济发展的一条捷径。因此,合理的产业结构应该与合理的外贸结构结合起来,充分发挥区内优势,充分利用区外市场,不断扩大出口。

(7)是否能够实现绿色发展

合理的产业结构应该是可持续发展的,对生态环境没有破坏作用或对生态环境的保护有利。那种只顾经济效益不顾生态环境的发展方式会极大地恶化人类的生存环境,应该予以警惕和制止。人类社会要想延续下去,使子孙后代也得到发展的机会,产业结构就必须不损害生态环境,实现绿色发展。①

5.2.3 区域产业结构优化的途径

(1)建立以主导产业为主体的区域产业功能结构

正确处理主导产业与非主导产业之间的关系,是任何地区都要面临的问题。一个地区除了发展主导产业外,还应该发展如下性质的产业,以求区域经济协调发展。

一是要加快发展与主导产业直接产生生产性和非生产性联系的产业。这包括为主导产业直接提供原材料及其他发展条件的产业,利用主导产业产品进行深加工的产业,为主导产业技术进步进行研究与开发的企业,为主导产业发展提供人才培训的教育产业以及金融、广告产业等。这些产业与主导产业一起构成地区主导产业群,主导产业群在区域经济中所占份额往往不低于50%。

二是要大力发展基础设施产业。基础设施是区域内一切经济社会活动赖以进行的基本条件,是衡量区域投资环境硬件的主要指标。任何地区都需要努力发展基础设施产业,尽可能地提高基础设施的技术水平和服务质量,使地区基础设施与全国甚至世界基础设施的发展水平

① 吴殿廷. 区域经济学[M]. 北京:科学出版社,2003:151.

接轨。

三是要积极发展为地方生产和生活提供服务的产业。这包括商业、饮食、卫生、教育等传统的服务业以及旅游、娱乐、保健、保险等新兴服务业，这些产业为中小企业提供广大的发展空间，对于扩大就业、提高生活质量、活跃地方经济具有重要的作用。

(2)优化区域产业结构的要素组合

区域经济的持续发展依赖于产业结构的演进，而产业结构的演进又推动着国民经济的发展。在生产力水平低下、自给自足的自然经济发展阶段，产业结构只能以农业为主，以劳动密集型为主；在生产力发展水平较高的机器化大生产阶段，产业结构必然以工业为主；而在生产力高度发达的知识经济时代，产业结构则是以知识技术密集型产业为主。也就是说，产业结构的调整或演进不可能超越相应的国民经济发展水平所能提供的物质条件，而必然要受到国民经济发展水平的内在制约。区域经济发展的因素包括五个：

一是发展的基础条件因素。产业结构的演化是从一定的经济现实环境中出发的，在这里，人们把这种现实环境称为产业结构转换的基础条件。基础条件是历史形成的一个自然过程，其内容非常广泛，如人均收入水平、资本形成结构、生产要素和自然资源禀赋、制度组织状态等。而且，即使基础条件大体相同，由于这些因素所起的作用程度各异，也会导致产业结构出现不同的演化过程，甚至持续影响到产业结构以后的成长，从而导致产业结构呈现出显著的多样性。

二是需求结构变动因素。社会生产的最终目的是满足需求。因此，需求结构对产业结构具有一定的引导作用，其对产业结构的有序演进具有直接的推动作用。需求结构的变化和产业结构的变动两者之间存在着对应关系，其中最主要的关系是需求结构的收入弹性关系。收入水平的提高引起产业分化，引起产业之间产出效率的差别，从而促使资源由基本生存资料生产领域的农业，向高附加值的综合性生产领域转移，使适应这种产业重心转移的服务业，也逐步从农业和工业中独立出来，形成三次产业。

三是供给结构约束因素。从供给方面对产业结构演进产生影响的因素，包括资源、生产要素供给和技术因素等。由于供给既决定着产业结构演进的基础或出发点，也决定着产业结构的选择和性质，因而它对产业结构的演进既有约束也有推动的功能。比如，仅仅单一的基础产业总量无力支撑制造业的发展，从而迫使产业体系向商业、服务业、金融业倾斜，形成第三产业主导型的产业结构；要素的产出水平在不同生产部门的差异，即生产效率的差异，使得再生产循环以要素生产率高的部门为核心，重新组合生产结构，调整国民收入和人力资本的分布格局等，进而影响到产业结构。

四是科学技术因素。工业革命中，技术进步引起传统农业的分化，加速了整个产业结构的升级与优化，确立了新的产业分工结构和产业关联结构。技术进步及其波及效果得益于新型的产业关联体系，后者一方面提高了产业、企业最小规模基数，另一方面也使生产的不可分性充分突出，形成了以技术进步为动力的新型产业关联体系和组织体系。现代化大工业的发展历程表明，科学技术是第一生产力，是经济发展的强大动力，是推动产业结构演变的本质因素。

五是政策制度因素。制度的安排和体制的转变等对产业结构变动有着很大的影响，在某些特定发展阶段，对某些国家(地区)来说，甚至是起着决定性作用。

(3)区域产业结构优化的模型分析

以现存结构为基础进行定性和定量分析的科学预测规划，其方法包括：①利用现存的统计数据编制投入—产出表，计算投入系数和资金系数，然后引进线性规划法，来具体设想在某个

“价值标准”下的未来产业结构,具体地设计将来某一方案,从而构成区域产业结构优化模型。②通过对现有产业结构基本特征以及所达到的阶段和水平的分析,指出中长期变化的趋势和方向,从而选择新的主导产业,以带动现存产业结构向高度化演进。① 具体优化方法和步骤如下:

第一,确定优化目标。优化目标是优化设计的出发点,制定优化目标有利于区域产业结构优化所应达到的各种要求落到实处。优化目标的确定,既要与高层次区域或全国产业总体发展方向相协调,又要体现区域资源优势的特点。为逐级逐项落实区域产业结构优化的目标,应首先把总目标分解成若干既相对独立又相互协调的子目标,以确定合理的目标体系。

区域产业结构优化的总目标一般为:在满足资源最大可供量的约束下,使未来一定时期内区域政策效益最大,或投入最小产出最大等。子目标一般包括:①双重利益目标,即在兼顾国家利益的前提下,追求区域利益的最大化;②保持区域各产业部门协调发展;③满足全国和国际市场的需求;④不断提高区内人民生活水平;⑤保护生态环境;⑥逐步推进产业结构向高度化发展。

第二,确定优化模型中的决策变量。在对区域产业部门定性分析的基础上,可将区域划分为若干产业部门作为决策变量,如种植业 x_1,林业 x_2,牧业 x_3,副业 x_4,渔业 x_5,食品工业 x_6,轻纺工业 x_7,能源工业 x_8,钢铁工业 x_9,机械工业 x_{10},化学工业 x_{11},…,服务业 x_n 等。

第三,确定约束条件。从资源供给来看,区域资源禀赋状况是影响区域产业结构的重要方面,也是区域产业结构形成的基础,从而形成了区域产业结构的约束条件。

能源供给量的约束方程为:

$$\sum_{i=1}^{n} e_i(t)x_i(t) \leqslant E(t) \tag{5.1}$$

式中:$e_i(t)$ 为第 i 部门在 t 年的能耗系数(吨标准煤/万元);$x_i(t)$ 为第 i 部门在 t 年的总产值;$E(t)$ 为 t 年产业用能源最大可供量。

水资源供给量的约束方程为:

$$\sum_{i=1}^{n} w_i(t)x_i(t) \leqslant w(t) \tag{5.2}$$

式中:$w_i(t)$ 为第 i 部门在 t 年的水耗系数(亿吨/万元);$w(t)$ 为 t 年的最大供水量。

土地利用的约束方程为:

$$\sum_{i=1}^{n} L_i(t)x_i(t) \leqslant L(t) \tag{5.3}$$

式中:$L_i(t)$ 为第 i 部门所有企业在 t 年中每万元产值占用的土地面积;$L(t)$ 为 t 年最大可供利用的土地面积。

资金的约束方程为:

$$\sum_{i=1}^{n} C_i(t)x_i(t) \leqslant C(t) \tag{5.4}$$

式中:$C_i(t)$ 为第 i 部门在 t 年的固定资金的占用系数;$C(t)$ 为 t 年产业部门最大可用固定资金额。

劳动力的约束方程为:

$$L_1(t) \leqslant \sum_{i=1}^{n} \frac{x_i(t)}{d_i(t)} \leqslant L_2(t) \tag{5.5}$$

① 费洪平. 中国区域经济发展[M]. 北京:科学出版社,1998:35-39.

式中：$L_1(t)$ 为 t 年要求的最低就业人数，$L_2(t)$ 为 t 年要求的最大可能就业人数；$d_i(t)$ 为第 i 部门在 t 年的劳动生产率（万元/人）。

运输能力的约束方程为：

采用回归模型分析重化工业产值、轻纺工业产值与货运量的关系：

$$\alpha + \beta \sum_{i=1}^{n} t_i(t) x_i(t) \leqslant T(t) \tag{5.6}$$

式中：α 为重化工业单位产值所占用运输能力的系数；β 为轻纺工业产值的运输系数；$t_i(t)$ 为 t 年对轻纺工业 i 的运输能力系数；$T(t)$ 为 t 年的最大货运能力。

市场需求及部门平衡的约束方程为：

$$x_i(t) - \sum_{i=1}^{n} a_{ij}(t) x_i(t) - Y_i(t) \leqslant Z_i(t) \tag{5.7}$$

式中：$a_{ij}(t)$ 为 t 年第 i 部门生产单位产品对 j 部门产品的直接消耗系数；$Y_i(t)$ 为第 i 部门在 t 年内的最终需求量；$Z_i(t)$ 为第 i 部门在 t 年的最小运输量（包括销往其他地区和出口）。

环境质量的约束方程为：

$$\sum_{j=1}^{m} \sum_{i=1}^{n} b_{ij}(t) x_i(t) \leqslant B_i(t) \tag{5.8}$$

式中：$b_{ij}(t)$ 为第 i 部门第 j 种污染物排放率（用污染物量表示，万吨/万元）；$B_i(t)$ 为环境治理费用上限。

根据其他方面，还可以列出其他系列约束方程。

第四，确定目标函数。这是区域产业结构优化达到的主要目标，在上述约束条件下，要求各产业部门到规划期 t 年的最佳生产规模，使产出最大，则有：

$$f(x) = \sum_{i=1}^{n} x_i(t) \rightarrow \max(\text{产值}) \tag{5.9}$$

第五，分析计算结果。现实的区域产业结构是随时间变化的，具有明显的动态性，然而线性规划方法却把系统的状态当作平均的、线性和静态的情况加以处理。因此，为使规划模型符合系统动态变化的实际，应将系统的变化分为不同阶段，并将模型参数合理地预测出，且同步加以组合，以求得系统在不同阶段的最优结构，从而使静态模型更接近于动态系统，更符合客观实际，并由此进一步找出区域产业结构随时间动态变化的规律性，了解它在发展过程中所达到的阶段或层次及其趋向，以便选择支柱产业，实现区域产业结构的优化升级。

（4）实现产业结构的高度化

所谓区域产业结构高度化，是指区域产业结构根据经济发展的历史和逻辑顺序演进，不断达到更新的阶段或更高的层次，由合理的区域产业结构向最优的区域产业结构转化的过程。其特点与核心主要是从区域产业结构的发展历史、现状到未来的整个时序过程来考虑不同产业化阶段的区域产业结构的转换。区域经济发展水平的提高必将伴随着区域产业结构的高度化，区域产业结构的高度化也必将推动区域经济的发展和区域产业竞争力的提高。区域产业结构的历史演化包括了三个方面的内容：一是经历了由第一产业占优势比重向第二、第三产业占优势比重的演进；二是经历了由资源密集型（如传统社会中的手工业）、劳动密集型产业（如工业社会中的纺织业、钢铁工业、煤炭工业等）占优势比重逐渐向资本密集型（如工业社会中期中的电力工业、机器制造业、化学工业、石油工业、汽车工业等）、技术密集型（如工业社会发达时期的电气设备业、精密机械业、核能工业和航空工业等）和知识密集型产业（如未来时代的微电子工业、新材料工业、生物工程、海洋工程等）占优势比重的演进；三是经历了由制造初级产品的产业占优势比重逐渐向制造中间产品、最终产品、高科技产品的产业占优势比重的演进。每次演进都是区域产业结构向高度化的迈进。①

5.2.4 投入产出分析

投入产出分析又称为部门联系平衡分析和产业关联分析，是分析产业部门之间的经济联系程度、产业结构状况的有效工具。

(1) 投入产出分析概述

投入产出分析是经济学家列昂惕夫在20世纪30年代创立的，由于它在分析和预测复杂的区域经济问题中的特殊功能，在区域分析实际应用方面获得了较大的发展。

投入产出分析是揭示区域经济机制、分析区域经济合理化进行投资决策和区域发展预测的重要区域分析工具。

(2) 投入产出分析的基本公式

表5-2的区域投入产出表可以同时反映许多区域内各部门实际的生产与分配情况，以及输入产品在该区内的分配情况与使用情况。从横向角度考察，它反映了各部门产品的生产和分配使用情况，描述了最终使用与总产出之间的平衡关系：

$$\sum_{j=1}^{n} X_{ij} + Y_i + E_i = X_i \quad (i = 1,2,\cdots,n) \tag{5.10}$$

$$\sum_{j=1}^{n} U_{ij} + W_i = U_i \quad (i = 1,2,\cdots,n) \tag{5.11}$$

从纵向角度考察，它反映了各部门产品的价值形成过程，反映了生产与消耗之间的平衡关系：

$$\sum_{i=1}^{n} X_{ij} + \sum_{i=1}^{n} U_{ij} + V_j = X_j \quad (j = 1,2,\cdots,n) \tag{5.12}$$

表5.2 简单的区域价值型投入产出表

投入		产出							总产出
		中间使用				最终使用			
		部门1	部门2	…	部门n	区内使用	输入	输出	
区内生产	部门1	X_{11}	X_{12}	…	X_{1n}	Y_1	0	E_1	X_1
	部门2	X_{21}	X_{22}	…	X_{2n}	Y_2	0	E_2	X_2
	…	…	…	…	…	…	…	…	…
	部门 n	X_{n1}	X_{n2}	…	X_{nn}	Y_n	0	E_n	X_n
区外输入	部门1	U_{11}	U_{12}	…	U_{1n}	W_1			U_1
	部门2	U_{21}	U_{22}	…	U_{2n}	W_2			U_2
	…	…	…	…	…	…			…
	部门 n	U_{n1}	U_{n2}	…	U_{nn}	W_n			U_n
增加值		V_1	V_2	…	V_n				
总投入		X_1	X_2	…	X_n				

① 江世银. 区域产业结构调整与主导产业选择研究[M]. 上海：上海人民出版社，2004.

令 $a_{ij}=X_{ij}/X_j$,则 $A=a_{ij}(i,j=1,2,\cdots,n)$ 为区域生产的产品在本区生产中使用的直接消耗系数矩阵;令 $d_{ij}=U_{ij}/X_j$,则 $D=d_{ij}(i,j=1,2,\cdots,n)$ 为输入产品在区域生产中使用的直接消耗系数矩阵。令 Y 为区域生产的产品用于区内最终使用部分的列向量,U 为输入产品用于区内最终使用部分的列向量,则由式(5.11)至(5.12)得:

$$AX+Y+E=X\Rightarrow X=(I-A)^{-1}(Y+E) \quad (5.13)$$

式中:I 为单位矩阵,$(I-A)^{-1}$ 称为里昂惕夫逆矩阵。

$$DX+W=U \quad (5.14)$$

$$AX+DX+Y=X \quad (5.15)$$

上述区域投入产出模型能够反映区域各部门对产品输入量的要求。通过输入系数,即一个部门产品的输入量与区域生产的该部门产品在区域内使用的那部分之比,我们可以得到输入与区域生产的联系。假设输入量与区内总需求成比例,则输入系数可按下式计算:

$$u_i=U_i\Big/\left(\sum_{j=1}^{n}X_{ij}+Y_i\right) \quad (5.16)$$

根据输入系数,可以得到区域自给率

$$r_i=1-u_i \quad (5.17)$$

式(5.16)可用矩阵表示为:

$$U=u(AX+Y) \quad (5.18)$$

式中:

$$u=\begin{pmatrix} u_1 & 0 & \cdots & 0 \\ 0 & u_2 & \cdots & 0 \\ \vdots & \vdots & & \vdots \\ 0 & 0 & \cdots & u_n \end{pmatrix}$$

由(5.14)和(5.15)可得到区域输入产品向量的计算公式为:

$$U=D(I-A)^{-1}(Y+E)+W \quad (5.19)$$

将(5.19)代入式(5.14)和式(5.15),可得:

$$X=(u-D)^{-1}(W+uE) \quad (5.20)$$

因此,在已知输入产品在区内的使用情况、输入系数和输出之后,利用(5.11)可以分析区域各部门生产情况和区域产业结构。

(3)投入产出分析的几个重要系数

① 直接消耗系数。直接消耗系数也称投入系数,其计算式为:

$$a_{ij}=X_{ij}/X_j \quad (i,j=1,2,\cdots,n) \quad (5.21)$$

由此得到直接消耗矩阵 $\boldsymbol{A}$:

$$\boldsymbol{A}=a_{ij} \quad (i,j=1,2,\cdots,n) \quad (5.22)$$

于是,可得到:

$$\sum_{j=1}^{n}a_{ij}X_j+Y_i=X_i \quad (i=1,2,\cdots,n) \quad (5.23)$$

$$AX+Y=X\Rightarrow X=(I-A)^{-1}Y \quad (5.24)$$

②完全消耗系数。直接消耗与所有间接消耗之和称为完全消耗。如果把第 j 部门每生产单位数量产品最终消耗 i 产品部门的数量称为完全消耗系数,记为 b_{ij},则 $B=\{b_{ij}\}$ 为完全消耗系数矩阵。数学上可证明:

$$\boldsymbol{B}=(I-A)^{-1}-I \quad (5.25)$$

③影响力系数和感应度系数。影响力系数表示当国民经济某部门的最终使用增加 1 个单

位(但其他部门的最终使用保持不空)时,对国民经济各部门所产生的需求波及程度。令里昂惕夫矩阵:

$$(I-A)^{-1}=c_{ij}\quad(i,j=1,2,\cdots,n)\tag{5.26}$$

则 j 部门的影响力系数 a_j 按下式计算:

$$a_j=c_j\bar{c}=\sum_{i=1}^{n}c_{ij}\Big/\frac{1}{2}\sum_{j=1}^{n}\sum_{i=1}^{n}c_{ij}\quad(i,j=1,2,\cdots,n)\tag{5.27}$$

如果 $a_j>1(a_j<1)$,则意味着 j 部门对国民经济各部门所产生的需求波及影响程度超过(低于)社会平均影响力水平。显然,影响力系数越大(小),则 j 部门对国民经济各部门的拉动作用越大(小)。

感应度系数表示当国民经济各部门的最终使用均增加 1 个单位时,某一部门由此而受到的需求感应程度,即需要该部门为此而增加多少单位的产出。i 部门的感应度系数 β 按下式计算:

$$\beta_i=c_i/\bar{c}=\sum_{j=1}^{n}c_{ij}\Big/\frac{1}{2}\sum_{j=1}^{n}\sum_{i=1}^{n}c_{ij}\quad(i,j=1,2,\cdots,n)\tag{5.28}$$

如果 $\beta_i>1(\beta_i<1)$,则意味着 i 部门受国民经济各部门的影响程度相对较大(小)。

区域投入产出模型能分析与预测特定区域的总量输入或输出对区域经济的影响,并能分析区域各部门输入对总体经济产生的效应。但是,要全面分析区域间的输入输出联系、区域内部的经济联系等对各地区各部门的乘数效应,还需要建立区域间投入产出模型。由于篇幅原因,这部分内容从略,请读者参考其他有关资料。

5.3 产业布局

产业布局是实现产业在空间上合理分布的过程。企业在空间上的不断聚集,会对劳动力、资金、市场、运输、技术和智力资源等软环境和影响其商务成本的诸多因素要求越来越严格,其间的联系也越来越紧密,进而构成具有网络联系的产业集群。

5.3.1 产业布局指向

产业布局受到诸如自然、运输、劳动力、聚集、市场、技术、社会、行为等多种因素的影响,因考虑问题侧重点的不同,形成了各种不同的布局理论。在各种因素和布局机制共同作用下的产业布局,往往反映出对某一类地域的倾向,我们将其称为布局指向,这是从产业的角度来分析产业布局的活动。

产业布局指向给出了一个产业区位选择的趋向,地区对产业的吸引,是将产业引到一个具体的地点。有些地区发展生产的条件比较优越,资源集中,供电、供水及交通等基础设施均较好,这样的地区,可能对很多种产业的布局来说,都是理想的地点。特别是这个地点如果能够集市场与原燃料地于一体,那么各类指向型企业都可能向此地集中。例如,一个大城市,本身就是一个巨大的市场,如果在它的周围矿藏丰富且能源富集,又拥有发达的交通网络和大型的港口,那么它无疑将成为很多企业布局的理想之地。

但是,更多的情况是,一个地区的布局条件具有某些有利方面,但也存在一些不利的或限制性因素。例如,一个大型水电站的周围地区可能拥有大量廉价电力这一有利的布局条件,那些对电力有特殊要求的、具有燃料动力指向的有色冶金、电化学等企业,可以在此布局。但这个地区可能还存在这样或那样的限制条件,如环境限制等。但只要不是不可克服的因素,我们往往倾向于利用一个地区布局的最有利条件,这样可以使在此布局的企业获得的生产成本上的节约超过克服不利条件带来的成本增加。在有些地区,限制性条件可能成为主要的制约因素。例如,某一地区的各类布局条件当中,水资源是最主要的限制条件,而克服这种限制条件又不是一个企业短期内所能做到的。那么,那些耗水较多的企业就很难在此布局。我国西北干旱地区在布局大型耗水工业时,就必须认真考虑这一因素。

产业布局指向的类型主要有:

(1)能源指向

能源指向部门包括:火电站,铝、镁、铜等有色金属冶炼企业,电冶合金企业,稀有金属生产企业,合成橡胶以及石油化工等;另外,重型机械制造、水泥、玻璃、造纸业等在有些情况下也属于能源指向型产业。在这类部门中,能源的耗费在生产成本中占有很高的比重,一般在30%~60%。能源的供应量、价格和潜在的保证程度是决定产业布局的重要因素。

(2)原料地指向

原料地指向部门包括:采掘工业部门,原料用量大或可运性小的部门。如矿业开采、化纤、人造树脂、塑料、水力发电、钢铁、建材、森林工业、机械制造(部分),以及轻纺工业、制糖、罐头、肉类加工、水产加工和茶叶、棉花、毛皮等的粗加工业。原料地指向型产业大多是物耗高的产业部门,一般要考虑资源的数量、质量和开采的年限,还要考虑运输的能力等。

(3)消费地指向

消费地指向部门主要包括为当地消费服务的部门,以及产品易腐易变质、不耐用、不易储存的部门,如重型机械、大型机械和特种机械的制造,建筑构件制造,面包、糖果、缝纫以及各类副食品生产部门。布局的要点是考虑产品本身的特性、产品就近销售的比重以及消费地所能够提供的产业间的协作规模。

(4)劳动力指向

在劳动力指向部门中,劳动力费用的支出在产品成本构成中占有很大的比重,超过其他费用项目的支出。如仪器制造、纺织、缝纫、制鞋、制药、塑料制品以及工艺美术品等。劳动密集型产业的布局往往考虑地区劳动力的供应情况。

(5)交通运输枢纽指向

交通运输枢纽兼有各类布局指向的优点。交通运输指向是指:若企业用一种原料生产一种产品,在一个市场出售,且在原料与市场之间有直达运输线,则因为在中间设厂将增加站场费用,企业布局在交通线的起点或终点最佳,这是大城市工业集中的重要原因之一;如果原料地和市场之间无直达运输线,原料又是地方失重原料,则港口或其他转运点是最小运输成本区位。另外,产品耐运性较强、运费在产品成本中所占比重很高的部门,也具有交通运输指向。

(6)高技术指向

高技术指向部门如电子计算机、生物工程、航天工业、机器人工业、新材料、新能源等,要求运用最先进的科技成果,研发能力强,设备先进,劳动力素质高,多布局在科研单位和大学聚集区附近,如日本的筑波、我国的中关村等。

5.3.2 地域合理规模

地域合理规模的构成是指具有节约效益的企业在地域上的相互协作,可以带来更大的规模效益,这种能够带来大规模节约效益的企业在某个地方聚集形成规模,我们称之为地域合理规模。

(1)地域合理规模的构成

产业布局的地域合理规模,是以企业的合理规模为基础的。企业生产装置和设备的最佳组合,会使生产能力和产量大幅度增加,产品成本下降,从而带来规模效益。

企业的规模效益一般分为两类:

其一,单项设备的经济合理规模效益。任何企业都有关键设备,关键设备能否达到合理规模,对企业的合理规模影响很大。通常以企业工人人数、固定资产价值和产品产量三项指标来衡量企业的规模。有些工业部门的企业,还处在规模出效益的阶段。例如,年产 1 200 万吨钢的钢铁厂,比年产 500 万~800 万吨的钢铁厂在吨钢设备投资上节省 10%~15%,产品成本降低 5%~10%。然而,企业的规模过大,也会增加运量和运费,增加各种相关投资,延长基建时间,常会造成成本上升、效益下降和环境问题增多等问题。

其二,联合企业的合理规模效益。工业生产中的联合化就是把彼此有联系的各种不同工业部门的生产联合在一个企业里进行,构成一个统一的生产整体。联合工厂一般具有下列特征:工艺的同一性(由于工艺过程的一致而联合)、空间的统一性(有共同的厂址)及技术与组织领导的统一性。工业企业的联合化对于天然资源和原材料、燃料的全面综合利用有着特别重大的意义。联合化生产的巨大优越性给工业布局带来强烈的影响。首先,工业生产的联合化意味着资源的综合利用和企业的多种经营,因此,它是地区工业生产综合发展的主要前提之一。联合化的发展必将促使地区工业生产综合体的形成。其次,工业生产的联合化会使企业本身具备多种门类工业的综合性质,必然引起城市工业区企业配置的变化,改变过去专门化工业区的严格分工,从而出现较多的以联合企业为中心的综合性工业区。再次,由于工业的联合化,缩短了企业间的运输距离,使相互关联的工业生产过程相互衔接,节约了运费。最后,由于联合化企业可以更好地实现对资源的综合利用,随着技术的进步,生产力水平的提高,有可能逐步摆脱对天然资源的依赖性,从长远来看,即使在天然资源比较贫乏的地区,也可能建立起原料基地,发展新的工业部门,从而为工业的远景配置创造广阔的天地。

地域合理规模体现在两个层面:一是地域内每个企业的合理规模,二是地域内整体产业布局的合理规模;后者以前者为基础。单个企业的合理规模表现出适当聚集的态势,但并不是越大越好。同时,在市场全球化的今天,由于通信的便利和市场指向的加强,跨国公司可以把生产的各个环节布局在不同的地域,各个分厂分工协作,生产不同的零配件,同样的产品可以在不同的市场区域附近生产。一个公司,其管理和研发总部、生产工厂、销售部等都可以布局在不同的地方,并且这种情况越来越普遍。

至于地域内整体产业布局的合理规模,则主要表现为某一产业的合理规模和第一、第二、第三产业的结构和规模是否合理。一个地区的原材料和能源的供给、资金和劳动力的供给、基础设施的承受能力、环境的排污能力、管理水平等在特定时期都是有一定限度的,在这个限度内聚集,就能产生节约,实现规模效益,但是,聚集效益服从边际效益递减规律,若聚集超过一定界限,则程度越强,效益越低。

(2)地域合理规模的类型

地域合理规模可以分为以下三种类型：

第一，由于在生产过程中的相互联系，一些企业共同布局在某一个地域，形成地域产业聚集。对任何一个企业来说，都有产前联系产业、产后联系产业和旁侧联系产业。它的生产过程要消耗其他企业生产的产品，同时又有另外的企业消耗它的产品，更有一些企业与之有着这样或那样生产过程或产品消耗的联系。这些企业聚集在同一地域，可以减少原料和产品的运输，增强生产过程的联系，取得好的经济效益。

第二，为了共同使用基础设施，一些企业共同布局在某一个地域，形成地域产业的聚集。基础设施一般分为三部分：一是生产性基础设施，即为产业生产服务的诸如交通运输、邮电通信、能源供给、物资供应及金融等基础设施；二是生活性基础设施，即为生活服务的诸如商业、服务业、公用事业、住宅及公共设施等基础设施；三是社会性基础设施，即为社会大众服务的诸如教育、科研、卫生、环保、治安等基础设施。如果许多企业共同使用这些较为齐全的基础设施，企业本身可以省掉许多非生产性投资，增加企业的投资效益。

第三，为了管理上的方便，一些企业共同布局在某一个地域，形成地域产业的聚集。今天的管理，其内涵已经大为扩展了。除了传统意义上的管理内容外，信息的传递、科技的普及、企业间的协调等，都已经成为企业发展中必不可少的条件。一些企业聚集在一个地域，可以加快信息传递，减少管理成本，增加企业效益。

(3)地域合理规模的评价标准

上述地域合理规模的类型可能单独出现，也可能复合出现。聚集的合理规模应依照不同地区的不同情况分别加以分析。其中，要根据企业本身的特点，看其布局是聚集有利还是分散有利，同时，还要根据地区的具体条件和环境容量，来限定聚集的规模。环境容量大、资源集中、运输条件好、抗污染能力强的地方，产业聚集的规模可以大些，反之亦然。

具体来讲，产业布局地域合理规模的评价标准为：

第一，构成该产业的单个企业的经济效益是否最好。市场经济条件下，每一个企业都是独立的经济人，追逐利润是其天生的本性。一个企业之所以与同类企业布局在这里而不是别的地方，就要看它在这里是否能获取最大的利润。

第二，地区产业结构是否最优。区域产业结构是全国经济空间布局在特定区域内组合的结果，产业结构包括主导产业、辅助产业和基础产业的功能结构，还包括第一产业、第二产业、第三产业之间的产值结构。产业结构的优劣决定该地区经济发展的速度。知识经济条件下，一方面，第三产业空前发展；另一方面，高新技术产业通常为主导产业。

第三，社会效益是否最大。从社会效益方面评价产业布局的优劣，主要是指产业布局对地区发展所做的贡献。产业布局在特定地区，对于该产业来说，经济效益并不是唯一的，能为该地区提供税收、安置就业、提高该地区的人均国民收入等也都很重要。有的企业布局在特定地区，会产生很严重的环境污染，那么，即使它能带来很大的经济效益，也不能考虑。

总之，实现产业布局的地域合理规模，既是企业的自主选择，也是政府部门的规划决策。在市场经济条件下，这主要通过区域产业政策来调整。

5.4 新产业区布局

新产业区是伴随高新技术发展而出现的一种新的产业布局模式,是由一些具有较强创新性的企业形成的产业空间组织形式。这类企业多是新出现的互联网、人工智能、AI 产业等行业中的企业,它们是现代产业全球化和生产网络化的新兴事物,在空间上容易呈集聚状分布。因此,有很多人将这种产业聚集类型称为新产业区。不言而喻,新产业区往往是高新技术产业集中的地方,同时也是技术创新的前沿地带。

5.4.1 技术要素及其区域流动

新产业区形成的主要因素是技术要素。区域间的技术流动也称为技术转移,是指某一区域的技术持有者将技术的使用权转让给另一区域的使用者的过程,这也就使得新产业区逐步扩散。

(1)技术要素流动的原因

技术是在商品生产过程中积累起来的知识和技巧。技术进步或技术创新意味着以较低的生产成本生产出新的产品或提供新的服务。通过技术改进,可以缩短生产时间、提高现存的劳动量和资本量的生产率。技术进步的形成过程一般要经历三个阶段:即发明阶段、创新阶段和扩散阶段。随着企业之间竞争的加剧,许多企业都会在更大的市场领域中推广其生产技术,技术的扩散将有助于它们提升产品和服务的质量,最终在同行中赢得竞争的优势地位。

技术要素扩散的原因可以通过产品的生命周期理论予以解释。弗农把产品的发展分为三个阶段:即新产品阶段、成熟产品阶段和标准化产品阶段。在新产品阶段,需要较高的科学技术水平、良好的通信条件以及较高的消费水平,因此这一阶段一般出现在经济发达国家或地区。在成熟产品阶段,产品的设计和生产已经实现部分标准化,已有的技术可以从事长期的生产,这时企业更关注生产成本,会在出口和投资他国进行生产之间进行权衡。当出口商品的边际生产成本加上运输成本大于在当地直接生产的平均成本时,企业便会选择直接投资。由于该阶段产品的市场主要在发达国家和地区,因此企业直接投资的对象仍会以发达国家和地区为主。在标准化产品阶段,产品完全定型,生产技术完全标准化,生产区位的选择便以生产成本最低点为准则。此时,企业会把生产和装配业务转移到劳动力成本很低的发展中国家和地区,并在这些国家或地区安排专业化生产。通过这种产品生产区位的转移,技术便从发达国家和地区扩散到了发展中国家和地区。

(2)技术要素流动的形式

技术的空间扩散一般有三种形式:近邻扩散、等级扩散和位移扩散。①

第一,近邻扩散。近邻扩散又称接触扩散,是指以创新起源地为中心向周围地区扩散。这种扩散过程遵循“距离衰减规律”,即随着与扩散源之间距离的增加,扩散强度会依次递减。

第二,等级扩散。等级扩散是指以创新起源地为起点,依照一定的等级顺序扩散。比如,一

① 陈秀山,张可云. 区域经济理论[M]. 北京:商务印书馆,2003:112.

些新思想和新技术往往由最大城市或最发达的经济地域跨越乡镇、小城市，扩散到较远距离的规模相当或仅次于扩散源的大城市或大的经济地域，接着再扩散到更小一级的城市或地域。这种扩散形式在空间上不连续，但遵循一定的规则。等级扩散的产生主要是因为许多事物的扩散往往需要相对类似的空间。

第三，位移扩散。位移扩散是指扩散随时间产生非均衡的位移。在这种扩散中，新技术往往是通过传播者自身的移动，将新技术带到新的地方。

在现实中，技术扩散采取何种形式受许多因素的影响，如区域发展状况、技术创新的类别、扩散目的地的范围大小，等等。一般来说，发展水平较低的地区，主要采取建立在人际联系基础上的近邻扩散形式；企业创新在产业领域的扩散，更多地依循中心地等级体系，采取等级扩散的形式，但其中新消费品和农业部门的企业创新则采取更为实用的近邻扩散的形式。一般而言，微观层面主体的技术扩散主要采取建立在个人联系基础上的近邻扩散形式，而中观层面和宏观层面主体的技术扩散则主要采取等级式扩散的形式。[⑤]位移扩散更多的是市场行为，由市场逐利性将技术扩散引向效益最好的地区。

(3)技术要素流动与新产业区的形成

技术要素流动对于技术输出地和接受地来说，都具有积极的意义。对于接受地来说，技术要素流动是缩小区际技术和经济差距的重要契机。一般而言，技术创新总是先发生于技术基础较好的经济发达的地区，并且逐步向技术基础较差的经济落后地区转移。因此，落后区域可以通过引进现有的先进技术，减少研发成本，加快产业结构调整和技术进步步伐，从而加快区域经济发展速度，增强区域经济实力。第二次世界大战后的日本以及韩国、新加坡等新兴工业化国家能够在短时间内实现经济的崛起，很大程度上就是得益于从美国等发达国家引进了先进的生产技术。对于输出地而言，技术要素流动可以加快研发经费的回收速度，延长技术生命周期和扩大技术效用。通过技术转让特别是技术贸易，技术所有者可以获得一定的技术转让费用，同时，将本区域已经成熟的技术转让到较为落后的国家和地区，从而更好地发挥这些技术的效用。

梯度技术扩散主张让一些经济基础较好的发达地区掌握先进技术，建立新产业区，然后再将技术按梯度依次扩散到其他地区；而跳跃技术扩散则认为，低梯度区并不需要等待高梯度区传递技术和信息，而应该直接采用和引进新技术，也就是说，技术的扩散不一定要按梯度等级顺序进行，而是可以跨越先进地区，直接到次发达地区和不发达地区。在现实中，要依照区域经济发展的实际情况采取合适的技术扩散理论。对于落后地区而言，当条件还不完善时，如果一味追求中间技术的跨越，可能会对区域经济的发展起反作用。

5.4.2 新产业区

(1)新产业区的定义

国际学者在研究新产业区的过程中，对新产业区含义的理解不同。在新产业区的概念、类型划分、形成与发展的作用机制等方面，仍然存在着许多争论，甚至至今尚无统一认识。我们在此列出国外学者的一些观点。

第一，弹性专精区域。皮埃尔和塞伯将新产业区看作是弹性专精的区域。他们强调新产业区的共同特征在于：专业化小企业之间广而精细的合作；手工业技术与现代微处理技术的混合使用；公共和私立部门提供广泛的商业服务；强有力的非正式或制度化的结构调节企业间的合作与竞争；与区内外的大企业有着长期的合作关系。

第二,地域网络。斯科特将新产业区定义为基于合理劳动分工的生产商在地域上结成的网络(生产商和客户、供应商以及竞争对手等的合作与链接),这些网络与本地的劳动力市场密切联系。

第三,地域系统。派克和圣根伯格认为,新产业区是指有地理边界的生产系统,大量的企业在不同阶段以不同的生产方式生产同一种产品,实现专业化分工。格罗佛里认为,新产业区本质上是一个中小企业群组成的地域系统,更准确地讲,是一个地理上有界的中小企业群组成的地域系统。

综合国外已有的研究成果,新产业区可定义为:"基于合理劳动地域分工基础上结成的网络,这些网络与本地劳动力市场密切联系,可以实行专业化分工。"从这个定义出发,新产业区是产业地域集中的新形式,除了一般的集聚意义外,特别强调专业化和小企业群,强调企业之间的合作与竞争以及制度建设。所以,新产业区也可以称为"社会经济综合体"①。

(2)新产业区建立的条件

新产业区建立的影响因素很多,它受到该地区自然、社会、经济等诸多条件的限制,需要该地区的经济发展环境具备一定的条件。

第一,政府的优惠政策。法律、金融、工商等服务对高新技术产业的聚集很重要。高新技术企业的聚集很容易产生乘数效应,并促使第三产业集中,从而使高新技术企业获得更为便利的服务;而便利的服务和聚集规模效益又为技术创新提供了保障和条件。

第二,企业的技术联系。高新技术产业的联系有前向和后向之分。前向联系是生产高新技术产品的企业与市场或客户的联系,后向联系是高新技术企业与其供应商之间的联系。在技术上联系紧密的企业更容易聚集在一起,形成新产业区。

第三,企业协作的环境。拥有地域根植性的集聚经济,如果当地协作环境好,则集聚企业的联系就会稳定长久,企业间能够相互信任;否则,如果当地协作环境差,则集聚企业间的关系多为偶然性的、不稳定的,在这种情况下,当地企业的集聚不能形成新产业区。

(3)高新技术产业的布局原则

与新产业区相关联的是高新技术产业的布局,它也是新产业区建设的具体化。根据高新技术产业的特征,其布局原则为:②

一是要靠近市场。在技术日新月异、企业竞争激烈的情况下,只有靠近市场,靠近用户,才能及时发现需要,开发新产品,加快产品更新换代,并做好售后服务工作。

二是要靠近科研机构和大学。就近聘请到高级科技人才,最快速度获得最新的科技成果,并与科研机构和大学共享先进设备和实验设施,这样能保证企业拥有强大的产品研发能力,保证技术人才的供给。

三是要有高级的企业管理人才和高素质的劳动力。因为高新技术产业竞争激烈,只有高级的企业管理人才才能正确领导企业;同时,高新技术产业的生产设备先进,只有高素质、受过训练的劳动力才能胜任。

四是要求有优良的基础设施。水、电、气、通信设施等应该比较便利,一般要靠近国际机场、海港及高速公路,离中心城市的距离也不能太远,以方便职工上下班。

---

① 费洪平. 中国区域经济发展[M]. 北京:科学出版社,1998:35-39.

② 江世银. 区域产业结构调整与主导产业选择研究[M]. 上海:上海人民出版社,2004.

五是要具有完备的辅助工业和发达的第三产业的支撑。综合配套能力应该比较强,能够保证高新技术产业所需要的设备、材料等上游产业和服务部门提供产品和服务。一般高新技术产业都设在较发达地区。

六是要有优良的投资软环境。即要求有优惠的地方政策,优良的法律、财务、专利、工商及进出口服务等。

七是要能靠近投资机构。由于高新技术产业属于资金和技术密集型产业,高产出,高风险,需要充足的风险投资,因此,新产业区要能提供资金。

八是该地区要有富含创业精神的城市气氛。如旅游城市就不大适合布局高新技术产业,因为那里的城市气氛过于轻松散漫,不适合高度紧张、竞争激烈的高科技创业精神。

九是要有聚集性。高新技术有聚集效应,不同的高新技术企业聚集在一起,可以在共享和竞争中相互合作和促进,因此,高新技术产业多布局在高新技术产业开发区。

十是要有良好的周边环境和较高的生活质量。高新技术产业的从业人员一般来说素质和收入都比较高,通常要求环境优美,空气清新,水质良好,气候适宜,子女上学方便,交通便利,住房条件优越等。

5.5 本章小结

发展产业是区域发展的关键内容。随着经济的发展,区域产业结构变化往往表现出一定的规律性。区域产业结构演进理论包括配第—克拉克定理、库兹涅茨法则、霍夫曼定理以及雁行模式理论,是进行产业结构分析的基础。主导产业选择的成功与否直接决定着区域发展的程度和水平。为使区域产业结构趋向合理、对不合理的区域产业结构不断调整,现实中通常需要采取非常严格的衡量标准进行区域产业结构的优化,具体包括区域三次产业结构的优化和产业功能结构的优化。实现产业在空间上合理分布的过程称为产业布局,能够带来大规模节约效益的企业在某地聚集的规模称为地域合理规模。随着高新技术的发展,高新技术产业在空间上容易呈集聚状分布,出现了一种新的产业布局模式——新产业区。目前在新产业区的概念、类型划分、形成与发展的作用机制等方面仍然存在着许多争论。

复习思考题

1. 区域产业分类的方法有哪些?
2. 试述几种区域产业结构演进理论的基本内容。
3. 如何选择地区主导产业?
4. 投入产出分析的基本方法是什么?
5. 产业布局有哪些指向?
6. 什么是地域合理规模?
7. 影响高新技术产业集聚的因素有哪些?
8. 什么是高新技术产业布局的原则?

建议阅读书目

[1]江世银:《区域产业结构调整与主导产业选择研究》,上海:上海人民出版社2004年版。

[2]任保平:《区域经济理论方法与政策》,北京:经济科学出版社2004年版。

[3]高志刚:《产业经济学》,北京:中国人民大学出版社2019年版。

[4]钱志新:《产业集群的理论与实践——基于中国区域经济发展的实证研究》,北京:中国财政经济出版社2004年版。

[5]王辑慈:《创新的空间——企业集群与区域发展》,北京:北京大学出版社2001年版。

[6]孙久文:《区域经济前沿》,北京:中国人民大学出版社2020年版。

[7]经济合作与发展组织:《创新集群——国家创新体系的推动力》,北京:科学技术出版社2004年版。

[8]大卫·奈:《百年流水线:一部工业技术进步史》,北京:机械工业出版社2017年版。

[9]沃尔夫冈·希弗尔布施:《铁道之旅:19世纪空间与时间的工业化》,上海:上海人民出版社2018年版。

6 区域空间组织

重点问题

- 区域空间组织
- 区域经济一体化
- 新型城镇化
- 区域经济功能平台

6.1 区域空间组织与空间一体化

区域空间组织是区域经济发展的空间安排的形式，包括区域空间一体化的形态、区域经济增长极（中心城市）和区域发展的空间功能平台。区域空间一体化是区域经济发展中的产业结构与布局的空间演化高级形式。

由于资源要素和经济活动主体受制于其相互间的空间关系，其运行就必然体现一定的空间特色，因此，任何区域资源要素和经济活动都必然具有特定的空间组织形式。

6.1.1 区域空间组织的概念

区域空间组织是指在一定的约束条件下，对区域内或区域之间经济发展的资源要素进行空间优化配置的一种重要的组织形式。区域经济要素在空间上的相互关系，表现为区域之间的互补性和可达性。区域之间的互补性就是相关区域之间存在对某种商品、技术、资金、信息、人员等的供求关系的依赖，这种互补性是区域协作的基础；区域之间的可达性是指区域之间进行商品、资金、人员、技术、信息等传输的可能性，只有具有这种可达性，地区之间才能进行正常的要素流动。

(1)区域空间组织的构成

第一，企业空间组织。从空间角度看，一个企业的建立要解决的主要问题：一是选择合适的区位；二是选择合适的资源要素组合方式。建立企业的空间组织的目的，是根据企业的产生或经营特点以及一定的技术关系，把相关的资源要素组织在一起，形成一个适于本区域特点的空间组织结构。①

第二，经济部门的空间组织。随着企业间联系的增加和复杂化，具有密切经济和技术联系的企业在空间上组织在一起，形成一个相对完整的生产体系或经营体系，从而生产出系列产品或提供较完备的服务。这就形成了产业和部门的空间组织。这种组织能充分发挥聚集规模效益，为企业带来外部经济性。

第三，区域经济系统的空间结构。区域经济系统是区域内所有经济部门相互联系而形成的有机整体。它是各个经济部门的全部企业按照相互间的经济、技术联系和空间关系相结合的产物。② 由于各个经济部门的企业区位特点各异，且相互间的经济、技术联系复杂，因此，企业间的空间组织更为复杂，既表现为部门内各企业间的组合，同时又表现为各企业间的联系。具有这种联系的空间结构能够形成区域经济的整体优势，这是任何一个微观经济单位都不具备的。

第四，区际联合中的空间结构。区际联合包括一个较为广大的区域内各地区之间的经济联系，也包括各区域之间的经济合作。随着区域分工的日益专门化，区域之间经济的相互依赖性亦越来越大，区域协作日趋重要。只有合理的地域分工与良好的区域协作关系，才能充分发挥各区域的经济优势，提高全社会的效率，创造出更多的物质财富。

---

① 林凌：《中心城市综合改革论》，北京：经济科学出版社 1992 年版，第 14 页。

② 谢文蕙、邓卫：《城市经济学》，北京：清华大学出版社 1996 年版。

(2) 区域空间组织的属性

第一,目的性。区域空间组织是通过经济主体而实现的,因而具有目的性。在不同的区域,区域经济空间组织的具体目的也不相同,并具有明显的阶段性。

第二,协同性。区域空间组织中包含了在发展中各经济活动主体之间的竞争和依存关系。各经济主体由于功能不同,分工各异,它们之间存在着经济、技术、管理等方面复杂的联系,构成了区域空间上的联系与依赖。

第三,可控性。尽管区域空间组织有其内在的规律,但其形成过程都是由人来实现的,只是不同的人群在其中担任不同的角色。起控制作用的主体可以通过调节其中的经济主体来控制区域经济的空间组织。例如,政府可以采取相应的政策措施,引导企业家布局自己的企业,从而形成符合区域发展方向的产业集群等区域经济的空间组织形式。

第四,渐进性。区域空间组织的演进是遵循一定轨迹的。在一定时期,人们对区域经济空间组织中涉及的各种问题的认识有限,对相关资源要素、经济活动主体的控制程度有限,因而区域经济空间组织的目标也是分阶段、渐进实现的。

第五,不完全确定性。尽管区域空间组织具有一定的可控性,但是,它仍然是多种因素的组合与相互作用的结果。在复杂的相互关系中,究竟会出现什么样的结果,对区域经济发展在哪些时段上有利,或者在哪些方面有利,对哪些主体有利,都是难以完全确定的。因此,区域经济空间组织在其发展的过程中还存在诸多的不确定性。

(3) 区域空间的聚集与分散

区域空间组织作用的结果,是生产要素在空间上的聚集和分散的程度。聚集和分散是相互对立与并存的,是制约区域空间结构形成与发展的重要机制。

聚集与分散作用机制的特点是:

一是在区域空间结构形成和发展的不同阶段,聚集与分散机制发生作用的强度不一样。在区域空间结构形成初期,聚集因素起着主导作用,引发区域内部的空间分异。在区域空间结构发展时期,聚集因素的作用将逐步减缓,分散因素逐渐发挥作用。当区域空间结构进入成熟期,一般情况是分散因素的作用强于聚集因素。

二是聚集与分散机制的作用存在一定的惯性。聚集或分散一旦发生,就将沿着其固有的方向持续下去。在没有人为干预的情况下,只有等到出现聚集不经济或分散不经济时,聚集或分散才会遏制,并有可能由以聚集为主转化为以分散为主或由以分散为主转化为以聚集为主。这时,原来的聚集或分散是不会消失的,仍将与分散或聚集同时存在。但是,聚集或分散在内容、规模、层次、速度、方式等方面会发生变化。

三是虽然聚集与分散有一定的惯性,但其作用也是有限度的,超过这个限度,就会产生聚集不经济,从而遏制聚集的进一步进行。同样,分散机制的作用达到一定的限度也会产生分散不经济,从而遏制分散的进一步进行。这是因为,分散过度就会割裂经济活动之间所固有的联系,失去发展所必需的外部环境,不能开展合理的分工与协作,于是就导致生产与经营的效益下降,甚至连正常的生产或经营过程也难以维持。①

聚集与分散的表现形式:一是企业间的空间分工与协作。企业利用所具有的条件进行专业化生产、开拓市场,并通过市场与相关企业自发地建立起分工与协作。这种分工与协作主要是

① 参阅崔功豪、王本炎、查彦育:《城市地理学》,南京:江苏教育出版社 1992 年版。

在原材料供给、产品加工、生产工艺联系、技术协作、管理等方面进行的。二是部门间的空间分工与协作。由于各种经济部门的经济特性及区位指向不同,各部门通过形成一个完整的生产过程或经营体系,适应市场变化,合理利用资源,形成分工与协作。三是区域间的空间分工与协作。区域之间由于资源赋存和经济发展水平等方面的差异,往往各具优势。为了充分发挥各自的比较优势,各地区之间必须进行分工与协作。

6.1.2 空间一体化理论

区域经济一体化的理论基础是为空间一体化理论。美国区域经济学家弗里德曼在继承钱纳里和罗斯托的发展阶段理论的基础上,将产业发展和空间演变相结合,从而建立起区域空间结构和发展阶段理论。该理论认为:“在区域经济持续增长过程中,空间子系统会重组,其边界会发生变化。这一过程往往按一定规则进行,其最终格局是全国各区域经济全面一体化。”弗里德曼根据区域内各组成部分的相互关系,将空间一体化过程分为以下四个阶段:

第一阶段:独立的地方中心阶段

在这一阶段,均质无序的区域中存有若干缺乏等级结构的独立地方中心,见图 6.1。在这一阶段,各独立中心与腹地的关系就有些像奴隶主与奴隶的关系,腹地完全受制于中心,并且受到中心的盘剥而没有回报。这是前工业化社会特有的典型空间结构,它相对稳定。每个城市坐落于一个小面积地区的中央,腹地范围小,地区间相互缺乏联系并相互割裂,存在着大量自给自足的经济,增长潜力很快就告枯竭,经济停滞不前。

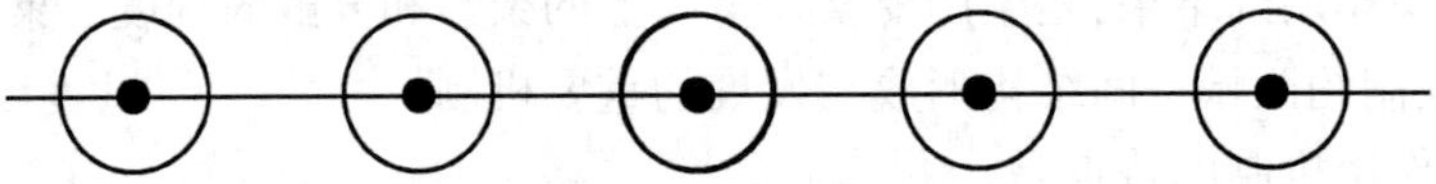

图 6.1 区域空间一体化:第一阶段

第二阶段:单一强中心阶段

在这一阶段,作为工业化初期的区域空间结构,区域经济只靠一个大的经济中心支撑,中心城市的发展与边缘区的停滞同时存在,开始拥有单个强有力的中心,见图 6.2。这一阶段中心与腹地的关系,如同官僚体系中的上下级之间的关系,彼此都离不开对方。中心需要外围完成一定的职能分工,而外围需要仰仗中心获得发展的机会。这是工业化初期所具有的典型结构,表现出不稳定态势,边缘区(P)开始出现。由于拥有企业家素质的人才、知识分子和劳动力大量迁至中心(C),中心以外其他地区的经济会遭到沉重打击;国民经济事实上只有一个单一大城市区域支撑,其增长潜力有限;边缘区域的长期停滞可能会导致社会与政治动荡。

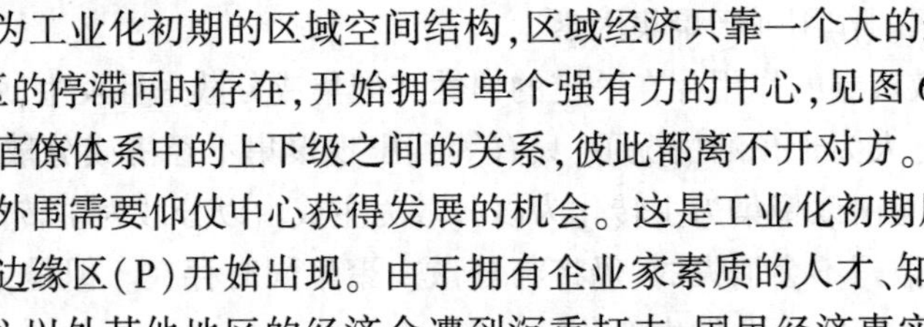

图 6.2 区域空间一体化:第二阶段

第三阶段:唯一强中心和边缘次级中心阶段

在这一阶段,作为工业化成熟阶段的区域空间结构,区域经济发展靠中心城市和若干边缘的次级中心城市共同支撑,见图6.3。这一阶段城市之间的关系就如同是竞争性企业之间的关系,互相之间的贸易和往来需要通过协商谈判来解决,并且相互关系并不稳定。这种空间结构反映了工业化成熟阶段的基本特征。这一阶段,战略次中心(SCn)得到开发,因而使得全国的边缘区域范围缩小,大城市间的边缘区域(Pn)更易管理;边缘区域的重要资源被纳入国民经济的生产性循环,中心的膨胀问题可以得到避免;国家的增长潜力提高,但在大城市之间的边缘区域依然存在贫困与文化落后问题。

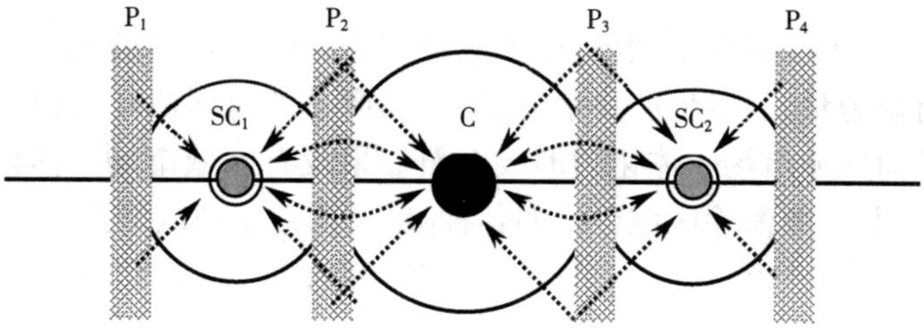

图6.3 区域空间一体化:第三阶段

第四阶段:区域空间一体化阶段

在这一阶段,作为现代社会的区域空间结构,形成了相互依存的城市体系,交通发达,边缘地区消失,进入有组织的区域综合体阶段。这一阶段城市之间的关系就如同朋友之间的关系一样,彼此之间不存在统领问题,也不斤斤计较相互交往中的利益得失。这一时期,城市等级体系形成,交通网络发达,边缘性基本上消失,区域体系最终演变为组织良好的综合体。这种网络化的空间组织类似于克里斯塔勒提出的中心地市场网络结构。有组织的综合体是工业化后期或后工业化时期所追求的最终目标。城市间的边缘区将逐步纳入其邻近的城市经济中,在最后的"有组织的综合体"阶段,国家一体化、布局高效率、增长潜力最大化与重要的区际差异最小化等空间组织目标已经实现。如图6.4所示。

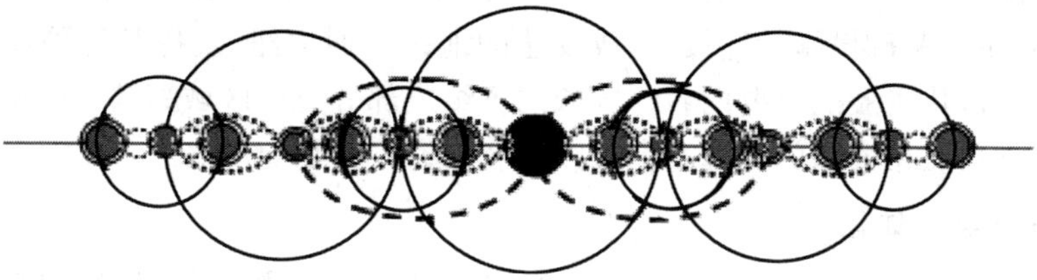

图6.4 区域空间一体化:第四阶段

从当前我国区域经济发展的现状看,我国很大一部分区域的空间结构正处于由第三阶段向第四阶段过渡的时期,简单的中心—边缘关系转变为多极结构,投资分布于许多具有战略地位的次中心。这一阶段也是区域经济问题多发阶段,各区域战略地位的变迁将产生多种复合的区域利益关系,对于区域利益的争夺也会衍生出各种各样的区域问题,如地区封锁、重复建设、原料争夺、缺乏合作等,这些问题的出现会严重降低整个国家经济系统的运行效率,必须从全局的角度统筹考虑,综合解决。

6.1.3 空间一体化的表现

区域经济的空间一体化是一个空间系统演化的概念,也是一个动态的过程,主要有下面几种表现形式:

(1)空间形态一体化

空间形态一体化就是要形成组织严密、运转协调的城镇等级体系。在这一体系中,不仅城市与腹地高度统一,合为一体,还要求城市之间在空间上联系紧密,不存在边缘化地区,形成多核心和生产要素高度密集的星云状结构的大都市带。

(2)市场一体化

虽然区域内部没有关税等壁垒,但是在区域经济关系不协调的情况下,各个地区为了各自的利益,往往动用行政力量,阻碍生产要素、原材料和产品的跨区流动,进行市场分割和实行地方保护主义,从而阻碍区域市场一体化的形成。而如果没有区域市场一体化,那么区域经济一体化也就无从谈起,因此,要消除区域合作的各种障碍,构造实现区域经济一体化的基础。要保证各种生产要素通过市场自由流动,就必须有发育完善的市场体系和统一市场作为基础。这里所说的市场,不仅包括产品市场,还包括资本、技术、人才等生产要素市场以及产权、旅游、文化等其他方面的专业市场。

(3)产业一体化

产业一体化的含义,就是要构建分工明确、联系紧密的区域产业结构分工合作体系。这就要求根据比较优势形成产业分工,实现区域内产业结构合理化,以提升产业的整体竞争力。根据区域产业集聚理论,区域中的一些主导产业在生产上或者产品分配上有着密切联系,或者在布局上有相同的指向性,这些产业按一定比例布局在区域的某个优越的地区内,可以形成一个高效率的生产系统,改善企业生产的外部环境,从而使区域整个生产系统的总体功能大于各个企业和组成部分的功能之和。

(4)交通设施一体化

交通基础设施如同人的脉络,将区域各组成部分连为一体。没有便捷、完善的交通设施网络,区域内的商品、要素等的流动就要受到限制,也就必然无法实现区域经济的一体化。因此,加快区域内各省市间基础设施的连接,形成发达的地区交通枢纽,发挥其对国民经济的巨大带动作用,是经济一体化发展的重要内容。区域内各组成部分要以区域高铁和高速公路等快速干道建设为契机,加快城市通道的配套与衔接,共同完善交通、物流网络。

(5)信息与网络一体化

在信息化时代,随着信息技术的进步和获取信息手段的不断完善,信息和互联网深入社会生活与经济发展的方方面面,从而信息与网络一体化在区域经济一体化中的地位和作用越来越大。信息与网络一体化要求消除信息封锁现象,实现信息资源互通共享。这既有利于共同市场的形成,又能有效地降低社会交易成本,提高整个区域的综合竞争力。

(6)制度一体化

从本质上来说,市场经济是法治经济,不仅市场主体的行为需要受到法律和制度的制约和规范,政府的行为也不例外。因此,要实现区域经济一体化,就要规范各地的政策和制度,制定统一的市场规则和政府行为方式,为区域经济一体化提供制度规范和保障。就中国目前而言,由于行政壁垒造成的市场分割和区域经济冲突,无疑是区域经济一体化过程中的重大障碍之一。不同行政主体的政策和制度之间往往存在冲突和矛盾,这也正是交易成本居高不下的重要因素。未来中国区域制度一体化最核心的工作,就是要建立一个共同的管理决策机构,打破行政界限的束缚,为实现"行政区域"向"经济区域"的转变提供制度保障。

6.2 区域经济增长极

从区域经济一体化的各个阶段来看,区域经济增长极的形成就是中心城市的形成。当前,无论是国家之间的竞争,还是区域之间的竞争,在相当程度上已经演化为城市实力的竞争,尤其是中心城市之间的竞争。加快中心城市的发展,已经成为区域空间组织建设的核心内容。

6.2.1 中心城市的分类

所谓中心城市,是在特定区域内在经济上有着重要地位,具有强大的辐射力、吸引力和综合服务能力的增长极,主要是指那些具有综合性、多功能的经济中心作用的大城市。一般城市只在一个或几个方面起中心作用,而不具备综合的功能。具有多种功能是中心城市与一般城市的重要区别。

中心城市可按照层级分类如下:

(1)国家中心城市

国家中心城市一般市区人口在 1 000 万以上、在国家的经济活动中发挥着重要的枢纽作用。目前,我国内地有 9 座城市跻身此列,它们是:北京、上海、天津、广州、重庆、成都、西安、武汉、郑州。

(2)跨省区中心城市

跨省区中心城市通常都是市区人口在500 万以上的特大城市,在国家的地区性(如省级经济区)经济活动中起着重要的骨干作用,并能带动周围数省区的发展。如我国的深圳、南京、哈尔滨、杭州、长春、济南、汕头等。

(3)省级中心城市

省级中心城市是在一个省域范围内承担经济中心的功能,一般市区人口在 300 万以上的大城市或者特大城市,都是各省的省会和大型工矿城市、港口城市、经济发达的城市。

(4)省内区域性中心城市

省内经济区中心城市是在一个省份的局部地区承担经济中心的功能,行政级别往往是地级市(但并非所有的地级市都能起到中心城市的作用),这样的城市在我国平均每省有 5~6 个。例如,河南省的洛阳、南阳。

(5)县域中心城市

县域中心城市或是县级市的人民政府驻地,或是县人民政府所在地的建制镇,它们是县域范围内的政治、经济、文化、科技中心,全国约有 2 000 多个。在县城以外,比较均匀地分布着一些小城镇,它们是该区域内的经济贸易中心,是城市与农村的纽带,起着带动农村经济发展的作用，这样的城镇全国将近有2万多个。

6.2.2 中心城市促进区域经济发展的因素

与一般的城市相比，中心城市的聚集程度(其中包括人口、资本、消费和基础设施等)比较高，社会分工更发达，科学技术更先进，交通运输更便捷。这就决定了中心城市在区域发展中的作用并不仅仅表现在经济一个方面，还表现在政治和文化等其他方面。

(1)中心城市具有现代市场经济的内生优势

中心城市在市场经济中作用的大小，在很大程度上取决于它是否拥有竞争力很强的企业群体和富于竞争精神的企业家队伍。中心城市是各类企业最集中、商品生产能力最强、商品交换范围最广的地域。比如，日本的12个工商业大城市集中了全国80.4%的大企业，其中东京占52.9%；法国38%的大企业总部设在巴黎，其工业产值占全国的1/4，总营业额占全国的82.75%；英国伦敦加工工业部门从业人员占全国的1/5，工业产值占全国的1/4。中心城市企业集聚的特征决定了它具有产生现代市场经济所要求的高效率、高效益的内生机制，有利于市场体系的发育，易于实现市场的规模化、社会化、专业化、现代化和国际化。

(2)中心城市具有开发适应市场需求的新产品的巨大潜力

随着经济的发展，技术进步已经成为产业升级和经济增长最活跃、最重要的因素。中心城市是先进生产力集聚的地域，是科技人才荟萃之地。因此，中心城市是开发新技术、研制和生产新产品的重要基地。中心城市高科技的优势，是其市场经济发达的根源所在，也是我国实现现代化和外向化的“生长极核”。与此同时，中心城市在引进国外先进技术和向国内扩散中起着承外启内、合理嫁接、消化创新的“转化器”作用。这对带动区域内的技术进步、产品更新换代具有不可替代的重要意义。

(3)中心城市具有开拓国内国际市场的扩张力

中心城市一般已经形成外向型的出口创汇主导产业和产品，在带动全国参与国际交换和合作中发挥着重要的作用。中心城市日益发展的外向型产业，已使中心城市成为带领整个国家的经济融入世界经济的重要枢纽。中心城市的产业规模大、技术先进，对经济诸要素的输入和输出、流向和流量具有很大的调节作用。因此，中心城市对经济要素的聚扩、转换呈现出大范围、大规模、多层次、全方位、高效率、高效益的特点。在扩大对外开放的宏观环境下，中心城市对国际经济要素的聚扩能力和枢纽作用也会不断地增强。

(4)中心城市具有成为大流通枢纽的有利条件

中心城市的主导产业主要是输出产业，其产品主要是向城外销售，因此，中心城市对组织大市场、大流通具有很大的影响力。中心城市所具有的较好的基础设施和较健全的经济管理机构，有利于完善市场经济调节系统，有利于市场体系的发展和逐步规范化、制度化和法治化。除此之外，中心城市还拥有一系列市场经济的调节机构，比如金融、物价、财税、劳动工资等执行部门，统计、信息、政策研究、咨询等“软件”机构，工商、审计、商检、海关等监督机构。只要能有效地发挥这些部门和调节机构的功能，中心城市在组织大市场、大流通中就有可能取得更大的成效。

(5)中心城市是文化产品的生产流通中心

尽管从中心城市的形成来看，有的是由商品的集散而形成的，有的是由政治中心演变而来的,但不管其形成原因是什么,由于经济和政治发展的需要,脑力劳动者和体力劳动者中的优秀部分必然向中心城市集中,政府机关、各类科研机构、文化事业单位、高等院校等也必然集中在中心城市。这样,中心城市就成了知识最密集的地方和文化产品生产最集中的场所,包括图书报刊市场、音像制品市场、电影发行市场、表演艺术市场、群众文化市场、工艺美术市场、文物收藏市场、旅游市场、技术市场和广播、电视网络等。

因此,中心城市不但是全国或区域性的经济中心,而且也将成为文化产品的生产基地;中心城市不但具有强大的经济辐射和经济吸引的功能,而且具有强大的文化产品向周围地区辐射和吸引的功能,担负着向全社会传播现代精神文明、改变愚昧落后状态的责任。

中心城市在区域发展中的作用,说到底表现在两个方面:一是强大的经济聚集作用;二是巨大的经济辐射作用。中心城市这两个方面的作用是相互联系、相互影响和相互制约的。中心城市的聚集与辐射作用,既是城市以往累积的综合经济实力的体现,又是今后城市经济正常运行的必要条件。

6.2.3 中心城市在区域经济发展中的作用

中心城市作为国家经济活动的集中场所,是区域经济发展的关键所在,在区域经济发展中起着举足轻重的作用。

(1)促进专业化分工与协作

中心城市由于工业集中,门类齐全,分工合理,经济联系广泛,并且作为纵向和横向城市联系的结合部,迫切需要而且有可能实行多方面的分工与协作。中心城市历来是社会生产最集中的地方,是生产的社会化程度最高的地方,因此也是生产的分工与协作最强的地方。中心城市的分工与协作不仅发生在中心城市的行政区域内部,而且蔓延到中心城市周围的广大经济区,甚至扩散到经济区以外其经济触角能够延伸到的地方去。凭借中心城市的分工与协作带来的技术进步和先进的经营管理水平,整个区域可以以中心城市为基地,利用有利的条件,围绕优势产业和优势产品,实行跨行业、跨部门、跨地区的联合,组织专业化生产线,由点到面,发挥各方面的优势,以达到城市、地区、社会经济更快发展的目的。

(2)推动区域内市场的自由竞争

竞争是商品经济得以不断发展的杠杆和加速器,商品生产者为了谋求自身更多、更大的经济利益,必然会参加到激烈的市场竞争的角逐之中。中心城市里的竞争是大规模的、集中的、激烈的竞争。中心城市的商品生产者类型多,经济成分复杂,商品的规格品种齐全。时间的竞争、价格的竞争、质量的竞争、花色式样的竞争、服务态度的竞争等都表现得最充分、最突出。中心城市对区域经济的影响表现在两个方面:一是利用激烈的竞争,促使中心城市内的所有商品生产者和经营者提高技术水平,改善经营管理,提高产品质量,增加花色品种,降低生产成本,从而使整个区域内的市场竞争不断增强,提高竞争力,繁荣市场;二是由中心城市作为市场竞争中的漩涡所引起的竞争往往是一浪一浪地波及其他一些地区,形成一个又一个的辐射圈,推动周围地区的商品生产者也不断提高竞争力,推动整个区域的发展。

(3)促进区域开放,深化市场经济发展

开放是商品经济发展的内在要求,商品经济自身所具有的强大渗透力,是任何一种封闭都阻拦不了的。中心城市是商品生产最发达、商品流通最繁荣的地方,实行全方位地对外开放,自己的产品能走出去,别人的产品能引进来。作为商品化最强、最广泛的地方,中心城市能打破一切部门封闭和地区封锁,使商品经济迅速地在四面八方生根、开花、结果,使商品经济取代一切自然经济和产品经济,而不管人们的主观愿望如何。中心城市本身所具备的商品化必定会迅速地向全社会推移,并以其自身所具有的地理的、市场的、技术的、管理的、产品质优价廉的优势,把商品化不断地向周围一大片地区普及,从而使商品经济在广度和深度上都得到更快的发展。中心城市的商品化是全社会实现商品经济、市场经济的核心,是带动整个区域实现商品化的动力。

(4)带动区域内科学技术的发展和管理经验的增强

科学技术是第一生产力,是决定社会发展的重要因素。中心城市在发展、交流、传播先进科学技术和管理经验方面,有着不可替代的作用。中心城市拥有大量集中的科研机构、高等院校,有较强的科研能力和较好的科研设备;中心城市的各类企业生产规模庞大,人员结构复杂,生产的分工精细,协作性很强,需要统一的、协调的指挥,而中心城市的科研机构和高等院校等为其培养了大批训练有素、熟悉商品经济发展规律、有较丰富经验的管理人才;中心城市在科技情报、信息交流和传递方面也处于有利地位,能及时吸收、消化世界先进科学技术和管理经验,开发新产业,改造传统产业。因此,充分发挥中心城市的科学技术和管理经验的吸收和传播基地的作用,能使中心城市成为整个区域科技进步、管理水平提高的排头兵。

总之,中心城市作为社会经济中心,在组织和发展区域内社会经济活动中的作用十分重要。重视中心城市的主导作用,充分发挥其中心作用,是推动我国区域发展和建设的一项重要工作。中心城市在整个区域内的影响是任何其他单个企业或一般城市和地区都无法比拟的,它也是整个社会商品经济发展的支柱和带动力量。

6.2.4 区域经济发展与新型城镇化

区域中心城市与周边的腹地之间形成了一定的区域空间结构,也就是形成了相互依存的城镇体系。中共二十大提出新型城镇化①战略,成为中国式现代化的重要战略之一。新型城镇化是区域经济发展的一个重要的组成部分,也是区域空间组织完善的重要内容。

(1)城镇化与新型城镇化的概念

城镇化这一概念是西班牙工程师塞达(A. Serda)在1867年所著的《城镇化基本原理》一书中首先使用的。各个学科从不同角度对城镇化的概念有不同的理解。

城镇化的定义包括三个层次:第一个层次是人口从农村流向城市,农村居民不断转化为城市居民,实现人口城镇化;第二个层次是人口主要从事第一产业转为主要从事第二和第三产业,实现生产城镇化;第三个层次是农村居民的生活方式逐步与城市居民相一致,实现景观城镇化和生活方式城镇化。

中国式现代化过程中的新型城镇化,是以城乡统筹、城乡一体、产城互动、节约集约、生态宜居、和谐发展为基本特征的城镇化,是大中小城市、小城镇、新型农村社区协调发展、互促共进的城镇化,其核心是人的城镇化。

人的城镇化是指新型城镇化注重人口的生活方式的改变,从农村生活方式向城市生活方式转变,包括人们的生活观念、社会制度、城乡规划、城乡社会组织等各个方面的进步。新型城镇化的内容包括产业城镇化、空间城镇化和人口城镇化这三方面,它们相互联系、相互制约、相互

① 本书的城镇化与城市化的概念等同。一般国内学者使用城镇化,国外学者使用城市化。

协调。因此,新型城镇化的实现过程是我们经济、社会、政治和文化全面发展的过程,实现新型城镇化是中华文明迈向新阶段的重要标志。

(2)城镇化的规律

从分析城镇化过程中普遍存在的现象出发,可以从总体上掌握世界城镇化的动态和变化,会发现城镇化在其自身发展的过程中呈现出一定的规律性。美国学者诺瑟姆提出了城市化进程阶段性规律的理论,认为城镇化进程具有阶段性规律,即全过程呈一条S形曲线,如图6.5所示。当然,并不是任何国家的城镇化水平在时间轴上都表现为一条光滑的S形曲线,但大部分国家的数据基本上都支持了这一结论。

诺瑟姆把城市化过程划分为三个阶段:

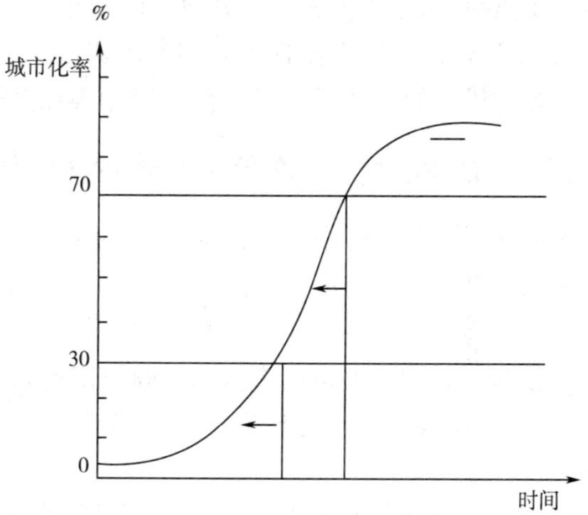

图6.5 城镇化发展的S形曲线

第一,城市化率[①] 0~30%,为城镇化初期。城镇化初期也是城镇化的起步阶段,在这一阶段,由于科学技术不太发达,生产力水平还很低,第一产业所能提供的生产资料不够丰富,还有大量的劳动力滞留在农村,第二、第三产业发展需要的资本和技术都不充足,城市发展扩张速度很慢,经历时间较长。城市人口占地区总人口的比重较低。一般认为,当城市化率超过10%以后,城镇化进程逐渐加快。

第二,城市化率30%~70%,为城镇化中期。城镇化中期又称为城镇化腾飞阶段。当城市化率超过30%时,城镇化进入中期阶段,出现加快提升的趋势,而且这种趋势一直要持续到城市化率超过70%以后才会趋缓。在此阶段,随着科学技术的进步,第一产业的劳动生产率大为提高,释放出大量的农村剩余劳动力,与此同时,国民经济和社会资本的增长使工业化规模扩大,第二、第三产业可以吸纳更多的劳动力,城市可以提供更多的就业机会。农村人口大量涌入城市,城市人口快速增加,城市数量增多、规模增大,与此相适应,区域第二、第三产业的发展在经济发展中占主导地位,城市在经济和社会发展的各个方面都发挥着重要作用。

第三,城市化率达到70%之后,为城镇化后期。城镇化后期也称为城镇化的成熟阶段。这个阶段城镇化进程停滞或略有下降趋势。经过腾飞阶段的快速增长后,城镇化的速度开始放慢,原因是可转移的农村剩余劳动力已基本被城市吸收,城市的发展主要靠其自身的增长。

① 城市化率为城市人口与总人口的比值,换算成百分数。

6.3 区域发展的功能平台

区域空间发展的过程如前所述。在中心城市和周边腹地的关系厘清之后,应建设区域发展的功能平台,作为区域产业的具体落地之处,这是区域经济发展实际操作中的重要环节。根据我国改革开放以来的经验,改革开放初期,为扭转过去计划经济时期积弊的市场僵化、高成本、低效率等长期矛盾,在以邓小平同志为核心的党中央领导下,我国开始探索以区域发展功能平台为主要抓手,深化改革和扩大开放。时至今日,我国已陆续形成了以经济特区、国家级新区、国家级开发区、海关特殊监管区域和自由贸易示范区、跨境电子商务综合试验区和重大改革试验平台等为代表的一系列功能平台,对我国经济腾飞起到了重要作用。

6.3.1 区域发展功能平台的概念界定

区域发展功能平台是区域产业落地的主要区位选择,是具有重大战略意义的产业发展平台。不同类型的平台会承载不同的功能使命。例如,经济特区成立之初主要是为了吸引外资,拉动外贸,"特"字代表它具有特殊的经济政策、灵活的经济措施和便利的经济管理体制。跨境电子商务综合试验区则是在跨境电子商务市场兴起的背景下,探索便利的海关和检验检疫等管理模式,以实现政务便利化改革、物流体系优化、金融服务体系优化等,提高跨境电商进出口贸易额。

区域发展功能平台主要包括六类,分别是经济特区、国家级新区、国家级开发区、海关特殊监管区域和自由贸易试验区、跨境电子商务综合试验区、重大改革试验平台。其中,国家级开发区包括经济技术开发区、高新技术产业开发区、边境/跨境经济合作区、其他类型开发区;海关特殊监管区域包括经国务院批准设立的保税区、出口加工区、保税物流园区、跨境工业区、保税港区和综合保税区;重大改革试验平台是指党的十八大以来提出的具有代表性的战略功能平台,包括河北雄安新区、浙江共同富裕示范区、广东横琴粤澳深度合作区、深圳前海深港现代服务业合作区等。另外,特殊经济功能区应当作为一种特殊的功能平台来对待。参见表 6.1。

表 6.1　区域发展功能平台和特殊经济功能区的差异比较

名称	区域发展功能平台	特殊经济功能区
发布单位	中央	中央和省级
包括范围	1. 经济特区 2. 国家级新区 3. 国家级开发区 4. 海关特殊监管区域和自由贸易试验区 5. 跨境电子商务综合试验区 6. 新时代其他代表性重大改革试验平台	1. 经济特区 2. 保税区 3. 经济技术开发区 4. 自由贸易区 5. 出口加工区 6. 企业区 7. 自由港 8. 单一工厂出口加工区 9. 特殊功能区

续表

名称	区域发展功能平台	特殊经济功能区
战略意义	针对现有国民经济发展水平和未来发展趋势,在某一领域先行先试,为形成可推广至全国的可行经验而进行的具有重大战略意义的实践探索	服务中央和地方发展,先行先试,既探索可推广至全国的先进经验,也为促进本地经济发展而搭建的服务平台

资料来源:作者整理。

6.3.2 区域发展功能平台的作用

区域发展功能平台是新时代中国特色社会主义市场经济体制建设中的枢纽,对促进国民经济高质量发展、深入推进改革开放、加快城市建设、推进绿色产业转型等具有重要作用。

(1)高质量发展新引擎

当前,区域发展功能平台的战略属性和功能属性更强,在区域经济高质量发展中愈发起到引擎作用。高质量发展并非空谈,其背后有着深刻的现实逻辑,是新时代中国特色社会主义建设的使命所在。高质量发展的重点领域和经济发展水平较高地区的分布,均与区域发展功能平台有着紧密联系。

一方面,功能平台自身就是经济增长、产业升级、创新研发、对外开放、绿色转型全方位发展的综合体现。作为先行先试的探索先进政策与体制机制的重点区域,功能平台通过国家投资和吸引外资,逐渐成为地区增长极并促进经济增长。功能平台能够通过承接国外产业、转移和学习先进管理与技术手段将其内化于国内产业生产,对提高产业水平和创新实力有着重要作用。依托海关特殊监管区域和自由贸易试验区的外向型经济发展模式,功能平台也能够在加大自身对外开放力度的基础上提升全国整体开放力度,实际上是为深度融入国际经济贸易体系创造了窗口,对扩大对外贸易规模、对外贸易管理水平和对外开放领域具有重要作用。同时,功能平台在改革开放初期承接一定的国外低端产业,导致国内生态环境逐步恶化,在高质量发展背景下,要坚持绿色发展的基本底线,建造智慧功能平台,实现绿色贸易、绿色物流、绿色创新、绿色环境、绿色体制机制等可持续发展体系。

另一方面,功能平台在确立经济特区以及之后的若干平台中,多数都是以沿海地区为先。从现有高质量水平测度结果看,越是经济高质量发展的省份,其功能平台的种类越多,成熟度越高,辐射范围越广。产生这一现象,主要是沿海地区独特的地理环境决定了其成为改革开放初期对外开放交流的主要窗口,外商投资和产业转移也主要集中在沿海地区,在正反馈行为的加持下,沿海地区的功能平台愈加丰富,也促使地区经济发展活力持续增高。

(2)改革开放新高地

改革开放40多年来,我国各领域发展取得巨大成就,经济实力、科技实力、综合国力和人民生活水平跃上新的大台阶,创造了世所罕见的经济快速发展奇迹和社会长期稳定奇迹,人民群众的获得感、幸福感、安全感显著增强。从经济基础层面看,改革开放有力推动了我国经济社会发展,明显提高了我国社会生产力,极大提高了人民生活水平。在改革开放进程中,中华民族实现了从站起来到富起来的伟大飞跃,迎来了从富起来到强起来的伟大飞跃。从20世纪70年代末开始,我国经济高速增长,到2010年,国内生产总值超过日本,成为世界第二大经济体。随着经济实力、人民生活水平、综合国力迈上一个大台阶,中华民族富起来逐渐成为现实。特别是党的十八大以来,党和国家事业取得了全方位的、开创性的历史性成就,发生了深层次的、根本性的历史性变革。我国稳居世界第二大经济体、第一制造业大国和货物贸易大国、第一外汇储备大国地位。

区域发展功能平台是改革开放过程中的重要参与者。第一个功能平台——经济特区,就是伴随着改革开放而设立的,在经济体制、市场体系、产业结构等方面进行了诸多有益的探索,直接影响着我国改革开放的步伐,也对后续社会主义市场经济体制的确立提供了现实经验。功能平台发展至今,始终与改革开放紧密相连:为提高对外开放力度、先行先试探索国际经贸规则,设立了海关特殊监管区域,对加快国民经济发展和对外经济联系起到了重大作用;为遵循电子商务发展的客观规律,我国近几年分批次设立了跨境电子商务综合试验区,是为探索和优化国际经贸环节而进行的积极尝试,为提升改革开放质量奠定了新的基础。

当前,建设国内统一大市场,构建新发展格局,无一不是为了通过打通国内市场、体制、流通壁垒而提高对外开放质量,推出新的制度创新成果。区域发展功能平台就是在深入推进国家发展战略过程中,将自身已探索且可推广的制度模式和先进经验应用于国内市场,缓解国内经济运转中可能的资源浪费,提升流通效率,加强产业体系建设,增强国内市场与国际市场的联通和互动,从而持续推进改革开放。

以深圳前海深港现代服务业合作区(后文简称"前海区")为例。前海区全面落实总体规划和开发开放政策,快速集聚一批港资合资金融、现代物流、信息服务、科技服务及专业服务企业,持牌金融机构累计达 261 家,基本形成了高端引领、集约发展、辐射示范的现代服务业体系。到 2021 年,原前海合作区实现税收增长 16.7%;实际使用外资 54.02 亿美元,增长 16.8%,约占全市一半;进出口总额(按关区口径)1.47 万亿元,增长 19.2%。如今,前海区坚持以制度创新为核心打造"前海模式",成为新时代改革开放的新高地。前海区创新地实行法定机构管理模式,在贸易自由化、投资便利化、金融开放等方面累计推出制度创新成果 685 项,其中在全国复制推广 65 项、全省复制推广 82 项、全市复制推广 203 项,率先实施企业注册登记"证照分离"、注册资本认缴制、进口商品全球溯源核放、多国集拼等一批原创性、引领性、系统性的改革举措,打造跨境人民币贷款、跨境双向发债、跨境双向股权投资、跨境双向资金池、跨境资产转让、跨境金融基础设施"六个跨境"金融特色品牌①。

(3)城市建设新标杆

城市作为满足人类生存和生活的空间单元,随着经济社会发展水平的提高,需要在已提供生态、社会、经济、服务和创新功能的基础上,进一步满足人民群众的新的美好生活需要。这就需要先明确人民美好生活需要从何而来。除了与人民收入提高和生活条件改善有关以外,更多是因为对外开放增强国内外联系后,人民更多地了解到了国内外发展的差异,对新生事物和更高品质产品的需求随之增长。这种合理的需求变化已逐步在区域发展功能平台的运转下逐渐实现,目前已有以跨境电子商务综合试验区、海关特殊监管区域为代表的功能平台通过进出口等手段提供了具有价格优势的国外产品,满足了人民群众的需求。同时,这一需求趋势依然在增长,2014 年,中国跨境网络零售交易额为 4 492 亿元,从事跨境电子商务的平台和企业约 5 000 家,而到了 2020 年,跨境电商进出口额达 1.98 万亿元,从事跨境电商的相关企业 3 万多家,且注册量仍在逐年增长。这一变化反映出未来国内市场需求依然庞大。城市作为

① 关于深圳前海深港现代服务业合作区的研究,具体内容参见:《前海:新时代改革开放新高地》,羊城晚报,2022-05-27. http://qh.sz.gov.cn/sygnan/qhzx/dtzx/content/post_9824865.html.

承载功能平台发展的空间单元,可以借此时机,在促进功能平台发展并提供更多优惠政策的基础上进一步提质增效,使城市建设成为不断提升居民幸福感和安全感的宜居且有吸引力的发展新标杆。

首先,功能平台先行先试的政策体制探索,能够促使城市学习其成功经验,并将其内化至城市发展,从城市管理、市场机制、服务体系等多方面提升城市发展质量和吸引力。其次,功能平台通过利用外资和本地政策优惠经营发展,形成了更为健全和先进的发展模式,逐渐成为所在城市和区域中的增长极,对经济发展贡献显著。同时,功能平台服务经济体系的发展能够提升城市运转效率,减少不必要的时间和交通成本,有助于提升城市公共服务质量。再次,功能平台的产业发展水平较高,并作为承接和引导产业转移的枢纽,能够有效根据城市发展的需要引导城市调整产业结构,加快现代产业体系建设以服务本地经济和国际市场。最后,功能平台的快速发展也有助于提高城市财政收入,使得地方政府有更多的资金投至基础设施建设、医疗、卫生、教育等多个领域。当城市基础条件进一步提升且改善人民生活水平后,也有助于吸引更多的资本、人才、技术流入城市,并促进功能平台发展,形成一种正向循环累积,实现共赢。当城市通过经贸合作和规划设计联结成为城市群后,将实现城市间要素自由流动、资源高效配置、基础设施对接、产业关联配套、公共服务均等的新变化,通过空间邻近且经济联系密切成为一体化网络。在此基础上,城市间的行政区划分不再显著,市场封锁、准入壁垒等逐渐消弭,有利于形成优势互补的网络化空间格局,同时也有助于各城市在科学评估自身资本、人才、技术、信息等要素禀赋后,各自选准并优先发展主导产业、配套发展关联性产业、积极发展需要就地平衡的基础性产业、努力扶持潜导产业,营造合理分工、错位发展的网络化空间格局。

总之,区域发展功能平台要抓住城市群发展的战略性机遇,进一步利用好城市群资源,并辐射带动城市群发展,提升城市和城市群的发展质量,在提高发展竞争力的基础上实现新的突破。

(4)绿色产业转型重地

改革开放以来,中国经济取得举世瞩目的成就,同时也带来了资源、能源消耗和环境排放的迅速增加。这种以资源、能源和环境质量损耗为代价的经济增长,透支发展质量和效益,形成巨大的环境压力。绿色发展是一项复杂的系统工程和长期任务,涉及经济、产业、科技进步和体制机制等各方面,需要长期付出艰苦不懈的努力。调整优化产业结构和提高产业链水平是绿色转型的重要途径。根据测算,产业结构调整对碳减排贡献度超过50%。2021年,我国三次产业增加值占比分别为7.3%、39.4%、53.3%,服务业比重不断提高,逐渐成为经济增长引擎。在绿色产业转型过程中,区域发展功能平台能够起到以下重大作用:

一方面是功能平台本身是以服务型产业和中高端产业为主,在对外交流引进先进技术和生产模式的过程中,能够有效提升产业生产效率,提升每单位能源利用率,从而相对缓解环境污染,对产业绿色转型具有一定作用。同时,功能平台内发展的产业也能够先行先试探索绿色发展模式,这种超前探索并未脱节于区域生态文明建设,而是利用已有政策环境提前厘清了产业绿色发展的路径和潜在问题,对未来全域绿色产业转型能够提供可行经验并规避部分风险具有重要作用。

另一方面是在对外开放和吸引外资交流的过程中,功能平台能够学习到国外绿色产业转型的经验,将其改进后应用于国内绿色产业转型,这种较为直接有效的方式也能够起到作用。

与此同时,功能平台的经济发展、产业水平等均较高,高新技术产业园区、开发区、综合保税区等也有相应的低碳产业园区、循环经济园区和智慧园区建设,这些园区对绿色产业转型也有重要作用。当前,生态文明建设的客观需求促使功能平台自身要进一步实现绿色转型,也就需要园区加强绿色化建设:从“入园”到“出园”的生产数据,借鉴投入—产出模型编制园区的投入—产出表,进行工业代谢分析、混合生命周期分析,进而对园区的能源资源消耗及废气、废水、工业固体废弃物等污染物进行全景式掌握。同时,也要基于互联网、物联网、大数据等现代信息技术以及低碳技术的创新发展,根据具体功能平台的发展特征,有针对性地提出综合性的绿色发展实施方案,并基于产业链驱动关联地区随之进行绿色产业调整,从而实现绿色可持续发展。

6.4 本章小结

区域经济发展的空间安排的形式是区域空间组织,指在一定的约束条件下,对区域内或区域之间经济发展的资源要素进行空间优化配置的一种重要的组织形式。具体包括区域空间一体化的形态、区域经济增长极(中心城市)和区域发展的空间功能平台。区域空间一体化是区域经济发展中的产业结构与布局的空间演化高级形式。弗里德曼根据区域内各组成部分的相互关系,将空间一体化过程分为独立的地方中心阶段、单一强中心阶段、唯一强中心和边缘次级中心阶段和区域空间一体化阶段四大阶段。从区域经济一体化的各个阶段来看,区域经济增长极的形成即中心城市的形成十分重要,区域中心城市与周边的腹地之间形成了相互依存的城镇体系。作为区域经济发展实际操作中的重要环节,区域发展功能平台是区域产业落地的主要区位选择。我国已陆续形成了以经济特区、国家级新区、国家级开发区、海关特殊监管区域、自由贸易示范区、跨境电子商务综合试验区和重大改革试验平台等为代表的一系列区域发展功能平台。

复习思考题

1. 区域空间组织的概念是什么?
2. 什么是空间一体化?
3. 试述城镇化发展的规律。
4. 论述新型城镇化理论的理论依据及其主要内容。
5. 区域发展功能平台的作用是什么?

建议阅读书目

[1]陈秀山、张可云:《区域经济理论》,北京:商务印书馆 2010 年版。
[2]顾朝林:《中国城镇体系——历史·现状·展望》,北京:商务印书馆 1992 年版。
[3]韦伯:《经济与社会》,北京:商务印书馆 2004 年版。
[4]肖金成、杨洁、袁朱:《打造中心城市》,北京:中国水利水电出版社 2004 年版。
[5]孙久文:《城市经济学》,北京:中国人民大学出版社 2016 年版。

[6]孙久文:《区域经济学前沿:21世纪区域经济发展研究》,北京:中国人民大学出版社2016年版。

[7]雅各布斯:《美国大城市的死与生》,北京:译林出版社2006年版。

[8]博加特:《城市与郊区经济学》,上海:上海财经大学出版社2014年版。

[9]爱德华·格莱泽:《城市的胜利》,上海:上海社会科学院出版社2012年版。

7
区域高质量发展

重点问题

- 区域高质量发展的理论
- 区域竞争力的分析方法
- 提高区域竞争力的途径

7.1 区域高质量发展理论概述

我国经历了40多年的改革开放,经济社会取得了长足的进步,当前的主要任务是解决人民日益增长的美好生活需要和不平衡不充分的发展之间的矛盾。推进区域高质量发展是解决发展不平衡不充分的重要途径。

在区域发展的实践中,实现区域高质量发展主要是通过三个途径:提高区域竞争力、加快产业集聚和推进区域创新。我们将分别在本章和第8章中进行阐述。

7.1.1 高质量发展的内涵

从区域经济层面来讨论,高质量发展的内涵首先是区域经济运行的效率,就是要解决区域竞争力的问题;其次是区域可持续发展问题,核心任务是建立区域现代化经济体系,基础性支撑是科技创新;最后是优化经济活动的空间布局问题,区域经济体系要有合理的经济活动空间布局为支撑。

结合我国改革开放以来的发展实践,区域高质量发展要达成以下四个目标:

(1)总体目标

区域高质量发展的总体区域目标是统领板块之间、经济带之间、城乡之间、类型区之间的发展关系,实现区域均衡协调地发展。回顾我国区域协调发展战略不断演进的历程,其总体目标也是不断变化的。自国民经济"九五"计划起,我国开始实施区域协调发展战略,提出缩小东部、中部、西部地区发展差距;"十一五""十二五"期间,采取东部、中部、西部、东北地区"四大板块"划分;国家主体功能区规划在"十三五"期间得到推行与具体落实。随着我国社会主义发展进入新时代,"十四五"期间城乡协调、经济带之间的协调逐渐被提升到重要地位。

(2)社会发展目标

区域高质量发展中的社会发展目标是推进公共服务均等化水平的进一步提高,以保障各区域人民共享发展成果为基本原则,提高贫困地区基本公共服务水平,实现城乡之间基本公共服务相对均衡。同时,建立国家基本医疗服务清单并进行动态调整,形成基本医疗服务标准体系,不断完善基本公共服务保障措施,形成可持续发展的长效机制。提升基本公共服务法制化水平,加强各领域间的制度衔接,形成基本公共服务提供和享有的新局面,为区域协调发展保驾护航。

(3)经济发展目标

区域高质量发展的经济发展目标是实现区域经济的均衡协调增长。改革开放以来,我国GDP总量由1978年的3 679亿元攀升至2023年的126万亿元,经济发展取得了举世瞩目的成就,成为世界第二大经济体。但近年来,我国经济运行的国内外形势不断变化,内部经济面临下行压力,外部国际经济环境复杂严峻,依靠要素和投资驱动的传统经济发展方式的弊病日益显露,已经不可持续。党的十八大以来,国家相继推出多项改革措施,助力经济发展的动能转换,为国民经济平稳运行保驾护航。党的十九大报告首次提出"高质量发展"的概念,指明中国正处于转变发展方式、优化经济结构、转换增长动力的攻关期,将建设现代化经济体系作为战略目标。党的二十大报告中强调,坚持以推动高质量发展为主题,着力推进城乡融合发展。

(4)空间优化目标

区域高质量发展中的空间优化目标是形成以经济带为骨架,优化中国区域发展结构的空间战略。伴随五大区域重大战略,即黄河流域生态保护和高质量发展、长江经济带发展、长三角一体化发展、京津冀协同发展、粤港澳大湾区建设的形成,标志着一个新的、以经济带为中心的区域发展时代正在到来。其中,前两个区域重大战略连接了我国东、中、西三大地区,战略的成功实施有助于充分调动各地区发展的积极性,加强区域间合作,缩小区域发展差距;后三个区域重大战略的提出,有助于形成一条以上海为中心,以京津、广深为南北两翼的沿海经济带,可以进一步加快东部地区的发展。

7.1.2 区域高质量发展的基本思路

依据我国当前经济社会发展的实际情况,实现区域高质量发展的基本思路如下:

(1)统筹协调

我国地域辽阔,地区间发展条件存在差异,新时代实施区域协调发展战略必须坚持统筹协调,促进生产力在区域间的合理布局,协调区域发展关系。其中,"统筹"的目标是"协调",通过建立健全市场机制、合作机制、互助机制、扶持机制,优化国土空间开发格局,形成东、中、西部和南北方相互促进、优势互补、共同发展的格局。实施统筹协调发展,就是要加强政府对区域发展的宏观指导,因地制宜布局生产力,提高资源要素配置效率,全面协调各个区域的发展方向和重点,缩小区域间的发展差距,实现区域协调发展。①

(2)轴带引领

在区域经济理论中,经济带可以理解为区域经济发展的高级阶段。一般经济带都是由一部分发达地区加上一部分不发达地区组成的,推动经济带发展可以促使发达地区带动不发达地区发展,加快资源要素流动,提高区域的协调发展水平。轴带引领就是一方面发挥经济带发展过程中的优势,另一方面借助交通轴线的便利性,优化生产力布局,提高生产要素配置效率,推动区域整体发展。现阶段,随着区域发展总体战略的不断推进,我国已经形成了横跨东、中、西三大地带的长江经济带,黄河流域生态保护和高质量发展经济带,以及涵盖南北沿海地区的沿海经济带。

(3)群区耦合

新时代促进区域高质量发展,要提高城市群的辐射力和带动力。目前,我国已初步形成京津冀、长三角、山东半岛、中原、川渝等城市群,但现有城市群在发展过程中往往只关注了经济的发展,未来应不断推进生态环境的联防联治,实现城市群内部基础设施网络化,推进城市群一体化发展,从而使城市群发展的竞争力得到进一步提升。与此同时,要顺应经济带、城市群和经济区相互耦合的趋势,推进空间结构的优化。如可依托辽中南、京津冀、山东半岛、长三角、海峡西岸、珠三角六大城市群打造沿海经济带,依托珠三角、长江中游、中原、京津冀、辽中南、哈长城市群打造京广京哈经济带。以城市群为核心,培育形成东北、泛渤海、泛长三角、泛珠三角、海峡、中部、西南、西北八大经济区。

---

① 肖金成,黄征学. 未来20年中国区域发展新战略[J]. 财经智库,2017:5.

(4)开放合作

习近平总书记在党的二十大报告中再次强调“深入推进改革创新,坚定不移扩大开放”。改革开放四十多年来,我国对外开放的重心仍在东部沿海地区,内陆地区和沿边地区的开放水平依然较低;而且,区域间合作的深度和广度也需要进一步提高。新时代推进区域高质量发展,在深入推进沿海地区对外开放的基础上,应不断加大内陆地区和沿边地区的开放力度,以开放促发展,还应深化地区间的交流合作,以合作促进步。同时,不断构建完善国际交流合作平台和机制,加强国内外合作,使我国进一步融入经济全球化。

7.1.3 区域高质量发展的动力机制

实现区域高质量发展的动力机制主要有三个方面:

(1)城市化是区域高质量发展的本源动力

截至2021年,我国城镇居民人口数超过9.2亿,城镇化率达到65.22%,与改革开放初期相比,全国城镇化水平有了巨大的提高,顺利实现了从乡土中国到城乡中国再到城市中国的伟大转型。作为我国经济快速发展的本源动力,城市化主要通过人口在居住空间上的变迁来促进区域高质量发展。一方面,随着城市居民人口数的增加,城市住房需求也随之增加,城市公共基础设施的需求也逐渐增加,这可以在一定程度上促进经济的发展;另一方面,当劳动力由农村进入城市后,其所从事的生产活动由第一产业向第二产业和第三产业转变,提高了劳动效率,增加了社会生产的总财富。同时,区域高质量发展可以通过培育城市化动力机制来实现:一是构建创新型城市,助推区域发展;二是建设青年发展型城市,强化区域发展活力;三是建设低碳城市,引领区域发展绿色转型。

(2)创新是区域高质量发展的直接动力

创新是转换经济发展动力的关键。改革开放以来,我国经济实现了长期的飞速增长,当前,我国经济已转向高质量发展阶段,但也必须清晰地认识到,长期大规模的工业化生产给我国生态环境造成了严重破坏,当前的资源环境承载力已难以支撑我国经济规模的快速扩张,我国经济发展已经到了必须通过创新实现转型发展的阶段。根据经济发展理论,国家的经济发展一般会先后经历生产要素驱动、投资驱动、创新驱动等阶段。①

2022年9月,世界知识产权组织发布《2022年全球创新指数报告》。该报告显示,全球创新活动的研发和投资蓬勃发展,中国创新指数排名第十一位,连续十年稳步提升,位于中高收入经济体之首。创新显著促进了中国的经济发展,显然科技创新是区域协调发展的直接动力。回顾我国经济发展的过程可以发现,科技创新可以强化区域的核心竞争力,实现传统产业的改造升级,加快高新技术产业的发展,打造现代产业集群,进而塑造区域创新空间,改变区域发展格局。同时,在关注创新促进区域发展的同时,也要时刻防止创新活动进一步拉大区域间的发展差距。

(3)数字经济是区域高质量发展的推进动力

随着信息化和数字化的快速发展,数字经济正成为主要的经济形态,其发展速度之快、辐射范围之广、影响程度之深前所未有,已成为重塑全球经济结构、改变全球竞争格局的关键力量。习近平总书记在党的二十大报告中再次强调,加快发展数字经济,促进数字经济和实体经济深

---

① 樊杰,刘汉初."十三五"时期科技创新驱动对我国区域发展格局变化的影响与适应[J].经济地理,2016(1).

度融合,打造具有国际竞争力的数字产业集群。近年来,深化数字技术应用、推动数字化转型已成为区域高质量发展、振兴实体经济和培育竞争优势的普遍选择。

从我国数字经济的发展过程分析,数字经济可以通过以下五个方面推进区域高质量发展:一是数据作为区域经济发展的核心生产要素,对劳动力、土地等传统生产要素的依赖性较小;二是数字经济具有便于流动的特点,这为"东数西算"等新型区域合作与发展形势提供了有利条件;三是数字经济的发展需要以物联网、大数据等新型信息技术发展为基础,有利于加强地区新型基础设施建设;四是数字经济的发展有利于促进生产要素的流动,提高资源利用效率,扩大市场规模;五是数字经济的发展可以提高落后地区的基本公共服务水平,如远程医疗、远程教育等,可以使发达地区的公共服务惠及落后地区。

7.2 区域竞争力的概念

提高区域竞争力,是区域高质量发展的一个重要途径。在构建全国统一大市场的背景下,"四大板块"的各个区域都不可避免地以各种方式参与到全国的资源、市场、发展空间和发展机会的竞争中,区域竞争力的强弱已成为衡量一个地区是否具有现实竞争优势的重要标志,是判断一个区域能否实现高质量发展的关键因素,因此研究区域竞争力具有十分重要的现实意义。

7.2.1 区域竞争力的定义

(1)竞争力体系

竞争力是一个复杂的概念,竞争力研究的对象可以是企业、产业、区域、国家等,因而相应地就有企业竞争力、产业竞争力、区域竞争力、国家竞争力等不同的概念。

第一,企业竞争力。企业竞争力是指在竞争性市场中,某个企业所具有的能够持续地比其他企业更有效地向市场提供产品或服务,并获得盈利和自身发展的综合素质。它的特点是:决定和影响企业竞争力的大多数因素在各企业之间具有可比较性和很大程度上的可计量性,企业竞争力研究的努力方向之一就是力图将企业竞争力因素尽可能地量化,从而进行企业间的比较;并且,企业竞争力的许多因素是可以通过市场过程获得的,或者可以通过模仿其他企业而形成。

第二,产业竞争力。产业竞争力是指在区域之间的竞争中,在合理、公正的市场条件下,某一产业所能提供的有效产品和服务的能力。所谓有效产品和服务,必须符合如下条件:一是这些产品和服务必须能被市场所接受;二是它必须是区域内部该产业现有的生产能力所能承担的,是产业供给能力、价格能力、投资盈利能力的综合。

第三,区域竞争力。区域竞争力是指一个区域在竞争中表现出来的综合发展实力的强弱程度。在同一国家的不同区域,由于生产要素的相对稀缺性,经济发展水平、收入水平和技术创新能力的不同,区域在国际、国内市场上的竞争力存在着差异。

第四,国家竞争力。国家竞争力是一个国家在市场信息经济竞争的环境和条件下,所能创造的增加值和国民财富的持续增长和发展的系统能力水平与世界各国的竞争比较。

(2)区域竞争力的内涵

我国学者从不同角度对区域竞争力的概念进行了解释,大体上可归纳为以下几类:①

第一,财富创造论的观点。财富创造论认为,区域竞争力"是一个区域在国内外市场上与其他区域相比,所具有的自身创造财富和推动地区、国家或世界创造更多社会财富的现实和潜在的能力",是指一个区域"在一定社会经济制度和人文自然条件下,创造出比其他地区更多的有效经济财富增加值的能力"。

第二,资源配置论的观点。资源配置论认为,区域竞争力"是一种比较优势,是一个区域在其所从属的大区域中的资源优化配置能力",它"不完全取决于区域大小,重要的是区域是否具备把土地等资源集中到关键环节和领域中去的能力"。

第三,产品提供论的观点。产品提供论认为,区域竞争力是"一个区域生产适应大区域,提供国内外市场需求的产品和服务的能力",是"在一定范围内集聚生产要素,提供产品和服务的能力"。

第四,经济实力论的观点。经济实力论认为,区域竞争力是一个地区与国内其他地区在竞争某些相同资源时所表现出来的综合经济实力的强弱程度。

第五,综合论的观点。综合论研究者将以上讨论中的两种或多种提法结合起来,对区域竞争力进行界定,试图对区域竞争力进行更全面的定义。

通过以上的归纳,我们可以把区域竞争力的含义定义为:在系统分析区域现状的基础上,一个区域与其他区域相比,在资源环境、经济实力、产业市场、对外开放、基础设施、人力资本、科技创新和管理服务等方面表现出来的一种相对的综合能力,是一种通过比较所具有的吸引、争夺、转化资源和控制、占领市场的能力,亦即能够为区域发展提供资源配置和市场导向功能的能力。

区域竞争力定义的本质是资源优化配置能力,因此,区域竞争力主要体现在资源优化配置上,包括内部战略资源的有效安排、外部稀缺资源的有效吸纳及内外资源的有效协调配合等。

据此定义,我们可将区域竞争力分解为 8 种竞争力:资源环境竞争力、经济实力竞争力、产业市场竞争力、对外开放竞争力、基础设施竞争力、人力资本竞争力、科技创新竞争力和管理服务竞争力。

7.2.2 区域竞争力的主要特征

区域竞争力实际上是区域经济系统的子系统之一。它具备系统的一些基本特征,即目标性、整体性、层次性、相关性和动态性等。从总体上看,这几个特征是系统结构的一般表现形式。

(1)目标性

区域竞争力是一个开放的人工系统,它具有明确的目标,即在一定的资源环境制度约束下,力争使各要素更好地配合和协调,以达到系统的目标即区域竞争力的最优值。在一定约束条件下的最优化,是区域竞争力的期望目标。

区域竞争力也是对经济资源的最优配置的选择,遵循最经济的原理,即经济过程的代价趋于最小可能值。

经济活动和经济过程要满足可持续的目标,即以不降低经济系统的持续利用水平和不损害人类生存的环境为前提。在经济发展过程中,不能为了现实竞争结果而疯狂开采和利用资源,

---

① 王秉安.区域竞争力研究综述.福建经济管理干部学院学报,2003(4).

忽视生态环境的保护,不顾及将来的发展,而应该注意经济、社会和生态的协调发展。

(2)整体性

区域竞争力系统是由各要素构成的,要素是形成系统的基础,不同性质的要素在系统中发挥不同的作用,从而对系统的整体功能形成特定的影响。区域竞争力系统的各要素不是机械地相加而是有机地结合在一起的。区域竞争力包括了各要素的基本实力,但如果把各要素的基本实力分割成各个部分,相互独立,那么也不能形成有效的区域竞争力。

一个区域的经济运行总是依托于它特有的制度结构、文化背景和社会价值观,这些条件与经济发展之间具有重要的作用与反作用关系,因此,也构成了区域竞争力的重要组成部分。所有这些能力交互作用产生出来的系统总和,才是区域竞争力的完整内容。

(3)层次性

区域竞争力是一种系统的竞争力。一个大系统包括不同层次的子系统及其组合关系。各个层次的子系统既相互区别又相互联系。区域竞争力包含的内容十分广泛,内涵复杂且深刻。具体来说,区域竞争力的职能行为集中于区域政府,但政策和经济行为最终是由企业和产业来承担并完成的,企业和产业是区域的微观和中观基础。因此,区域竞争力包括宏观、中观和微观等多个层次的能力及它们的协调配合,涉及一定的运行机制,而不能简单地将其理解为各企业竞争力或产业竞争力之和。

(4)相关性

相关性是区域竞争力系统要素之间通过某种方式途径,进行互相沟通、互相作用和互相制约的关系,主要表现为三点:一是系统与外界环境的关系,即区域竞争力系统对外界环境(国际环境)的适应性,它反映的是系统的应变能力;二是系统内部各要素之间构成的形形色色的耦合关系,如产业结构之间的比例关系;三是各要素或子系统与区域竞争力系统之间所形成的要素或子系统与系统整体间的关系,如经济实力与区域竞争力之间的关系。

(5)动态性

区域竞争力系统不但是开放的人工系统,而且,这一系统的结构和功能也是不断变化和发展的。构成系统内部要素的变化会使整个系统的结构发生相应的变化;而外界环境对系统的影响也会使区域竞争力要素系统处于不断发展变化之中。也就是说,无论什么区域,都不可能具有永恒的绝对优势,落后区域只要肯变革,总有机会迎头赶上,因此,区域竞争力总是处于发展变化之中。

7.2.3 影响区域竞争力的要素

区域经济是一个复杂而又开放的有机体,因为影响区域经济发展的因素很多,影响区域竞争力的因素也是多方面的,几乎涉及经济、社会的各个主要方面。这里既有来自主观因素的影响,也有来自客观因素的影响;既有总量方面的影响,也有速度、结构、效率方面的影响;既有体制方面的影响,也有管理方面的影响。这些影响因素广泛地存在于自然条件、经济发展、社会生活和政府行为之中,相互影响、相互渗透、密切交织,构成了影响区域竞争力的基本原因集合。区域竞争力的影响因素来自区域产业结构状况、区域科技与国民素质、区域优势产业集群状况、区域企业发展及技术创新状况、区域对外开放状况和区域资源及基础设施状况六个方面。

(1)区域产业结构状况

地区中一个产业的发展及发展规模既要受到其他产业的影响,又影响着其他产业。如果地区各产业、各生产部门在主产上相互衔接、紧密配合，并形成合理的比例，则地区资源在各部门之间将得到合理的配置，相应地为地区创造的财富就会比较多，地区的经济实力就会增强，竞争力也会上升。地区的自然、社会、政治、经济、技术和对外关系形成地区特定的供给结构，地区产业结构和产业组织如果能与其相适应，则地区要素比较优势就会得以发挥，实现生产成本低廉及产品价格上升，地区产业竞争力得以提升。同时，地区的产业结构只有适应了市场需求的变化，产品的价值才能得以实现，产业结构的应变能力才能提高，地区产业的吸引力才可以增加，资源配置的能力也会增强，区域竞争力就能得以提升。

(2) 区域科技与国民素质

科学技术是第一生产力，它是区域内产业、企业发展的强大动力，同时，科学技术发达的区域又能有效地吸引区域外的资本、人才等生产要素的流入。在科教兴国、科技立国的时代，科技竞争力已成为区域竞争力中举足轻重的一个方面。国民素质是影响区域竞争力的一个重要因素。人是社会的主体，任何先进的管理、合理的决策、优秀的发展模式都是基于一定的国民素质。国民素质高的地区，对外吸引力就强，反之则弱。

(3) 区域优势产业集群状况

一个地区的竞争力离不开该地区所有产业的共同努力，但主要有赖于那些由区域先天和后天禀赋条件所决定的、具有区域比较优势的、主要面向区外市场的产业或产业集群的发展。所谓优势产业集群，是指在某一地区围绕某一特定专业化领域所建立的一系列企业和机构，这些企业和机构由共性和互补关系联结在一起，可以共享基础设施带来的方便。拥有若干专业化优势的产业集群，是一个地区经济走向成熟并具有较强竞争力的重要标志。

优势产业集群主要由以下几方面组成：终端产品或服务公司，专业化的生产要素、零部件、机器设备和服务提供商，专为优势产业群服务的专业化金融服务机构，特殊基础设施服务提供商，政府及民间机构的专业教育和培训机构、研发机构、信息咨询机构，等等。优势产业集群对区域竞争力的贡献主要体现在：一是专业化带来的高效率，二是专业化有利于创新活动的产生，三是专业化有利于企业的创办和吸引其他地区大企业分支机构的设立。

(4) 区域企业发展及技术创新状况

企业，特别是具有一定规模的大企业，是地区竞争优势的主要载体。从发展的角度看，区域的比较优势将经历从资源比较优势到经济比较优势，再到技术比较优势的演变过程。其中，经济比较优势实质上就是优势企业的规模化优势，是区域分工进一步深化的表现。一个地区的资源总是有限的，将它们集中投入到优势产业群中的优势企业中去，不仅能获得专业化带来的好处，而且还能进一步获得规模化带来的高效率。

一个地区最终的优势将体现在技术比较优势上。因此，增强地区竞争力还要靠企业的技术创新，不断提高企业的内在竞争能力，特别是技术创新和产品研发能力。要鼓励实力雄厚的优势企业增加研发投入，建立自己的研发中心，同时加强与高校和科研机构的联合研究开发。优势企业要以市场为导向，加大新产品开发力度，实现稳定一代、投产一代、储备一代和研制一代的产品开发链。采取各种有效方式吸引和留住(也可借用)优秀科研人才，为他们创造良好的科研环境。

(5) 区域对外开放状况

区域开放程度决定了生产要素合理流动和合理配置的程度。地区开放程度高，生产要素流动性高，企业才能够有效地引进、输出、迅速合理地配置生产要素，有效地降低生产成本和交易成本,提高产品竞争力。地区加强对外开放能够吸收和引进知识、技术、技能、制度、文化和管理,企业可以进行创新,增强自身的竞争力。开放可以创造新资源,培养新优势,不仅可以扩大原有产业规模,提高产业层次,而且可以发展高新技术的创新产业,提升产业的高级化度,实现资源的合理配置。

(6)区域资源及基础设施状况

资源是区域发展的天然基础,它依赖于区域的自然禀赋。合理地开发和利用具有自身特色的资源,会为提升区域竞争力找到合适的切入点,否则会使区域竞争力极大降低。

基础设施是地区经济、社会经济的基本承载。它是指地区可利用的各种设施及质量,包括交通、通信和能源等各个方面。地区基础设施的容量大小和负荷能力的强弱决定着该地区的产业规模,地区基础设施水平是地区产业高级化度的基础,地区基础设施的具体类型和结构也决定着地区的具体产业结构。

基础设施质量优良和匹配合理,能够实现生产、运输、交易费用的节约,降低产品的相对单位成本,从而提高地区产品的竞争力,扩大产业和企业规模。基础设施也为地区开放提供了载体和条件。先进的基础设施,使地区与域外的交流、交往快速而便捷,从而为地区的全方位开放和对外交流创造了条件。

7.3 区域竞争力的分析方法

7.3.1 区域竞争力的分析模型

由于竞争力是一个综合性的概念,可以从不同的角度去理解它,所以关于竞争力来源的探讨比较多,不同的思想流派有不同的看法。

(1)波特的钻石模型

1990年波特在《国家竞争力》①一书中提出了区域竞争力的模型,认为区域竞争力集中表现在一个区域的产业竞争力上,即其产业在大市场中的竞争表现,而一国的特定产业是否具有国际竞争力则取决于六个要素,即:要素状况,需求状况,相关产业和辅助产业,企业战略、结构与竞争,机遇作用,政府作用。这六大要素构成了波特区域竞争力模型②,见图7.1。

第一,要素状况。每个国家都有经济发展所必需的生产要素,包括人力资源、自然资源、资本资源、基础设施等。一个国家的生产要素禀赋对其国家产业的竞争力会产生重要影响,生产要素对于竞争力的重要性不在于继承性,而在于创造性。因此,对于区域竞争力来讲,单纯地配置生产要素不如高效率地利用生产要素。

第二,需求状况。影响区域竞争力的第二个因素是区域内的需求状况。国内需求的构成在以下三个方面对区域竞争力产生重要的影响。一是需求的细分结构,即多样化的需求分布。市场细分有助于企业集中优势,形成有效的竞争战略,并发挥规模经济的作用,取得局部优势。二

① Michael E. Porter: Competitive of Nations[M]. The Free Press, 1990.

② 参考韩国元:《区域竞争力分析评价与提升对策研究》(哈尔滨工程大学学位论文),2004年2月。

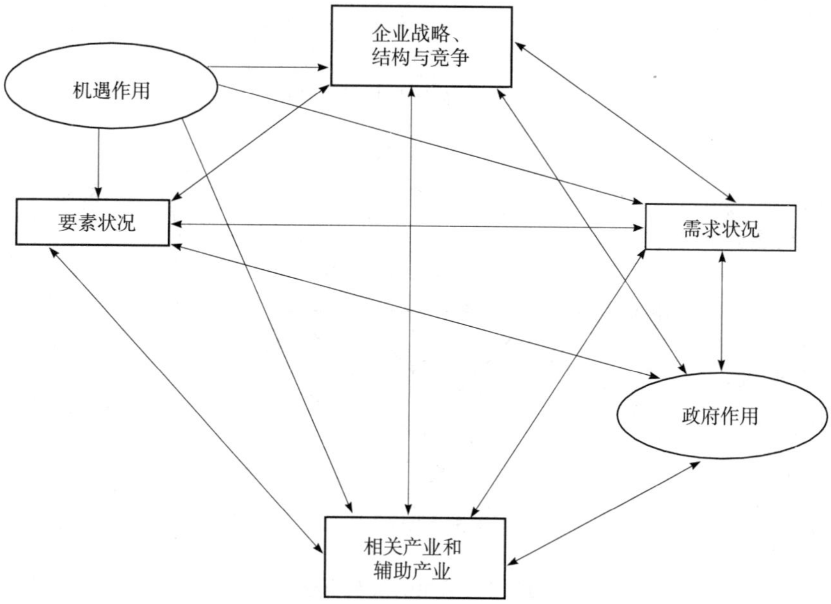

图 7.1　波特区域竞争力模型

是成熟的购买者。他们会对企业产生压力,迫使企业提高产品质量和服务的质量标准,努力降低成本,提升竞争力。三是预示性买方需求。如果国内买方需求预示了其他国家的买方需求,就意味着国内买方需求向企业提供了关于未来买方广泛需求的早期信号,这不仅有利于开发新产品和新市场,而且有利于培养国内成熟的消费者。

第三,相关产业和辅助产业。影响区域竞争力的第三个因素是相关产业和辅助产业。例如,上游产业具有国际竞争力,有助于提升下游产业的国际竞争力。上游产业可以及时为下游产业提供新概念、新创意,而下游产业也可及时为上游产业提供试验场所。上下游产业的密切合作,也会增强双方的国际竞争力。

第四,企业战略、结构与竞争。确定区域竞争力的第四个因素是企业战略、结构与竞争状况。产业中企业的目标、战略与组织形式各不相同,国家竞争力就是在这些方面找到一些平衡点。国内竞争的形式也对创新过程和长远的国际化进程产生根本性的影响。企业的管理受到环境的制约,因此,能够适应本国具体环境的管理,有利于增强国家竞争力。激烈的国内竞争与国家竞争力之间存在着密切的关系。国内竞争对企业产生压力,迫使企业改进技术,实行创新。在国内竞争中取得优势的企业,就能取得较强的国际竞争力,增强本国的国家竞争力。

第五,机遇作用。一些偶发性的事件和机会也会对国家竞争力产生影响。例如,纯粹的发明活动,重大的技术突破,投入成本的突然变化,世界金融市场和汇率的突然变化,等等,它们可能使一些国家获得竞争优势,也可能使一些国家丧失优势,产生截然不同的结果。

第六,政府作用。政府通过政策因素影响竞争优势,如政府实行补贴、教育、投资、控制资本市场、制定生产标准与竞争条例等,都将对前述要素状况、需求状况、相关产业和辅助产业及企业战略、结构与竞争等产生积极的或消极的影响;而反过来,政府作用也受到它们的影响。

(2)双钻石模型

钻石模型没有充分考虑到跨国活动与政府的作用,为了弥补这个缺陷,产生了双钻石模型(Rugman & D Cruz,1998)。双钻石模型是对钻石模型的修正。通用的双钻石模型可以用

图 7.2 来说明。

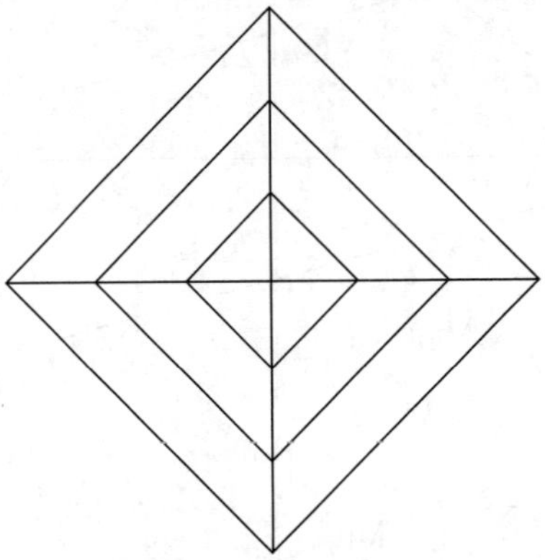

图 7.2 通用的双钻石模型

资料来源：Dong-Sung Cho, Hwy-Chang Moon: From Adam Smith to Michael Porter: Evolutional Competitiveness Theory, Singapore, River Edge, N I: World Scientific Pub, 2001, p116.

在通用的双钻石模型中，国际竞争力被定义为：在国际竞争中，一个在特定的行业从事价值增值活动的企业长期保持获利的能力。与钻石模型相比，通用的双钻石模型包括了跨国活动，强调一国内包括内资企业也包括外资企业的持续的价值增值活动，并且这种可持续性是要求面向多国的价值增值。此外，政府不再是一个外生变量，而是影响钻石模型四要素的一个重要变量。

7.3.2 区域竞争力评价指标体系

为了定量研究、比较区域竞争力，可以根据区域竞争力的定义和影响区域竞争力的因素构建区域竞争力的指标体系。

(1) 区域竞争力指标体系构建的原则

区域竞争力的指标体系应遵循如下原则：①

第一，目的性原则。所选择的指标要符合能对区域竞争力的状况进行评价的要求，要能体现出区域竞争力的优劣情况。

第二，科学性和实用性相结合原则。即要求指标设置在保证科学性的前提下突出重点，尽量少而精。

第三，定性与定量相结合原则。所选择的指标既要有测度区域竞争力的“硬指标”，又要有能说明问题但无法定量的“软指标”。

第四，可操作性原则。各评价指标应信息集中，数据容易获得，计算方法简明易懂，具有可比性。

(2) 区域竞争力评价指标体系的架构

建立区域竞争力评价指标体系，关键是要确立统领整个指标体系的概念框架，以及构造反

① 徐宏，李明．试论区域竞争力评价指标体系的构建[J]．特区经济，2005(5)．

映区域竞争力各方面的具体指标。区域竞争力评价指标体系可以分为八大竞争力因素、62 项具体指标,见表 7.1。[①]

表 7.1　区域竞争力评价指标体系

一级指标	二级指标	三级指标	个数	合计
经济综合实力竞争力	总量指标	1. 国内生产总值(GDP) 2. 社会固定资产投资 3. 财政收入	3	10
	速度指标	1. GDP 增长率 2. 财政收入增长率 3. 固定资产投资增长率	3	
	人均指标	1. 人均 GDP 2. 人均固定资产投资 3. 城镇人均可支配收入 4. 农民人均纯收入	4	
产业竞争力	产业结构高级化度	1. 第二、第三产业产值比重 2. 第三产业产值比重	2	4
	产业结构专门度	1. 产业相似系数 2. 产业相似系数变化值	2	
企业竞争力	企业规模指标	1. 规模以上企业数量 2. 国家重点企业数量	2	9
	企业经营指标	1. 工业经济效益综合指数 2. 产品销售率 3. 资金利税率 4. 成本费用利税率 5. 劳动生产率 6. 流动资金周转次数 7. 增加值率	7	
国际竞争力	国际商品市场指标	1. 进出口商品总额 2. 进出口总额增长率	2	9
	国际资本市场指标	1. 实际利用外资额 2. 实际利用外资额增长率 3. 外商直接投资额	3	
	国际旅游市场指标	1. 旅游创汇总额 2. 国际旅客数	2	
	经济外向度	1. 外贸依存度 2. 出口区位商	2	

① 韩国元. 区域竞争力分析评价与提升对策研究[D]. 哈尔滨工程大学,2004.

续表

一级指标	二级指标	三级指标	个数	合计
科技竞争力	科技队伍	1. 各类科技人员总数 2. 科研活动人员总数 3. 万人科技人员数	3	9
	科技投入	1. 科技投入经费总额 2. 万人科技经费数	2	
	科技成果	1. 专项受理量 2. 专利授权量	2	
	科技转化	1. 成交技术合同数 2. 成交技术合同金额数	2	
环境和基础设施竞争力	交通运输指标	1. 旅客周转量 2. 货物周转量	2	13
	电信指标	1. 邮电业务总量 2. 人均邮电业务量 3. 电话普及率 4. 互联网用户数量	4	
	能源指标	1. 发电装机容量 2. 发电总量 3. 人均发电量	3	
	环境指标	1. 环保投入额 2. 环境噪声达标区面积比例 3. 烟尘控制区面积比例 4. 环境保护区面积比例	4	
人力资本竞争力	人口健康素质指标	1. 出生率 2. 死亡率 3. 千人医生数 4. 万人医院床位数	4	8
	人口文化素质指标	1. 文盲、半文盲占 15 岁以上人口比例 2. 大专以上教育程度人口比例 3. 普通高校在校学生数 4. 高等学校数	4	
合计	21 项	62 项		

第一,经济综合实力竞争力。经济综合实力竞争力是衡量过去区域竞争力的成果沉淀,也是区域竞争力现状和未来区域竞争力发展潜力的重要内容。它一方面表明区域总体发展已达到的水平层次;另一方面又表现为区域未来发展的平台基础。我们从总量指标、速度指标、人均

指标3个方面对经济综合实力竞争力进行比较分析,共有10项细分指标。

总量指标选择3项指标来反映经济发展的总体规模水平:GDP体现一定时期内经济活动的产出总量,即经济总量水平;社会固定资产投资体现的是对社会经济发展的支撑与动力;财政收入表达了地方政府吸取财政资源的能力与发展地方经济的能力。

速度指标选择3项指标来反映经济综合实力的发展势头及活跃程度:GDP增长率反映了国内增长总值的变化趋势及活跃程度;财政收入增长率反映了地方政府可用于发展地方经济的财源变化状况;固定资产投资增长率反映了区域对社会经济发展的支撑力度。

人均指标选择4项指标来反映各区域经济综合实力的人均水平:人均GDP反映了区域内人们对GDP的产出贡献水平,也是人们富裕程度的标志;人均固定资产投资反映了用于支撑经济发展的人均动力水平;城镇人均可支配收入反映了城镇居民的实际生活水平;农民人均纯收入反映了农民的实际生活水平。其中,前两者体现的是社会经济发展的人均水平,后两者体现的是经济发展的最终结果——人们的生活水平。

第二,产业竞争力。产业竞争力是区域竞争力的核心组成部分。产业竞争力决定产业结构的合理性。合理的产业结构既能保证产业现实的竞争力,又能保证产业未来的竞争力。产业竞争力可以从产业结构高级化度和产业结构专门化度两个方面进行比较分析,共有4项细分指标。其中,产业结构高级化度由第二、第三产业产值比重和第三产业产值比重两项指标构成,产业结构专门化度由产业相似系数和产业相似系数变化值两项指标构成。第二、第三产业产值比重是指第二、第三产业产值之和在GDP中的比重,它常用来衡量区域经济中的工业化发展速度。第三产业产值比重是指第三产业产值占GDP的比重,它是衡量产业结构高级化的直接指标之一。产业相似系数是衡量区域的工业部门产值构成与全国工业部门产值构成的相似程度指标,也就是区域产业结构专门化程度,相似系数越大,表示该区域与大区域的工业结构相似性越大,该区域工业结构的专门化程度越低。产业相似系数变化值是指一个时期内的区域产业结构相似系数的变化大小,其绝对值代表了变化幅度,符号代表了变化方向。其中,正号表示相似性增大,专门化水平降低;负号表示相似性减少,专门化水平提高。

第三,企业竞争力。企业是经济的基本单元,同类企业组成产业,所有产业组成经济,因此企业竞争力是区域竞争力的直接体现。我们可以从企业规模指标、企业经营指标两个方面对企业竞争力进行比较分析。

企业规模指标由规模以上工业企业数量、国家重点工业企业数量两项指标构成。其中,前一项指标表明规模企业的总量,数量越多,企业规模水平越高;后一项指标表明企业中的国家骨干企业数,骨干企业数越多,企业规模水平越高。

企业经营指标由工业经济效益综合指数、产品销售率、资金利税率、成本费用利税率、劳动生产率、流动资金周转次数和增加值率七项指标构成。工业经济效益综合指数反映工业企业整体水平;产品销售率反映企业营销效果;资金利税率反映企业资金运作效果;成本费用利税率反映企业成本效益;劳动生产率反映企业劳动效率;流动资金周转次数反映企业经营效率;增加值率反映企业资本增值的能力。

第四,国际竞争力。国际竞争力是一个区域的经济在全球大区域中的市场竞争力。我们可以从国际商品市场指标、国际资本市场指标、国际旅游市场指标和经济外向度四个方面对其进行比较分析。其中,国际商品市场指标由进出口商品总额和进出口增长率两项指标构成;国际资本市场指标由实际利用外资额、实际利用外资额增长率、外商直接投资额三项指标组成,反映了一个地区利用外资的程度。国际旅游市场指标由旅游创汇总额和国际旅客数两项指标予以衡量。经济外向度由外贸依存度、出口区位商两项指标构成。外贸依存度即进出口商品总额与GDP的比值,该数值越大,说明区域经济开放度越大,同时,该指标也反映了外贸在区域经济中的重要性,它的数值越大,说明外贸在该区域经济中越重要。出口区位商即区域出口总额与区域GDP的比值除以全国出口总额与全国GDP的比值所得到的比值。商大于1,表明该区域出口贡献高于全国平均水平;商小于1,表明该区域出口贡献低于全国平均水平。

第五,科技竞争力。进入知识经济时代,科学技术在区域经济中的地位越来越重要,科技竞争力已成为区域竞争力的一个重要组成部分,同时也反映了区域创新水平。我们可以从科技队伍、科技投入、科技成果、科技转化四个方面对科技竞争力进行比较分析。其中,科技队伍表明区域的总体科技实力中人的因素,由各类科技人员总数、科研活动人员总数、万人科技人员数3项细分指标组成;科技投入则表明区域总体科技实力中物的因素,由科技投入经费总额和万人科技经费数两项指标构成;科技成果由专利受理量和专利授权量两项指标构成,其中,专利受理量是指科研人员的创意和发明,专利授权量表明专利部门认可的专利发明;科技转化由成交技术合同数和成交技术合同金额数两项指标构成。

第六,环境和基础设施竞争力。环境和基础设施竞争力是区域取得经济发展速度和提高经济效益的关键因素,是区域发展水平的重要标志之一。我们可以从交通运输指标、电信指标、能源指标、环境指标四个方面对环境和基础设施竞争力进行比较分析。

交通运输指标选择两项衡量指标:旅客周转量和货物周转量。旅客周转量指的是在现有运输设施基础上所实现的旅客周转的运量;货物周转量指的是在现有运输设施基础上所实现的货物周转的运量。

电信指标选择4项衡量指标:邮电业务总量、人均邮电业务量、电话普及率和互联网用户数量。邮电业务总量是指一定时期邮电业务的总和,它体现的是区域内邮电业务发展的总体规模水平;人均邮电业务量是以人均相对量来说明邮电业务量的发展水平,是对上一指标的补充与修正;电话普及率是指每百人所拥有的电话门数,它反映了电信业务的普及化程度;互联网用户数量反映区域应用现代网络信息技术的程度。

能源指标选择3项衡量指标:发电装机容量、发电总量和人均发电量。发电装机容量是指区域内总的发电能力;发电总量是指一定时期内区域的实际发电水平;人均发电量是以人均拥有的发电量来说明区域发电量的相对供给水平。

环境指标由环保投入额、环境噪声达标区面积比例、烟尘控制区面积比例、环境保护区面积比例4项指标组成。

第七,人力资本竞争力。人才作为知识的载体和经济建设的主体,其素质的高低成为区域竞争力的关键因素。我们可以从人口健康素质和人口文化素质两个方面来比较分析不同区域的人力资本竞争力。其中,人口健康素质指标反映区域的人口健康的相对状况,由出生率、死亡率、千人医生数、万人医院床位数4项指标构成;人口文化素质指标反映区域内居民文化素质水平及其相适应的教育设施及教育水平、文化氛围,由文盲、半文盲占15岁以上人口比例、大专以上教育程度人口比例、普通高校在校学生数、高等学校数4项指标构成。

7.4 区域高质量发展的途径

通过上一节的分析,我们了解到影响区域经济竞争力的因素是多方面的,要提高区域竞争力,应该采取多种手段而不是单一措施。

7.4.1 加强地方政府的作用

地方政府是区域经济主体之一,政府角色和职能对建立区域竞争力的影响表现在以下几个方面:

第一,地方政府是否具有根据本区实际情况,制定恰当的区域经济政策的能力。地方政府作为地方经济的管理者,追求国家经济利益与区域利益的统一。一般而言,区域经济政策属于制度范畴。政府通过制度安排,改变区域的要素供给特征和要素配置效率,进而影响区域增长速度。兼顾公平和效率的区域经济政策,既能实现区域内部的均衡发展,也可以在资源供给既定的条件下,实现资源利用效率的最大化。

第二,区域政府能否最大限度地降低对企业生产经营活动的干预。区域政府要强化宏观经济调控职能,取消对企业的直接行政干预,企业生产什么、生产多少、怎样生产,由企业根据市场情况决定。政府的区域经济管理主要是协调好政企关系。

第三,区域政府能否为微观经济主体提供可预测的客观社会环境。制定和维护市场规则,加大市场监管力度,营造统一开放的市场环境,保护公平竞争,保护区内所有投资者和居民的合法权益是区域政府的重要工作。区域政府应当合理定位各政府部门之间、政府与企业之间以及政府与社会之间的分工。

由于社会、文化背景的差异,不同的区域对政策法规的理解、适应和应用会出现差别,因而造成区域运行机制创新能力的不同。具有较强开放意识的区域政府,能够比较顺利地接受新思想、新观念,抓住机遇在体制改革方面进行超前试验。区域政府对改革的适应能力也是影响区域竞争力的重要因素。

7.4.2 优化区域产业结构

现代产业理论认为资源配置结构的演化是区域经济发展的前提之一,区域经济发展的过程实际上也是区域经济结构高级化、合理化的过程。因此,结构优化是区域经济发展的永恒主题。

区域的产业结构是指在一定空间范围内的产业构成、诸产业间质的联系及量的比例关系的总和,主要包括两个方面:一是指产业之间的比例关系及其变化,二是指产业间的投入与产出。区域产业结构优化是指从整个区域经济出发,以一定的价值观和方法论为指导通过一系列深入细致的定性、定量研究,得出区域产业结构的优化模型和方案,在此基础上,制定和实施相应的产业政策,实现区域内产业间比例关系的优化调整,促进各种生产要素最佳组合、各种资源最佳配置,从而取得最好的经济效益。从这个角度看,区域产业结构优化是一个科学的决策过程,即根据自身定位和区域内所拥有的资源,依据科学的决策,实现区域经济效益的最大化。区域内产业结构的优化,能够保证经济增长率高的产业部门对资源的需要,使社会资源得到合理的配置与利用、提高单位资源的产出效益,使总量增长有充分的后劲,从而提高区域的产业竞争力。

区域内产业结构的优化,就是区域产业结构趋向合理的过程。这个过程本质上是如何正确选择区域的主导产业、合理确定其发展规模和速度、发挥主导产业的带动和辐射作用的过程。

区域产业结构的优化还要依靠区外的产业转移。产业转移不仅会提高转移产业的生存能力,增加就业机会,而且可以通过一系列的传递扩散机制,提高整个地区的产业竞争力,带来地区经济的繁荣。首先,产业转移可以增加转入区的就业机会,并为相关产业的发展创造条件;其次,产业转移将直接增加转移产业的生产能力,扩大该产业的产出量和市场份额,由此带动整个地区经济的增长;最后,产业转移不单纯是资金的注入,而且往往伴随着技术和管理经验的扩散,因而有利于提高资源配置效率,提高劳动生产率和创新能力。

当然,由于转移的产业大都是劳动密集型的产业,有的甚至是技术含量很低的简单组装装配产业,生产工人的劳动强度很大,工资很低,缺乏劳动保护,容易造成职业病,危害工人的身体健康。另外,还有一些产业是因为受到转出区环保政策的限制而拟转移到其他区域的。如果转入区不加限制,很容易吸收一些污染高的企业。这种产业转移虽然短期内创造了就业,增加了产出,但长远看,会降低区域的竞争力。因此,应该积极吸收适合区域经济持续发展的转移产业来提高区域的竞争力,降低产业转移带来的不利影响。

7.5 本章小结

区域竞争力是一个区域与其他区域相比,在资源环境、经济实力、产业市场、对外开放、基础设施、人力资本、科技创新和管理服务等方面表现出来的一种相对的综合能力,是一种通过比较所具有的吸引、争夺、转化资源及控制、占领市场的能力,亦即能够为区域发展提供资源配置和市场导向功能的能力。区域竞争力定义的本质是资源优化配置能力。

区域竞争力的分析模型包括钻石模型、双钻石模型、九要素模型、IMD区域竞争力模型等。为了定量分析评价一个区域竞争力的大小,本章介绍了区域竞争力评价指标体系。这一指标体系将区域竞争力评价指标分为七大竞争力因素和62项具体指标。

提高区域竞争力的主要途径是改善区域经济运行机制、优化产业结构和大力发展产业集群。

复习思考题

1. 试述区域高质量发展理论。
2. 数字经济发展与区域经济发展的关系是什么?
3. 竞争力和区域竞争力的基本含义是什么?
4. 区域竞争力评价指标体系包含哪些具体因素和指标?
5. 如何全面认识产业转移对区域竞争力的影响?

建议阅读书目

[1]张立群:《高质量发展探索:理论与实践》,北京:中国社会科学出版社2019年版。
[2]张金昌:《国际竞争力评价的理论和方法》,北京:经济科学出版社2002年版。
[3]王秉安、陈振华等:《区域竞争力理论与实证》,北京:航空工业出版社2000年版。
[4]倪鹏飞:《中国城市竞争力理论研究与实证分析》,北京:中国经济出版社2001年版。
[5]吴敬琏:《制度重于技术》,北京:中国发展出版社2002年版。
[6]迈克尔·波特:《竞争优势》,陈丽芳译,北京:中信出版社2014年版。
[7]迈克尔·波特:《国家竞争优势》,李明轩、邱如美译,北京:中信出版社2012年版。

8
区域创新与产业集群

重点问题

- 产业集群的形成过程
- 创新和区域创新理论
- 优化区域创新环境

8.1 区域创新理论

美籍奥地利经济学家约瑟夫·熊彼特(Joseph Schumpeter)在1912年出版的《经济发展理论》一书中,首次提出了创新理论。熊彼特以创新理论为核心,研究了资本主义经济发展的实质、动力与机制,探讨了经济增长和经济发展的模式和周期波动,预测了经济发展的长期趋势,提出了独特的经济发展理论体系。

8.1.1 创新理论

按照熊彼特的观点,所谓创新,就是建立一种新的生产函数,也就是说,把一种新的生产要素和生产条件的"新组合"引入生产体系。

(1)熊彼特的创新理论

在熊彼特看来,作为资本主义"灵魂"的企业家的职能就是实现"创新",引入新组合。所谓"经济发展",也就是指整个社会不断地实现这种"新组合"。熊彼特所说的"创新",包括以下五种情况:第一,引进新的产品,即产品创新;第二,采用一种新的生产方法,即工艺创新或生产技术创新;第三,开辟一个新的市场,即市场创新;第四,获得一种原料或半成品的新的供给来源,即要素创新;第五,实行一种新的企业组织形式,即组织管理创新。

熊彼特的创新理论开始并没有引起人们的重视。1912年他的著作《经济发展理论》是用德文出版的。1934年,该书出版英文版后,受到了学术界的注意。到了20世纪50年代以后,熊彼特的拥护者和追随者把创新理论发展成为当代西方经济学的另外两个分支:以技术变革和技术推广为对象的技术创新经济学,以制度变革和制度形成为对象的制度创新经济学。

英国的弗里曼(C. Freeman)是技术创新方面的著名学者。作为一名经济学家,他更多地从经济角度考虑技术创新。他认为,技术创新在经济学上的意义只是包括新产品、新过程、新系统和新装备等形式在内的技术向商业化实现的首次转化。因此,他在1973年发表的《工业创新中的成功与失败研究》中认为,"技术创新是技术的、工艺的和商业化的全过程,导致了新产品的市场实现和新技术新工艺与装备的商业化应用"。在1982年的《工业创新经济学》中,他又明确指出,技术创新就是指新产品、新过程、新系统和新服务的首次商业化转化。同时他还强调技术创新对劳工就业的影响,强调科学技术政策对技术创新的刺激作用,向政府提出了一系列科学技术政策,用以刺激技术创新,扩大劳动就业。弗里曼的技术创新政策体系,为国家创新体系的提出打下了基础。

美国经济学家兰斯·戴维斯(Lance Davis)和道格拉斯·诺斯(Douglass North)继承了熊彼特的观点和方法,运用制度创新来解释美国等国的经济增长。戴维斯和诺斯在1971年出版的《制度变革与美国经济增长》一书中,提出了制度创新理论。制度创新理论是从资产阶级垄断竞争理论出发,将制度变革引入经济增长过程。他们认为,所谓制度创新,是指经济的组织形式或经营管理方式的革新,这种革新是历史上制度变革的原因,也是现代经济增长的原因。

(2)区域创新扩散理论

美国学者贝里(B. J. Berry)在实证考察了城市体系在区域经济发展中的作用的基础上,提出了区域创新扩散理论。在贝里看来,城市中心在发展中的作用包括两方面:一是创新的渗透作用,使经济增长通过城市等级而逐渐向下传播;二是增长利益的扩展作用,包括从核心区往腹地及从大都市中心向城市间外围区的扩展两个方面。在他看来,增长起源于企业和家庭对创新的采用。区域不平等则是由于创新的收益效应为时间的递减函数,并受扩散的门槛范围所制约而导致。因此,城市中心本身即能起一种“发展作用”,因为它们能强烈地影响不同地方创新时间的先后顺序,而经济变化的影响将按城市等级顺序由高级城市中心逐渐传播到低级城市中心。

贝里认为,创新在大范围内的等级扩散及其横向扩展,将带来城市与区域的经济增长与收入提高。或者说,增长起源于创新通过城市等级顺序的向下渗透,以及创新向城市周围腹地的横向扩展。

8.1.2 区域创新系统

(1)区域创新系统概念的提出

区域创新系统(regional innovation system,RIS)是专家学者在参与城市或区域的开发与管理的研究中提出来的。最早对区域创新系统进行较为全面系统研究的是英国卡迪夫大学的库克教授。在库克、布拉茨克和海登里希主编的《区域创新系统:全球化背景下区域政府管理的作用》一书(1996年出版)中,库克对区域创新系统的概念进行了较为详细的阐述,认为区域创新系统主要是由地理上相互分工与关联的生产企业、研究机构和高等教育机构等构成的区域性组织体系,这种体系能支持并产生创新。①

网络与环境叠加说认为:区域创新系统是“区域网络中各个结点(企业、大学、研究机构、政府等)在相互协同作用下创新与结网,并融入区域的创新环境中而组成的创新系统,是区域技术创新网络与区域技术创新环境有效叠加而成的系统”。

区域创新系统首先是一个地方化的产业区,产业区内存在产业联系,并且这种产业联系进一步发展形成了生产网络,而生产网络进一步发展又导致了产业聚集,产生了企业集群。产业聚集、企业集群说明存在合作网络,合作网络此时成为一种区域发展的模式和基础。在这种集群过程中地方化的创新制度环境和创新制度氛围生长起来后,相应地,在其中的合作网络就更富有成效。这种创新网络实际上是创新活动方面的相互作用、集体学习。于是,联系、合作、互动、学习使得各创新活动者连成一体。这一切都是在一个区域中发生的,于是各要素的整合、集成,就形成区域创新系统。

综合以上分析,我们可以给出区域创新系统的定义:区域创新系统是区域网络中的企业、大学、研究机构、政府等网络节点在融入区域创新环境过程中组成的,能够促进创新产生的系统。区域创新系统是区域创新网络和区域创新环境的有效结合。

(2)区域创新系统的构成

区域创新系统是由多层次子系统组成的开放系统。从大的方面来说,区域创新系统包括两部分:第一,主体系统。它包括科技研究系统、企业技术创新系统、创新成果扩散系统。第二,支撑系统。它包括教育培育系统、区域宏观调控系统、社会服务支撑系统。②

---

① 参阅顾新:《区域创新系统论》,四川大学出版社2005年版.

② 同上。

在区域创新系统中,科技研究是基础和源头,技术创新及成果扩散是核心,教育培训提供创新人才保障,宏观调控起到政策引导和系统整合的作用,社会服务支撑则为整个框架体系的运行提供一个适当的物质和文化环境。

(3)区域创新系统的建设

区域创新系统的建设包括创新机构、创新资源、中介服务系统、管理系统四个相互关联、相互协调的主要组成部分的建设。

创新机构建设是指企业、科研院所、大专院校和政府有关部门的建设。

创新资源建设主要指创新人才的培养和创新资金的筹措,是创新活动的基础要素。

中介服务系统建设包括信息中心、培训中心、咨询公司、经纪人组织、技术评估机构、技术争议仲裁机构、创业服务中心、生产力促进中心、技术开发交流中心以及技术市场、科学园区、高新技术产业开发区等的建设。中介服务系统在技术和知识转移过程中起着桥梁的作用,是联系科技与经济的中介。

管理系统建设是指建立和管理区域创新系统的政府机构和机制的建设,管理系统在促进技术创新工作中有着特殊的地位与作用。

(4)区域创新系统的运行机制

区域创新系统是如何运行的?这是区域创新系统研究必须回答的重要问题。区域创新系统的基本机制主要包括利益驱动机制、学习培训机制、决策信息机制和竞争协作机制。

利益驱动机制体现在社会层面上是各种动力机制的确立,体现在经济层面上是各创新主体以企业为核心,在高额预期创新利润的驱动下主动结合,并在合理配置资源与分割利益的基础上进行高效率的创新活动。

学习培训机制通过吸纳、应用、扩散新的知识,提升创新主体的素质和创新能力。继续教育是学习培训机制的核心。

决策信息机制是指创新决策主体对整个区域创新过程中涉及的创新目标、创新方案选择、实施及监控做出决定的过程。它包括决策主体、决策权、决策信息和决策原则四个基本要素。

竞争协作机制涉及各类创新主体,是各个创新主体间一种既竞争又合作的关系,其中,企业间的竞争协作最为重要。它具体包括:区域创新主要组成单元——企业、大学、科研机构、教育部门和政府部门之间的关系,大学与企业、独立研发机构与企业、地方政府与其他创新机构之间在创新方面的竞争与协作。

8.1.3 区域创新的特征与功能

(1)区域创新的特征

区域创新作为一个特殊的系统,从系统科学的角度来看,是一个开放的系统,具有开放系统的一般特性:

①整体性。区域创新是由各个相互联系和彼此影响的要素组成的统一整体。各个要素的独立机能和相互关系只能统一和协调于系统整体之中。离开整体而存在的单个要素或若干个要素,即使具有良好的功能,也绝不能完全实现整体的功能。相反,创新系统中的各个要素即使功能还不是很完善,但通过系统整体的综合和统一,很可能成为具有良好功能的系统。

②相关性。区域创新的各要素之间存在着相互联系、相互依存、相互制约的关系。它们通过特定的关系结合在一起,组成一个具有创新功能的系统。

③结构性。结构性是区域创新各要素有机联系的反映。各要素之间本质的联系决定着该系统的发展和变化规律。当相同的要素具有不同的结构形式时,该系统就会产生不同的功能和效果。因此,对区域创新系统结构的优化,是使该系统形成良性循环的最重要的手段。

④动态性。区域创新具有与空间和时间阶段相关的活动方式。其发展变化的过程在空间上随环境的不同而不同,在时间上则具有连续性与阶段性的特征。

⑤目的性。区域创新是一个具有明确目的的系统。系统内部的各要素是为实现系统的既定目标而协调于一个整体之中,并为之进行活动的。

⑥环境适应性。任何区域创新都是存在于一定环境之中的,都与外界进行着物质、能量和信息的交换。该系统要能够生存和具有活力,就必须适应环境的变化,根据外部环境给予的刺激及时调整和做出响应。

⑦开放性。区域创新除了内部的环境因素、各行为主体自身的活动以及相互作用外,还包括区际交流和国际联系。这样,对于某个特定的区域创新系统而言,就可以在更广阔的范围内实现技术、人才和知识等资源的高效配置。

⑧自反馈性。自反馈性是指通过系统各创新主体和要素的相互作用,能在系统内部自发、持续地产生出推动创新发展的动力,并形成连锁反应机制,从而有效地进行创新扩散,促进系统整体技术水平的提高。

⑨多样性。区域创新受区域经济、文化和资源等条件与水平的制约。各区域的经济发展要素各具特色,其创新活动必然会有不同的起点、内容和途径,因而区域创新系统具有鲜明的多样性特征。由于区域创新能力的不同,不同区域创新系统的创新效率也存在着差异,使得区域经济发展呈现不平衡的特征。

(2)区域创新的功能

区域创新的功能是指区域创新系统与外部环境相互联系和相互作用过程的秩序和能力,体现了系统与外部环境之间物质、能量和信息的输入与输出的变换关系,并且包括改变被作用对象的秩序。具体而言,区域创新具有以下功能:

第一,进行有针对性的创新活动。作为一种地域系统,区域创新系统能够从地区经济的现状和发展要求出发进行有针对性的创新活动,从而有效地促进区域经济的发展。例如,从我国现有区域系统的实践来看,北京高新技术开发区依据北京地区雄厚的科技资源,实行的是内向型创新模式;而深圳开发区则通过从区外引进人才和技术,实行外向型创新,也取得了很好的效果。

第二,提高区域的自主创新能力。区域创新系统作为一种相对独立的系统,包容较多的创新要素和主体,能形成较完整的创新体,从而为长链创新(即从基础研究、产品开发到成果商品化应用)打下了基础,也为区域经济的自主创新创造了条件。

第三,推动区域产业结构升级。区域创新可以通过系统内各创新主体的互动,持续地产生激励创新的动力,形成连锁反应机制,加快创新扩散,从而推动整个区域产业结构的升级。具体来说:

首先,区域创新系统运行会导致根本性创新出现。一方面,形成一种新的"技术—经济范式"和新的"技术—经济"发展轨道,打破技术系统的内在平衡以及技术个体间的原有关系,使原有产业和产业部门分解,形成新的产业和产业部门;另一方面,新产品、新工艺、新能源、新材料的发明和应用,扩大了社会分工范围,拓宽了生产活动空间,形成了新的生产门类和部门。其次,在区域经济系统中,产业之间存在着前向和后向关联,区域创新系统将改变产业间的投入产出联系,使得上下游产品和上下游产业之间互为产品创新和过程创新。一个产业的创新会向其前向或后向关联产业扩散,促使关联产业发生创新,进而导致关联产业的扩张或收缩。最后,区域创新系统在催生新兴产业的同时,使传统产业部门有可能采用新技术、新工艺和新装备,提高技术水平,促进原有产品的更新换代,甚至创造出全新的产品,改变传统产业的面貌,成为某些新兴产业依托的重要条件之一。

第四,形成区域竞争优势。区域经济发展的关键在于培育和发展能在未来市场上形成区域竞争优势的区域核心竞争力。区域核心竞争力的形成又依靠区域企业竞争力的状态。区域创新能够在创新周期内使企业掌握或开发新技术,从而提升竞争力,同时也就形成了区域的竞争优势。

第五,实现区域经济跨越式发展。不同区域之间区域创新能力和创新效率的差异,必然导致区域经济发展不平衡。尽管后进区域可以学习和借鉴国内外发达地区的成功经验,通过引进先进技术,选择更快的发展道路和更开放的发展政策,并利用其相对低廉的劳动力,生产出质优价廉的商品,形成一定的比较优势。但后进区域并不必然具有后发优势;同时,后发优势也并不必然成为比较优势。后进区域能够引进的技术,要么是即将或正在被更先进的技术所取代的成熟技术,要么就是处于创新期、离产业化尚有很长距离的技术。如果不能对引进的技术进行再创新,后进区域可能就只能跟在先进地区的后面,走入“引进—落后—再引进—再落后”的怪圈。区域创新系统可以使后进区域在模仿创新的基础上,将引进的先进技术吸收、消化、创新,提高区域自主创新能力,发挥后发优势,跨越技术发展阶段,实现区域经济的跨越式发展,赶上或超过先进区域。

8.2 区域创新与区域发展

区域发展离不开区域创新,而区域创新又必定是在一定的环境下进行,这说明区域创新、区域创新环境与区域发展三者之间存在着相互依存的关系。

8.2.1 区域创新与区域发展的关系

区域经济发展对区域创新存在着一定的依赖性,反过来,区域创新对区域经济也存在着依赖性:创新是在一定的区域经济系统内完成的,受区域经济系统状况的制约。

(1)区域创新对区域经济发展的推动作用

区域经济发展与区域创新的关系,表现为区域创新对区域经济发展的推动作用。具体来说,就是通过区域创新可以优化、整合区域内的创新资源,提高区域的创新能力,形成新产业和新的经济增长点。

技术创新对区域经济的巨大“乘数”效应,是区域创新推动区域经济增长的一个关键。具体而言,技术创新使主导产业或主导产业集群成为相关行业新的“增长极”,而增长极的积聚与扩散作用,会使得整个区域内的各产业、各部门都有不同程度和比例增长,从而引发区域经济全方位的增长。

(2)区域创新对区域经济的依赖关系

区域技术创新的发展受到区域内具体的历史文化传统及制度、结构因素的影响,一些区域可能因为所建立的区域创新系统与原来的制度、结构和历史等相匹配而产生了协同效应,取得了创新的成功,而另一些区域可能因为其所建立的创新系统与原来的制度、结构和历史等无法形成很好的协调而渐渐失去领先地位。因此,区域创新系统是多样的,没有固定的模式,各个区域应根据自身的特点找到合适的创新之路,发展独具优势的产业,避免因趋同而造成过度竞争和资源浪费。区域创新系统的定位要结合现实条件和区域经济发展的长远目标,突出优势、避免劣势。区域经济增长不可能在所有产业领域都取得成功,而只能在那些有条件的产业群中获取成功。因此,区域创新还必须有所为有所不为,根据地域发展的比较优势选择不同的产业群。

8.2.2 区域创新环境与区域发展

区域创新环境是一个地区保持持续竞争力、发展力所必须具备的物质、文化、社会环境。它是区域内各行为主体和参与要素在长期的相互作用下形成的以支持、产生和增强区域创新能力为目的的相对稳定的网络系统。

(1) 区域创新环境的层次

区域创新环境是一个大系统,是多种参与要素相互作用的综合表现。区域创新环境包含四个彼此依赖、相互作用的网络层次,即基础层次网络、文化层次网络、组织层次网络和信息层次网络。

其一,基础层次网络。在知识经济发展以及经济全球化背景下,创新产生的区域基础层次网络主要包括基础设施(尤其是交通、通信和信息网络)的建设、教育研究机构的构建以及高素质人才的培养。这些要素是区域内创新产生的最基本的物质和人才保障。

现代交通通信信息技术的发展,不仅可以使传统产业经济发展所需的物质资本远距离、快捷地流动,而且使关联产业在远距离外的区域也可以发展。也就是说,由于交通通信信息技术的大发展,传统的距离衰减规律在产业发展定位、区位选择和成本核算方面的制约大大降低。并且,随着现代社会向知识信息时代的高速发展,知识信息已成为经济发展的基础资源,高新技术产业已发展成为时代的主导产业。知识信息的生产、传播、反馈以及行为主体之间相互沟通、了解和学习,都必须依赖于现代交通通信信息技术。在此基础上,交通通信信息网络必然成为经济发展最重要也是最基本的凭借手段,成为现代社会最具有代表力的生产力。有人甚至把这种通过网络进行的经济活动或经济的网络化称为网络经济。

具有创新能力的高素质人才尤其是具有综合素质的人才群体,是创新的制造者和生产者。他们对知识技术的掌握、对创新的主动性和敏感性以及终身学习的能力是创新产生和持续产生的必要条件。可以说,经济技术的竞争就是创新人才的竞争,而人才的培养需要教育体系的完善及研究机构的建设。

其二,文化层次网络。文化是代表一定民族特点的,反映其理论思维水平的精神风貌、心理状态、思维方式和价值取向等精神成果的总和。它是人的本质力量的外在显现。可以说,凡是体现了人的智慧和实践创造力的事物均属于文化。

文化也是一种力量,这主要是由于,文化的一个最基本的功能就是聚合、凝结,它使一个社会群体的人们在同一类型或同一模式的文化历史环境中被教化、培养,从而以相同的思维方式、价值观念、社会习俗、行为方式聚合起来,形成一种向心的抗异力量。这种力量对人自身具有强大的塑造作用,对不同地区的人会产生全面而深刻的影响。它不仅使人在生活的各个方面都具有自身的特色,也将区域经济的发展打上了深刻的文化烙印,使区域经济的发展因区域的不同而体现出不同的特色和结果。可以说,正是由于文化的这种功能,使文化以价值观念和行为规范等表现形式对一定国家、区域和人群的社会生产活动和科学实践活动起主导作用。

其三,组织层次网络。区域创新环境中的主要行为参与者有政府、企业、中介机构、教育和科研机构及个人。这些参与要素在长期的合作和交流学习中所形成的动态联系网络,可以称为区域创新环境中的组织层次网络。组织层次网络有狭义和广义之分。狭义上的组织层次网络是指企业由于创新的需要,选择性地与其他企业、机构所结成的持久的稳定关系,如战略联盟、合资企业以及供应商的垂直联系等。广义上的组织层次网络是一个动态的开放系统,其最基本的功能在于行为参与主体彼此之间的交流合作以及相互之间的学习,并在这种过程中促使创新产生。这里主要说的是广义上的组织层次网络。在区域创新环境网络中,行为主体的学习和交流合作越频繁,结点越多越密集,创新能力相应就越强。这是由于区域创新具有经济外向性,其所必需的知识的交易是比较困难的,即使可以交易,也要付出高昂的费用。因而,单个企业不能支配创新的全过程,必须对区域创新环境中的其他行为主体开放,同其他参与要素结成关系网络,广泛地进行交流合作和学习。这种联系网络是市场以外以及等级组织以外的新的组织形式,它比市场稳定,比等级组织灵活。在组织层次网络中,当一种新的思想、技术、信息在某一网络结点产生后,就会在网络内部迅速流动开来。这种创新因子沿着网络连线在网络中快速传递,频繁反馈,在反复的碰撞震荡中孕育一项创新的诞生;同时,与创新有关的各行为主体分别做出相应的创新决策,在这些涉及不同层次方面的创新决策的相互协调中,一项网络创新就真正诞生了。

现实也充分证明了组织层次网络是区域创新产生的关键网络。国际最新研究证明:智力密集、风险投资、基础设施、信息服务等因素并不与创新过程发生必然的联系。所谓创新,是很多行为主体通过相互协作而创造(生产)技术的过程。发达的区域存在着新的产业文化——创新主体相互依存的学习环境。21世纪的经济成功取决于人们在挖掘和制造信息的“矿山和工厂”里的协同作用。美国M. 卡斯特尔和P. 霍尔研究指出,硅谷在形成过程中,除了结构性的生产要素(信息原料、风险资金、高技能劳动力)以外,企业家文化以及在工作基础上建立的、在酒吧中加强的社会网络——“集体企业家”,已成为新环境生存发展的基本要素。由此可以看出,区域创新环境中,组织层次网络培育是创新产生的关键环节,应充分认识到它的重要性,并重点培育这一层次。

其四,信息层次网络。信息的定义很多,具有广泛影响的定义是:信息是事物的存在方式或运动状态,以及各种方式或状态的直接或间接表述。信息是构成自然界和人类活动以及正在到来的信息化社会的最基本元素。

科学技术在18世纪至19世纪所取得的空前进步,使人们终于认识到:信息是可以与物质和能量相提并论的、用于维系人类社会存在的三大因素之一。我们所面临的环境具有不确定性,而任何理性的决策都必须依赖于信息,因此,获得信息能减少不确定性。信息量越大,不确定性就越小,就越有利于优化决策,获得更大的效益。这种效益不只是经济效益,而可能是更多方面的效益。对于区域创新环境而言,有两种信息对于创新具有直接的关键性的影响,那就是知识和市场信息。

知识是人们通过学习,发现及感悟到的对世界认识的总和,是人类认识的结晶。任何创新活动都是人们改进现存事物的努力,都要以已有的知识存量为基础,运用到主体作用于客体的各个环节,并且在主客体结合的各种可能方式中,依据一定的知识做出构思和判断。知识不仅本身能够创新,而且可以作为重要的资源参与创新,因此可以说,没有无知识的创新。知识具有激励主体创新精神、增强主体创新能力的功能。

不论是知识创新还是技术创新,都与市场有最直接的关系。因为只有与市场有效结合的新思想、新技术和新知识,才能最终实现市场上的效益,才能真正成为创新。因此,最大可能地识别、把握市场与市场约束条件,正确地决定创新方向、规模和形式十分重要,对于创新的成败有至关重要的影响。现实生活中的许多事例都表明:科学技术是第一生产力,但科学技术又不等于生产力。技术上先进,市场上未必成功。因此,我们在区域创新环境的培育中,应充分注重市场信息的重要性。

综上所述,我们可以说,创新的产生离不开信息,尤其是知识和市场信息。

(2) 区域创新环境的结构

区域创新环境的四个子系统,即基础层次网络系统、文化层次网络系统、组织层次网络系统和信息层次网络系统,它们内部各因素之间进行着密切的联系,而且每个层次彼此之间也进行着广泛的交流。这种关系可以用下边的结构图(见图 8.1)表示。

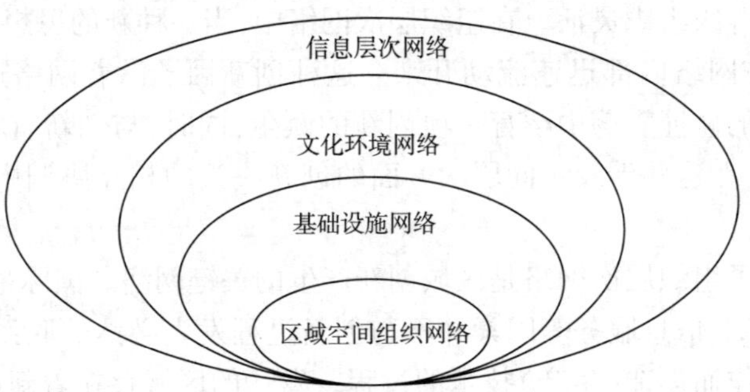

图 8.1　区域创新系统结构图

从图 8.1 中我们可以看出,(a)(b)(c)(d)四幅图分别是上述四个子系统的粗略结构图,而(e)图是这四个层次子系统相互作用而组成的区域创新环境系统的结构图。(e)图着重强调了文化是一种底层渗透系统,基础层次系统是基础参与系统,组织层次系统是前两者影响支撑下的关键系统,信息层次系统是系统维持动态开放平衡所需输入的负熵流,作用于任何一个层次系统且促进整个环境系统趋于动态前进。

(3) 区域创新环境的功能

区域创新环境为行为主体提供了各种正式和非正式的交流渠道,从而促进了知识的交流,而这种交流对于新观念的传播和创新是非常重要的。可以说,在当代社会,没有本地行为主体之间的联系或者本地行为主体之间联系微弱,就没有创新或创新不足。

值得一提的是,区域创新环境将企业也连接到了更广泛的创新体系中,使创新活动进一步在地理空间上扩散,而不像传统模式中大多数创新活动只发生在大企业内部的研究与开发机构或中心区域中。而且,创新网络中企业间的有效合作,能降低企业间的交易费用,使边际社会成本趋向于零,增强企业群体的区外竞争力。作为学习型组织的单个企业,可以通过网络联系不断地推动知识创新的增值,推动创新在区域内企业间的扩散。在经济全球化过程中,增值创新以及确保企业间的联系已成为提高区域竞争力的必要条件。

区域创新环境对区域来讲,是保持区域持续创新能力和竞争优势的必要的宏观背景。

区域创新网络内松散的链接,为行为主体相互学习和创新提供了令人满意的条件。区域创新网络不断开辟途径,以接纳纷繁复杂的信息资源,并提供比等级性组织更加广阔、更加可观的面对面交流的机会,还可以使隐含类知识(tacit knowledge)在区域内逐步转化为编码化知识(codified knowledge),而这种隐含类知识是区域外竞争对手难以复制的。

区域创新环境使区域从引进创新型区域向自主创新型区域转换。区域在发展的初期,多是引进创新型区域。因为区域自主进行研究与开发的能力较弱,加之研究与开发的资本不足,因此只能通过独资、合资和合作经营的方式,引进或购进区(国)内外的技术专利而得到先进技术,然后努力使之植根于本地经济、社会和文化网络中,实现本区域的"跳跃式发展"。区域内各行为主体作为学习型单元,可以通过不断的学习、相互交流和合作,在引进、消化、吸收、利用外来技术的过程中,不断对其进行改造创新,使外来技术深深地打上本地区域特色的烙印,并通过模仿创新后的技术来提高本区域的竞争力。我国的高新技术区多数属于这种类型。在自主创新型区域中,企业、大学、科研机构等行为主体单独或者联合起来进行研究与开发,并利用区内外资金,使创新成果在本区域实现商品化、产业化。同时,自主创新型的技术融入区域发展,也使区域获得了持续的技术优势和竞争力。发达国家的许多技术型区域多数属于这种类型。区域创新环境本身是以创新为核心目标,从局部和总体上为自主创新提供背景条件,为引进创新向自主创新准备自然的过渡条件。

(4)区域创新环境的培育、形成和完善

如何形成一个良好的区域创新环境,提供一个促进区域发展的氛围,建立一种效益和公平并重、既提倡竞争又促进协调的体制,使区域成为拥有旺盛创新精神的区域创新综合体,是一个亟待解决的问题。

根据前述区域创新环境的组成、结构,培育和形成良好的区域创新环境可以通过两种渠道完成:

一种渠道是自上而下的政府行为,其出发点是发展区域经济。这一渠道又有两种实现方式:一是建立基础层次网络,建设各个行为主体合作交流学习的硬条件(硬方式);二是促进区域吸引力的形成以及文化层次网络的构建,如通过政策法规等制度措施对企业等提供经营优惠条件,组织行为主体交流学习,奖励重大创新等,着眼于建立一种富有活力的尊重人才、倡导创新的区域文化(软方式)。

另一种渠道是自下而上的企业行为,其出发点主要是利润和各种效益。这一渠道也有两种实现方式:一种是自发的,出于企业的自身需要而产生的行为,如增强前后向经济的联系,引进计算机系统,优化管理等;另一种是政府引导下的行为,即出于获取政府所提供的利益和自身对区域发展的责任感的动机的行为,如参与区域公益福利活动,建设和发展政府诱发的企业间及中介服务机构、政府、个人间的组织层次网络。

上述两种渠道四种方式之间互为因果、互相影响,与整个区域发展互相促进,最终形成一种良性循环。每个渠道及其复杂的相互作用共同为区域创新环境的营造贡献了力量;这种区域创新环境的建立,又是其进一步向高级层次过渡和发展的动力和基础。

8.2.3 区域创新政策

区域创新政策是区域创新系统正常运行的保证。区域创新政策指国家经济政策、国家科技政策和地区产业政策的结合,是一个整合的概念。

(1)区域创新政策的作用领域

区域创新政策的作用领域主要有以下几部分:

第一,基础研究领域。大多数基础研究是没有直接收益的,但它们却是大多数创新得以产生的基础。在市场经济制度下,企业一般不会去做没有直接经济收益的基础研究,这就需要超越企业局部利益的中央和地方政府承担起组织、资助基础研究的责任。通过政策手段资助基础研究是区域创新政策的重要方面。

第二,基础设施建设领域。以基础设施建设为中心的许多公共设施建设,如交通、通信和城市基础设施等,是技术创新活动能够进行的环境基础。由于这些公共设施具有公共产品的性质,因而有赖于政府的投资、建设。通过政策手段资助基础设施建设,能够为区域创新提供保障。

第三,主导产业领域。如果一个地区某些主导产业领域的创新活动可以极大地促进区域经济的发展,那么中央和地方政府都应积极促进这些领域的创新。通过政策手段加快主导产业发展,使区域经济政策成为促进地区发展的主要机制之一。

(2)区域创新政策的主要手段

实施区域创新政策的手段主要有下面几个:

其一,政府资助地区研究与开发项目。政府对研究与开发项目给予直接的资助,是实施区域创新政策的一个普遍使用的手段,只不过侧重点不同而已。虽然各国的研发经费近年来在财政支出中的比例不尽相同,但都呈现上升的趋势。政府资助还包括政府拨款给公共研究开发部门,通过建立政府研究所、实验室、资助大学研究等,使创新活动普遍化。

其二,政府采购创新产品。政府购买创新产品一定程度上会促进区域创新,原因主要有两点:首先,政府部门的需求构成了一个大市场,政府既可以为本身购买,也可以采取合适的手段,要求能源、交通等部门采用某些产品,这种市场保证自然有利于创新产品的问世。其次,政府部门的购买起着需求拉动的作用,在产业发展的早期阶段,这种拉动尤为重要,特别是落后地区发展半导体、集成电路等领域,政府购买所起的推动作用要比直接资助大得多。

其三,政府直接投资。国家将一些基础设施和产业、技术领域作为优先发展的对象,制定这些领域的具体发展战略、方案,并为它们筹措必需的资金进行直接投资。由于许多创新产业的风险高、资金需求多、涉及技术领域多,政府与企业的合作性投资已成为一种趋势。

创新是经济增长的源头①。将主要竞争力从以劳动、自然资源为主转向创新要素,是高质量发展的时代选择与必然要求。产业集聚是创新的重要推手,更是促进竞争、发展以及产业组织变革的引擎。

8.3 产业集群

区域创新的空间落脚点是产业集群。区域经济学研究问题的特点就是,不但考虑其一般的表现形式,还要选择其在空间所能够占据的位置。产业集群是中国实体经济发展的重要组织形态②,是产业集聚的直观表现形式。

① 魏守华,吴贵生,吕新雷. 区域创新能力的影响因素——兼评我国创新能力的地区差距[J]. 中国软科学,2010(9).
② 王缉慈. 创新的空间——产业集群与区域发展[M]. 北京:北京大学出版社,2001.

8.3.1 产业集群理论概述

集群的概念来源于生态学,原意是指共生关系生活在同一栖所的不同族群。集群被引入经济发展特别是区域经济发展领域中,是用来定义在某一特定领域中大量产业联系密切的企业以及相关支撑结构在空间上的集聚,从而形成强劲、持续竞争优势的现象。哈佛大学商学院教授迈克尔·波特于1990年在《国家竞争优势》一书中正式提出了产业集群的概念。

(1)集群的发展

18世纪末产业革命后,集群的趋势开始出现。此后的一两个世纪里,这一趋势更加明显。这一时期,交通和通信技术成为限制产业地理分布的主要因素,自然资源或者市场位置成为束缚生产活动选址和产业活动向特定区位集聚的主要原因。这一时期的典型代表有美国东北部的芝加哥、匹兹堡和波士顿,英国的英格兰和苏格兰南部区域,德国的莱茵河沿岸和鲁尔区等等。

与工业革命时期相比,20世纪后期集群的方式和动力机制有了非常大的不同。并成为当代工业经济生活中非常重要的现象之一:在生产、贸易、投资越来越自由的全球流动环境中,集群以一种特定地理边界的本地化经济组织形式参与世界经济,并表现出了巨大的活力。近50年来,交通与通信技术以前所未有的速度发展,使以往许多具有限制生产活动区位选择的本地化生产要素丧失了固有的垄断性,国际金融市场自由化降低了资本流通的障碍,标准化生产减少了对工人特殊技能的依赖,在这样的背景之下,企业的生产过程被分割成不同的阶段,生产企业依据各个阶段对生产要素的不同要求以及投资效益最大化的原则,寻求不同的生产区位,并在自己生产、对外转包等不同组织形式间进行抉择。

同时,一些产业或部门在参与全球范围内组织和配置资源的过程中,选择了某些特定的地域来集聚和发展,从而形成了一些新的产业区或产业集群。在这些新产业区内,产业内部的专业化程度比较高,区内专业化企业之间的协作程度和企业的生产效率不断提高,进而使整个区域的创新能力不断加强,并取得了较强的竞争优势。这种区域不是封闭的而是对外开放的,这类集群的形成既有本地社区的历史根源,又取决于本地企业之间的既竞争又合作的互动关系。高效的本地企业网络、快速的信息扩散和专业技术的传输,都使得这些区域的经济发展取得了成功。区内企业通过运营本地网络,融合外部信息,逐渐增加了本区域原有的特殊资源;同时,区内企业之间的信息和知识交流,在地理区位接近的情况下得到增加,社区的创新文化将各种创新机会变成了现实,从而使这一区域表现出非凡的经济活力与创新活动,典型的如意大利的东北部和中部地区("第三意大利"),德国的南部地区、美国的硅谷和128公路地区、英国的剑桥工业园地区、印度的班加罗尔地区、法国的安蒂普利斯地区等等。

(2)产业集群理论的形成

产业集群理论的形成和发展,最早是从马歇尔从合作的角度来论述它并首次提出"产业空间聚集"问题开始的。马歇尔在1890年《经济学原理》一书中,首次描述和分析了大量专业化中小企业的地域集中和发展的情况,并形成了产业区理论。他指出,大量具有专业化特征的中小企业聚集在一定的区域内,它们之间的合作是柔性的、动态的,新思想、新信息、新技术在区域内的各企业之间快速流动和传播,这些新知识和信息流动的渠道主要依赖于本地拥有共同社会文化背景的当地居民之间的非正式交流活动。马歇尔强调,区域内企业在分工与交易过程中、在相互信任的基础上实现外部规模经济,进而增强企业的竞争力。

之后的产业聚集理论不断完善,并且出现了三次产业聚集研究的高潮:

20世纪30年代,胡佛(Hoover,1937)首次将聚集经济分解为内部规模经济、区域化经济和城市化经济,对产业集聚现象的研究进一步深化,形成了产业集聚理论研究的第一次高潮。

20世纪70~80年代,宏观经济理论探讨了生产的空间组织的变化,突出的是与“福特主义的危机”相联系,对产业聚集现象的研究主要集中在灵活的“产业区”或新的“产业空间”(Scott,1983,1988),这是产业聚集研究的第二次高潮。

20世纪90年代以来,一些学者从新熊彼特主义的观点出发,将创新、技术变化与经济增长和贸易的分析结合起来,研究产业集聚的创新体系(Lundvall,1992)。克鲁格曼应用不完全竞争经济学、递增收益、路径依赖和累积因果关系等,解释产业的空间聚集。迈克尔·波特从战略管理和竞争的角度描述和分析了集群,提出了关于地区竞争力的著名的“钻石”模型,他特别强调产业集群对一定地区产业国际竞争力的作用。这标志着产业聚集理论研究的第三次高潮的出现。

比较有影响力的产业集群理论有:

第一,外部经济理论。外部经济理论是马歇尔从古典经济学的角度首先提出的,解释了基于外部经济的企业在同一区位集中的现象。他发现了外部经济与产业集群的密切关系,认为产业集群是外部性导致的。产业集群有利于集群内的企业享受更多的外部经济,包括外部规模经济与外部范围经济。马歇尔把这种产业聚集区称为“产业区”。克鲁格曼发展了马歇尔的外部经济理论,提出了“规模报酬递增”模型,实证考察了报酬递增对制造业地理集聚的作用机理,提出制造业支出占总支出的份额、产品之间的替代弹性、运输成本三个参数是决定制造业企业地理集聚的关键性因素。

第二,交易费用理论。科斯于1937年在《企业的性质》一文中提出了交易费用的概念。他认为,由于产业集群内企业众多,可以增加交易频率,降低区位成本,使交易的空间范围和交易对象相对稳定,因此有助于减少环境的不确定性,从而减少企业的交易费用。

第三,竞争理论。波特于1998年出版了《产业集群与新竞争经济学》一书,从竞争优势的角度系统地提出了产业集群理论。他认为有三个原因可以解释产业集群竞争优势的形成:产业集群能够提高集群内企业的生产率;产业集群能够提高集群内企业的持续创新能力;产业集群能够降低企业进入的风险,促进企业的产生与发展。

随着波特产业集群理论的形成,产业集群理论也形成了一套比较完整的体系,但是在产业集群的定义和分类等问题上仍存在多种说法。

8.3.2 产业集群的内涵和外延

目前,学术界对产业集群的界定及其识别还未达成统一认识。但从本质上看,集群是基于联系与结构的“知识共同体”,集群空间则是包括“多样化”和“联系”的多样化联系空间,其实质是集群获取外部知识的源泉。

(1)产业集群的内涵

产业集群的内涵十分丰富,许多学者曾试图给它下一个比较完整并且规范的定义,但由于研究背景与目的不同,不同的学者得出的定义不同。主要有以下几种定义:

亚当·斯密从分工的角度认为,产业集群是由一群具有分工性质的中小企业以完成某种产品的联合生产为目的而结成的群体。

韦伯在企业集群的定义中引入集聚因素,强调集群是企业的一种空间组织形式,是在某一地域范围内相互联系的集聚体。

威廉姆森从生产组织形式的角度认为，企业集群是基于专业化分工和协作的众多中小企业集合起来的组织，是介于纯市场组织和层级组织之间的中间性组织，它比市场稳定，比层级组织灵活。

波特以其竞争优势理论为基础，认为产业集群是某一特定产业的中小企业和机构大量聚集于一定的地域范围内而形成的稳定的、具有持续竞争优势的集合体。

综合上述观点，我们可以给出一个较为规范的产业集群的定义：在产业发展过程中，特定领域内联系密切的企业和相关支撑机构在一定地域内的集中所构成的产业群。这些产业群通过地理集中和产业组织优化，通过群体效应获得经济要素的竞争优势。

值得注意的是，在产业集群的研究中，应该注意“集群”和“集群化”这两个概念。集群是企业通过互相作用逐步聚合以提高其竞争力的经济现象；而集群化是企业间建立联系和集群外部条件的过程，通过集群化，企业在彼此互动作用下获得竞争优势（Lagendijk & Cornford，2000）。对于这两个概念，分别有两组政策与之相对应。集群通过稳定的宏观经济环境、合理的基础设施获得支持，而集群化则通过政策直接（低成本）的干预来设计和促进集群形成，并推动企业间的彼此联系。

（2）产业集群的分类

我们可以从不同的角度划分不同的产业集群种类：

第一，马库森（Markusen，1996）将产业集群分为四种类型：马歇尔式产业区，其中意大利式产业区为其变体形式；轮轴式产业区，其地域结构围绕一种或几种工业的一个或多个主要企业；卫星平台式产业区，主要由跨国公司的分支工厂组成；国家力量依赖型产业区。

第二，以市场导向和协作方为基础来分类，可将产业集群分为四类：手工艺/传统工业产业群（如意大利的制鞋业），组装的生产网络（如韩国的消费电子装配），高技术综合体（或园区），基于大企业的工业中心。

第三，1998 年，联合国贸发组织秘书处（UNCTAD）根据网络化中的每个企业的技术水平、市场的扩展和企业之间的合作程度，将产业集群分为五种类型：非正式的合作网络，有组织的合作，创新型集群，科技园区，出口加工区等。

国内关于产业集群的分类研究大约始于 20 世纪 90 年代末。产业集群的分类则显示了明显的地域特征，主要集中于经济发达地区。基于产业关联度、区位优势等，产业集群可分为以下几类：纵向集群，即由产业的纵向关联而形成的产业集群；横向集群，即由产业的横向关联而形成的产业集群；区位指向集群，即由区位优势指向形成的产业集群。

（3）产业集群的基本特征

经济全球化进程中出现了显著的区域化特征，而作为区域经济的重要形态——产业集群在其中的作用和角色尤为引人注目。产业集群具有明显的产业特性、地域特性与网络特性：产业集群首先是某产业的企业，其次是该产业的企业落户在某地，再次是落户在该地的某产业的企业与其他单位构成了一个网络组织。因此，产业集群实际上是某产业以网络形式落户于某地，形成产业与区域的有机结合。其中，产业是区域的经济增长极，区域是产业的栖息地，正是产业集群的网络化把大小不等的各厂商和各类机构联成一个有效的网络。面对市场的，首先是产业集群本身，其次才是具体企业。由于产业集群整体规模很大，集群内人才丰富、信息多、资源共享，因而市场势力很强，从而促进了区域经济的发展。

同时,产业集群是一定地域环境的产物,其特征从根本上反映着所处地段特定的自然、文化、社会、经济等诸多的地域环境因素。从社会文化特征角度看,集群内有共同的文化背景、制度环境以及不可替代的社会资本;从产业联系角度看,集群具有同质性和关联性,集群内的企业通常从事相同、相似和互补性的经济活动;从演化特征角度看,集群呈现从低级到高级、从简单到复杂的动态化和可塑性过程;从生产经营方式角度看,集群具有专业化的特征,它通过纵向专业化分工和横向经济协作进行弹性化和专门化的生产和经营活动;从地域分布角度看,集群内各企业地缘接近,但彼此独立;从内部关系角度看,集群内企业间出现系统和有序的内部关联,集群具有跨专业和跨产业的双重特点;从组织结构角度看,集群具有网络化的组织结构,包括贸易网络和非贸易网络;从产业发展角度看,产业集群有以下共同的特点:一是特色产业具有当地社会、文化、历史的烙印,二是企业间、企业与各种机构间、企业与政府间具有共生效益,三是产业要素的共享,四是产业链的互补,五是产业内知识创新速度快,六是有良好的公共基础设施环境。

8.3.3 产业集群的形成

产业集群的形成是经济要素在空间聚集与扩散作用的规律下,各经营主体充分追求其最大利润的体现。其作用机制就是空间聚集为经营单位所提供的外部经济性吸引企业聚集在特定地区。

(1)产业集群形成的条件

产业集群的产生需要具备一定的条件:

第一,集群产生的供给条件。其中主要有:集群产品存在技术可分性;集群产品的运输成本低;集群产品存在丰富的差异化机会;企业竞争环境的动态多变与速度的经济性;技术创新的网络性与知识的互通性。

第二,集群产生的需求条件。其中主要有:集群产品的消费行为易变性;营销信息沟通的口传性;集群中企业可获取多方面的需求利益;本地市场的支持与挑剔顾客的存在。

第三,集群产生的社会文化和历史条件。丰富的社会资本与文化资本使集群内部的经济关系具有很强的社会嵌入性。运行良好的集群往往存在共同的文化传统、行为规则和价值观。这种社会文化环境氛围促使集群内部形成一种相互依赖关系,大大减少了交易费用,使企业家之间的协调与沟通容易进行,企业之间的深度劳动分工得以执行。

(2)产业集群形成的途径

产业集群主要通过以下几种途径形成:

第一,关键性企业的衍生。产业链的形成一般都有一个关键性企业,通过该关键性企业的衍生、裂变、创新与被模仿而逐步形成产业集群。

第二,中小企业的集中。由于某种共同的低成本和某种特定的地域条件,使得某种类型的中小企业集中分布在特定的地域范围内,从而形成了具有共生性的中小企业群体。

第三,政府引导。产业集群在形成之初,基本上都是企业在市场力量的驱动下自发形成的,但一旦产业集群的雏形出现,地方政府往往都会积极参与,通过相应的产业政策热情扶持,这对本地产业集群的跃升起着重要的助推作用。

第四,城镇化的推动。除了一些大的专业性开发园区演变为产业集群外,我国大部分地区的产业集群都是在农村与小城镇开始兴起的,这源于城市化快速推进的结果。

(3)产业集群形成的动力机制

产业集群形成的动力机制主要有以下几种：

第一,市场机制。公平的市场竞争是很多机制的前提。但是,实际的情形往往都不是最理想的。当交易费用很大时,市场被分割成规模有限的条块,由于空间距离所决定的不完全竞争性和就地供应市场的要求,决定了厂商的数量有限,而有限的市场也抑制了专业化分工和产品细分,使市场外部性难以体现,整个经济空间为众多分布于不同区域的厂商、分散的规模、有限的市场所覆盖。当交易费用逐渐下降,分立的小规模市场趋于融合,厂商和劳动力在更大规模的市场区域中形成集聚。市场的扩大和厂商的集聚,导致各加工环节及前期供料、后期销售等以专业化分工的形式出现。专业化分工与交易费用下降进一步推动市场的扩张,市场外部性逐渐增强。进一步的市场扩张支持更多的厂商以更低的成本进行规模生产和开发细分产品,产业链不断分解、拉长,产品越做越精,市场的外部性显著提升,使得区域对更多的厂商形成吸引,从而形成“市场扩张→生产专业化/产品细分→外部经济加强→厂商集聚→市场扩张”的循环累积效应,最终导致较大规模的产业集群的形成。

第二,成本机制。首先,企业的集聚会带来交易费用的节约,直接降低了企业的运行成本。其次,竞争对手的存在会迫使企业不断降低成本,改进产品和服务,获得比较成本优势。最后,竞争对手的集聚将通过专业化分工获得外部规模经济,区域内企业的外部性增强,成本下降;聚集企业的成本下降将刺激更多的企业在本地出现,而更多企业的集聚将进一步增强区域经济的外部性,使企业成本进一步降低,从而形成“企业聚集→专业化分工→区域经济外部性增强→企业成本降低→企业集聚”的循环累积效应,较大规模的产业集群形成。

第三,社会动力机制。在产业集聚区中凝聚着大量的经济活动要素,各个市场主体形成相互依赖的经济网络关系,它们在市场这只看不见的手的引导下,采取利润最大化的经济行为,而这不可避免地会造成市场失灵,从而阻碍集聚的形成和发展,抑制集聚功能的发挥。例如,产业集聚带来外部的不经济和地区经济发展的不平衡。20世纪的增长极理论积极倡导政府对产业集聚的干预,认为政府可以通过投资培育主导产业,带动产业的集聚,从而促进区域经济的增长。在产业集聚中,政府和市场应构建一种适当的平衡关系,将政府的职能定位于产业集聚的市场失灵领域,在遵循产业集聚规律的前提下,按照市场经济的发展状况来确定政府干预的程度,做到政府职能的到位,提高地方政府行为的有效性,并注重政府权力的约束。

第四,创新机制。创新是产业集群的重要优势。由于集群成员间通过协调性的集群学习形成知识共享效应,以及良性竞争机制下成员间相互“挤压效应”的存在,一种有利于提高集群整体竞争力的技术创新平台便伴随着集群的成长而不断巩固。第一,由于对客户和其他相关实体进行近距离观察和面对面地沟通,集群中的企业拥有认识创新机会的良好“窗口”;第二,集群企业可以较为便利地吸收供应商和其他伙伴参与创新过程,从而获得快速创新所需要的资源;第三,集群中的企业可以比较方便地和其他组织相协调,进行低成本的创新试验;第四,集群中的竞争压力能够推动企业不断创新。

8.3.4 产业集群的发展

经济全球化使国家之间的竞争越来越激烈。国与国的竞争更多地表现在区域的竞争上,而区域的竞争则往往表现在地方特色产业集群上。发展产业集群已成为促进区域高质量发展的重要途径。

(1)发展产业集群对提升区域竞争力的贡献

发展产业集群对提升区域竞争力的贡献主要表现在以下几个方面：

第一,产业集群的发展使得区域按劳动分工理论形成专业化产业区,有利于提升区域竞争力。集群通过绝对优势、比较优势、要素禀赋、规模经济或范围经济形成专业化产业区,即大量企业集中于一个主要产业,以生产经营性企业为主,同时包括关联类、依附类、生产性和非生产性基础设施,通过劳动分工提高生产率,降低生产成本,提高区域的竞争力。

第二,产业集群战略强调企业在本地的根植性,带动区域经济发展。产业集群内以中小企业居多,中小企业相对于大企业而言易发生区位移植,其形成的产业集群更具有地方根植性,是区域经济发展的中坚力量,比如"第三意大利"、浙江特色产业区中的中小企业等,不仅具有很强的经济活力,而且能够带动区域经济的迅速发展。

第三,产业集群有利于区域内收入再分配,兼顾公平与效率。在产业范畴上,集群的范围比专业化更广,甚至客户也参与和引导产业的发展,这样有利于收入在区域内的再分配,避免过去专业化区域中不同职业的员工收入差异很大的现象,有利于社会公平。同时,对政府而言,产业集群便于政府管理,增加政府税收,还可以解决就业问题,对于区域的发展起到稳定的作用。

第四,产业集群有利于产业持续创新,实现区域持续发展。产业集群持续创新的重要基础是依靠本地企业与企业间、企业与支撑机构间集聚所形成的"区域创新系统",形成一个由完善、发达的供应商群,有经验、挑剔的客户群,垂直、水平联系的众多企业和各个支撑机构之间共同作用的知识和技术不断创新的扩散系统。集群内的相应支撑机构,如地方政府、行业协会、教育培训机构等在空间上的集聚,是产业创新中的重要支持力量,使产业创新后劲十足。

第五,产业集群有利于促进地区经济结构的调整升级,推进区域城市化进程。产业集群使第二产业比重上升,带动为工业化提供服务和支持的第三产业的发展,从而使该地区的产业结构不断升级,日趋合理。同时,由于产业集群的发展,农村人口向小城镇的集中、土地价格的上升、劳动力成本的提高也使得经济向周边地区扩散,带动周边地区的城市化。相同的产业结构会把城市联系起来,形成都市圈,都市圈形成后反过来又会促进产业集群的发展。

(2)发展区域产业集群的具体措施

发展区域产业集群的具体措施有以下几点：

第一,提高生产要素的质量。按照波特的观点,生产要素可分为初级生产要素和高级生产要素。许多产业集群区的初级生产要素优势正在逐渐减弱,一些资源性要素的利用,几乎已到了山穷水尽的地步。因此,未来应重点培育和创造中高级生产要素,提高劳动力的素质,发展诸如会展经济、职业教育、文化品牌等各种新型生产要素。通过生产要素质量的普遍提高,来引导新的投资方向,增加产品种类的方向,延伸集群产业链,提高集群深加工能力,从而促进地区产业结构的高度化和合理化。

第二,大力发展中介组织,提高产业集群的自我管理能力。中介机构是企业协作的标志,可以提供诸如研究与开发、市场营销、游说、劳资谈判、论坛等服务。中介机构可以大大降低企业间的交易费用,并在必要时提供单个企业无能为力的、具有外部性的服务。专门的中介服务机构可以协调和解决集群中可能出现的问题,及时公布与行业竞争相关的信息,发挥竞争对于创新的积极作用。

第三,培育龙头企业,实现层次性布局。要根据市场发展的需要,利用分包、战略联盟、技术合作、组建虚拟企业等形式,在产业集群内部形成合理的"大、中、小"共生的产业组织结构,提高专业化与协作的效率,克服内在的缺陷,促使产业集群向规模化、专门化、协作化方向发展,提高整个群落的生命力和竞争力。

第四,着力打造区域品牌,树立区域品牌竞争意识。区域品牌对于产业集群区域经济的促进作用是不言而喻的,它是区域经济发展的一种宝贵资源。这种资源又几乎可以被集群内所有企业免费享用,是准公共物品,因而就要由政府牵线,集群运作,将这种品牌加以整合、包装,通过广告媒体或组织博览会、新品推介会、研讨会等来扩大宣传的力度;同时,还需要在集群内部建立起一种监督协调机制,对一些破坏区域品牌整体形象的区内企业实行惩罚,从而形成一种精诚合作、优势互补的竞争新格局。

第五,广拓融资渠道,促进产业集群的资本集聚。要构筑与区域产业集群发展相适应的地方金融体系,组建股份制商业银行等;推行企业财产抵押贷款,组建中小企业跟踪监督机构,建立专门的信用担保机制和企业债权维护机制等,放宽对企业信贷的限制;创立集群产业发展基金,拓宽融资渠道,建立"政府宏观指导、企业自主投资、银行独立审贷"的新型投融资体制,促进民间投资向产业群集聚。

8.4 产业集聚与产业集聚区

从大尺度的地域上看,产业集聚是区域经济发展和区域创新的必然趋势。通过产业集聚,从而形成产业集聚区,提高区域创新的竞争力。

8.4.1 产业集聚和产业集聚区的概念

(1)产业集群区域化

产业集群区域化特性的来源大致是:处于同一产业的若干企业在一个共同的市场上发生竞争,这种竞争不仅吸引了本行业的企业,同时也吸引了处于下游的生产要素供应者在竞争地的外围落脚,共同满足客户的需求。这样,这一区域就形成了围绕这个产业的独特竞争环境,产业内的信息交流增加,对竞争对手的了解趋于深化,互动创新的过程得到强化。这种率先发生在本地的竞争是区域内企业获得竞争优势的最好途径。客户、竞争者和供应商都具有地理集中性,它们的效率和专业化也在集中过程中得以提升。一个产业在地理上初步发生集中后,创新与进步的影响得到加强,并吸引邻近的竞争者加入这一区域。供应商在与客户沟通与合作时,出于地利之便也愿意在这一区域落脚。

对产业而言,地理集中性就像一个磁场,将高级人才和其他关键要素吸引进来。离开了原企业的新创业者,由于其人际关系或社会关系大多存在于原企业附近,他们优先考虑的企业地点大多还是在这个区域之内。这些都使得集群会以一种地理集中的区域化的形式扩张开来。当然,随着集群内产业和企业的发展、繁荣或衰退,集群的区域边界也会不断发生变化,但集群的地理集中性是一直存在的。

(2)区域经济的集聚化

区域经济的集聚化指的是一个区域的经济,如果持续保持活力并发展出自己的竞争优势,这一区域内的企业与产业将会形成一个集聚区,区域经济将凭借集群的创新与学习过程得到更加快速的发展,并持续地存在下去。地缘因素会增加信息的交流,强化人员活动的集中性。这一方面加快了区域内的产业内部信息流通的速度和扩散速度,另一方面也形成了特殊的面对面的交流模式,无形中减缓了产业内部信息外流的速度。企业之间的距离越近,就越容易了解竞争对手的动向,有利于企业快速做出反应,并通过一系列的创新活动提高自身的竞争力。“区内的市场竞争”和“产业在区域内的集中”是激发区域内创新与学习活动的源头。企业在区内市场的竞争将推动区域内生产要素、供应商、企业、相关支撑产业的创新与进步,从而带动区域的整体升级。产业和企业的地理集中性将使产业和企业集中的速度加快,互动活动更加频繁和活跃。当区域创新环境形成,创新与学习活动在区域内广泛开展后,区域经济体系也就发展成区域产业集群。区域经济的活力与竞争优势,将不断从集群内的创新与学习活动中获得。

(3)产业集聚区的形成

产业发展呈现区域集聚的态势,形成产业聚集区,是当今世界经济发展的亮点。它不仅成为区域经济发展的主导,而且也成为提高一国产业国际竞争力的新力量。从世界范围看,区域经济的集聚化已是一个非常普遍的现象,国际上有竞争力的产业大多是集群模式,如电子信息、航空航天、现代装备制造、家用电器、汽车、轻纺工业产业等。随着经济全球化的加快,产业集群化发展已成为全球性的经济发展潮流,产业集群构成了当今世界经济的基本空间构架。

因此,人们将在一定区域内聚集众多具有分工合作关系、不同规模等级的企业,结合与其发展有关的各种机构、组织等行为主体,通过纵横交错的网络关系紧密联系在一起,以使企业获得十分重要的外部性收益。

8.4.2 产业集聚区的发展

产业集聚区作为一种为创造竞争优势而形成的产业空间组织形式,它具有的群体竞争优势和集聚发展的规模效益,是其他空间组织形式无法比拟的。随着我国土地资源和环境约束的增强,要求工业必须向产业集聚区集中。我国产业集聚区将走上快速而健康的发展轨道。

(1)产业融合化发展

产业融合化发展即产业链条的科学延伸。对于产业园区内企业来说,是否具有很强的根植性,关键取决于区内企业之间是否形成了与核心产业上下游配套的分工协作关系,即是否围绕园区的主导产业形成了相对完整的产业链条。园区的产业链条越长、越完整,抵御市场风险的能力就越强,园区的规模效益和集聚效应就越能得到充分的发挥,因此,产业园区的发展方向始终是产业链纵向与横向的拓展。

一方面,以信息技术为代表的高新科技迅速发展,加快了产业结构优化升级,促进了第三、第二、第一产业之间相互渗透,趋于融合。用信息技术和信息产业的发展充实物质生产部门的基础,并在商业中加以运用,正成为推动世界经济发展的一大趋势。在信息时代,传统产业和新兴产业呈现自身的不同特征。产业融合是信息化进程中呈现的一种产业新范式。伴随着新科技革命发展的快速步伐和企业跨行业、跨地区的兼并重组活动,产业的边界逐步趋于模糊化,全新的融合型产业体系形成。

另一方面,跨国公司根据经济整体利益最大化的原则参与国际市场竞争,在国际一体化经营中使产业划分转化为产业融合,正在将传统上认为的“国家生产”产品变为“公司生产”产品。可以说,跨国公司是推动产业融合发展的主要载体。

总体说来,产业融合方式分为四种:高新技术的渗透融合,信息技术产业化以及对传统工业的改造,产业间的延伸融合,产业内部的重组融合。由于产业间的关联性和对效益最大化的追求是产业融合发展的内在动力,因此产业融合化发展将是未来社会生产力进步和产业结构高度化的必然趋势。

(2)产业生态化发展

目前,产业的发展越来越注重生态化、环保化。产业园区的发展纷纷以建立生态化、循环经济产业园区作为目标。自然资源具有稀缺性和不可再生性,产业经济的发展不能以耗竭自然资源和损害环境为代价,而应谋求与自然环境有机平衡的发展。产业绿色化要求在维护生态平衡的基础上合理开发自然,把人的生产方式、消费方式限制在生态系统所能承受的范围内,建立以人与自然和谐发展为特征的产业发展模式。产业生态化是在自然系统承载能力内,对特定地域空间内产业系统、自然系统与社会系统之间进行耦合优化,以充分利用资源,消除环境破坏,协调自然、社会与经济的持续发展。

产业生态化是一个渐进过程,是产业的反生态性特征日趋削弱、生态性特征逐渐加强的过程。在这一过程中,人们为产业系统创造一个新的范式,将人造系统纳入自然生态系统的运行模式中,逐步实现由线性(开放)系统向循环(封闭)系统的转变。世界范围内的生态革命,促成了生态与产业成为一种新型的互动关系。这种关系一方面表现为产业绿色化含量不断提高,另一方面形成了广泛的生态产业化现象。以生态产品的生产、使用、回收再利用为基本内容的新兴生态产业不断发展,使生态环境和产业领域产生了全方位的渗透与融合,产业生态化现象日渐明显。生态与产业的互动,最终形成生态产业一体化和复合化,传统的三次产业正在向生态化方向发展。生态化是人类构筑经济社会与自然界和谐发展、实现良性循环的新型产业模式,是产业发展的高级形态。

(3)园区区域品牌化

一个地区某种产业的进一步发展,必然会推动一个具有一定品牌优势和统治实力的产业集群的形成。这种集群的存在,一定会对此品牌产品的利润分成有一定的高要求。美国、意大利、日本、德国等发达国家的产业园区品牌效益非常突出,如美国西雅图的飞机、印度班加罗尔的信息软件、中国台湾新竹工业园的高新技术产品等。同时,国内的一些产业园区也形成了一定的品牌效应。如广东潮州陶瓷产业园区的陶瓷在“中国瓷都”品牌效应的带动下,销售增长速度连续3年保持在30%以上。树立区域品牌将成为大力发展产业集聚区的重要手段,也是产业集聚区未来的发展方向之一。

(4)产业集聚区经营的全球化

经营全球化是产业集聚区规模发展到一定程度的必然结果,同时也是产业集聚区不断发展的重要途径。产业集聚区所拥有的外部范围经济和规模经济效益,有利于吸引国内外各种生产要素的流入,从而进行全球范围内的资源配置。同时,随着我国经济不断地融入全球经济之中,作为区域产业发展主要载体的产业集聚区必然成为国际产业链中的一部分。

信息化、全球化和区域化是当今世界经济的重要特征。在这样的时代背景下,区域经济发展面临前所未有的竞争和挑战,区域创新能力正日益成为地区经济获取国际竞争优势的决定性因素。

8.5 本章小结

区域创新理论在约瑟夫·熊彼特于1912年出版的著作《经济发展理论》中首次提出,他将创新作为一种新的生产要素和生产条件的"新组合"引入生产体系。区域创新、区域创新环境与区域发展三者之间存在着相互依存的关系。区域创新的空间落脚点是产业集群,产业集群的产生需要具备一定的经济和社会历史条件。产业集群理论的形成和发展最早由马歇尔提出,比较有影响力的产业集群理论包括外部经济理论、交易费用理论、竞争理论等。通过产业集聚,可形成一种为创造竞争优势而形成的产业空间组织形式——产业集聚区,提高区域创新的竞争力。

复习思考题

1. 什么是创新?熊彼特的创新理论的基本内容是什么?
2. 什么是区域创新系统?简要叙述区域创新系统的分析框架。
3. 论述区域创新与区域发展之间的关系。
4. 区域创新政策的主要手段是什么?
5. 产业集群的理论基础是什么?
6. 产业集群的形成条件是什么?
7. 产业集聚区是如何形成的?

建议阅读书目

[1]盖文启:《创新网络》,北京:北京大学出版社2002年版。
[2]石定寰等:《国家创新系统:现状与未来》,北京:经济管理出版社1999年版。
[3]孟祥云:《技术创新监测与评价》,北京:中国统计出版社2000年版。
[4]王缉慈等:《创新的空间——产业集群与区域发展》,北京:科学出版社2019年版。
[5]吕拉昌等:《创新地理学》,北京:科学出版社2017年版。
[6]封凯栋:《潮起:中国创新型企业的诞生》,北京:中国人民大学出版社2023年版。

9
生产要素流动与区域合作

重点问题

- 生产要素流动规律
- 劳动力和资本要素的流动
- 区域贸易及其对区域经济的影响
- 区域合作及其评价方法

区域经济是一个开放性的相互联系的系统,劳动力、资本和技术等生产要素的区际流动,会相对弱化区域专业化生产的基础,缩小区域生产要素相对供给量的差距,进而缩小区域差距。

9.1 生产要素流动

对于开放性的区域而言,只要存在经济发展上的差异,就会产生区际生产要素的流动。区际生产要素的流动可以产生一种平衡机制,使每种生产要素的纯收益和每个地区的发展趋向于平衡状态。"十三五"规划十分强调要素流动的作用,提出"塑造要素有序自由流动、主体功能约束有效、基本公共服务均等、资源环境可承载的区域协调发展新格局",进一步突出了要素流动的重要性。

9.1.1 生产要素流动的方式和作用

借鉴物理学中的术语,区际生产要素的流动主要表现为三种类型:对流、传导和辐射。[①] 其中,"对流"是指人口和物质的流动,如原材料和产品的运输、劳动力的迁移等;"传导"是指地区间的各种贸易,如财政交易等,这类交易不是通过实体性的物质流动来进行的,而是通过价值量的交易来完成的;"辐射"是指信息的流动和新思想、新技术的扩散等,一般而言,辐射往往是从较高层次的地区指向较低层次的地区,如从城市指向城镇和农村地区、从发达地区指向贫困地区。

在市场经济条件下,区际生产要素的流动是优化资源配置的有效手段和经济发展的内在动力,它对区域经济的发展具有深远的影响,主要体现在以下方面:

第一,区际生产要素流动可以使区域生产社会活动趋于有序化。区际要素流动可以产生组合效应,通过交换、迁移、流动等作用过程,将空间上分散的人群和活动吸收和组织在一个统一的系统中,从而使经济社会活动趋于有序化。

第二,区际生产要素流动有利于生产效率的提高。生产要素的自由流动加强了劳动的地域分工,扩大了生产的专业化程度,使各类具有比较优势的生产要素都可以超越本地的市场,进一步以广大的区际市场为对象从事生产,从而扩大市场范围,为劳动生产率的提高提供有利条件。

第三,区际生产要素流动有利于资源的优化配置。通过生产要素的自由流动,本区的比较优势可以与其他地区进行交换,从而获取本地区稀缺的资源。同时,受要素追求高回报率的趋利性规律的指引,资本会流向高回报的地区或产业,劳动力也会流向生产率较高的行业和部门,这些都将有利于资源的有效配置。

第四,区际生产要素流动有利于先进技术和知识的广泛传播和区域生产技术水平的提高。劳动力的流动扩大了新知识的传播范围,开阔了人们的视野,激发了社会的创新精神;信息和技术的流动则可以打破传统的习惯,唤起人们追求新知识的欲望,使人们对未来更加充满信心,从而有利于区域生产技术水平的提高。

第五,区际生产要素的流动有利于促进落后地区的发展,缩小地区经济发展的差距。

劳动力从工资低的贫困地区向高收入地区流动,可以改善流出地的生产要素比率,有利于

① 参阅郝寿义、安虎森:《区域经济学》,经济科学出版社 1999 年版,第 286 页。

提高落后地区的经济发展水平;同时,落后地区廉价的劳动力资源也有利于吸引外来资本,为这些地区带来新的发展机会,从而有望缩小发达地区和落后地区的发展差距。

9.1.2 生产要素流动的基本规律

(1)要素流动的趋利性规律

要素流动的趋利性规律是生产要素流动最基本的规律。从生产要素本身来考察,作为资本,为了满足扩大再生产的要求,它必须在流动的过程中不断实现价值增值,这也是作为生产要素的载体——企业在市场经济的激烈竞争下得以生存的前提。从要素的拥有者来考察,资金、人才、技术、信息等生产要素的拥有者一般是以经济利益的高低来决定生产要素的投向的。哪个地方价格高、利润大,所有者就会将生产要素投向哪里。一方面,由于各地区的经济发展条件和投入产出的总体水平存在着差异,区域之间要素的收益率也存在着差异,导致生产要素从收益率低的地区流向收益率高的地区;另一方面,同一地区不同行业生产要素的收益率也是不同的,受要素追求高回报率的趋利性规律的影响,生产要素在市场规律的作用下也会流向收益率高的行业。

(2)要素输入量的距离衰减规律

要素输出地和输入地之间的距离对要素的流动量会产生显著的影响。因此,要素在输出过程中必须选择最佳的区位,这一选择过程往往受以下两个因素的制约:①

第一,要素转移的成本。劳动力转移的成本体现在交通费和安家费上。实物性转移的成本体现在两方面:一方面是花费的运输费用;另一方面是因厂房设备的搬迁导致的原有实物资产贬值所付出的成本;货币资本的转移成本也体现在两方面:一方面是由于通货因素引起的贬值而产生的成本,另一方面是转移所支付的手续费。输入地和输出地之间的距离越大,转移的成本就越大,这种成本会直接影响要素的最终收益。

第二,信息传递的影响。信息的传递也同样会受距离的影响。一般而言,两地的距离越远,信息就越难以在它们之间传递。这是因为,一方面,由于要素的流动受信息的引导,信息不畅将会导致要素的拥有者对未来风险的担心,从而不敢轻易进行要素的转移;另一方面,即使有很好的获利项目,由于外界无法得到信息,外界的要素也不会自然地转移到这个项目上来。虽然信息技术的发展使距离因素对信息传递的制约日益减小,但当前信息技术和互联网的普及还需要一段时间。另外,发达的信息技术本身难以确保信息的可靠性和准确性,距离越远,越难以验证信息的准确性和可靠性,信息传递的完整性也会存在缺陷。所有这些均会对要素拥有者的要素转移选择造成影响。

(3)要素流动的“分散—集中—分散”规律

弗里德曼在他的核心—边缘理论中,对要素转移的阶段性进行了描述,他认为,要素的转移分为以下几个阶段:②

第一,前工业化阶段,生产要素处于分散状态,较少流动。这一阶段,社会生产以原始农业为主,要素分散在众多的生产者手中,由于劳动工具简单,生产的效率不高,剩余的产品较少,因而,生产要素也较少参与流动。

---

① 参阅白井文:《要素流动规律与西部地区的要素积聚》,《南方经济》2001年第1期。

② 同①。

第二,工业化初期阶段,生产要素大量流入核心区。随着工业的发展,生产要素越来越集中于发展条件比较好的地区(核心区),这是由于工业的集中发展有利于共同使用交通、通信、水电等工业发展必需的基础设施,同时,相关企业的就近发展有利于减少运输费用,这又将大大减少企业的经营成本。

第三,工业化成熟期阶段,核心区的要素高度集中,开始回流到边缘区。随着生产的不断集中,引起了核心区交通、通信和水电等基础设施的紧张。基础设施的使用价格不断提高,劳动力的价格也在提高,核心区的比较优势不复存在,这时,生产要素就会以资本为先导逐步向周边地区(边缘区)扩散。

第四,空间一体化阶段,要素在特定的区域内全方位流动,生产要素重新处于相对分散状态。当经济发展到一定阶段,经济中心地带的土地、劳动力等生产要素的使用价格逐渐提高,要素投入的边际收益率也在降低;相反,在边缘区由于经济发展条件获得了改善,要素的投入—产出率在不断地提高。当边缘区的最终收益率高于经济中心的最终收益率时,生产要素便会由经济中心流向边缘区,生产要素重新处于相对分散的状态。

虽然生产要素流动与经济发展阶段不是绝对地表现出一对一的对应关系,但"分散—集中—分散"的阶段性规律是客观存在的。

(4)要素流动组合的合理化规律

生产要素只有按一定的要求进行组合,才能发挥它们的作用。在数量上,各种要素必须按一定的比例投入生产中,一旦某一种要素供给短缺,势必会阻碍生产的顺利进行;在质量上,各种要素必须相互配合,否则难以形成最大的生产能力。以劳动力和资本这两种生产要素为例,从数量上来看,一定数量的资本,客观上要求与相应数量的劳动力相结合。如果一个地区没有作为生产资料的充足的资本,劳动力就会过剩,因此需要将劳动力转移到区外,或者从区外吸收资本;相反,如果一个地区现有的作为生产资料的资本超过现有的劳动者所能支配的程度,机器设备等就要闲置,因此需要向区外转移资本,或者吸收区外的劳动力。从质量上来看,一定种类和性能的机器设备,要求具有相应的技术水平和劳动熟练程度的劳动者去掌握和运用。一般而言,在生产技术水平很低的条件下,对劳动者的数量要求往往大于质量要求。但随着科学技术的迅速发展和生产自动化程度的显著提高,对劳动者的质量要求将会逐渐大于数量要求。如果劳动者的质量不能与现代化的生产工具相适应,那就必然影响生产的进行,并会出现部分劳动者因不能适应现有设备技术要求而过剩的现象,由此将会产生结构性的劳动力及资本的区域流动。如熟练程度较高的劳动者将会流向资本技术水平高的地区,或者资本将会向技术水平较高劳动者集中的地区转移。可以说,生产要素的流动过程同时也是要素结构不断变动的过程。这种流动如果能促进要素结构的合理化,就能促进经济的发展;反之,则会阻碍经济的发展。

9.2 劳动力和资本要素流动

劳动力是生产要素中最为活跃的要素。和劳动力一样,资本也是流动性很强的生产要素。区际劳动力和资本要素的流动,会对相关区域的经济发展产生重大影响。

9.2.1 劳动力要素区域流动

引起劳动力要素流动的原因很多,不同地区收入水平的差异、农村剩余劳动力的压力、城市劳动市场短缺的需求、个人的发展机会和空间的大小、良好的生活环境和工作条件(尤其是良好的企业文化氛围),都是劳动力区域流动的主要动因。

(1)劳动力要素流动的影响因素

第一,区域工资水平。劳动者的实际工资水平是决定区域劳动力流动的一个主要因素。在运输成本和区域资源禀赋存在差异的条件下,区域间劳动力生产要素的价格(即实际工资或货币工资)不会相等,于是区域间的工资差距就成为劳动力区域流动的重要推动力。从理论上来说,劳动力要从工资水平低的区域向工资水平高的区域流动,或者是从劳动力过剩的区域向劳动力稀缺的区域流动,而且区域差别越大,劳动力要素的流动性就越高。

美国经济学家阿瑟·刘易斯在其构造的“二元结构模型”中指出,在城乡二元结构条件下,由于农村中普遍存在大量的潜在失业人口也就是剩余劳动力,为农村劳动力向城市的流动提供了可能性。由于这部分劳动力边际生产率极低甚至为零,造成农业劳动者收入水平很低,一般只能维持家庭最低的生活水平。正是农业劳动力的低水平生存收入决定了现代工业部门的工资门槛。城市工业部门的工资水平不可能低于这一门槛,于是城乡之间收入的差距就直接推动了劳动力由农村向城市的转移。随着农村剩余劳动力大量流入城市,导致城市工业部门工资的下降,反过来就会降低农村剩余劳动力流入城市的规模和速度。

第二,城乡预期收入差距。美国经济学家 M. P. 托达罗指出,影响劳动力从农村向城市转移的因素不是现实的城乡工资差异,而是预期的城乡收入差距,并且这种收入差距越大,流入城市的农村劳动力规模就越大。这种预期的差距要受到两个因素的影响:一是现实的工资差异,二是城市获得工作也就是就业的可能性。城乡预期收入差距要受到城市实际工资、城市就业概率和农村平均收入的共同作用,用公式表示就是:

$$d = wp - r$$

式中:d 为城乡预期收入差距,w 为城市实际工资,p 为城市就业概率,r 为农村平均收入。

从这一公式可以看出,城市的就业率或失业率对于劳动力转移具有重要影响。当城市失业率很高时,即使城市实际工资很高,理性的农业劳动力也不会简单地做出从农村进入城市的决策。

第三,经济波动。除了受工资水平、迁移成本的影响外,经济波动也会对劳动力的迁移施加影响。有学者认为:“迁入和迁出城市与商业周期的波动有关。在繁荣时期,工业化区域内对劳动力需求的增长部分是由迁移者的迁入来满足的。”“在衰退时期,工业化区域内的城市迁入被限制了……甚至有可能转向农村地区。”[①]因此,人口迁移有时也受经济波动的影响。一般而言,经济繁荣时期失业率低,就业机会多,人口迁移率较高;相反,经济萧条时期失业率高,迁移成本高,效益低,迁移率也较低。

除了经济方面的原因,劳动力的流动与劳动力的性别、文化程度、婚姻状况、家庭状况以及地区政策也有一定的关系。如果流入地的主导产业是劳动密集型的,则该地区对女性劳动力的需求和吸引力较大;如果迁入地的户籍制度和社会保障制度对劳动力就业没有歧视,则该地区将吸引较多的劳动力;如果劳动力的文化程度和技术水平较高,家庭负担较小,则迁移倾向

---

① 李竞能. 现代西方人口理论[M]. 上海:复旦大学出版社,2004:150~151.

较高。

(2)劳动力要素区域流动模型

刘易斯和托达罗的城乡劳动力流动理论,同样适用于区域间的劳动力要素流动问题。劳动力区域流动的经济原因在于预期收入水平的区际差异,而这种预期收入又由实际工资水平和就业机会决定。也就是说,劳动力区域流动的规模和强度与实际工资差距成正比,与流入地获得工作的难易程度成反比。

莱文斯坦(Rawenstein)在大量经验研究的基础上得出结论,认为区域之间劳动力流动强度同距离成反比,同相关区域的人口数量成正比。用公式表示就是:

$$M_{ij} = k - \frac{P_i - P_j}{D_{ij}} \tag{9.1}$$

式中:M_{ij} 为 i,j 两区域的劳动力迁移强度;k 为引力常数;P_i 和 P_j 分别为 i,j 两区域的劳动力数量;D_{ij} 为 i 地到 j 地间的距离。

艾萨德又进一步扩展了以上公式,得出了新的公式:

$$M_{ij} = k - \frac{w_i(P_i)a_i - w_j(P_j)a_j}{D_{ij}} \tag{9.2}$$

式中:w_i 和 w_j 分别为 i,j 两区域的权重系数;a_i 和 a_j 分别为 i,j 两区域的人口系数;b 为距离系数。

劳动力与区域经济发展的关系也可以用模型来表示。从理论上看,劳动力要素流动改变了流入区和流出区的生产要素,并符合要素供给结构以及要素供给价格,因而会对流入区和流出区的经济发展产生影响。假定在资本不发生区际流动的条件下,劳动力流入区域的劳动力供给增加,劳动力价格降低,区域的资本—劳动力比率下降;而劳动力流出区域的情况正好相反,劳动力供给减少、价格上升,带动区域资本—劳动力比率上升。可见,劳动力的区际流动,可以通过改变要素价格的对比情况,通过对区域产业的发展优势和产业结构的变动造成一定程度的影响。

我们可以用一个简单的数学模型来说明上述劳动力流动对区域经济发展的影响。假设甲、乙分别表示发达区域和落后区域的劳动力市场。如图 9.1 所示,在初始时,甲区的劳动力价格均衡点为 A,乙区的劳动力价格均衡点为 A_1,显然甲区的劳动力均衡价格要高于乙区。由于两区之间存在劳动力价格差,在利益的驱动下,乙区的部分劳动力会向甲区转移,并且改变甲、乙两区的劳动力供给和需求情况,使得甲乙两区的劳动力供给曲线由 S 和 S_1 分别变化为 S' 和 S_1',从而使两区劳动力市场的均衡点发生变化。在不考虑其他因素影响的情况下,甲、乙两区的劳动力价格将会趋于一致。

不过以上的分析只是一种理性的状态,在现实生活中,劳动力流动对区域经济差距的影响要复杂得多。虽然劳动力流动对落后地区发展有促进作用,但这并不意味着劳动力流动可以缩小区域差距。对落后地区而言,劳动力流动的确起到了经济促进作用。因为劳动力流动的目标就是获得更高的收入,是经济平衡发展的一种要求。但这只是从迁出的方面看问题。从劳动力需求的方面(地区)看,劳动力流动也促进了发达地区的增长。定性地分析,一个地区之所以需要劳动力流入,是因为它具有更高的生产率和经济增长速度;而落后地区尤其是农村,劳动力流出往往是剩余劳动力的转移,它带来的只是劳动生产率的提高,如果其他因素不变,即并不产生经济总量的增长,那么地区差距应该是扩大的。此外,还要看到,劳动力流动作为一种生产要素的流动,还包括更为重要的高级人才的地区流动。高级人才从落后地区向发达地区的流动,加

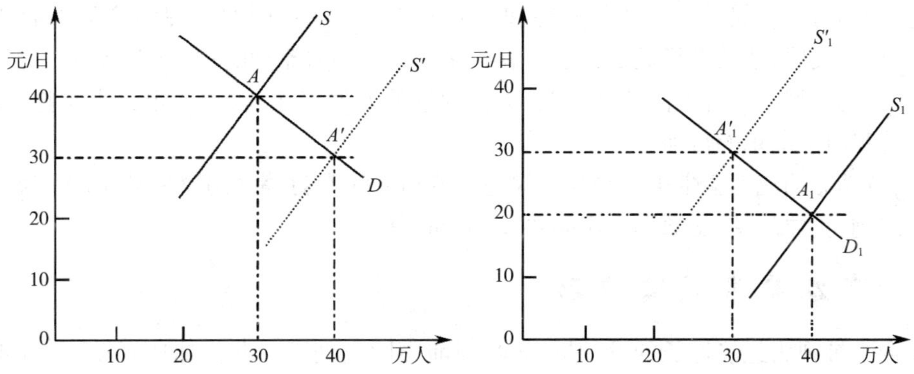

（a）甲区域劳动力市场　（b）乙区域劳动力市场

图 9.1　区域劳动力市场

剧了地区发展的不平衡。

(3)劳动力要素流动对区域经济的影响

劳动力流动对流入区和流出区的影响主要体现在：

第一，劳动力的流动对流入区和流出区的劳动力市场会产生影响。在流出区，由于劳动力的减少，劳动力工资会上涨，劳动需求方的工资成本将加大，致使供给方获利；而在流入区，由于劳动力的增加，劳动力工资会下降，本土的劳动力会受损失，雇主因此而获利。

第二，劳动力的流动对流入区和流出区的税收会产生影响。从流入区的角度看，劳动力的流入使该地区的税收增加；对于流出区而言，有税收贡献能力的人员减少，导致地方政府的收入减少，效率也相应地损失了。

第三，劳动力流动对生产要素的构成、贸易的构成及贸易量有极大的影响。当劳动力从乙地流往甲地时，就改变了两地的要素赋予。劳动力资源丰富的乙地本应出口劳动密集型产品，但劳动力流入甲地表明甲地具备部分生产劳动密集型产品的要素构成，从而扩大了这种产品的生产。与此同时，乙地由于劳动供应量减少，势必将削减劳动密集型产品的生产，降低了生产能力，因此，劳动力的流动将产生“反贸易的偏向”①。

第四，劳动力的流动有利于推动工业化的发展。在工业发展初级阶段，各个工业区域间的交往极少，很少有劳动力流动。随着机器大工业的发展，为了满足工业化发展的要求，必须有大批的劳动力在工厂之间、区域之间流动，可以说，没有工人的大批流动，工业化就不能得到快速的发展。

第五，劳动力的流动有利于产业结构的优化。从社会经济的发展过程来看，劳动人口流动的一般趋势是从第一产业向第二产业，再从第二产业向第三产业。通过劳动力的合理流动和优化配置，在城镇中发展第三产业，吸引大量的农村人口转入城镇，能够促进产业结构的合理化以及人口就业结构的合理化，从而达到优化产业结构的目的。

第六，劳动力流动使人类居住的生存空间日益扩大。劳动力迁移到一个新的地方后，为了生存下来，必须通过自己的劳动，开创新的生产和生活空间。这就使人类获取生存资料的领域

① 参阅郝寿义、安虎森：《区域经济学》，经济科学出版社 1999 年版，第 292~293 页。

逐渐扩大。

第七,劳动力流动促进了人类的交往和文明的传播。在不同的地理环境下生活和生产的人,为了生存和发展,往往都形成了自己独有的文化。劳动力流动的过程,就是各地文化交互融合、互生互长的过程。具有不同劳动技能、文化背景的人聚集在一起,互相交流经验,必然会促进生产工艺和科学知识的传播。

第八,劳动力的流动会带来一些社会问题。劳动力的流动,常会引发一些社会问题,比如就业与贫困问题、犯罪问题、交通和住房问题、环境问题等。

9.2.2 资本要素区域流动

由于资本被视为经济增长的发动机,尤其当前中国正处于工业化加速时期,资本要素的区域流动对区域经济发展的影响将更为显著。

(1)资本要素流动的形式

一般意义上的资本有两种存在形式:实物形式的资本和货币形式的资本。前者主要是指生产资料,如厂房、机器设备等,后者主要是指货币,也就是为转为实物资本所准备的资金。这两种形式的资本的流动存在很大的区别,货币资本的流动性远远高于实物资本,而且与土地相联系的实物资本根本不具有流动性。因此,我们所说的资本要素流动主要是指货币资本的流动。

货币资本的流动有两种形式:生产资本的输出和借贷资本的输出。两者的重要区别是:对生产资本的输出来说,投资者对投入的资金的实际运行过程具有足够的影响力或控制权;而对借贷资本的输出来说,投资者并不直接操纵或影响资金的实际运行过程。在借贷资本输出的情况下,投资者只是一个债权人,他所关心的只是投资的回报率、较高的利息率和稳妥的信用保证。① 一般来讲,谈到资本要素的流动,我们讨论较多的是生产资本的流动。生产资本的输出也就是跨地区的直接投资。在跨地区的直接投资中,母公司和子公司的生产联系主要采取垂直联合和水平联合两种形式。垂直联合是生产过程之间的联合。信息技术的发展为企业的空间分离创造了条件,根据各个生产过程的特点在不同的地点安排生产,可以降低企业的生产成本,获取更高的利润。水平联合是在其他地区建立同母公司产品相同的子公司,其目的在于控制其他地区的市场,增加在当地市场的竞争能力。

随着经济全球化的深入,以跨国公司为主体的国际资本流动规模迅速扩大,国际资本流动出现了一些新的现象和问题。如美国成为世界上最大的资本流入国和流出国,这是传统的资本要素流动理论所无法解释的。于是,不少经济学家对影响资本国际流动的因素进行了更加深入的研究,提出了需求导向区域理论、贸易障碍诱发理论和内部化理论,进一步丰富和深化了对资本要素流动问题的研究。

(2)资本要素流动的原因

第一,资本预期回报率的影响。和劳动力要素流动相似,影响资本要素流动的一个主要的决定因素是资本预期回报率。资本的存在,要以获取最大利润为前提,因此,一个地区要吸引外部资本进入,就必须保证外部资本在该地区能够获得比流出地区更高的资本回报率,也就是利润。和劳动力要素流动一样,这种利润也是预期的。与劳动力要素流动不同的是,分散风险也是资本流动的一个重要因素。由于交易成本和风险的存在,如果投资者认为预期的利润差别不

---

① 参阅郝寿义、安虎森:《区域经济学》,经济科学出版社 1999 年版,第 289 页。

足以补偿交易成本和风险的话,那么资本就不会从利润率低的地区流向利润率高的地区。随着财富的增加,投资者为了分散风险,保证稳定的利润来源,总是会采取最优的资产组合,让资本在各国和区域之间流动。因此,从这一点上来说,即使在各国和地区资本回报率一致的条件下,出于分散风险的考虑,投资者还是会在其他地区进行投资,从而产生资本要素的流动。

第二,企业迁移的影响。在影响资本要素流动决策的原因中,除了利润因素外,还要考虑其他一些因素。如一些国外学者研究表明,区域之间的资本流动从根本上说是同企业创建(新建企业,新建分厂)和企业迁移联系在一起的。[①] 他们认为,作为生产要素的资本并不是完全可流动的,其流动性的大小取决于它的存在形式。

(3)资本要素流动的合理性评价

在资本要素流动的过程中,为了防止其负面效应的发生,有必要对资本要素流动的合理性进行分析和评价。这可以从以下几方面进行:[②]

第一,资本集聚效应。在某一空间上资本的集聚程度没有达到最优点之前,资本向该空间流动可以产生资本的集聚效应,提高该空间的资本收益率;超过最优点之后,资本再向这一空间流动就会产生资本集聚的负效应,降低空间上的资本收益率。因此,衡量资本在区域间流动的合理性,首先必须看这种流动是否符合资本合理集聚原则,能够产生资本集聚效应的流动便是合理的流动,否则即为不合理的流动。

第二,资本的边际收益率。在市场经济条件下,市场成为资源配置的基础性手段,资本在区域间的流动也受市场机制的调节。资本由边际收益率低的地区流动到边际收益率相对较高的地区,其利用效率就会随之提高;反之,则相反。因此,资本边际收益率也是衡量区域间资本流动合理性的一个标准,只有能提高资本边际收益率的流动才是合理的流动。

第三,生产力的合理布局。一般而言,发达地区的资本边际收益率较高,而欠发达地区的资本收益率较低,在市场机制的调节下,发达地区就会吸引资本的流入,欠发达地区会产生资本外流,其结果必然造成区域间经济发展差距的扩大,从而影响到国民经济持续、健康和稳定的发展。因此,当地区间的经济差距达到一定程度时,中央政府应该通过经济杠杆、经济政策的调节来引导资本流向欠发达地区,促进这些地区的经济发展,缩小地区之间的差距,以达到生产力合理布局的目的。生产力的合理布局是影响整体经济效益的决定因素,区域间的资本流动不能忽视生产力的合理布局这一重要因素,合理的流动应该有助于生产力的合理布局和地区发展差距的缩小。

第四,经济结构优化。一个国家在某一经济发展阶段对经济结构有着特殊的要求,例如,支持或限制某一地区的经济发展,以实现一定的地区经济结构;鼓励或限制某些产业的发展,或在不同地区支持或限制不同产业的发展,以形成合理的产业结构;等等。资本的流动应有利于实现一定的经济结构。因此,要判断区域间资本流动是否合理,还应考虑经济结构优化问题,只有有利于经济结构优化的资本流动才是合理的。

(4)资本要素流动与区域经济发展

第一,资本要素流动对区域经济发展的影响。资本要素的总体流向是从资本丰裕地区流向资本相对稀缺的地区。为了分析资本要素流向对区域经济发展的影响,我们把由发达地区向落

---

① 参阅陈秀山、张可云:《区域经济理论》,商务印书馆 2003 年版,第 313 页。

② 参阅杨云彦:《区域经济的结构与变迁》,河南人民出版社 2001 年版,第 212-218 页。

后地区的资本流动称为顺向资本流动，反之，把由落后地区向发达地区的资本流动称为逆向资本流动。不同流向的资本对区域经济发展的影响存在很大的不同。顺向资本流动，也就是资本由发达地区流入落后地区，将会减少发达地区的资本供应量，从而提高资本的相对价格，相应的，也会弱化落后地区资本的稀缺程度，降低资本的相对价格。这种资本流动的结果，减少了落后地区资本密集型产品的输入和劳动密集型产品的输出。顺向资本区际流动作为商品流动的替代，减少了区际商品的贸易量，从而弱化了发达地区相对于落后地区的资本优势，有助于缩小地区差距，实现区域经济的协调发展。逆向资本流动，也就是资本从相对稀缺的落后地区流向相对丰裕的发达地区，会加剧落后地区资本的稀缺程度，降低资本—劳动力比率，从而会对落后地区资本密集型产业造成更大的负面影响；而对于发达地区而言，资本流入增加了资本供应量，资本相对价格下降，从而会更加有利于资本密集型产业的发展。

第二，资本要素流动对区域经济发展的意义。资本要素流动对区域经济发展的意义主要体现在以下四个方面：

一是资本要素的流动有利于推动落后地区的经济增长。一般而言，在没有区外资本流入的情况下，一个地区居民的储蓄能力和储蓄意愿将是影响该地区资本供给的主要因素，而居民的储蓄能力又与国民收入水平密切相关。对于国民收入水平较低的落后地区来说，储蓄能力不足显然会带来资本供给的不足，这时就需要外来资本的流入，从而满足落后地区在“起飞”阶段所需要的较高资本投入率这一重要条件。对于资本稀缺的贫困地区而言，当资本存量不足已成为制约本地经济发展最大的“瓶颈”因素时，资本要素的流动无疑将是解决其发展中面临的困境、促进其经济增长的有效手段。

二是资本流动有助于提高地区内的收入水平。比较优势理论告诉我们，一个地区内的某种生产要素越稀缺，该要素价格就越高。对于资本这一重要的生产要素而言，也是如此。在改革开放初期，国家对东部地区采取了倾斜扶持政策，东部地区由此获得了充裕的资本要素，相对而言，西部地区的资本要素则较为稀缺，因此，资本要素在东部地区价格较低，而在西部地区价格偏高，为了追求高利润率，资本要素便由东部地区流向了西部地区。资本的流动使该要素在东部地区供给减少、供给价格上升、收益率提高，在西部地区则是供给增加、购买该要素的成本价格下降、支出减少、利润率提高。资本的流动使东、西部地区都获得了净收益，地区内的福利水平和收入水平都随之提高。

三是资本流动有助于缩小地区间的经济发展差距。20 世纪 80 年代我国实行改革开放后，国家给予了东部地区较大的政策倾斜，而且东部地区本身也较西部地区更有技术和人才优势，因此，东部地区经济发展迅猛，资本的边际产出增加，资本在该地区的投入能够取得相对较高的回报率，出现了中西部地区的资本大量流向东部地区的现象，东、西部地区经济差异加大。随着改革的深入，东部地区劳动力和土地成本上升，引起资本边际产出下降，资本存量减少，同时，国家实行西部大开发战略，将政策支持逐渐引向西部地区，加上东部地区技术、信息产生的外溢效应，使中西部地区的生产力水平得到提高，资本的边际产出水平也出现相应提高，资本回流现象出现。此时，相比较东部地区而言，中西部地区的土地、劳动力边际产出上升，人民生活获得改善，与东部地区的经济差距减小。[①] 因此，随着改革开放的推进，资本要素的流动将会缩小经济发达地区和落后地区的差距。

四是资本流动会带来资本在某一空间上的集聚，从而产生规模经济效应。这主要有以下三

① 参阅贺瑞、杜跃平：《地区间资本流动的分析与我国区域经济协调发展》，《商业现代化》2005 年第 12 期。

点原因：首先，完备的基础设施是现代化企业进行生产和提高效益的必备条件，而单个企业一般难以负担其所需要的巨大投资，因此，有必要使投资项目适度集聚，统一建立起较完备的基础设施来满足现代化生产的要求。其次，社会化大生产需要分工和协作，只有相关企业集中配置，才能对各种生产要素有效利用，从而进一步促进生产效率的提高。最后，在资本集聚的地区，人口较为密集，同时经济、社会、文化、教育等方面的组合效应也较高，这将有利于企业找到较多技术熟练的工人，从而增强企业的适应能力和要素的重组能力。

当然，资本要素的流动在带来积极作用的同时，也会产生一定的消极影响。比如，资本流动会使资本在某一空间集聚，但这种集聚一旦超过了一定限度，就会带来负效应。主要表现在：各种原料和燃料的需要量大增，流通过程中的劳动耗费增加；大量生产和生活废弃物的集中排放，造成环境污染和生态平衡的破坏；资本集聚带来的人口聚集，产生交通拥挤、治安状况恶化、原有基础设施供不应求等诸多外部负效应。

9.3 区域贸易

区域贸易与区域要素流动一样，是区域经济关系的重要体现。区域的分工必然导致区域贸易，而且随着分工的加深，区域贸易也必然日益频繁。反过来，区域贸易的加强也会拓展区域商品的市场范围，促进区域分工的发展。

9.3.1 区域贸易的概念

广义的贸易包括商品和劳务的贸易，这里讨论的区域贸易是区域商品贸易。它与国际贸易相似，但又存在不少差别。其差别主要表现在：国内区域间进行贸易时，由于制度背景大体相同，不存在关税壁垒，不存在汇率障碍，因此，区域贸易要比国际贸易频繁得多。当然，各区域为了各自的利益，也会制定相应的保护政策和贸易壁垒，但相对于国际贸易来说，其阻力要小得多，而且，国家可以运用其权力进行协调。同时，国内区域间的历史、文化背景差异较国与国间也要小得多，因此，国内区域间的商品流动性较国际商品流动性也更强。在国内区域贸易中，由于各地区实行统一币制，不存在汇率因素，因此收支平衡问题并非十分重要，而在国际贸易中，收支平衡则是一个必须考虑的重要问题。

按照贸易产品的产业关联，区域贸易可分为“垂直型”“水平型”“混合型”三种。“垂直型”区域贸易是指两区域在同一或不同产业链条的不同产业水平上进行专业化生产，并由此进行商品交换。“垂直型”区域贸易既可发生在同一产业部门，也可发生在不同的产业部门，其根本特征是区域交换的商品属于不同的产业水平和技术层次，商品的增值率差异较大。“水平型”区域贸易是指两区域在同一或不同产业链条的同一产业水平上进行专业化生产，并由此进行商品交换。判断区域贸易是属于“垂直型”贸易还是“水平型”贸易，不能以贸易产品所属的产业部门为依据，而应看贸易产品所处的产业水平或技术层次和增值率的高低。“混合型”区域贸易是从一个地区来看的，它在全国区际贸易格局中既有“垂直型”贸易，也有“水平型”贸易的情况。

9.3.2 区域贸易产生的条件

区域贸易是以区域分工的利益为基础的,区域分工使得各区域在最适合生产的商品上进行专业化生产。这些专业化商品除满足本地区需要外,还要同其他地区进行交换,这样做不但能够获得比贸易前更多样的商品,还能增加区域利益。

(1)区域商品的相互需求

最初人们认为区域的差异是产生区域贸易的条件,但是后来发现,这个假设理由是不充分的,因为即使存在区域差异,区域之间也不一定存在贸易。英国经济学家约翰·穆勒在其《政治经济学原理》一书中提出了相互需求法则。它从供需关系的角度出发,认为贸易的发生必须有一个前提条件,即某一区域提供某种东西,而其他区域对这种东西恰好有需求。穆勒的相互需求原则还指出,两个区域在贸易利益中各自份额的大小取决于贸易条件,更确切地说是取决于其他区域对本区域出口商品的需求强度和需求的价格弹性。

穆勒在其相互需求法则的论述中,假设一定的劳动投入量在英国和德国的产出量的情况如下:

	英国	德国
亚麻布	13 716 米(15 码)	18 288 米(20 码)
细棉布	9 144 米(10 码)	9 144 米(10 码)

根据假设,德国生产亚麻布占优势,两国在生产细棉布方面的比较优势相同,但英国生产细棉布和生产亚麻布相比较,生产细棉布的不利程度比较小,在双方不进行贸易时,细棉布与亚麻布交换的比率,英国是 10 : 15,在德国为 10 : 20,如果两国存在贸易关系,英国将出口细棉布以换取德国亚麻布的进口。如果以 9 144 米(10 码)细棉布交换 13 716 米(15 码)亚麻布,英国的贸易情况没有变化,德国获得全部的贸易利益;如果以 9 144 米(10 码)细棉布交换 18 288 米(20 码)亚麻布,则德国的贸易条件没有改变,全部贸易利益归英国所有,但是,只要 9 144 米(10 码)细棉布换到的亚麻布介于 13 716 米(15 码)到 18 288 米(20 码)之间,两国就可以分享贸易利益。因此,两国或两个地区的两种产品的国内或区内的交换比例或比较优势,决定了它们交换比例的上下界限。

进一步假定,在德国 9 144 米(10 码)细棉布的价格是 15 448 米(17 码)亚麻布,在此价格下的细棉布的需要量和供应量是 1 000×9 144 米(10 码),在英国 15 448 米(17 码)亚麻布的价格是 9 144 米(10 码)细棉布,在此价格水平下的亚麻布的供给也恰好满足它的需求,供给量和需求量为 1 000×15 448 米(17 码)。在 17 : 10 的贸易条件下,如果英国所需要的亚麻布的数量恰好抵补德国所需要的细棉布的数量,则双方的需求正好吸收对方的供给,在这种情况下,将按假定的 17 : 10 继续进行交换。但如果按照这个比例,英国只愿提供 800×9 144 米(10 码)亚麻布,为了能够获得其余的 200×9 144 米(10 码),德国将会提供多于 15 448 米(17 码)的亚麻布来交换 9 144 米(10 码)的细棉布,假设它提供 164 592 米(18 码),在此价格水平下亚麻布的价格下跌,英国的购买量增加,而细棉布的价格上涨,德国对它的需求降低,双方供需调整,需求再一次恰好吸收了对方的供给,这时交易条件也就确定了。这就是按照两国的相互需求所决定的实际贸易条件,即使总进口和总出口达到均衡状态的贸易条件。

(2)区域商品的价格差异

假定商品质量和消费者偏好一致,商品价格都等于生产成本,那么,从区外输入还是在区内自己生产,取决于输入商品价格与区内生产价格的差异。一个区域从区外输入商品的必要条件是输入品的价格要比区内生产的价格更加便宜;同样,向区外输出商品的必要条件,是输出品的价格要比在其他地区生产更为便宜。显然,在符合经济理性原则的情况下,任何一个区域不会输入自己生产更便宜的商品、输出自己生产更昂贵的商品。

第一,生产要素禀赋差异形成的生产成本差异。生产成本的区际差别,主要是由区域间的生产要素禀赋差异造成的。由于区域生产要素供给存在差异,而这种供给差异又不能被需求差异所抵消,此时就会导致区域生产要素的价格差异。在规模经济不变的条件下,要素价格的差异将导致商品价格的差异。因此,也可以说,生产要素相对价格的差异是区域贸易产生的必要但非充分的条件。

其一,"绝对利益型"区域贸易。假定有甲、乙两地,甲地在生产 A 产品上具有绝对优势,即甲地拥有生产 A 产品所需要的丰裕而且便宜的生产要素,而乙地生产 B 产品具有绝对优势,那么甲、乙两地将分别在产品 A 和 B 上实行专业化生产,并以此相互进行交换,即甲地向乙地输出 A 产品,而从乙地输入 B 产品。

其二,"相对利益型"区域贸易。甲地在生产 B 产品上具有相对优势,即甲地拥有生产 B 产品所需要的相对丰富而便宜的生产要素,甲地生产 B 产品比生产 A 更为有利;乙地在生产 A 产品上有相对优势,那么甲、乙两地将分别在产品 B 和产品 A 上进行专业化生产,并以此相互进行交换。

若甲地比乙地在生产产品 A 和 B 上都具有绝对优势,极端情况是生产产品 A 和 B 的各种要素都集中在甲地,在缺乏政府干预,且甲地的生产量又能完全满足甲、乙两地对产品 A 和 B 的需要时,产品 A 和 B 将都集中在甲地生产,并由甲地输出到乙地,乙地将被排斥在国家产业化之外。

第二,规模经济造成的生产成本差异。规模经济是造成生产成本差别的另一个原因。大规模生产可以降低企业的生产成本,提高其生产效率,从而使因生产要素禀赋出现差异的专业化趋势进一步加强。为适应大规模生产的需要,许多产品并非分散在各地,而是仅限于少数几个地点生产,然后由此销往全国甚至世界各地。同一产业的不同产业活动和相关企业在地理空间上的相对集中,同样能加强产业的专业化趋势,使区域贸易进一步扩大。因为这种地理集中能够通过相互提供产品、信息和劳务,共同利用公共基础设施和商业服务设施,形成外部经济,使企业在许多方面获得好处。显然,大规模生产和地理集中所达到的节约性即规模经济,会使地区间分工更为有利,有时甚至不必顾及生产要素的价格差异。换言之,因规模经济而产生的专业化鼓励了区域贸易。

第三,商品转运费用造成的生产成本差异。区域贸易中,商品从生产区域运送到消费地需要克服空间阻力。这种为克服空间阻力所花费的代价一般称为转运费。转运费既包括克服地区间非关税贸易壁垒等人为障碍的费用,如地方政府对区域贸易商品征收的各种附加税,也包括克服空间距离等自然障碍形成的运输成本。其中运输成本是最重要的转运费用。

假定在区域贸易中商品交换按生产地价格(买者承担全部运输费用)成交,那么消费地商品价格等于产地生产价格加转运费用。假设消费者偏好一致、不存在地区性歧视且商品生产价格等于其生产成本,则区域商品贸易产生的充分必要条件是不同地区的生产成本差异要大于商品的转运费用。如果商品转运费用高于地区间生产成本的差别,那么每个地区自然会自己生产而不会从其他地区输入这种商品。在现实经济中,转运费用特别是运输成本对区域贸易的重要影响是显而易见的。由于不同商品的运输成本差异很大,因而其销售市场的地域范围即市场区大小也具有较大差异。有的商品体积大比较笨重,易腐易烂,不便于运输,与其商品价值相比,运输费用相对较高,因而其市场区范围一般较小,区域贸易量所占比例极低;而有的商品体积小、重量轻,或者商品价值较高,运输费用相对较低,因而其市场区范围一般较大,区域贸易量所占比例高。前者多为满足区内市场需求的地方性产品,后者则多为满足区外市场需求的输出产品。

(3) 区域间的不同需求偏好

区域的消费水平一般是与其经济发展水平相对应的。随着区域经济发展水平的提高,区域消费水平也不断提高,居民和企业消费偏好出现高档的趋势。这种消费趋势使得处于不同发展阶段的各个区域的需求偏好表现出一定的层次性特征。一些在国内生产和消费中处于主导地位的经济发达区域的居民和企业的消费层次相对较高,生产者为迎合这种高档消费偏好,不断开发或从国外引进一些新产品。在新产品的研究开发阶段,产品的试制和生产主要集中在具有比较优势的主导区域。由于产品需求量远大于其生产量,生产者往往能够通过垄断价格获取高额利润。随着生产成本的下降,新产品在主导区域由开发进入大批量生产阶段,其生产量开始超过需求量,生产大于需求的部分便会净输出到主导区域以外的其他区域。当这种产品进入成熟阶段,主导区域的比较优势开始消失,区域需求偏好也发生转移,其生产逐渐扩散到其他区域,生产的产品则由非主导区域输入主导区域。

居民和企业的个别需求偏好的差异也促进了区域贸易的发展。一般来说,居民和企业个别需求偏好的形式千差万别。这种差异客观要求同一种产品在设计、商标、规格、性能、质量、价格、包装等细节方面具有差别化和多样化。因此,对任何一个区域来说,都不可能完全通过区内生产来满足其居民和企业消费的各方面需要。各个区域(即使其生产要素供给完全一致)在同种产品的不同细节方面进行专业化分工,并以此进行相互交换,不仅可以满足居民和企业消费的多方面需要,而且可以通过大规模生产,降低生产成本。这种按照个别需求偏好的差异进行的区域间同种商品贸易,一般称为"需求偏好型"区域贸易。它可以降低生产成本,提高生产效率,从而使贸易双方受益。

9.3.3 区域贸易的影响因素

区域贸易的影响因素较多,归纳起来,主要有供给条件、区外需求、区位条件、国家或区域经济体制和政策等几个方面。

(1) 供给条件

要素的供给条件包括区内生产要素的赋存条件和区际要素的流量变化两个方面。任何一种贸易产品的生产都需要在其生产过程中投入不同比例的生产要素,而不同区域拥有的生产要素的种类、数量、比例和组合状况又不尽相同。在区域贸易中,假设每个区域生产和输出的都是能利用其充裕的生产要素的那些商品,以换取那些需要比较密集地使用其稀缺的生产要素才能生产出来的商品。因此,在一定意义上说,区域贸易意味着每个区域通过区域商品交换间接输出了自己供给充裕的生产要素,而输入了供给稀缺的生产要素。也就是说,区域贸易在一定程度上改变了要素供给条件;反过来,要素供给条件变化又影响着区域贸易。同时,商品生产所需要的要素是综合的和多方面的,即使是规模(无论是人口数量还是土地面积)较大的各种要素配合条件较好的区域,有时也难以满足所有要求。区外各种要素的流入在较大程度上弥补了区内要素供给的不足,增加了要素的种类和数量,通过各种要素的相互匹配,使区域要素相对充裕的优势得以有效发挥,区域贸易得以扩大。

(2)区外市场需求

要素的供给为区域贸易的发展提供了可能,而区外市场的需求则使这种可能成为现实。区外市场需求包括:区域生产的产品在品种、花色、包装和质量上是否符合区外市场的需要,价格是否合理,需要的数量有多大,等等。如果这些因素发生变化,那么区域贸易也会受到影响。区域消费者的偏好对区域贸易也产生着重要的影响。由于特定区域的消费者群体一般对本地生产的商品有某种特殊的偏好,本地的需求量极大,由此导致其销售价格甚至比在其他区域还要高,这就在一定程度上限制了区域贸易的发展。

(3)区位条件

贸易区位条件主要包括三方面的内容:

一是区域所处的地理位置。临近发达区域,或者位于贸易航线和交通干道附近,或者地处交通线网络的交接点的区域,由于贸易的地理障碍较小,商品的输出输入较为便利,区域贸易的发展一般较快;地处高原、山区和边远区域,自然条件恶劣,与外界联系不便的区域,由于商品的输出输入极不方便,区域贸易的发展将受到限制。

二是区域对内对外交通的通达性。交通网络发达,通达性较好,可以缩短运输时间,降低运输费用,促进区域贸易的大规模开展。

三是贸易区域之间的空间距离。贸易区域之间的空间距离较长,将增加贸易产品的运输成本,从而在一定程度上抵消其生产成本优势。一些体大笨重、易腐烂变质、不便运输的产品,因运输条件的限制,往往只在产地附近很小的空间范围内销售,成为典型的地方性产品。然而,随着运输技术的迅猛发展和运输条件的改善,空间距离因素对区域贸易的制约作用也在日趋减弱。昔日的一些地方性产品正逐渐发展为区域贸易产品而不断输出到产地以外的其他区域,甚至全国各地。贸易区位条件对区域贸易的影响综合反映在区域要素流动的转移成本和区域商品贸易的运输费用上。

(4)国家或区域经济体制和政策

首先,国家经济体制的模式决定了区域贸易的实现机制。不同的经济体制模式,具有不同的区域贸易实现机制。在工业发达国家典型的市场经济体制下,商品的区域交换受价格竞争的支配。企业作为个别交换的主体,在区域贸易中起着决定性的作用。政府主要是通过政策调控手段对区域贸易施加间接的影响。一些地方政府往往通过减免地方税收、提供津贴和服务来吸引区外投资者,支持本区域产业的发展。如果支持的产品属于替代输入产品,一旦其发展规模超过本区域的需求量,且本区域有竞争能力,则该产品可能就会由输入产品转变为输出产品,从而改变区域贸易的原有格局。中央政府实施的一些工业区位政策和区域政策,也能起到同样的效果。在我国传统的计划经济体制下,商品的区域交换主要是通过国家的物资分配计划和商品调拨计划来实现的。国家通过物资分配计划和商品调拨计划确定区域间的产销关系,确定区域贸易产品的种类、数量、规格和流向。企业仅仅是作为国家的一个加工车间,能源、原料和机器设备等由国家计划供应,生产的产品由国家统一销售。改革开放以来,以国家计划方式统配物资和调拨商品所占的比重已大为降低,而企业作为个别交换的主体,在区域贸易中日趋发挥重要的作用。

其次,价格体系直接影响着区域贸易的规模和发展。平等交换、利益兼顾是区域商品贸易必须遵循的一个重要原则。如果价格体系不合理,一些商品定价过高,而另一些商品定价过低,形成区域商品贸易不平等交换的状况,那么在地方政府拥有相对独立的经济权益、掌握一部分经济调控手段的情况下,就会产生严重的区域贸易摩擦,直接影响区域贸易的规模,限制区域贸易的发展,并进而影响到全国的产业发展格局。长期以来,我国农产品、原材料等初级产品的价格偏低,加工产品价格偏高,随着地方权益的增加,这种不合理的格局直接诱致了资源区与加工区之间的利益冲突和贸易摩擦。各地方政府纷纷发展价高利大的加工产品,对区内资源实行就地加工增值,并运用种种行政手段,干预本地资源的流出和外地加工产品的销入,严重阻碍了区域贸易的发展。

除上述因素以外,政府制定的各项政策也直接或间接地影响着区域贸易的产生和发展。

9.3.4 区域贸易对区域经济发展的影响

区域贸易对区域经济发展的影响主要有以下两个方面。

(1)生产要素价格的均等化趋势

贸易最直接的后果是各地商品价格趋于一致。通过区域间商品贸易,在某种程度上可以减少由于生产要素分布不均所造成的不利条件,弥补区域间要素流动相对缺乏的不足。贸易促使商品和要素价格出现均等化的趋势是十分明显的。由于每一区域都输出自己相对丰裕而廉价的要素生产的商品,输入自己稀缺而且昂贵的要素生产的商品,或者说,都输出自己生产的成本绝对或相对较低的商品,输入成本绝对或相对较高的商品,这样商品和要素的价格将会在输出区域与输入区域之间达到一定的均衡,即输入区域的输入商品价格和稀缺要素价格将会下降,而输出区域的同种输出商品价格和相对丰裕的要素价格则出现上升。

当然,这种均等化趋势只是相对的,完全的价格均等化是不存在的。即使不考虑转运费用,区域之间仍会存在一定的价格差别,而且这种差别也是必要而有益的。价格的均等化趋势说明商品贸易改变了区域间生产要素的相对稀缺性。一个区域输出商品,换句话说,就是输出自己相对丰裕而廉价的要素,从而使这些要素变得比以前稀缺了;相反,一个区域输入商品,即输入自己相对稀缺的要素,从而使这些要素变得不那么稀缺了。区域间的要素流动也能获得同样的效果。但由于土地、矿产等生产要素本身不能流动,即使是劳动力、资本等能够流动的生产要素,其在区域间的流动也要比商品贸易困难得多,而且转移费用也极大。因此,通过区域间的商品贸易可以更有效地利用各种生产要素,充分发挥各区域的优势,提高资源配置效率。①

(2)区域利益的增进

区域利益是区域分工和贸易产生的原因,也是区域分工和贸易的结果。区域贸易是一种交换行为,通过这种交换,贸易双方均可以获得一定的利益。即在区域贸易中,仅使一方受益而另一方完全不受益的情况一般是不可能存在的。区域之间发展商品贸易,将能直接或间接地在许多方面获取利益,即区域贸易所带来的利益增进包括静态的和动态的两个方面。

区域贸易的静态利益是指直接从区域贸易中所获得的利益,比如,通过区域商品输出实现商品的价值,通过进口商品节约消费该产品的成本等。在资源供给量一定和技术水平不变的条件下,通过区域间贸易能够使现有生产设备获得更有效的利用,从而提高商品生产总量。由于各区域消费偏好存在着差别化,而区内需求量又十分有限,如果每个区域都自给自足,各自生产自己所需要的全部商品,那么,每个区域为满足自己的需要将不得不建立一个庞大的产业体系,

---

① 贝蒂尔·奥林. 地区间贸易和国际贸易[M]. 王继祖,译,北京:首都经济贸易大学出版社,2001.

对所需要的各种商品进行小规模生产,而这势必将导致区域资源严重浪费,生产设备利用不足,生产效率十分低下。相反,各区域按照要素禀赋差异和需求偏好差别化进行专业化分工,并在此基础上发展商品贸易,则可以使生产设备获得更有效地利用,从而降低生产成本,增加商品生产总量。这种因贸易而引起的生产成本下降一般要远大于商品转运费用的增加。

区域贸易的动态利益,是指区域贸易活动以及现有的贸易格局对区域的经济社会所产生的间接影响,其中最重要的是贸易条件的变化。所谓贸易条件,是指一个区域输出商品的价格指数与其输入商品的价格指数的比率。其计算公式为:

$$T = \frac{P_x}{P_m} \times 100\% \qquad P_x = \sum_{i=1}^{r} x_i P_i \qquad P_m = \sum_{j=1}^{s} m_j P_j \tag{9.3}$$

式中:T 为贸易条件指数;P_x,P_m 分别为输出商品和输入商品的价格指数;x_i 为基年第 i 个商品占输出商品总值的比重;P_i 为第 i 个商品现行价格与其基年价格的比率,即价格指数;m_j 为基年第 j 个商品占输入商品总值的比重;P_j 为第 j 个商品现行价格与其基年价格的比率,即价格指数。

一般来说,如果 T 值变大,则意味着本区的贸易条件改善,即本区输出商品价格的上升率超过了输入商品价格的上升率,与基期相比,输出一定数量的商品可以换取更多的输入商品,从而获得区域利益;如果 T 值变小,则意味着本区的贸易条件恶化,与基期相比,输入一定数量的商品要输出更多的商品才能换取。对相对落后的区域而言,一味以自己外生的成本和资源比较优势来确定贸易格局,会使该区域的贸易条件不断恶化,同时,这种贸易格局会强化本区域自身低水平的产业结构,进一步扩大同发达区域间的经济技术水平的差距;而对发达区域而言,由于其一直处于贸易格局的优势方,这种优势可能在此种贸易格局中不断累积强化,而成为一种相对固定的区域优势。

9.4 区域合作

区域合作是指不同区域在生产、流通、信息和技术开发过程中,彼此相关和相互依赖的各经济单位或组织之间,为了获得较高的生产效率和物质利益,同时也为了提高自身的市场竞争力和占有更多的市场份额,在平等、互利的原则下,通过一定的合同或协议组织起来的各种联合体和建立起来的各种经济联系。区域合作主要是区域经济合作。

9.4.1 区域间经济联系

区域经济合作是生产力社会化和地区分工协作发展的必然结果,也是地区经济专业化和市场经济发展的客观趋势。区域经济合作的基础是社会地域劳动分工,动力是区域利益的增长。区域间的经济联系是区域合作的最基本形态。

有关区域间联系的度量大体上有四种模式,分别是贸易流量、边界效应、一价定律以及综合指标。下面分别对这四种模式进行简要的评述。

(1) 贸易流量

贸易流量是应用最早,也是最常用来度量区域间联系程度的经济变量。早在 1933 年,德国经济学家盖蒂克和冯·尤恩就以欧洲国家间贸易流量的变化来测算欧洲区域间联系程度。巴拉萨(1961)、Lars Wang(2004)等学者也曾用贸易流量来度量区域间联系程度。在欧洲,第二次世界大战以前与战后初期,区域间联系主要集中在贸易领域,以区域内各国或地区贸易壁垒的削减与关税同盟的建立为主要特征。因此,当时用贸易流量来度量区域间联系程度是一种简便而有效的方法。然而,随着区域间联系的日益深化,区域间合作的领域日趋广泛,不仅涉及贸易领域,还涉及跨国投资、劳动力跨国流动、统一制度设计与运作等众多领域,影响着区域经济的各个方面。在这一背景下,仍以单一的贸易流量来度量区域间的联系程度显然是不全面的。不仅如此,由于许多区域间合作以贸易开始,但深化到一定程度时,贸易领域的一体化潜力已基本挖尽,而其他领域的合作程度却日益加强,如果此时仍以单一的贸易流量来度量区域间联系程度,不仅不能完整反映区域间联系程度,甚至会得出与区域合作实际走势相左的结果。

(2)边界效应

边界效应最早的经验实证出现在 McCallum(1995)的研究中,McCallum 对美国各州和加拿大各省之间的贸易进行了影响因素考察,并估计了两国之间贸易的边界效应,得出的结论为:加拿大各省之间的贸易量平均是各省与(相同规模和距离)美国各州贸易量的 22 倍,边界效应相当显著。此后许多学者从不同的分析角度不断证实了边界效应的显著存在,如 Helliwell 在 1997 年的文献中对 1989 年和 1990 年类似的边界效应值做了估计。鉴于边界效应的广泛存在,Obstfeld 和 Rogoff(2000)认为边界效应已经成为"国际贸易之谜"(六大谜题之一)。

关于边界效应方法的应用有两类:第一类关心的是一个国家与另一个国家之间的贸易流,以此观察国家层面的市场一体化;第二类是衡量某一国家内部的市场分割,后者依赖国土内部的各个经济单位之间的贸易流量,以此作为参照水平,可以衡量边界对两个经济单位之间的贸易阻碍作用。在国外,Wei(1996),Hillberry(1998),Head 和 Mayer(2000),Poncet(2001),Chen(2004)等对边界效应进行了大量的理论与实证研究,他们应用该模型直接测算了国际或地区间的贸易阻碍程度。

(3)一价定律

一些学者尝试以价格的趋同来度量区域间的联系程度。以价格趋同来度量区域间联系程度的理论基础是一价定律。按照一价定律,在高度联系的地区之间,商品与劳务的价格最终将趋于一致。因此,如果能观测到两地价格出现趋同现象,则表明两地经济处于融合状态。

以价格的趋同来度量区域间的联系程度的方法,较易在实证中得到数据支持,因此具有较强的可操作性,在如何量化评价区域间联系所处的"状态"方面具有重要意义。但是,该方法也存在着较大缺陷。"一价定律"只适用于可贸易商品,但在实证研究时,很难单独得到可贸易商品的价格资料,而往往使用消费价格指数、GDP 平减指数等价格指数来代替,从而在价格中既包括了可贸易商品,也包括了大量的不可贸易商品,这必然会影响实证结果的准确性。

(4)综合指标

为了全面、系统地度量区域间的联系程度,一些学者尝试在贸易流量的基础上,引入更多的经济变量进行综合度量。Sands(2003)设计了"北美相对经济一体化指数(IREINA)",用于度量北美次国家级别(地区、州、省等)的经济一体化程度。Sands 认为 IREINA 指数应包括以下四个方面的数据:一是贸易数据,包括商品与服务贸易;二是金融数据,主要是外商直接投资和证券投资,同时也可以考虑区域间自动提款机提款、信用卡交易等的频率与金额,以及零售业在何种程度上按牌价接受区域内旅游者国家货币等;三是劳动力数据,如每天过境工作的经常往返者、非工作目的的人员流动等;四是其他数据,如技术联系、规则和标准的一致性、汇率关系、商业周期联系等。将上述四类数据加权平均,就可以得到综合反映区域间联系程度的 IREINA 指数。但是,由于缺乏可比数据,Harris、Sands 等人的研究都只停留在框架设计阶段,没有对各国(或地区)的区域间联系程度进行实证评估。

综合上述方法的优点和缺点,并结合我国区域合作正处于初级阶段的现实,区域合作的主要领域就是贸易联系,而且还存在地方贸易壁垒和恶性竞争,因此用贸易流量来衡量我国现阶段区域间的合作是合适的。

9.4.2 区域间贸易

贸易关系是区域合作程度的直接体现,是区域经济增长与发展的重要源泉。特别是我国这样一个外贸依存度高的发展中大国,在全球经济衰退的大背景中,国内区域贸易在扩大内贸市场、启动内需和促进经济持续发展方面具有不可替代的作用。深入研究各省的贸易流向,将帮助我们了解各省的区域合作程度、经济联系和发展趋势以及我国合作大区域的划分,从而有利于制定各类与区域合作进程相适应的政策,促进区域经济的协调发展。

区域间贸易流量的推算方法主要是引力模型。①

利用 Leontief 和 Strout 提出的引力模型,可计算区域间各产业产品的贸易量,测算公式如下:

$$t_i^{RS} = \frac{x_i^R d_i^S}{\sum_r x_i^R} Q_i^{RS} \tag{9.4}$$

式中:t_i^{RS} 为产业 i 从区域 R 到区域 S 的流出量;x_i^R 为区域 R 产业 i 的总产出(总供给);d_i^S 为区域 S 对产业 i 产品的总需求(中间需求与最终需求的合计);$\sum_r x_i^R$ 为全部区域 R 产业 i 的总产出(等于总需求);Q_i^{RS} 为 i 产业产品从区域 R 到区域 S 的贸易参数(Trade Parameter),或称摩擦系数。

利用引力模型的关键是对摩擦系数 Q_i^{RS} 的估算。Leontief 和 Strout 提出了在不同的基础数据条件下相应的估算方法。井原(1979,1996)引入了运输量分布系数(proportional distribution coefficient of inter-regional commodity flows)来推算不同产品的贸易摩擦系数。运输量分布系数方法假定,从某一区域向其他区域的物资输送量的分配比例与物资中最重要的产品的分配比例存在近似性,因此,这个分布系数可以被作为区域间产品流动的贸易参数 Q_i^{RS},用公式表示就是:

$$Q_i^{RS} = \frac{H_i^{RS}}{\dfrac{H_i^{RO} H_i^{OS}}{H_i^{OO}}} \tag{9.5}$$

式中:H_i^{RS} 为区域 R 到区域 S 的部门 i 中重要产品的运输量,H_i^{RO} 为区域 R 的产业 i 相应的产品总的发送量,H_i^{OS} 为区域 S 的相应产品总的到达量,H_i^{OO} 为全部区域部门 i 相应产品的总发送量(等于总到达量)。

区域间产品流动的贸易参数越大,表明区域间的联系越紧密。

9.4.3 区域合作运行机制

区域合作运行机制是政府积极引导形成的一个有利于区域合作的长效市场机制。这里政

① 国家信息中心.中国区域间投入产出表[M].北京:社会科学文献出版社,2005.

府的作用只能是积极引导,而不能取代市场。政府为区域合作提供制度保障,消除区域合作障碍,给经济参与者提供可以自由发展项目的选择余地,而不是政府重点扶持项目。

(1)国家层面

在国家层面,可以成立区域协调领导小组,有权力管理和协调地区间的经济活动,既在一定程度上保持区域合作决策的统一与协调,又可充分发挥有关部门与地区在区域合作决策中的作用。其具体职能包括以下几点:

第一,纵向协调省级地方政府的合作与分工,促进合作区域内部成员之间以及各合作区域之间的共同发展。

第二,横向协调各职能部门对地区间合作的管理,涉及区域合作事务的各部委明确相关部门职能,直接对区域协调领导小组负责。

第三,制定区域合作规划,作为监管区域合作发展方向的决策主体,确保区域合作有序推进。

第四,审批区域合作成员共同签署的协议、协定、宣言、备忘录等形式的文件,动态监督各地方政府区域合作情况并在不合法之处及时纠正。

(2)区域层面

建立合作区域内的行政首长联席会议制度,研究决定区域合作的战略方向,协调、商讨区域合作的重大事宜,审议、决定区域合作的重要文件。联席会议原则上每年举行一次会议,会议举办地点采取轮值方式进行。省级行政首长联席会下设常委会处理区域合作的日常事务,及时沟通区域合作的发展情况,协调解决区域合作中的矛盾冲突。参考长三角区域合作机制的成功经验,常委会下设办公室和研究室两大职能部门:办公室负责沟通、协调和反馈区域合作的具体事宜;研究室负责研究并解决区域合作的重大问题,提出实施方案,以备下一届区域内的省级行政首长联席会讨论。

(3)部门层面

设立部门衔接合作机制,根据区域合作战略方向,通过有关职能部门,形成跨区域的行业性衔接合作机制。加强区域内政府各部门相互间的协商与衔接,对具体行业合作项目及相关事宜提出合作措施,制定详细的合作协议、规划,实现区域内各行业的经济合作。隶属于合作区域内的各部门应该以区域行政首长联席会议中形成的合作协议为指导方针,形成行业性衔接合作机制,针对常委会办公室反馈的在区域合作中存在的具体问题,在不违反原则的情况下通过行业性衔接合作,沟通协商,解决问题。

(4)区域合作立法

目前我国区域合作大多受到行政协议约束,缺乏制度保障。我国在区域合作立法领域尚有空白,因此,在区域合作推进的过程中必须同步推进立法建设,明确区域合作的法律地位,健全与区域合作相配套的法律法规。通过立法,确保区域合作的各项工作全面落实和持续发展,确保区域合作推进的顺利实现。

第一,区域合作立法主体。

按《立法法》第八条规定,“基本经济制度以及财政、税收、海关、金融和外贸的基本制度”“诉讼和仲裁制度”只能通过制定法律来规定,属于法律保留事项,地方性法规无权制定,只有全国人大及其常委会拥有专属立法权。区域合作涉及经济各领域,触及基本经济制度,国务院依据行政法规领导省级政府开展经济各领域大规模合作缺乏法律支撑。根据《立法法》第56

条关于行政法规权限范围的规定,应当由全国人民代表大会及其常务委员会制定区域合作的法律事项。

第二,区域合作法律关系。

区域合作立法首先要明确区域合作中产生的法律关系,各种法律关系都是由法律关系主体、法律关系内容和法律关系客体三要素构成。

区域合作的主体为各级行政区,以政府为代表。政府作为区域合作的主体所拥有的权利能力、职能范围,是法律关系的首要问题,由法律规定。根据我国宪法规定,我国行政区域划分为省、市(州)、县(市)、乡(镇)四级,并"在必要时得设立特别行政区";各级行政区设人大和政府;人民行使国家权力的机关是全国人大和地方各级人大;县级以上地方各级人民政府依法管理本行政区域内的经济、文化等事业和财政、民政等行政工作。据此,各级政府作为区域合作的主体代理区域合作行为,有法可依,具有法律上的主体资格。

区域合作的内容,即主体的权利义务,是依据宪法、行政法等所规定的行政区人大及政府(包括政府部门)的权利(职权)和义务(职责)。区域合作中政府的权力义务一般都在宪法和行政法规定的"本行政区域"的职权范围内,侧重于经济和社会的职权范围,故亦于法有据。

区域合作的客体,即主体权利义务所指向的对象,是区域合作法律中所规定的政府行使、履行、执行的权利义务,主要表现为相应政府对区域合作的推进行为,必须在法律所规定的法定职权、职责内。

第三,区域合作的立法内容。

区域合作的立法内容不仅要考虑到区域合作中所涵盖的各种经济活动,还要有解决地区间冲突和争端的机制。

其一,明晰区域合作范围。产业、金融、税收、财政、劳务、科技、环境保护与自然资源共享等领域区域合作的法定范畴、方式和机制,既要维护法律的严肃性和规范性,又不能制约市场经济的灵活性,给地方政府决策留有适当的自主性。其中,针对产权界定不清晰的领域要重点明确规定,例如,对区域合作过程中的基础公共服务共享、横向财政转移支付等易产生纷争的领域就应做重点规定,将区域合作的政策法制化。

其二,消除地方壁垒。统一区域市场经济法规,是区域合作的重心和难点。区域合作立法应就如何解决区域合作的地方性、局部性与市场调配的统一性、全局性之间的矛盾做出明确要求,防范对非合作区域的歧视,协调统一各地区的市场标准,打破区域市场的地方障碍,加速和促成区域内生产要素的流动,为资源要素冲破区域行政体制提供法制保障。

其三,解决地方冲突。建议在区域协调领导小组下设立仲裁委员会,对地方政府合作协议产生的纠纷进行仲裁。这类省级地方政府间的冲突,只有依靠权威、中立、对争议双方均有制约权的机构来仲裁,才能得到实质性的解决。

9.5 本章小结

在市场经济条件下,区际生产要素的流动是优化资源配置的有效手段和经济发展的内在动力,它对区域经济的发展有着深远的影响。

区际生产要素的流动主要表现为三种类型:对流、传导和辐射。要素流动的趋利性是要素流动的最基本的规律,输出地和输入地之间的距离对要素的流动量会产生显著的影响,生产要素只有按一定的要求进行组合才能发挥它们的作用。

区域贸易与区域要素流动一样,是区域经济关系的重要体现。区域贸易产生的条件包括:区域的相互需求;区域商品的价格差异;区域间的不同需求偏好。影响区域贸易的因素较多,归纳起来,主要有供给条件、区外需求、区位条件、国家或区域经济体制和政策等几个方面。区域贸易对区域经济发展的影响主要有两个方面:生产要素价格的均等化趋势和区域利益的增进。

区域合作是区域经济发展到一定程度后的必然趋势。区域合作的基础是区域贸易,推进动力是区域利益的获得。目前,我国的区域合作形成了一套运行机制,但区域合作的立法需要加强。

复习思考题

1. 要素流动对区域经济发展的影响是什么?
2. 区域要素流动的规律是什么?
3. 影响劳动力要素流动的原因是什么?
4. 影响资本要素流动的原因是什么?
5. 资本要素流动对区域经济发展的影响是什么?
6. 区域贸易产生的原因是什么?
7. 区域贸易对区域经济发展的影响是什么?
8. 我国的区域合作是如何运行的?

建议阅读书目

[1]孙久文、叶裕民:《区域经济学教程》(第三版),北京:中国人民大学出版社 2020 年版。

[2]刘再兴:《区域经济理论和方法》,北京:中国物价出版社 1996 年版。

[3]张文忠:《经济区位论》,北京:商务印书馆 2022 年版。

[4]文余源:《区域科技合作——推动京津冀协同发展研究》,北京:经济管理出版社 2004 年版。

[5]肖金城:《中国区域发展——理论、战略与布局》,北京:光明日报出版社 2021 年版。

[6]孙久文:《中国区域经济发展战略与区域合作研究》,北京:经济科学出版社 2020 年版。

[7]程必定等:《安徽与长三角:区域一体化》,合肥:安徽人民出版社 2021 年版。

[8]范恒山:《中国区域合作的理论、政策与操作》,北京:中国财政经济出版社 2022 年版。

10
区域协调发展

重点问题

- 区域协调发展的理论与目标
- 区域差距与产业空间转移
- 区域经济协调发展的机制与政策

区域经济的空间活动是有一定组织结构的,无论区域之间的差异多么巨大,区域要素多么复杂,这些经济要素都遵从空间作用规律,各经济要素在空间构成中呈现一个有序的结构。

区域经济发展是经济活动在空间的表现。由于区域之间始终存在着发展的差异,各经济要素在空间构成中呈现一个有序的结构,区域空间运动的规律表现为协调发展。与区域协调发展相关的如下概念:一是协调发展。促进有关发展各系统的均衡、协调,充分发挥各要素的优势和潜力,使每个发展要素均满足其他发展要素的要求,发挥整体功能,实现经济社会持续、均衡、健康发展。我国古代的协调与协调发展思想主要以哲学形式出现。我国古代"天人合一""中庸之道,兼容并包"的哲学思想也包括区域可持续发展理念。二是平衡发展。平衡是指事物处在量变阶段所显现的面貌,是绝对的、永恒的运动中所表现的暂时的、相对的静止。毛泽东同志指出:"所谓平衡,就是矛盾的暂时的相对的统一。"经济上平衡发展强调同时发展各区域和各部门经济,使经济发展达到一种相对一致的状态。三是充分发展。资源配置效率高低,决定了经济发展的程度。充分发展就是使资源配置效率达到最优状态的一种发展。

10.1　区域协调发展的理论与目标

10.1.1　区域协调发展的理论渊源

(1)马克思、恩格斯关于区域协调发展的思想

马克思主义经典理论对于发展不仅强调公平,而且强调效率。马克思认为:"劳动在一切有劳动能力的社会成员之间分配得越平均,一个社会阶层把劳动的自然必然性从自身上解脱下来并转嫁给另一个社会阶层的可能性越小,社会工作日中必须用于物质生产的部分就越少,从而个人从事自由活动、脑力活动和社会活动的时间部分就越多。"

(2)苏联关于区域协调发展的思想

苏联对于区域发展有很多经典的理论。列宁提出要全俄国经济发展"普遍沸腾"的思想;著名经济地理学家巴朗斯基提出了比较系统的地理分工理论,他认为:"所谓地理分工就是社会分工的空间形式","经济利益是地理分工发展的动力","生产地与消费地的分裂"。科洛索夫斯基完整地定义了"地域生产综合体":"在一个工业点或一个完整的地区内,根据地区的自然条件(经济条件)、运输和经济地理位置,恰当地(有计划地)安排各企业,从而获得特定的经济效果,这样的一种各企业间的经济结合(相互制约的结合)就称为生产综合体。"

(3)毛泽东关于区域协调发展的思想

新中国成立之后,为了巩固中国革命的成果,毛泽东主席结合我国发展的国情,提出了利用沿海工业发展内地工业的生产力平衡布局思想。他在《论十大关系》中指出:"沿海的工业基地必须充分利用,但是,为了平衡工业发展的布局,内地工业必须大力发展。""好好地利用和发展沿海的工业老底子,可以使我们更有力量来发展和支持内地工业。"这些论断为后来的区域协调发展理论的建立奠定了基础。

(4)邓小平关于区域协调发展的思想

改革开放之后,中国各地区的发展蓬勃向上。邓小平同志 1985 年在天津听取汇报和进行

视察的过程中说:“我的一贯主张是,让一部分人、一部分地区先富起来,大原则是共同富裕。一部分地区发展快一点,带动大部分地区,这是加速发展、达到共同富裕的捷径。”“沿海地区要加快对外开放,使这个拥有两亿人口的广大地带较快地发展起来,从而带动内地更好地发展,这是一个事关大局的问题。内地要顾全这个大局。反过来,发展到一定的时候,又要求沿海地区拿出更多力量来帮助内地发展,这也是个大局。那时沿海地区也要服从这个大局。”邓小平同志提出了新的历史时期“两个大局、两步走”的区域发展战略。

(5)习近平关于区域协调发展的思想

进入新的发展时期,习近平总书记提出了新的区域协调发展的理念,这就是立足新发展阶段、贯彻新发展理念、构建新发展格局、推动高质量发展,全面深化改革开放,促进共同富裕。一是深入实施区域发展总体战略。深入推进西部大开发、东北全面振兴、中部地区崛起、东部率先发展,支持特殊类型地区加快发展,积极拓展海洋经济发展空间。二是深入实施区域发展重大战略。包括加快推动京津冀协同发展、全面推动长江经济带发展、积极稳妥推进粤港澳大湾区建设、提升长三角一体化发展水平、扎实推进黄河流域生态保护和高质量发展。三是主体功能区战略。完善和落实主体功能区制度,逐步形成城市化地区、农产品主产区、生态功能区三大空间格局。

10.1.2 区域协调发展的当代起源

区域协调发展理论的正式形成,是改革开放之后中国区域经济发展时间的总结。

(1)区域协调发展的具体过程

1978年,我国开始进行改革开放。当时我国的区域经济维持一种低水平的均衡状态,因此,改革开放之初确立的区域发展战略是“两步走”战略。第一步是先集中发展沿海地区,内地支持沿海地区的发展;第二步是沿海地区发展起来之后,再支援内地发展。随着“两步走”战略的实施,我国整体经济实力不断提升,但区域经济发展差距也在不断扩大。东部地区利用全球产业的集中转移,发挥自身劳动力成本优势,顺应向沿海倾斜的区域发展战略,经济迅速发展,并在沿海地区形成了我国的制造业基地,进而形成了京津冀、长三角和珠三角这三大都市圈。而中西部地区远离海洋,其区位条件导致对外开放程度较低,经济发展滞后,逐步拉大了与东部地区的经济发展水平差距。

(2)区域协调发展战略的形成

第一个阶段,1999年底,中央决定实施西部大开发战略,我国的区域经济发展进入东部支援西部的新时期,区域协调发展战略相继实施。到2002年,中央提出实施振兴东北等老工业基地战略,核心是对东北等老工业基地进行技术改造,提升发展能力。2004年,中央开始实施中部崛起战略,中部地区以承接产业转移为核心,发展现代制造业。

第二个阶段,区域协调发展总体战略开始形成。2004年政府工作报告提出“要坚持推进西部大开发,振兴东北地区等老工业基地,促进中部地区崛起,鼓励东部地区加快发展,形成东中西互动、优势互补、相互促进、共同发展的新格局”,标志着全国进入区域协调发展的新阶段。2007年,党的十七大报告在区域发展总体战略基础上,补充了生态文明建设的内容,使经济与生态并列,主体功能区政策配合生态文明建设出台。

第三个阶段,区域协调发展战略深化。党的十八大之后,习近平总书记强调区域协调发展。区域政策和区域规划的完善、创新:缩小政策单元,重视跨区域、次区域规划,提高区域政策精准性。通过经济带带动区域协调发展:在党的十八大之后,中央相继提出京津冀协同发展战略、长江经济带发展战略、粤港澳大湾区协调发展战略和长三角一体化发展战略。中央把改善需求结构、优化产业结构、促进区域协调发展、推进城镇化作为中国经济发展的四个主攻方向,提出加大对革命老区、民族地区、边疆地区、贫困地区的扶持力度,“精准扶贫”是这一时期提出的最有代表性的扶持政策。这一阶段,区域协调发展呈现出新的特点:城市群在区域协调发展中作用愈发重要,产业在区域协调发展中可以实现跨越式发展,平台在区域协调发展中的载体作用越来越突出。

10.1.3 区域协调发展的理论深化

(1)区域协调发展的理论标准

区域协调发展的基本标准是,提高以地域单元为单位衡量的经济发展水平,缩小并最终消除区域发展差距。近期是遏制地区间人均生产总值扩大的趋势,并使之保持在一个适度的范围内,在实现均衡发展的过程中逐步缩小。

实现条件有:第一,实现地区间公共服务的适度均衡。包括教育、医疗卫生、社会保障、劳动就业、扶贫开发、公共安全、公共文化等基本公共服务,不应因地区的不同、人群的不同而有明显的差异。第二,实现地区间发展机会的均等。包括资源开发、企业进入、基础设施、城市建设、乡村振兴等方面的机会均等,发挥各地区的比较优势,消除区域间的利益冲突,对机会损失的地区进行补偿。第三,实现地区间人口、资源与生态环境的均衡发展。人口、资源与环境和谐发展的质的规定性,让人与自然关系处于和谐状态。

(2)区域协调发展的经济学特征

第一,空间性特征。从区域经济的理论出发,区域经济是特定区域的经济活动和经济关系的总和。如果我们把国民经济看作是一个整体,那么区域经济就是整体的一个部分,是国民经济整体不断分解为它的局部的结果。我们把国家宏观经济管理职能下面按照地域范围划分的经济实体及其运行,都看作是区域经济的运行。区域协调发展的空间性特征表明,不能抛开区域与国家的关系而孤立考虑区域的发展,也不能用每一个区域经济增长的叠加来计算国民经济整体的增长。正确处理区域与国家的关系和区域之间的关系,是促进协调发展的重要原则。

第二,功能性特征。根据区域协调发展的要求,各区域的发展必须有一个明确的区域定位,规定该区域在区域系统中扮演的角色。区域定位展示出一个区域的功能特点,找出区域的产业优势和区域的资源优势,形成主导产业,确立带动规划、战略和政策配套。区域协调发展的功能性在区域产业发展中的表现,就是在产业发展的过程中形成区域产业功能结构。这个结构是由主导产业、辅助产业和基础产业共同组成的,功能结构的优化也是区域产业结构优化的重要内容。

第三,动态性特征。区域经济的动态性特征是明显存在的,在国家的区域发展过程中,有的地区水平高些,有的地区水平低些,有些地区发展快些,有些地区发展慢些,并且在不断变化中。区域协调发展理论为我们提供的是如何正确处理公平与效率的问题:把生产要素投在发达地区效率高些,地区间的差距也会拉大;投到落后地区可缩小差距,但又可能影响效率。在一定时期,某一些地区间的发展不平衡成为主要矛盾;而在另一个时期,情况可能会发生变化。例如,21世纪的头十年,东中西部之间的发展不平衡是主要关注点,当前,南北方的发展不平衡成为主要关注点。

第四,综合性特征。协调发展是区域发展综合性的一种体现。解决区域发展中存在的问题,需要对区域发展的方方面面统筹兼顾,形成各类综合体。区域的发展不能仅仅对统计意义上的"整体"做贡献,还要真正惠及由各个区域组成的有机整体。新时代区域协调发展战略的最大的特点,就是增强了区域发展的综合性。以区域协调发展战略来引领四大板块之间、经济带之间、城乡之间、类型区之间的发展关系,从而将区域发展与国民经济发展更加紧密地结合在一起。

10.2 促进区域经济协调发展的思路、机制与政策

区域经济协调发展理论是在区域分工与合作理论的基础上发展起来的,其目的是探索如何处理好区域之间的竞争与合作,使各区域共同发展,实现区域经济关系和谐,实现区域经济利益与国家利益的和谐。区域经济协调发展是区域经济走向成熟的标志。

10.2.1 促进区域经济协调发展战略的思路与途径

区域经济协调发展是在地区经济非均衡发展过程中,不断追求地区间的相对平衡和动态协调发展的过程,换句话说,协调发展不等于均衡发展,不能将其狭隘地理解为区域之间绝对差距的缩小。这是因为,各区域有着不同的资源禀赋、人口规模和环境承载力,不能以相同的标准要求各区域实现绝对均衡。所以,区域协调发展应该是一个相对的、综合的概念,其内涵主要包括以下几方面:

(1)正确处理平等与效率的关系

在市场经济条件下,市场和政府配置资源的价值取向是不同的,市场追求效率,政府倾向平等。平等与效率,同是经济发展的重要问题,二者不能偏废,但在不同的发展阶段,经济发展对平等与效率的侧重点可以有所不同。改革开放之后,中国实行非均衡的区域经济发展战略,实行"效率优先、兼顾公平"的原则。市场的力量和政府的有意扶持,使大量的资源和要素向东部沿海聚集,促进了东部沿海地区的持续快速发展。而与此同时,广大中西部和东北地区受到市场和政府的双重冷落,经济发展相对滞后。这样一来,中国原本就已存在的区域经济差距问题更加严重。不过,随着中国整体经济实力的增强,平等问题在区域经济发展过程中的重要性也在不断提升,同时,政府也意识到自身需要在维护平等上承担更多的责任,于是在资源配置上更多向中西部以及东北等欠发达和衰退区域倾斜。因此,实行区域经济协调发展战略,一个核心内容就是要充分利用政府掌控的资源,促进落后地区的经济发展,缩小区域经济差距,实现区域平等。当然,缩小区域差距、实现共同富裕的根本着眼点是促进欠发达地区的发展,而不是抑制发达地区的发展,东部地区仍旧可以依靠自身的优势在市场力量的作用下寻求较快发展,只是政府在政策优惠、配置资源等方面对它的支持力度会有所减弱。

(2)发挥区域优势,构建合理的区域分工体系

按照区域分工理论,合理的区域分工体系能够使参与分工的相关区域共同受益。中国是一个大国,不同区域之间的资源禀赋、经济基础、自然地理条件等差别很大。因此,中国各个区域的发展不能搞一刀切,而是要根据区域自身的实际情况,发挥区域优势,构建科学合理的区域分

工体系。为此,国家要调整加工业的布局,引导资源加工型和劳动密集型的产业向中西部地区转移;理顺资源性产品的价格,增强中西部地区自我发展的能力;改善中西部地区的投资环境,引导外资更多地投向中西部地区;加强东部地区与中西部地区的经济联合与合作,鼓励资本向中西部投入,引导人才向中西部流动。各区域在依靠区域比较优势进行生产的同时,还要积极开展区域之间的分工协作,按照平等交换、合理分工、发挥优势的原则,逐步建立地带间、省区间、城市间等多级区际分工体系,使区域经济有机耦合成一个统一、协调的经济体系。在此基础上,以整体优势积极参与国际分工协作,逐步建立开放的双循环的多级分工体系。

(3)加快区域管理的制度基础建设,协调区域经济关系

在市场经济条件下,虽然市场是配置资源的有效方式,但是市场的力量往往会导致区域经济差距的扩大。因此,协调区域经济发展,缩小区域经济差距,关键在于发挥政府的宏观调控作用。要规范政府的区域管理行为,首先要奠定区域管理的制度基础。区域管理的制度基础,包括法律法规、管理机构和组织、区域划分体系以及区域经济政策工具等不同的方面。因此,未来中国要建立、健全区域管理制度基础,就需要从以下几个方面入手:首先,要制定和完善包括宏观层次在内和针对不同区域问题的区域管理的法律法规体系;其次,要成立独立的区域管理机构,建立完善区域管理组织体系;再次,要合理划分标准区域和问题区域,从而为区域经济政策的实施提供明确的作用对象;最后,发挥专项基金、转移支付等经济政策工具的作用,进行重点工程和基础设施的建设,改善落后区域的投资环境和经济发展能力,加快落后区域的经济发展。

(4)实现区际要素流动的通畅和便利化,构建全国统一的大市场

在区域利益得到承认的市场经济条件下,各区域为了实现自身的利益最大化,往往要采取一些非正常的竞争手段来维护自身利益,比如,构建区域贸易壁垒,阻碍产业的有效转移等。这些非公平的区域保护手段虽然在短期内给各区域带来了一定的收益,但从长期来看,则影响了本区域比较优势的发挥,并阻碍了产业结构向高级化演进的进程,使本区域失去可持续发展的能力。另外,这种区域保护行为也损害了整体利益的共同发挥。可以说,这种短视行为是构成区域非协调发展的重要障碍因素之一,应该克服。

克服短视行为,实现区际要素流动的畅通和便利化的方法和措施是:首先,革除区域自身单独发展的意识形态,认识到区域合作才是形成终极竞争能力的途径;其次,积极引导要素向收益率高的地区流动,形成要素配置的帕累托效应;再次,完善各级要素市场体系的建设,为要素的合理流动提供体制保障;最后,努力探索区际利益分配的最优机制,克服地方保护主义。

10.2.2 区域经济协调发展的机制

区域经济协调发展,是在区域间良好分工与合作的基础上形成的,和谐、友好、共同发展并取得良好整体利益的一种区域格局。形成区域间相互促进、优势互补的互动机制,是实现这种美好的区域发展形态的重要途径。这主要包括以下几个方面的内容:

第一,市场机制。即打破行政区划的局限,促进生产要素在区域间自由流动,引导产业转移。按照新古典区域经济发展理论的描述,生产要素的区域间自由流动能够使各区域间要素价格实现均等化,从而缩小区域差距,实现区域均衡发展。另外,要素流动是否畅通还进一步影响到产业转移是否能够顺利进行。如果劳动力要素一直聚集在发达地区,将使已经在该区域失去竞争能力的劳动密集型产业得不到转移。因此,构建区域间要素流动的市场平台,消除行政区划带来的流动障碍,提高区域分工的有效性,是实现区域经济协调发展的重要机制之一。

第二,合作机制。即各区域间形成多种形式的经济协作和技术、人才合作,构建各区域协同发展的良性格局。区域经济合作能够实现区域之间经济发展优势互补,把分散于各区域的经济活动有机地组织起来,形成发展的合力,从而为参与合作的各个区域提供更大的发展机会。区域经济合作还为区域经济分工提供了保障,使区域经济专业化能够持续发展,分工不断深化,冲破要素区际流动的各种障碍,形成复杂的区域经济网络,提高区域经济运行的整体性和协调能力。因此,区域合作是促进区域经济协调发展的重要途径。

第三,互助机制。即发达地区通过各种方式帮扶欠发达地区,带动欠发达地区发展。区域经济协调发展的一个重要内容就是缩小区域差距。发达地区的发展已经进入自我积累、循环发展的良性轨道,而落后地区却仍然处于低水平的均衡状态,因此,要想尽快缩小区域差距,就必须提高落后地区的发展速度,只有这样,才能在两类区域的动态发展过程中实现差距的不断缩小。然而,落后地区缺乏自身发展的造血机制,要求有强大的外力作用才能获得快速发展。这样,在中央财政力量有限的情况下,就需要发达地区慷慨解囊,采取各种有效措施给予落后地区支持,实现落后地区的跨越式发展,缩小区域差距。但在这一过程中,还必须注意到对落后地区自身可持续发展能力的培养,最终实现落后地区的自我发展。

第四,政府干预机制。即按照公共服务均等化原则,完善财政转移支付制度,加大国家对欠发达地区和各类问题区域的支持力度。缪尔达尔和赫希曼的非均衡发展理论指出,市场机制的作用不但不会缩小区域差距,而且会加大各区域间的发展差距。一次偶然的历史机遇会使一个区域获得初始的发展力量,之后,在自我强化的积极的累积循环作用下,该区域会不断获得较快的发展速度;而没有获得初始发展的落后区域,则同样会在消极的累积循环作用下一直落后,两者的差距不断扩大。为了解决这个问题,政府干预区域发展过程显得尤为重要,其主要作用在于使落后地区获得初始发展,打破消极的累积循环作用,防止区域差距扩大。

第五,区际利益协调机制。即形成合理的区际利益分配关系。区域利益是一切区域行为的内在原因和动力,获取区域自身利益是任何区域主体的目标取向。要想实现区域经济的协调发展,就必须理顺各区域间利益的分配机制,使各区域得到应得的利益分配,这样才能使各个区域从主观上愿意进行区域合作,促进要素流动和构建有组织的空间体系。区际利益协调机制的主要形式包括生产型增值税向消费型增值税转型、生态利益补偿机制等。

10.2.3 促进区域经济协调发展的政策

第一,重视区域经济规划,使区域经济规划的重要作用能得以发挥。区域经济规划是一定地域空间内区域经济发展的战略策划和产业发展与布局的方案设计及实施对策的总和。区域规划既是工具也是指南,是为实现区域协调发展迈出的第一步。区域规划能够淡化行政界线的消极作用,是解决一些区际重大问题的有效途径,如解决跨行政区界的利益协调问题、区域城镇体系建设问题、区际重大基础设施建设问题、重大生态保护项目问题等。应加强区域规划的权威性和可操作性;跨行政区的区域协调发展是现阶段最需要加强的部分,要协调行政区的利益,做好区域规划与相关规划的衔接配合,真正实现“多规合一”,做到“一张蓝图绘到底”,不因地方政府换届而造成政策多变,保持政策连贯性。

第二,各级政府分工明确,发挥积极的引导和规范作用。中央政府和地方政府在协调区域经济发展的过程中发挥着不同的作用。中央政府的主要职责在于针对不同的区域类型制定差别化的区域政策,规范各区域行为主体的经济行为,控制区域差距的不断扩大,激励与引导各区域之间展开各种类型的区域合作,为问题区域提供各种帮助等;地方政府的主要职责在于为企业等微观经济主体的合作与竞争提供公平规范的外部环境,制定良好的地方教育政策以促进人力资本的形成,进行区域基础设施的建设等,使投资环境得以改善。总体来说,地方政府干预区域经济主要是为了促进辖区内的经济发展,而中央政府干预区域经济除了要促进区域经济发展外,还要协调各区域间的经济关系。中央政府和地方政府应各自行使好自己的职责,努力实现区域经济关系协调和各个区域经济的快速发展。

第三,优化区域空间结构,规范开发秩序。区域空间结构是区域经济发展在空间上的表现形式,是区域协调发展的重要表现。优化空间结构,包括进行合理的功能区划分、类型区划分、系统区划分,以及明确城市功能、分工,协调好各区域的经济、资源、生态、城乡结构、基础设施建设的关系。在空间结构合理划分好之后,应该明确开发时序,规范开发秩序,最后提出相应的政策和保障措施。要坚持贯彻分类指导的基本原则,将城市化地区、农产品主产区、生态功能区纳入统一的政策框架。

第四,有序引导产业转移。产业转移是区域发展中产业布局调整的重要途径,是增加区域经济利益的重要手段。面对世界百年未有之大变局,产业转移将与更加复杂的国内国际形势相伴,呈现出一系列新的特征,给国内大循环带来机遇与挑战。

一是双向转移渐成趋势。在纺织、服装等劳动密集型制造业和钢铁、石化、有色金属等资本密集型制造业向中西部地区转移的同时,新能源汽车、新材料、计算机等技术密集型制造业逐渐向更有效率的东部沿海地区转移。

二是交通基础设施的改善、新技术的推广削弱了制造业对劳动力、土地的依赖。随着国家高速铁路网络渐趋完善,加之大数据、人工智能、物联网等先进技术的推广,劳动力、土地等要素成本上升对制造业生产经营的约束有所减弱,国内产业梯度转移可能呈现放缓态势。

三是集群招商成为重要模式。集群招商从市场细分和专业化分工的角度出发,致力于引进配套项目与相关企业,通过共享、匹配与学习三大微观机制最大化集聚经济正外部性。

为提升国内大循环速率,要在因地制宜、分类指导的基本原则下,独资、合资、收购、兼并、非股权安排等方式并重,科学引导劳动密集型、资本密集型产业向中西部地区转移,避免其过度向东南亚、南亚的国家和地区外流。在肯定梯度推移主导地位的同时,产业转移还应同新技术、服务业升级、城市群发展、扩大内需相结合,夯实东部地区京津冀、长三角、珠三角,及东北地区辽中南国家制造业中心的地位,保持国家制造业中心在国内大循环中的生命力。①

第五,扎实推进海陆统筹。党的十九大报告将“坚持陆海统筹,加快建设海洋强国”纳入区域协调发展战略内,这是夯实国内大循环主体地位的催化剂。为在更高层次上扎实推进陆海统筹,需要关注四方面内容:其一,统筹海洋权益维护与海洋国际合作。遵循《联合国海洋法公约》的相关精神,在坚决维护中国海洋权益的同时,通过海洋保护与开发的国际合作有效化解当前国际政治经济形势下的各类不确定性,增进全人类福祉。其二,统筹海洋资源利用与生态环境保护。适时开展蓝色国土的主体功能区划分,与陆上主体功能区划相互补充、相互增益。其三,统筹海洋产业结构优化与产业布局调整。牢牢扭住蓝色粮仓建设这一重心,积极开拓同海洋船舶工业、海洋油气业、滨海旅游跨界融合的新业态、新模式。其四,统筹近海优化开发与远洋空间拓展。最大限度发挥蓝色增长极的引领作用,辐射近海、波及远洋。按照上述思路,海洋经济的总量与质量、海洋开发的强度与利用时序将得到最大限度的协调,保障国内大循环行稳致远。

---

① 参阅孙久文:《优化重大生产力布局的途径探索》,《人民论坛·学术前沿》2022年第22期。

10.3 区域差距

产业部门在区域空间上的聚集与分散,使区域经济的规模和水平在空间上产生了差距。区域发展差距是区域经济学要研究和解决的主要问题之一。区域经济发展是一个动态的过程,各个区域都希望通过产业的空间转移,使发展的水平不断提高。

10.3.1 区域差距的概念

根据新古典区域经济增长理论,资本、劳动和技术在空间上的移动,使区域经济的均衡增长成为可能。但是,由于生产要素不完全流动性的存在,区域间经济发展出现不均衡时,低收入区域一般不可能提供良好的投资机会。经济主体在逐利动机下的行为会导致社会资源在一定的空间范围集中,并且形成"贫者越贫,富者越富"的"马太效应"局面,使区域差距存在并且越来越严重。

目前,衡量区域经济发展差距比较通用的是 GDP 和人均 GDP 指标。衡量区域差距的两个角度是:

第一,区域间经济规模的差距。以行政单元为单位,使用 GDP 指标来衡量行政单元之间的规模差距。

第二,区域经济发展水平的差距。使用人均 GDP 指标来衡量行政单元之间的发展水平差距,或者衡量某一个行政单元相对于全国平均发展水平的差距。

10.3.2 区域差距的影响因素

第一,要素投入。传统意义上的三要素包括资本、劳动力和土地(包括自然资源)。这三种要素的投入量无疑会影响一个地区的经济发展速度。其中,资本因素是最为直接的经济产出影响因素之一。资本按来源又可以分为本地区积累的资本和外地区流入的资本。其中,外地区流入的资本又主要分为中央财政拨款、外资和其他同级区域资本流入。一个地区的资本积累直接影响该地区的资本数量。一个地区的资本积累取决于该地区的储蓄率和资本折旧率。一个地区的储蓄率越高,资本折旧率越低,则资本增长得就越快;反之,则资本增长速度低,甚至可能出现负增长。影响一个地区资本存量的另一个重要因素是外地区的资本流入。在获得外地区的资本流入方面,各个地区同时面临着三种竞争:吸引外国资本,争夺中央财政投资,争取其他同级区域的资本。

人力资本也是影响经济增长的重要因素。人力资本一是可以通过改变全要素生产率来影响经济体的不平衡水平,二是可以作为投入要素,直接提高劳动生产率和产出水平,从而导致区域间的差异。

第二,要素配置和使用效率。区域拥有的要素数量和质量只构成了经济增长的第一个必要条件。这些要素如何配置,则是决定经济增长的另外的重要因素。此外,经济增长的状况还取决于要素使用效率这一因素。在微观层面上,要素最终是交由生产产品的企业使用的。企业使用要素的效率和企业内部的技术水平密切相关,而技术进步最根本的源头是劳动分工。在一个分工更细致的社会里,技术水平会得到更多的提高。一个社会里的分工越细化,要素的使用效率就越高。

第三,空间格局变动。资本、劳动力、技术是决定产出的最直接原因,但是这些因素是一种静态的、平面的产出因素。这些因素能解释为什么"产出是这么多",但是不能解释为什么"产出会在这个特定的位置"。空间格局的变动是政府区域发展战略的选择和市场力量作用的结果。一个完全均质的区域(区域内资本、劳动力、技术无差别),其区域内的经济分布仍会呈现某种规律性,不会均匀地分布在区域内的所有范围。这种分布的形成类似于物理过程的吸引和排斥,最后达到均衡的空间格局。虽然非均衡是常态,但是总有内在的调整机制使其不断向均衡状态靠拢。空间格局的变动对于区域经济发展起着明显的影响作用,这种作用的结果是区域内的经济发展状况出现分化。所以,空间格局的变动是影响区域经济差距的一个重要因素。①

10.3.3 区域差距的衡量指标

区域差距的衡量指标很多,这里主要介绍以下几个。

第一,极差。极差也称为全距,就是一组数据中最大的值减去最小的值,来反映这组数据内部各个样本之间的差距。这个指标实际只选用了数据组中最大最小两个数据,所以遗漏了大量的信息。也因为只用了两个数据,所以容易受极端值的影响。

第二,离差。离差可以分为相对平均离差(D_r)和加权平均离差(D_w)。其计算公式分别为:

$$D_r = D_m = \frac{\sum_{i=1}^{n} |x_i - \bar{x}|}{n} \tag{10.1}$$

$$D_w = \frac{\sum_{i=1}^{n} |x_i - \bar{x}| p_i}{\sum_{i=1}^{n} p_i} \tag{10.2}$$

式中:x_i 为 i 地区的样本值(如人均 GDP,人均收入等);$\bar{x}$ 为各个地区的均值;D_m 为平均离差系数,它反映了各地区某经济指标值偏离平均值的平均绝对幅度;p_i 为各地区人口数;p 为各地区人口之和,即全国总人口数。

第三,方差和标准差。方差是衡量区域差异的一个重要指标,其计算公式为:

$$\sigma^2 = \frac{\sum_{i=1}^{n} (x_i - \bar{x})^2}{n} \tag{10.3}$$

式中:x_i 为 i 地区的样本值(如人均 GDP,人均收入等);$\bar{x}$ 为各个地区的均值;n 为地区个数。

标准差为方差的算术平方根,其计算公式为:

$$\sigma = \sqrt{\frac{\sum_{i=1}^{n} (x_i - \bar{x})^2}{n}} \tag{10.4}$$

这个指标用到了所有地区的数据,所包含的信息量相对比较充分。但是,它是一个反映绝对差异的指标,在均值不同的数据组之间不具有可比性。

第四,变异系数。变异系数分为平均变异系数(CVr)和加权变异系数(CVw)。前者为标准差和均值之比,后者主要采用各地区人口进行加权,最早由美国经济学家威廉森(Williamson,

---

① 参阅陈秀山、孙久文:《中国区域经济问题研究》,北京,商务印书馆 2005 年版,第 97 页。

1965)提出,所以也称为威廉森系数。计算公式分别为:

$$CVr = \frac{1}{\bar{x}}\sqrt{\frac{\sum_{i=1}^{n}(x_i - \bar{x})^2}{n}} \tag{10.5}$$

$$CVw = \frac{1}{\bar{x}}\sqrt{\frac{\sum_{i=1}^{n}(x_i - \bar{x})^2 \times p_i}{\sum_{i=1}^{n}p_i}} \tag{10.6}$$

式中:$\bar{x} = \frac{1}{n}\sum_{i=1}^{n}x_i$ 表示所有区域经济发展水平的平均值;p_i 为区域 i 的人口占全国人口的比重。

可以利用人口加权的变异系数对地区间人均水平的相对差异进行衡量,其值是测度地区间经济发展水平不平衡性的重要指标。变异系数和人口加权变异系数的值越大,表示地区之间的相对差异程度越大,即不平衡性越显著。

第五,基尼系数。基尼系数主要用来衡量收入分配公平程度。引入人口因素的加权基尼系数以更准确地揭示区域间的差异,其计算公式为:

$$R = \frac{1}{2\bar{x}}\sum_{i=1}^{n}\sum_{j=1}^{n}|x_j - x_i|p_i p_j \tag{10.7}$$

式中:x_i,x_j 分别为 i,j 地区的人均收入(或人均 GDP);p_i,p_j 分别为 i,j 地区人口占全国人口的比重。①

第六,泰尔指数。泰尔指数把整体差异分解成组内和组间差异,此指数通常用于将区域总体差异分解成各个不同部分的差异。计算公式为:

$$T = \sum_{i=1}^{n}s_i \ln(ns_i) \tag{10.8}$$

$$T = \sum_{g=1}^{w}s_g \ln(n/n_g s_g) + \sum_{g=1}^{w}s_g \sum s_{i,g}\ln(n_g \cdot s_{i,g}) \tag{10.9}$$

$$s_g = \sum_{i\in g}y_{i,g} \Big/ \sum_{i=1}^{n}y_i$$

$$s_{i,g} = y_{i,g} \Big/ \sum_{i=1}^{n}y_{i,g}$$

式中:$s_i = y_i \Big/ \sum_{i=1}^{n}y_i$。

式(10.9)右边第一项是组间不平等差异,计为 TB。第二项是组内不平等差异,计为 TW。因此,泰尔指数 $T=TB+TW$,TB/T 代表区间差异的贡献率,TW/T 代表区内差异的贡献率。将 n 个空间单元组织划分为 w 个大区域组,泰尔指数可以分解为组间差异和组内差异,式 $s_g = \sum_{i\in g}y_{i,g} \Big/ \sum_{i=1}^{n}y_i$ 是各大区域组占总体人均 GDP 的比例,式 $s_{i,g} = y_{i,g} \Big/ \sum_{i=1}^{n}y_{i,g}$ 是区域 i 的人均 GDP 占大区域 g 组人均 GDP 的比例。泰尔指数测度全国区域经济总体差异,是一个相对指标,取值在 0~1 之间,值越大表示区域经济发展差异越大。

第七,地理联系度。地理联系度反映两个地理要素在区域配置上的接近程度。地理联系度大,表示两个地理要素比较一致;地理联系度小,表示两个地理要素配置有较大的差异。计算公

① 陈秀山,孙久文. 中国区域经济问题研究[M]. 北京:商务印书馆,2005:99.

式如下：

$$G = 100 - \frac{1}{2}\sum_{i=1}^{n} |F_i - S_i| \qquad (10.10)$$

式中，F_i 为各地 GDP 占全国的百分比；S_i 为各地区人口占全国的比重。差额小说明经济配置均衡，差额大说明经济配置不均衡。

10.4 区域产业空间转移

10.4.1 区域生命周期与产业空间转移

产品生命周期①是从产品技术发展过程经历的三个发展阶段——创新阶段、扩张阶段、成熟与成熟后期阶段来研究产品生产变化的。区域经济学家利用这个理论来研究产业的空间转移问题，得出区域生命周期理论。区域生命周期理论认为，一个工业区建立以后，它就像产品经历的周期性变化一样，要经历从年轻到成熟再到衰老的阶段。区域在不同阶段面临的问题不同，采取的发展战略也就不同。

根据区域生命周期理论，区域间产生产业空间转移的原因有：

第一，区域进入成熟期后，生产规模扩大，已不可能靠创新时期的生产要素优势获得较低的生产成本，而且，随着劳动力价格的提高，产业的生产效益下降，空间转移成为解决问题的出路。

第二，区域进入成熟期后，随着区域内企业规模的扩大，一部分外部经济转化为内部规模经济，使得企业在新的区域仍能保证原来的协作关系，有利于区域产业的空间转移。

第三，生产技术定型化、标准化与自动化降低了对劳动力素质的要求，使得人口素质不是很高的区域也能从事生产，为产业的空间转移创造了条件。

10.4.2 产业空间转移的一般特点

(1) 产业转移的类型

产业转移的类型是从劳动密集型产业的转移开始，进而到资本、技术密集型产业的转移。发达国家和地区向发展中国家和落后地区转移的首先是劳动密集型产业、产品、零部件，如轻纺、食品加工等，其表现是发展中国家出口加工区的普遍建立和“三来一补”贸易的发展，且发展中国家出口商品结构也由初级产品为主转为劳动密集型产品为主。随后，发达国家向发展中国家转移资本密集型产业，如钢铁、机械、化工等。早期接受产业转移的国家和地区成为新兴工业化国家，它们的现代工业部门已经大部分处于资本密集型阶段或重化工阶段。发达国家随着技术水平的提高和产业结构的日渐高度化，在继续向发展中国家转移劳动和资本密集型产业、产品的同时，也开始向发展中国家转移成熟的中间型、非核心复杂技术工序和零部件生产，此时产业转移由劳动密集型产业向资本、技术密集型产业转变。

(2) 产业转移的主体

产业转移的主体是从相对发达的国家和地区转移到次发达国家，由次发达国家转移到发展

① 参阅陈秀山、张可云：《区域经济理论》，商务印书馆 2003 年版，第 326 页。

中国家和地区。以轻纺等劳动密集型产业为例,它们先是从美国转移到日本,接着又从日本转移到"四小龙",然后是从"四小龙"转移到东盟四国和中国。国内产业转移的突出特点是梯度推进,主要表现为从东部沿海地区向中西部地区转移。

(3)产业转移的过程

产业转移的过程一般都是从加工装配开始,经过资本、技术、管理经验等的积累,最终过渡到零部件和原材料的本地化生产,实现产业空间转移。发达国家向发展中国家的产业转移一般都是以加工贸易为开端,在发展中国家设立加工基地,输出装配技术和中间产品,再把最终产品销往世界各地。随着发达国家资本、技术、管理等要素向发展中国家的转移,以及发展中国家"干中学"经验的积累,发展中国家的技术水平会不断提高。发达国家因此会增加零部件和原材料等中间产品在本地的采购,这又将刺激发展中国家零部件和原材料产品生产的发展,最后中间产品和最终产品都将落户发展中国家。此时,发展中国家才算是真正从发达国家手中接替了该产业,而且相关的技术、管理经验和市场渠道也实现了转移和接替,完成了产业的升级。此时发达国家已压缩或淘汰了这个产业,去发展技术含量更高的新产业。

(4)产业转移的技术

产业转移的技术通常都是进入标准化阶段的技术。进入标准化阶段的技术已趋于稳定,投入很少,成本优势成为竞争能力的主要制约因素。按照弗农的产品生命周期理论,产品的生命周期可以分为三个阶段,即产品的"崭新"阶段、"成熟"阶段和"标准化"阶段。在产品的"崭新"阶段,企业具有选择在国内生产的倾向,因为这一阶段产品的价格需求弹性很低,企业具有垄断优势,在国内生产可以不断改进产品并保持同顾客和供应商之间的密切联系。在产品的"成熟"阶段,由于生产技术趋于成熟,产品基本定型,产品出口量急剧增加,生产技术扩散到国外竞争者手中,仿制品开始出现,出口商品的边际成本加上运输成本逐渐接近并超过进口市场的预期平均成本,竞争开始转向生产成本方面,因此,企业需要到与本国需求类型相接近的国家投资设厂,以降低生产成本,维护市场份额。当产品进入"标准化"阶段以后,企业所拥有的垄断优势已经消失,竞争的基础仅仅是价格的竞争,其结果是产品的生产或装配业务逐渐转移到劳动成本低的发展中国家,原来的发明国则转为从国外进口该产品。因此,当国际产业转移最终完成时,该产业的技术已经成为一种标准化的技术,产业转移的接受国依靠的主要是低成本的竞争力,而发达国家则投资于新的产品研发。

10.4.3 当前国际产业转移的新的特点

20世纪90年代以来,世界经济环境发生了很大变化。一方面,信息技术的发展和各国开放的日益加深,有力地推动了经济全球化的进程;另一方面,知识经济方兴未艾。这一切都改变了国际产业的背景和条件,使当前的国际产业转移呈现出一些新的特点:

第一,产业当中的第三产业投资成为国际产业转移中的新热点。传统的直接投资追求低廉的劳动力、原材料、能源、中间性产品等要素成本,以获取更大幅度的产品增加价值为基础,以销售收益和资本收益最大化为直接投资目的,所以长期以来,在直接投资的传统产业指向上,大多以制造业和采矿业为对象。但20世纪90年代以来,随着发达国家制造业向发展中国家的转移,投资方式开始从以产业结构转换导向型和资源开发导向型投资为主,向技术创新导向型转变,第三产业对外直接投资迅速增加,投资比例加大。

第二,国际产业出现跳跃性转移。历史上,跨国企业的国际化的发展进程中带有线形推进的特征。多数企业都是遵循着产品生命周期的顺序开始其国际化的。但随着世界经济全球化的不断深入和竞争的驱动,产品生命周期迅速缩短,企业对于新技术、新产品的需求更为迫切,在企业内国际分工的前提下,企业价值链的任何部分均可安排在能为提高公司整体业绩做出最大贡献的地方进行。许多老牌制造业和服务业跨国公司缩短了贸易、技术转让、投资等阶段的时间或直接进行对外直接投资,国际化进程加快。兼并和收购使跳跃式发展变得更为简便易行。

第三,生产外包成为国际产业转移的新兴主流方式。跨国公司是国际产业转移的主体,为了实现其全球战略,跨国公司对整个产业价值链进行拆分和对产业空间进行分割,分别将其布局到具有比较优势的国家和地区实行专业化生产,然后在全球范围内实行产业整合。跨国公司将非核心制造环节外包转移给那些具有专业能力的外部供应商,然后通过外购获得这些产品。从产品价值链来看,跨国公司所控制的价值增值环节集中于少数具有相对竞争优势的核心业务,而把其他低价增值部分加简单的生产加工外包给较不发达国家的供应商。在生产外包中,最主要的是原厂委托制造(original equipment manufactcturing,OEM)的外包形式。在这种形式的国际产业转移中,日本与欧美企业 OEM 交易的对象主要是技术密集型、高附加值的产品,而且产品的流动是双向、交互的;日本与亚洲“四小龙”之间 OEM 的交易对象主要以中等技术含量、标准化生产的产品为主;日本与东盟四国以及东亚国家和地区 OEM 的交易对象则是一些标准化生产的劳动密集型产品,而且产品流动是单向流向日本的。近年来,跨国公司开始将一些战略性研发投资到拥有必要创新环境和创新基础的发展中国家,实行技术外包与合作。

第四,国际产业转移出现产业供应链的整体搬迁趋势。由于跨国公司社会化协作程度高,横向联系广,一家跨国公司的投资往往会带动一批相关行业的大量投资。随着竞争的加剧,跨国公司不再遵循传统的产业转移的阶段进行投资,而是主动地带动和引导相关投资,鼓励其海外供应商到东道国投资,加大零部件供给当地化战略的实施力度,发展配套产业,建立产业群,将整条产业供应链搬迁、转移到发展中国家。另外,为了充分利用东道国的各种资源,同时使自己的生产充分适应全球各地市场的不同需要,跨国公司除了转移制造业外,其生产经营环节如研究开发、设计、中试和公司总部管理等,也开始向其他地区转移。

第五,国际产业转移由产业结构的梯度转移逐步演变为增值环节的梯度转移。对于国际产业转移的主体跨国公司来说,生产的含义不仅限于制造过程,还包括广义的增值过程。在制造业领域,这种增值过程包括从研发、制造、销售到售后服务的各个环节;在服务业中,增值过程更是贯穿于服务提供的全部过程。这种新的产业转移趋势是伴随着企业规模的不断扩张以及区位条件的变化而出现的,它将有利于提高资源配置效率,提升企业的竞争力。①

第六,国际产业转移中产业集群化趋势明显。在经济全球化进程中,许多产业更倾向于从一个区域转移到另一个区域内集聚。产业集群化的原因主要有国家作用的弱化,区域作用的强化,跨国公司的本地化战略,创新与扩散的本地化趋势,以及本地化劳动力市场的发展。经济全球化扩大了产业集群的产业范围,延伸了产业集群与外部的交流与合作,扩大了区域网络的连接范围,增加了区域劳动力的就业机会,促进了产业集群内部的竞争。区域政府必须顺应经济全球化趋势,促进本地区产业集群的发展。

第七,安全因素成为产业转移的主要障碍。最近 10 年,国际上的西方发达国家对产业转移越来越强调安全因素,涉及尖端技术产业链条的产业转移越来越受到安全因素的制约。美国和

① 参阅孙久文主笔:《深圳市产业结构调整与产业布局研究报告》,深圳市发改委,2005 年。

西方一些国家对我国高端芯片“卡脖子”技术的限制,使高新技术的产业转移越来越困难。因此,对于我国以及广大的发展中国家来说,加强自身的科技研发是打破西方“卡脖子”限制的唯一正确途径。

10.5 本章小结

区域经济空间组织是指在一定的约束条件下,对区域内或区域之间经济发展的资源要素进行空间优化配置的过程,是区域经济的一种重要的组织形式。区域经济空间组织具有目的性、协同性、可控性、渐进性和不完全确定性等特征。

产业部门在区域空间上的聚集与分散,使区域经济的规模和水平在空间上产生了差距。区域发展差距是区域经济学要研究和解决的主要问题之一。由于存在区域发展的差距,高梯度发达地区向低梯度落后地区的产业转移一直都在发生。产业转移有一些一般性的规律,但在新形势下又形成新的特点。

区域空间一体化是区域经济发展和空间演化的高级形式,是建立在区域分工与协作的基础上,通过生产要素的自由流动,推动地理位置上邻近区域的经济整体协调发展的过程。区域空间一体化的基础主要是区域经济存在互补性,主要原则是互利互惠。

经济空间组织及其结构的存在,使不同的经济区在空间上较多地表现为非均质性,而同一个地区较多地表现为均质性特点,因而有必要根据区域结构,将具有不同均质性特点的地区划分为不同的经济区。经济区划自新中国成立以来就一直在进行。到现今,归纳起来主要有四种正式的方案:六大经济区、三大地带、七大经济区和“四大板块”。

区域经济协调发展是区域经济走向成熟的标志。区域经济协调发展的内涵包括:正确处理平等与效率的关系,缩小区域经济差距;发挥区域优势,构建合理的区域分工体系;加快区域管理的制度基础建设,协调区域经济关系;实现区际要素流动的通畅和便利化,构建全国统一的大市场。

复习思考题

1. 区域经济空间组织由哪些内容构成?
2. 区域经济空间组织有哪些属性?
3. 什么是区域空间一体化?
4. 区域差距的影响因素是什么?
5. 产业空间转移的一般特点是什么?
6. 当前国际产业转移有哪些新特点?
7. 经济区划的原则与依据是什么?
8. 区域协调发展的基本内容有哪些?

建议阅读书目

[1]覃成林、金学良、冯天才等:《区域经济空间组织原理》,武汉:湖北教育教育出版社 1996 年版。

[2]刘卫东:《经济区划与地区发展战略理论和研究方法》,北京:中国地质大学出版社 1988 年版。

[3]孙久文:《区域经济规划》,北京:商务印书馆 2022 年版。

[4]孙久文等:《中国区域经济结构调整与国土空间开发格局优化》,北京:人民出版社 2023 年版。

[5]藤田昌久、保罗·克鲁格曼、安东尼·维纳布尔斯:《空间经济学》,梁琦主译,北京:中国人民大学出版社 2005 年版。

[6]魏后凯:《中国区域协调发展研究》,北京:中国社会科学出版社 2012 年版。

[7]米凯莱·阿拉塞维奇,安娜·索奇:《不平等简史》,上海:上海社会科学院出版社 2018 年版。

[8]孙久文等:《区域经济前沿:区域协调发展的理论与实践》,北京:中国人民大学出版社 2020 年版。

11
区域规划与经济区划

重点问题

- 区域规划的概念、性质、任务与作用
- 区域规划的类型及其相互关系
- 区域规划的系统设计
- 经济区划与主体功能区

区域规划是区域经济学的重要组成部分,是区域开发的主体对区域经济、社会、资源环境等各方面未来发展所做的总体安排和战略部署。

11.1 区域规划概述

11.1.1 区域规划的概念

长期以来,人们对区域规划的定义争论不休,大家从对区域经济学的不同理解提出了各自的观点。

(1)区域规划的三种概念

理解区域规划,可以从三个角度进行:

第一,宏观规划的角度。即从宏观经济的发展需要出发,以社会经济综合发展为目的,对区域空间进行规划,制定中长期的发展战略规划。这种规划往往具有指导性,是政策性的规划。国家和区域的发展规划,如"十三五"规划,都属于此类。

第二,中观规划的角度。将规划的范围限定在一个特定的区域内,综合考虑区域内部资源的分布和社会经济发展的条件,将大都市与周边吸引地域结合到一起,对这个特定地区的经济活动及产业发展,制定一揽子的发展程序和时间表。区域规划的内容相对比较具体,要涉及具体地区的具体部门或具体产业,规划的文本要具有可操作性。

第三,微观规划的角度。将区域规划解释为区域土地利用规划或者是扩大的土地利用规划,或者是城市规划的一个组成部分,包括各类资源的开发规划和居民小区的开发规划等。微观的理解更倾向于方案的设计,以促进某一类小区域的发展作为规划的最终目的。

(2)区域规划与区域经济发展的关系

区域规划最早产生在20世纪初的英国和德国。长期以来,编制区域规划的目的就是解决区域发展的程序和空间问题。

按照新古典经济学理论来分析,区域发展离不开三个最基本的要素:资本、劳动力和技术。要素转化为财富,需要有条件和途径,而政策、机制和环境则决定了各类要素在区域发展中的作用大小。区域规划是解决这些生产要素现在和未来在特定区域的配置或部署的问题。它以现实的各类生产要素的组合为基础,根据发展条件和环境的变化,安排未来时期的要素如何组合、如何运行。

要做好区域经济发展中的程序和空间安排,需要理清的头绪很多,从战略思想到战略方向,再到具体的行动方案,是一个系统工程。区域规划所涉及的区域发展问题,是根据当前资源环境条件和经济要素组合所做的决策,但实施这种决策是未来的问题,所以需要解决战略问题和行动方案问题。

(3)区域规划与产业布局的关系

区域规划和区域产业布局是容易被混淆的两个概念。

韦伯和杜能的区位模型,都是以运费最小来选择最佳区位进行产业的空间布局的。廖什引入了产业空间布局的利润最大化的概念,并提出市场区的模型。现代区域经济学则在此基础上进行深入研究,形成了产业聚集等许多模型。产业布局研究的核心是企业如何选择分布地点的问题。根据廖什的市场区模型,如果市场区的范围成为已知条件,我们要解决的是生产企业的布局问题。区域规划要解决的是在什么时间、投入多少、投入哪类要素,各类要素在规定的时间内在什么样的地方组合和以什么样的方式、什么样的机制去组合的问题。

所以,产业布局的理论,要靠区域规划去付诸实施,从理论到实践,以理论指导实践;而区域规划的方案,包含了产业布局的方案。

(4)区域规划与区域政策的关系

区域政策的基本目标是解决区域经济发展与区域间利益关系的协调问题,其基本特征是政府通过政策的作用,扶持不同类型区域,为区域选择适合自己特色的发展道路。一般来讲,随着区域系统的缩小,区域政策与区域规划的共性就会增多,最后,当规划区域变为很小时,区域政策就变成为区域规划。也就是说,人们普遍认为小区域的问题归根到底是一个区域规划就能解决的问题。

在实践中,区域政策更倾向于制定方针和准则,区域规划更倾向于制定步骤和方案。事实上,一个好的区域规划离不开区域政策的内容。从某种意义上讲,制定规划就是制定政策,然后再实施政策。

那么,哪些内容是区域规划区别于区域政策的呢?

第一,区域规划中对各类指标的设计,来源于社会调查和对统计资料整理分析后的指标取得,依靠模型计算得到对未来指标的预测值,这些内容更多是依靠区域经济分析方法和相应的技术手段获得的,而区域政策的制定一般较少应用这些技术手段。

第二,区域规划中对市场的预测、对资源组合情况的分析和对产业选择的确定,以及在此基础上制定的区域产业发展的规模和结构规划,这些内容对解决区域发展的程序问题有很大作用,而区域政策的制定一般是解决规划的实施问题,它所需要的是预测和分析的结果,而不是预测和分析的过程。

第三,区域规划中空间分布的方案及其实施步骤,是解决在什么地方、发展什么产业的问题,产业布局的方案要考虑地区产业发展的条件、区域的环境容量和产业的配套情况等,要有经济和技术的分析手段相配合,而区域政策是解决怎么发展以及发展的机制的问题。

11.1.2 区域规划的性质

综上所述,我们为区域规划所下的定义是:区域规划是一定地域范围内经济社会发展的谋划与安排,是优化区域空间结构、缩小区域发展差距和解决区域发展方向问题的重要手段。

目前,区域规划已由制定物质建设规划为主转向以制定区域发展规划为主,规划中更加重视经济、社会和生态因素的共同作用。从空间上看,以整个国家为对象的区域规划,是今后我国区域规划的主要难点。

根据上述定义,区域规划的性质主要有下列几方面:

(1)区域性

区域的特点决定区域经济的特点,区域经济的特点决定区域规划的特点。不同区域由于自然地理、资源条件、社会发展、经济基础、文化传统等方面的差异,经济发展的模式和途径有很大区别,完全相同的区域是没有的。区域规划的区域性就是要根据不同区域的不同情况,设计不同的规划方案。

对此,我们可以从三个方面去认识:

第一,区域自然资源条件的差异性。由于自然资源分布的非均衡的特点,由不同的资源种类、数量组合而成的区域优势最容易看到,而这种资源优势很少有两个以上的区域是完全相同的。

第二,区域社会文化条件的差异性。不同的地域所传承的文化传统具有差异性,中外文化有很大的差异性,中国内部各区域在文化方面也存在很大的差异性。各区域在不同的社会文化条件下形成的发展条件,基本上是不相同的。

第三,区域经济基础的差异性。在区域规划之前形成的经济发展的基础,是一个长期的积累过程。由于区域经济发展的时间、地点和发展方式的多样化,完全相同的发展基础是不存在的。

(2)战略性

区域规划的战略性,表现为当前决策的未来性。当前制定的区域规划是对未来的一种谋划,是当前决策在未来的实施。由于时间因素的不确定性,决策的基础又是对发展前景的预测,所以短期规划的准确度较高,长期规划的准确度差一些。但区域规划并非一劳永逸,因为任何决策都是在不断做出、不断修订的,即根据当时当地的具体情况不断矫正,所以,关键是要预测区域经济未来的趋势,而不仅仅是某个指标。也就是说,区域规划的战略性是指我们今天制定的规划是为未来的发展提出若干条可供选择的不同道路,然后进行选择。

由于当前决策的影响效应要在未来才能反映出来,所以决策的风险很大。这种风险在于:如果对未来的蓝图描绘得不准确,出现目标性偏离,将影响整个规划期间的区域经济发展;如果对发展途径寻找得不准确,本来可以实现的目标却可能成为空想。所以,区域规划还要建立反馈机制。

(3)科学性

规划的科学性首先是指规划过程的科学性,然后是规划方案本身的科学性。规划的过程是建立一种思路、确定一种模式的过程,需要有科学的态度和精神,以及先进的方法和手段。由于区域经济发展的条件和环境都在变化,区域规划也处在不断修正当中,因此,区域规划的过程已经成为一个连续的过程,规划的制定者必须面对这一情况。

那么,如何才能证明我们的规划是科学的呢?很显然,规划的结果是不能检验的。因为当检验完成的时候,规划也已实施完毕,无论是好是坏,都成为我们必须接受的一个结果,检验结果对于规划本身来说已经没有意义。所以,我们要着重检验的只是规划的方案。科学的规划方案应具有以下三个特点:

第一,独创性。通过发现区域经济发展的新资料来推动规划的进步,新的规划思路和政策可以促进区域经济的发展。

第二,集体性。区域规划的方案要能够获得区域内大多数人的赞同和认可。

第三,更替性。在区域规划的过程中,需要不断更新和不断修正规划者的观念。

(4)权威性

权威性是对区域规划在可操作性方面的要求。区域规划没有权威就不可能实施操作,甚至没有任何的参考价值。一个科学的、符合区域经济发展实际的、能够付诸实施并指导区域经济未来发展的规划,本身就具备了权威性的特点。

专家权威和科学权威是区域规划权威性的来源。区域规划的过程应当有懂科学、懂技术的专家参与。专家的作用在于解决规划中的技术问题,提出与政府所考虑问题不相一致的意见,并对规划的科学性进行详细的论证。

在市场经济体制下,区域的利益主体及其代表发生了有别于计划经济体制的变化。地方性的立法机构代表地区人民的利益和意愿,地方政府受中央政府的委托和地方立法机构的委托,成为地区人民利益的代表者,所以,由地方政府及其下属机关委托制定的区域规划才真正具有合法性和权威性。地方政府的权威决定了规划的权威,规划的权威又决定了规划能否实施。

11.1.3 区域规划的任务

一般认为,区域规划的任务由五部分构成。

(1)明确区域的发展方向

确定区域发展的方向必须有充分的根据,要考虑以下五个方面:

第一,国家经济发展的宏观背景。一定时期国家的经济发展取向决定了区域经济发展的重点、速度和政策,形成了区域发展的大背景。

第二,区域的资源和经济社会发展现状。区域的自然资源和人文资源是区域经济发展的基础,而现状是未来发展的基础,综合分析区域经济现状与未来发展趋势是制定区域发展方向的必然要求。

第三,周围区域的发展现状及其与本区域的相互关系。区域经济发展在今天已经是一种具有广泛联系的经济活动,一个区域的发展必然与周围地区发生多种类型的联系。区域经济发展方向的确定不能离开这种联系。

第四,可持续发展原则。区域是一个由资源、环境与社会、经济相结合的有机整体,区域发展的目的不仅是为了取得最好的经济效益,而且要求取得最好的社会效益和生态环境效益。所以,确定区域规划的方向时,也必须坚持获取综合效益的可持续发展原则。

第五,科学技术发展的趋势。区域发展的先进性是通过发展先进的科学技术来实现的。要正确认识科学技术的发展趋势,使区域的发展能够顺应科学技术发展的趋势。

(2)制定区域的发展目标

制定区域经济发展的目标,是区域规划的第二个任务。区域规划的目标是区域未来要达到目的的预测。区域的发展方向和发展目标是统一的。发展方向通常是定性描述,而发展目标则是发展方向定量化的反映。发展目标可分为总体目标和具体目标。总体目标是规划思想的高度概括,具体目标是发展方向的深化和具体体现,由一系列的指标来体现,这些指标应能反映出经济发展水平、结构和发展速度的基本轮廓,一般要依靠预测模型来计算数值。

检验区域规划的目标制定得是否准确,可以从以下六个方面来进行:第一,规划目标应当是经过努力可以实现的;第二,规划目标要有包容和概括性;第三,规划目标要能够反映区域发展的各个方面的情况;第四,规划目标必须具体、明确,只具有单一的解释;第五,规划目标要具有时效性,要规定目标实现的时间,任何目标都只适用于一定的时间;第六,规划目标要具有空间的唯一性,即一组目标一般只适用于一个特定的区域。

(3)确定区域的空间结构

为了使区域规划方案能够落实并实施,确定区域的空间结构十分重要。这实际上是确定推动整个区域发展的空间增长极点,使经济资源、人力资源和科技资源能够集中起来,发挥更大的集合性作用。

第一,确定区域经济增长中心,即选择具有一定的人口规模和经济规模、具有先进的经济和服务管理体系、具有完善的基础设施的城市作为区域经济增长中心。区域经济增长有一个从单中心向多中心过渡的过程。

第二,协调中心城市与外围吸引区域的关系。加快实现中心城市的现代化,通过城乡一体化的发展模式,组织生产综合体,促进城乡经济有机结合,促进城市经济和技术向农村渗透和扩散,促进农村与城市的协调发展。

第三,确定区域的发展轴和发展带。区域经济发展轴是指规划区域经济聚集的主要轴线,该区域的经济增长中心应当位于这些发展轴上;发展带是指由一定的交通、通信和能源供应线构成的带状区域,是规划区域未来发展和产业聚集的重点地区。

(4)选择重点发展部门,确定产业功能结构

在一定时期内,区域发展的重点应该选择哪些部门和怎样选择,没有固定的模式,只能根据当时当地的具体情况具体分析、具体决定。以主导产业部门为重点,就是要发挥其带动地区经济全面发展的作用,实现产业之间的平衡和协调发展,促进辅助产业和基础产业上新的台阶,以实现区域的长期可持续发展。

区域经济要上升至一个更高的层次,产业结构的升级是重要的途径。主导产业的选择能够确定区域发展产业的取舍,选择的依据是比较优势。发达地区和不发达地区的比较优势显然是不一样的,发达地区由于具有资本和技术优势,选择的主导产业一般应当是资本和技术密集型的,落后地区由于资本和技术的缺乏,选择的产业通常应当是劳动密集型的。一部分落后地区选择开发自然资源并输出原材料这种道路,使其产业结构当中的主要部分是资源型产业。

在产业结构确定之后,区域产业发展的要素分配(即将一个区域的资本、资源、劳动力等按照需要投入到规划的产业部门中去)也就基本确定了。但是,如果比较优势发生了变化,对于一个区域来说,生产率高的部门已经从一组部门转到另一组部门,那么区域内要素资源的投入也应当改换新的方向。区域经济结构规划,说到底,就是全社会拥有的要素资源,特别是新增加的要素资源在各产业部门之间的分配,以及新的分配所形成的产业结构对其他方面的影响,尤其是产生的经济增长的效果。

(5)制订规划方案

制定区域规划方案,即要根据区域经济发展的需要,在综合评价区域发展的优势和制约因素的基础上,充分考虑市场的需求和区际之间的经济联系,对规划区域的基础设施等条件和原有的产业基础进行客观的评价,正确地确定区域的发展方向,优化地域经济空间结构,合理布局生产力。它是区域规划的中心环节,也是区域规划的核心任务。

编制大区域(县以上)的规划,应该规划出该区域未来经济发展的空间格局,包括未来中心与周边的区域关系、区域经济中心的建设与发展情况、主要基础设施的建设情况以及区域的产业功能分布情况等。编制地域范围较小的区域规划,除对基础设施的布局方案应做出具体规划外,还应对区域性的主要公共服务设施,如教育、医疗卫生、商业贸易、文化、体育、娱乐、旅游等设施进行布置。

重大建设项目的安排是区域规划的点睛之笔。重大建设项目的确定应根据总体规划方案和阶段目标的要求,结合地区发展的重点,从全局的角度出发认真考察。对于重大建设项目,应根据项目的建设要求确定好建设时间。

11.1.4 区域规划的作用

切实加强区域规划的调控功能,优化空间结构和开发秩序,是区域规划的主要作用。区域

规划以调整空间地域中长期发展为主要目标,成为政府干预的重要手段之一。区域规划的主要作用是:

第一,解决区域不平衡发展问题。一般全国性或大区域的区域规划,这方面的作用比较突出,其基本目标是为缓解工业化过程中人口过度集中、人地关系相对紧张的压力,解决区域失衡的问题。例如,日本1962年制定的《全国综合开发计划》,将国土分成“过密地区”“整治地区”“开发地区”三种地区,分别实施不同的开发对策。

第二,调整中心城市与周边地区的关系。为促进区域经济与城市发展在地区上的平衡,应当通过规划的手段协调中心城市与周边地区的关系。例如,法国为扭转地方人口向巴黎过度聚集的趋势而制定的全国性的区域规划,体现了控制城市规模和改善生活环境、促进中心城市与周边地区协调发展的思路。北京市在城市规划中提出建设新城和副中心,通过高速公路、地铁等交通干线与市区相连接,也体现了区域协调发展的思路。

第三,促进落后地区发展,缩小地区发展差距。促进落后地区的发展,区域政策在其中起着主导性的作用。落后地区开发应该高度重视区域规划,要在制定区域政策的同时,制定与之配套的区域规划。例如,我国从2000年启动西部大开发,出台了相关的政策,也制定了西部大开发的总体规划。这种区域开发规划要科学确定区域规划调控范围,实现由物质建设规划向经济发展规划的转变。

第四,综合开发优势资源,促进相关产业的发展。区域优势资源的充分开发利用和区域产业的发展对区域的整体发展作用很大。区域规划作为区域经济管理的一种手段,优化资源开发和促进产业发展是其重要的功能。但是,区域规划的直接调控领域应当限制在社会公共管理的范围内,对由市场调控的产业的发展,主要是进行引导,采用财政、税收、政府采购、经济补贴和公共投资及人员培训等间接手段进行。

11.2 区域规划的主要类型

对于区域经济研究来说,当面对一个具体区域的时候,我们首先要做的是对这个区域内部的亚区进行类型划分。区域规划一般都是根据区域的类型形成规划类型。

11.2.1 区域分类

我们对区域进行分类,一般是依据其位置关系或者区域的性质、区域的角色来进行划分。

(1)类型区与系统区

①类型区。类型区属于同质区域。类型区是依据区域的相同性或相异性的关系,即区内的相同性和区际的相异性来划分的,显然,这是一种静态的排列。类型区的划分需要有明确的标识,这种标识可以是自然的,也可以是经济的,然后通过主成分法去提炼和归纳。类型区在区域研究中之所以显得重要,关键在于它所表现出来的是一个区域在自然景观和经济景观上的类型差异性。在对类型区的研究中,我们必须防止一种倾向:由于经济发展使得经济性的标识日趋重要,因而人们常常忘记了还有自然的存在,或者把自然当作了经济的附属物。

②系统区。系统区属于极化区域。系统区是区域之间位置关系和相互作用关系的一种表

现形式。系统区的划分是将位置相连的区域放在一起,并不强求自然和经济的统一性,而仅仅是去研究它们之间的相互关系。例如,如果我们把一条河流的整个流域作为一个系统区,那么河流的上游、中游和下游之间的所有自然和经济特征可能都是互异的,但所在位置上的相连,使我们完全有必要把它们作为一个整体来研究。在研究中,我们可以先研究整体的特征,再研究各部分的特征。

(2)行政区与经济区

①行政区。从国家管理的角度认识区域,一般认为区域是国家管理的行政单元,国家按照需要划分出各类行政区而形成行政体系,这种体系的每一个部分,都是一个区域。行政区是一种管理区域,它含有地理区的特点,也带有经济区的特征,涉及一个国家的政治、文化、民族、国防、历史等多方面的因素。行政区与经济区最大的区别就是,行政区有固定的政府对整个区域进行管理。

我国由于历史的原因,经济运行一般是按照行政区来进行的,所以给人们的一个错觉就是:行政区经济就是区域经济。实际上这是不准确的,或者说只是一个特例。在完善的市场经济条件下,所谓行政区经济是不存在的,只存在真正意义上的"区域经济"。

②经济区。经济学认为,区域是国家经济体系中的一个完整的经济地区,具有完整的经济结构、完善的经济运行机制,是一个完整的经济单元。经济单元与行政单元在地域空间上的一致,是我国区域经济发展在目前阶段的一个重要特征。区域经济作为市场经济的重要组成部分,需要有完善的法律法规作为保障,也需要造就一种公平竞争的市场环境和市场秩序,这是各级政府进行经济区域管理的重要任务。

(3)核心区、外围区与过渡区

①核心区。核心区一般是一国发展最快的区域,集中了国家大部分的科技力量和工业企业,是国家的政治、经济、文化和对外贸易中心。核心区聚集了主要的大城市,这些区域的集中发展,往往控制了附近的区域,也有可能阻滞落后地区的发展。

②外围区。在我国,外围地区是指以广大西部地区为主的、以资源产业为中心的区域。这类区域的发展条件较差,其发展需要大量的投资和先进的技术,而这些又是依靠区域自身力量所难以解决的。外围区在发展初期,投资的效率一般较低,这与外围区的基础设施和投资环境落后有直接的关系,所以,对外围区的开发,往往是从基础设施的建设开始,把改变外围区落后的发展环境作为首要任务。

③过渡区。过渡区是介于核心区和外围区中间的区域,它又可分为三类:一是经济已有一定的基础,但仍然以农业为主体的地区;二是由于技术进步较慢、体制改革跟不上先进地区、失掉市场或资源枯竭等而开始出现生产停滞、人口外流、市政设施落后、人均收入增长较慢、失业严重的地区;三是以能源和原材料生产为主的地区。要发展这些地区,需要大量的投资,以保证经济和社会等各方面的发展。

核心区、外围区与过渡区的判断通常用人均 GDP 的标准化值作为标准。计算公式如下:①

$$\text{某地区人均 GDP 标准化值}=\frac{\text{某地区人均 GDP}-\text{全国人均 GDP}}{\text{全国人均 GDP}} \tag{11.1}$$

式中,全国的平均值和标准差均按加权平均法(以各省、区、市人口数加权)计算。

① 孙久文,叶裕民. 区域经济学教程[M]. 北京:中国人民大学出版社,2003:275.

显然,当某区域的人均 GDP 高于全国平均值时,标准化值为正,否则为负。核心区与外围区的判断指标值各有不同,一般认为,人均 GDP 的标准化值大于 0 的地区可视为核心区。

11.2.2 区域规划的类型

从规划实施的角度看,区域规划大体上可以分为两类:

第一类,约束性规划。那些由中央或地方政府实权部门制定的,并由这些部门具体负责落实的规划(例如,城乡土地利用规划等),目标是明确的、固定的和有约束性的,其中一些规划指标带有很强的控制性(如人口数量、土地数量等),这样的规划即为约束性规划。约束性规划也可称为硬约束的规划。

第二类,指导性规划。战略规划、发展计划、国土规划等,规划的指标是预测性的,而不是控制性的,规划的目的是进行战略性指导而不是区域管制,因此,这些规划被称为指导性规划。指导性规划的约束是"软"的,但"软"约束不等于"无"约束。

从规划的对象和范围的角度,区域规划可以分为三类,即区域经济发展战略规划、区域开发规划和区域空间规划,其中,每一类又由若干不同内容的规划构成,适用于不同的情况和地区。下面对三类规划及这三类规划之间的关系做具体阐述:

(1)区域经济发展战略规划

区域规划的重要内容之一,是为各区域制定区域经济发展战略。发展战略是解决地区经济发展的总体思路问题,是经常性的、不定期的任务。一般来讲,发展的思路应当保持长期性和一致性,不宜经常变化。但是,发展思路又不是一成不变的,需要不断创新,与时俱进。没有创新当然就没有发展。在现实当中,当一个区域的经济发展面临重大的转折,或者遭遇到一定的困难,或者经济发展条件、发展环境产生巨大的变化时,区域经济的发展思路都有必要进行调整和创新,发展战略也必须重新制定。

区域经济发展战略规划是概念规划,包括制定战略的依据、战略目标、战略重点、战略措施等主要内容。区域发展战略规划是区域经济总体发展的战略,是依据某一个具体的、有明确界限和范围的地区进行的规划,是区域规划中最客观的部分,适用于对区域发展进行整体谋划。在实践当中,又可以针对不同的地域,进行具体的规划。

由于我国特定的体制特点,目前的区域经济发展战略规划都是按照行政区进行的。但是,这并不等于说只有行政区域才能进行区域经济发展战略规划,而仅仅是因为我国行政区与经济区高度重合的结果。

制定区域发展战略规划,应总体把握区域经济发展的指导思想,把确立远景发展目标和分阶段的目标、构建区域产业结构、树立主导产业和地方性产业部门作为规划的重点。

(2)区域开发规划

一个区域仅仅有发展战略规划当然是不够的,还需要有具体的区域开发规划来设计区域的发展。

制定区域开发规划,首先,要确定区域开发的目标,包括经济发展目标、社会发展目标和生态环境改善目标。社会发展和人类进步是根本目的,经济发展是手段和途径,生态环境改善是制约条件,应力求做到三者统一。其次,评价区域开发的条件。区域开发的条件包括区域发展的制度和政策、区域资源基础、区域经济现状以及区域基础设施现状等。最后,选择区域开发的模式。广义的区域开发模式包括产业结构模式、产业组织模式和产业布局模式,涵盖了产业选择和产业分布的各类问题,特别是要求对空间布局有一个合理的安排。

(3)区域空间规划

区域空间规划的目的是在一个特定的地区建立合理的地域空间结构。它的编制涉及城市、乡村、产业、基础设施和区域环境等,其中比较重要的有:

第一,区域空间结构规划。区域空间结构规划的主要任务即指按区域空间类型,根据区域不同的发展条件和环境,划分功能区。目前我国的功能区主要有四类:一是优化提高区域,指目前经济社会发展较好的区域;二是重点开发区域,指重点进行较高强度的经济开发活动的区域;三是限制开发区域,指要实行保护优先、适度开发的区域;四是禁止开发区域,指自然保护区、生态脆弱区和其他不适合开发的区域。

划分功能区的目的,首先是要促进区域协调发展,缩小区域经济差距。要逐步使居住在不同区域的人民,都有接受教育、就业和参与发展的机会,都享有均等化的公共服务,生活水平大体相当。其次是方便进行分类指导。不同区域的资源环境承载能力不同,集聚产业和人口的能力不同,发展的内涵和要求也应该不同,应该实行分类指导。最后是保护生态,促进区域协调发展。按照功能区域构建区域发展格局,既要有开发,更要有保护。

第二,城市规划、城镇体系规划与乡村居民点规划。城市规划是通过对城市空间的建设安排,达到有序控制城市建设规模和发展方向的目的。城市规划经过多年发展,已经形成了相对成熟的学科,形成了一套制定城市规划的程序和方法。城镇体系是区域生产要素和城镇人口在地域空间组合方式上的具体形式,也是产业布局当中产业和人口聚集的类型之一。城镇体系规划是一项重要的区域规划。编制农村居民点规划,要在科学预测人口增长的基础上,研究农村人口的合理分布,对乡村居民点体系做出总体的设想,确定各居民点的空间分布、人口发展规模及与地区中心城镇的联系等。

第三,区域布局规划。区域布局规划是对一个地区社会经济发展的内容进行区域配置,是区域发展规划本质的内容。在一个特定的区域内,发展哪些产业、发展到多大规模和在什么地方发展,是产业发展中要解决的三个基本问题。虽然自杜能和韦伯以来,人们对产业配置的研究已经进行了100多年,但随着国际经济的发展和科技进步,产业配置出现了许多新情况和新问题,特别是对产业聚集的研究,以及聚集和分散关系的研究,使得产业配置在空间经济范畴内被赋予了新的内涵,这对区域布局规划提出了新的要求。此外,区域布局规划还要解决好区域内的近期开发建设项目的配置、重点开发区与一般地区的联系等问题。

第四,环境治理和保护规划。广义的环境包括自然环境、生产环境和生活环境,狭义的环境仅指自然环境。区域规划中的环境治理和保护的内容主要是指:提出保护大气、水体、生态、土壤的措施,以及防止污染的对策;对保护自然、治理污染、恢复生态的重大工程设施进行具体的规划;提出丰富自然景观、美化生活环境的措施,包括工程措施和生物措施等;提出建立良好人居环境的经济和社会发展的途径。

11.3 区域规划的系统设计

11.3.1 区域规划的制定

下面我们具体阐述区域规划的制定。

(1) 区域规划的指导思想

区域规划必须有一个指导思想。指导思想是区域谋求发展的最高概括和总纲,对区域规划的影响是长期性和全局性的。正确的区域规划的指导思想,是建立在深入细致的调查研究和理论升华的基础之上的,是对未来发展趋势预测的总结。正确的战略规划指导思想一经确立,就将对区域未来经济发展起到巨大的促进作用。

区域规划的指导思想一般要有区域的针对性,并与区域经济的发展阶段相一致。在初期起飞阶段,发展工业、建立工业体系是发展的关键;在中期成熟阶段,调整和完善产业结构、促进产业创新是发展的关键;到后期追求生活质量阶段,充分就业、提高平均收入水平则成为重点。区域规划指导思想的差别,反映了发展水平的差距。

在我国目前的发展态势下,制定区域规划指导思想的主要原则是:首先,以区域规划高质量发展统领全局,把提高人民群众的生活质量、促进人的全面发展作为制定的根本出发点,转变发展观念,走可持续发展道路。其次,以经济和社会的协调发展为目标,把区域之间、区域内部不同功能区之间、各个部门之间和不同利益集团之间的发展要求结合起来,促进共同发展。最后,以保护自然资源和人类文化遗产为前提,通过制定区域规划来达到人与自然的平衡发展,实现对自然资源和文化资源的有序开发利用,实现不同区域的人类文明的进步。

(2) 区域定位

进行区域定位,就是规定本区域在一个较大的区域范围内扮演什么样的角色。区域经济的发展已经摆脱了孤立发展、创建自己完整的工业体系的道路,进入区域合作、相互促进的新时期。一个区域与周围地区之间的关系,以及其在一个较大的范围内起什么样的作用,已经成为影响区域经济发展的重要问题。所以,确定自己在大区域内所处的位置,是制定区域规划的重要环节。

具体来说,区域定位要考虑以下几个方面的因素:

第一,区位条件。考虑区位条件,就是要分析一个区域的地理位置优势,以及由此产生的经济优势和生产要素优势。发达的交通和通信条件是经济辐射的高效通道,也是区域发展的基础;现代化都市区基础设施的完善、空间结构的优化、产业分工合作体系的形成,可以提升区域的综合服务功能,提高区域的经济规模总量。

第二,资源条件。资源条件是由自然资源和社会经济资源构成的。资源条件对各类产业发展的影响表现为直接影响到各类产业的区位选择,同时在一定程度上制约城乡建设和人居环境的布局。人类一方面要提高对资源条件的适应能力,另一方面也要通过努力,使资源条件发生变化,建设对人类生产、生活有利的环境。

第三,区域发展的地位和作用。考虑一个地区在国家和大区域中的地位和作用,实际上就是考虑区域的综合竞争力情况,包括区域的经济实力、对外开放程度、基础设施竞争力、教育和科学技术发展状况、国民素质、区域产业结构和地方政府作用等。通过对这些影响因素的考察,来实现对一个区域的准确定位。

(3)提出区域经济发展的战略目标

提出区域经济发展的战略目标,是制定区域规划的重要内容。规划目标一般包括以下几个方面:

第一,优化空间结构。首先是区域空间开发目标的实现,中心点是正确处理区域发展与缩小地区差异的关系。要加快区域发展,就必须打破现存的空间结构,而打破空间结构可能带来经济的快速发展,也可能带来经济的停滞或发展速度的减慢。

第二,增强中心城市的发展实力。城市或城镇作为区域经济的发展中心,其经济实力的大小对区域发展影响很大,区域规划的重要目标是使发展中心的实力有较大的增强。要增强实力,就要改善中心城市的经济基础、环境和服务设施,促进经济结构单一化的城市向多样化和综合化转变。

第三,加快周边地区的发展。中心城市与周边地区是相互依赖的功能性空间实体,采取相应的措施来协调城市与周边地区的关系是区域开发的重要内容。中心城市的周边地区是经济、自然和文化错综复杂的地区,又是城市扩张的方向所在,因而对区域发展来说,要特别关注这一区域。

第四,加快基础设施建设。全面的、综合的区域规划要考虑到基础设施的建设,包括交通系统(包括区域内部和区域之间的交通系统)、能源供应系统、给排水系统以及其他公共基础设施系统的建设。

第五,其他方面的目标。区域规划战略还要考虑其他方面的目标,包括提高地区居民素质的教育和培训、对区域可持续发展有重要意义的生态系统的保护、区域水资源的管理、土地开发与利用、地区文化遗产的保护以及区域和城市景观的美化等。

(4)明确区域经济发展的主要任务

区域规划的主要任务,需要根据特定区域在一定时期的发展要求来制定。我国的区域发展任务主要包括以下几个方面:

第一,提升创新能力。其中包括:整合资源要素,构建完善的创新网络,培育增强竞争优势,推动区域发展层次、产业结构、形象地位不断跃升;建立以企业为主体的科技创新体系,加大研发投入,吸引创新型人才,提高企业研发人员占从业人员的比重,创立具有完全自主知识产权的知名品牌。

第二,提高增长质量。提高区域经济的增长质量应以优化产业结构为途径,发展高新技术产业为手段。衡量增长质量的指标,包括主导产业集群的规模、竞争优势加强的情况、高新技术产业实现增加值的情况和单位面积的 GDP 规模等。

第三,增强区域综合经济实力。增强区域综合经济实力,应通过经济增长方式的根本转变,来促进地区生产总值的增长、人均生产总值的提高、地区财政收入的增加、地区固定资产投资的增长和资源利用效率的提高等。

第四,促进区域协调发展。以"一带一路"建设、京津冀协同发展、长江经济带发展三大战略为核心,重点打造国家级经济带;以国家级经济带为骨架,以区域中心增长极为节点,以县域发展为基础,构建覆盖全国的区域协调发展新局面。

第五，加快社会事业的全面发展。包括教育事业的全面发展、收入分配差距的逐步缩小、社会保障体系的进一步完善、城乡就业水平的提高、文明安定的社会局面的进一步巩固、民主法治建设和精神文明建设取得进展、抗御自然灾害和应对突发事件的能力得到加强等。

第六，加大区域改革开放程度。包括推动区域企业走出去、参与全球竞争，提升对外开放水平；构建新的经济增长极，积极推动综合配套改革试验区、国家级新区、承接产业转移示范区、产城融合试验区等极点式区域的建设，实现以点带面的发展。

第七，促进区域绿色发展。包括坚持节约优先、保护优先、自然恢复为主的基本方针，着力推进绿色发展、循环发展、低碳发展，形成节约资源和保护环境的空间格局、产业结构、生产方式、生活方式，从源头上扭转生态环境恶化趋势；着力完善国家和地区生态补偿机制；国家和地方政府共同探索建立环境治理和生态补偿机制，走可持续发展的道路。

(5) 制定区域政策

制定区域规划的一项重要内容，是影响战略规划实施的区域政策的制定，或称战略规划的对策设计。政策不是指包罗万象的各式各样的具体措施，而是指实现战略目标的关键性措施。战略对策必须具备针对性，是针对区域内经济发展中亟待解决的问题提出来的，能够切实解决一些难题。本书第 12 章将集中讨论区域政策问题。

区域规划是对区域的整体发展进行的谋略和安排，这种谋略和安排是规划者对一个区域发展的总体的认识，并通过规划确立区域发展的合理进程。区域规划是一个复杂的系统，人们对区域规划过程的认识经历了一个长期的探索时期，在不断实践的基础上日益成熟起来。区域规划的规划过程是对特定的区域和城市进行管理和控制的预期安排，其基本的出发点是寻找实现区域发展目标的最有效的途径。

11.3.2 区域规划过程的一般模式

早期的规划者认为，规划就是编制方案，编制方案就是画出详细的规划图。例如，英国的城乡规划法提出了制定详细规划图的周密条款，并把规划的重点放在土地利用规划上，这时的规划重图纸而缺乏文字的解释。随着人们对区域发展问题认识的深入，区域规划的重点转移到所要完成的任务和完成任务的各种途径的选择上面来，从而开始提出各种政策，评价各种政策造成的结果；同时，编制方案的重点也从详细的规划图转变成文字的解释和说明。这种区域规划过程的一般模式为：

首先，规划要对地区的实际情况进行分析，找出存在的问题。进行规划的区域政府希望寻找到一条正确的区域发展道路，因此，规划首先需要对地区的发展情况进行分析，找到区域经济发展中存在的主要问题。规划得好与不好，有没有应用价值，关键要看规划者对规划地区存在问题的认识的深度如何，以及是否能够找到影响区域经济发展的关键因素。

其次，根据发现的问题来确定规划的具体目标，并对提出的发展目标进行预测，提出、比较和评价方案，对方案的执行情况进行监控。规划要求根据具体的任务和可能的财力来评价和比较各个方案，并采取行动来实施方案。

(1) 确定区域规划的目标、任务和对象的阶段

区域规划的目标具有高度的概括性，包括区域的经济目标、社会目标、环境目标等。区域规划的类型不同，目标的选取存在很大的区别，例如，战略规划目标是宏观目标，产业发展规划是中观目标，土地利用规划是微观目标，等等。

区域规划的任务是指在目标确立之后,为达到这个目标必须完成的工作,以及这些工作所包含的具体内涵。例如,区域经济发展战略规划的目标是实现区域经济的综合发展。确定区域规划的任务是指:确定发展哪种产业,建设多少城镇,需要建设什么样的基础设施,规划什么样的环境,等等。

区域规划的对象指具体的规划内容所要面对的对象。这里说的不是宏观的对象,因为宏观的对象在确定规划任务之前就已经确定了,这里指的是具体对象。例如,土地的利用、资源的开发以及工厂的设立等。

(2)区域规划方案的设计阶段

区域规划方案的设计,是一项十分复杂的工作,可归纳为下列几个步骤:

第一,准备阶段。准备阶段主要是做好工作计划,确定工作方法、程序、技术路线、研究方向和重点,成立规划工作领导小组及工作班子,落实相关经费,进行人员培训,准备好研究工具与设备等。

第二,调查研究。调查研究主要是根据规划任务的要求考察区域发展的现实基础、环境条件和可能前景,以找到并明确区域发展中的基本问题。首先要进行实地调查,广泛听取各方面意见,获取区域经济、社会、科技、自然等各方面的信息资料,并对这些资料进行分类和整理。在此基础上,进行相关的专题研究,为规划的编制提供可靠的依据。

第三,分析预测。对收集、调查的资料进行详尽的分析,找出地区经济发展的优势、劣势,抓住影响经济发展的主要问题,形成对区域经济现状的总体认识,并以这一认识为基础,对区域经济发展的一系列指标进行长期和分阶段的预测。这里要指出的是,预测的方案应当是多个,而不能仅仅是一个。要依据不同因素的影响,在因素变动的情况下,做出可能出现的几种情况的预测。建立预测方案的方法很多,可以使用百分比方法、趋势外推法、回归预测法、老手法(专家法)等多种方法,经济计量模型是最常用的预测方法之一。

第四,具体目标设计。具体目标设计是区域规划的重点任务,具体目标设计得是否准确,关系到今后区域经济能否顺利发展的问题。具体目标应当分为两个部分:第一部分,形象目标。亦即经历一段时间的发展后,该区域将会是一个什么样子,包括处于什么样的发展阶段,具有什么样的发展水平。第二部分,预测目标,即将各项指标的预测结果作为目标。这里有一个方案选择问题,是以预测的最高方案为目标还是以最低方案为目标,或者选取中间方案?对此,应当邀请专家反复论证,并多方面征求当地的公众意见。具体目标设计是十分关键的程序,必须坚持实事求是、一丝不苟的工作作风,坚决杜绝好大喜功、盲目冒进的思想。

第五,内容设计。在具体目标确立之后,应进入具体内容的设计阶段。要在上述调查研究的基础上,制订供选方案,绘制规划图,编写规划报告及其相关说明。这个阶段的工作内容又包括两个方面:首先是专题研究,其次是综合研究。专题研究包括区域主要产业部门(工业、农业、商业、交通运输等)、区域内各地区及若干专门问题(如市场、资金、技术、人口等)的研究,要形成专题研究报告,在经过评审、论证、修订后作为综合研究的依据。综合研究则是在专题研究的基础上,制定区域内各类产业和各项经济社会事业发展的具体规划。

第六,方案制订。制订规划方案是整个规划过程的关键环节。规划者要将各种分散因素综合成一个统一的规划方案,工作难度较大。过去这主要由人力完成,现在则多借助于高效率大容量的计算机。运用计算机编制各种规划方案,并对可选方案进行评估和优选时,规划者所要做的只是最大限度地、创造性地运用计算机在规划方面的能力。方案制订是规划的结果,方案在形式上包括三部分内容:规划模型、预测模型和规划文本。其中,规划模型是方案制订的关键。首先,对一个特定的区域来说,建立什么样的模型,重要的是要看模型要解决什么问题,例如,是解决产业规划当中的资源问题还是空间问题?是解决能源问题还是交通问题?等等。其次,通过模型对区域经济发展进行预测,它涉及预测的方法、预测的依据和数据、变量的设立和调整,以及预测结果的评估等问题。最后,把预测的结果制作成规划的文本方案。具体来说,可以按照需要,设计 1~3 个可供选择的方案,分别为高、中、低三种可能性,通过调整模型的变量来获得。

第七,政策制定。制定方案实施的政策,是规划方案设计的最后阶段,它已经上升到了实施的层面。需要注意的是:政策是实现规划的重要保证,制定政策是为了使用,所以应当避免一般化、表面化,而要有针对性、适用性。

(3) 区域规划方案的评价、实施与监督实施阶段

在区域规划的方案制订出来之后,还必须对方案进行评价。评价的主体可以是用户,包括各级的政府和企业,从使用者或操作者的角度来评价方案;也可以是同行的专家,用专业的眼光来看待方案。

区域规划方案的实施是最重要的阶段,也是经常容易被忽视的阶段。在区域规划的实施过程中,要注重实施机制的建设。

第一,明确区域规划的管理机构和法律地位。在国家层面设立专门的区域规划管理机构,专门从事区域规划的编制和实施监督工作,规定具体的开发整治任务、目标及制定实现规划的经济政策和措施。发达国家大都有对区域规划的基本任务、组织、管理进行界定的基本法,作为编制区域规划和综合开发计划的依据,并在实施中制定相关的具体法律、法令以及政策作为保障。

第二,按照功能区的要求制定具体的区域开发秩序。区域规划以调整空间地域中长期发展为主要目标,已成为政府干预的重要手段之一。以优化空间结构为出发点进行功能区的划分,侧重于解决区域不平衡发展问题,最终目标是实现全国发展的均衡化。在实施规划的过程中,要责成具体的部门制定具体的区域开发的秩序,包括开发强度、开发时间表等。

第三,科学确定区域规划调控范围,注重区域规划与区域政策的衔接配合。区域规划毕竟是一种区域经济管理的行政手段,如何在市场经济条件下发挥市场配置资源的基础性作用,是一个不容忽视的重要问题。全国性的区域规划主要起着导向作用,其调控领域一般也被严格限定在需要政府施加影响或进行社会公共管理的范围,如跨区域交通、水资源利用、环境保护等公共工程。地方政府编制的区域规划,更有操作性和约束力。无论是全国性区域规划还是地方性区域规划,都要制定相应的区域政策,来保障区域规划的实施。

规划报告需要上报上级审批,或由地方政府批准,形成规范性文件后公布实施,各级政府应保障规划的实施并进行相关的监督。

11.4 经济区划与主体功能区

经济空间组织及其结构的存在,使不同的经济区在空间上较多地表现为非均质性,而同一个地区较多地表现为均质性特点,因而有必要根据区域结构,将具有不同均质性特点的地区划分为不同的经济区。

11.4.1 经济区的结构与区划类型

经济区是随着生产的地域分工和地域的专门化而出现的经济空间结构。它的形成既具有自然条件的特点,又具有区域经济发展阶段的烙印。

(1)经济区的结构

经济区的结构是经济地域组织的表现,是其内容与功能的客观反映。一个经济区的结构可以从以下几个方面加以认识:

第一,自然资源结构。各地区自然资源分布或存储的数量及质量的对比关系是特定的,它是一个地区区别于另一个地区的基础,不仅决定着本地区的产业结构,而且影响着资源的利用率、劳动生产率、资金的耗用程度以及区域的经济结构和发展方向。

第二,产业与经济结构。一定的地区由于区域特点的差异,其产业和经济结构是不相同的。为了充分发挥每个地区所特有的比较优势,在进行合理地域分工的基础上,有必要组成具有全国意义或区际意义的专业化部门,从而构成具有该地区特点的地区专业化与综合发展相结合的产业结构与产业经济体系。

第三,经济的空间结构。每个经济区内都有自己的空间组织形式和特定的网络结构。这种空间组织形式与网络结构也是该地区经济发展的特点和基础,有的是自发形成的,有的是人为干预造成的。不论哪种原因,其结构的形成都有其合理性与需要改进的地方。

(2)经济区划的类型

经济区划是根据地域经济发展、演变及地域分异的客观规律,对一个较大区域范围内的各个地区进行战略划分,揭示出具有不同地域范围、不同内容、不同层次、各具特色的地域体系——经济区域,以便为有针对性地制定区域发展战略和政策措施提供较为准确的依据。一般来说,通常有以下几种经济区划:

第一,目标性的经济区划,即根据区域经济的发展目的,对特定区域进行的区划。

第二,综合经济区划,即对某个地区的全部经济活动进行的区划。

第三,部门经济区划,即对某地区的某一方面或某一部门的经济活动进行的区划。

第四,时序经济区划,即根据区域经济发展的阶段,对不同时期的经济空间结构给予界定形成的区划,它一般分为现状经济区划和远景经济区划。通常来说,以了解现状为目的的经济区划大部分属于现状经济区划。远景经济区划则是根据现实的经济地域差异,站在将来某个时段对地区空间特征再认识而做出的区划,它具有很多区域规划的特征。

(3)经济区划的原则与依据

经济区划是为地区经济发展服务的,如何更好地划分出既符合地区特点又便于管理和操作的经济区,决定着区划的成败。因此,经济区划必须遵循一定的原则,这样才能保证区划的客观性与实践性。

第一,经济区划的原则。经济区划的原则主要有以下几点:一是区内自然、经济、社会条件的相似性和区际差异性相结合;二是地区专门化与综合发展相结合;三是地区中心城市规模与腹地经济发展水平相结合;四是经济区的划分不重叠、不遗漏,即同级经济区之间在地理范围上不宜重叠或交叉,各同级经济区地域范围的总和覆盖上一级经济区的范围,全国性的综合经济区应覆盖全部国土。

第二,经济区划的主要依据。经济区划的主要依据有以下几个:一是经济区内主导产业的特征;二是经济区内的网络特征;三是经济区内的经济发展历程及其发展阶段;四是经济区内的经济中心及其辐射范围的经济发展状况和地区差距;五是各种社会、自然环境等综合因素。

(4)经济区划实现的途径

经济区划与区域规划的方法比较类似,主要有两种实现途径:

第一,自上而下的逐级划分。它是指根据所要划分区域的整体地域经济系统的结构特点,运用不同尺度的区划依据和指标,先划分出高层次的经济区,再向下进行次一级的划分。比如,全国范围的经济区划就需要先确立各大区域在全国经济生产地域分工中的地位,组织具有全国性意义的经济协作,按大区形成合理的区域经济结构,依次在每个地区再进行更次一级的划分,直到最小的单元满足区划的要求。这种途径在进行的过程中自然而然地遵循了逐级服从的原则,主要适用于自上而下的管理体制及区域规划的编制。

第二,自下而上的类型组合。它是指从生产地域类型的最小单元入手,先对最小单元的地区开展区域经济类型学研究,然后依照生产地域类型的特征、结构及其空间组合规律,进行组合归并;先形成基层经济区,然后再根据经济联系与地域经济联合的规模与范围,依次组合更高层次的经济区,最后形成全国范围的经济区划。这种途径的基本工作都在基层,因此,区划方案比较具有针对性,但在归类时,容易出现同一类型的区域在地域上不连续或高一级的空间形态很不规则的现象。

11.4.2 中国的经济区划

经济学研究的区域范围称为经济区。中国区域经济学研究的经济区是指以劳动地域分工为基础形成的不同层次、各具特色的经济地域。经济区的区内一致性和区外差异性是中国区域经济研究的主要特点。任何经济区的存在都必然在客观上具备区内一致性,这种一致性通常表现为经济发展基础和条件的同一性,共同面临着区域经济发展的障碍与问题,共同追求经济发展的特定目标,共同享受政府赋予的特殊优惠政策,等等。这种一致性是客观存在的,它促使经济区的各子区域密切联合为一体。

(1)中国经济区划的依据

在实践中,中国先后采用过如下几种不同的地区划分方法来组织区域经济活动:

第一,按省级行政区划系统来划分经济区,这是中国一直沿用的一种区域经济组织形式。新中国成立之后按华北、东北、华东、中南、西南、西北六大协作区来安排地区布局,组织区域经济活动,是延续了相当长一段时间的经济区的划分系统。

第二,按照经济区的位置关系和地域依托来划分经济区。这是新中国成立之后到现在始终沿用的一种经济区的划分方法。一是新中国成立之后按沿海与内地两大块来进行经济区的划分;二是改革开放之后按照东部、中部和西部地区的地理位置和发展水平划分的“三大地带”;三是自“十一五”规划之后,按照东部地区、中部地区、西部地区和东北地区划分的“四大板块”。目前仍然在使用当中。

第三,按照区域经济关系和区域分工定位划分的经济区。中共十八大之后,中国经济发展更多地转向尊重市场规律,中国的区域划分也更加注重经济关系和区域分工。京津冀协同发展、长三角一体化、粤港澳大湾区建设,就是根据发展水平和发展定位划分的三个区域发展引擎的经济区;城市群是新型城镇化主体形态,是支撑全国经济增长、促进区域协调发展、参与国际竞争合作的重要平台,“十四五”规划针对城镇化发展现状划分出 19 大城市群;长江经济带建设、黄河流域生态保护和高质量发展、沿海经济带,是依据区域经济关系划分的国土依托型的经济区。

(2)中国的经济区划方案

经济区划自新中国成立以来就一直在进行,到现今,归纳起来主要有四种正式的方案。

第一,六大经济区。新中国成立初期,我国经济基础十分薄弱,地区管理分散混乱,沿海与内地工业布局严重不均,地区经济发展极不平衡。按照中国科学院地理研究所胡序威研究员的观点,内地31省市可划分为六大经济区,具体范围是:东北区——辽宁、吉林、黑龙江;华北区——北京、天津、河北、山西、山东、内蒙古、河南;东中区——上海、江苏、浙江、安徽、江西、湖北、湖南;华南区——福建、广东、广西、海南;西南区——四川(提出本观点时,重庆还未设立直辖市)、贵州、云南、西藏;西北区——陕西、甘肃、宁夏、青海、新疆。

第二,三大地带。改革开放以后,为了更好地安排经济布局,指导各地区的发展,"七五"计划中,将全国分为三大经济地带,即东部地带、中部地带和西部地带,这是我国最为流行和使用最频繁的经济区划方案。这个区划方案基本上反映了我国区域经济发展的差距与水平,有利于描绘我国经济空间组织的演变趋势。三大经济地带的具体范围为:东部地带——辽宁、河北、北京、天津、山东、江苏、上海、浙江、福建、广东、广西、海南、香港、澳门、台湾;中部地带——黑龙江、吉林、内蒙古、山西、河南、湖北、湖南、江西、安徽;西部地带——陕西、甘肃、青海、宁夏、新疆、四川、重庆、云南、贵州、西藏。

第三,"四大板块"。2006年全国人大会议通过的《国民经济和社会发展第十一个五年规划纲要》中,提出了"坚持实施推进西部大开发,振兴东北地区等老工业基地,促进中部地区崛起,鼓励东部地区率先发展的区域发展总体战略,健全区域协调互动机制,形成合理的区域发展格局",提出了区域空间的"四大板块"。2021年全国人大会议通过的《国民经济和社会发展第十四个五年规划纲要》中,提出了"深入推进西部大开发、东北全面振兴、中部地区崛起、东部率先发展。推进西部大开发形成新格局,推动东北振兴取得新突破,开创中部地区崛起新局面,鼓励东部地区加快推进现代化,健全区域协调发展体制机制。""四大板块"可归纳如下:东北地区——辽宁、吉林、黑龙江;东部地区——北京、天津、河北、山东、江苏、上海、浙江、福建、广东、海南、台湾、香港、澳门;中部地区——山西、河南、安徽、江西、湖北、湖南;西部地区——陕西、甘肃、青海、宁夏、新疆、重庆、四川、云南、贵州、西藏、内蒙古、广西。

第四,五大经济带。经济带是在劳动地域分工基础上形成的不同层次和各具特色的带状地域经济单元。经济带是依托一定的交通运输干线、地理位置、自然环境等,并以其为发展轴,以轴上经济发达的一个和几个大城市作为核心,发挥经济集聚和辐射功能,联结带动周围不同等级规模城市的经济发展,由此形成点状密集、面状辐射、线状延伸的生产、流通一体化的带状经济区域或经济走廊。2010年国务院颁布的《全国主体功能区规划》提出,要形成"两横三纵"为主体的城市化战略格局。"两横三纵"是中国经济带的主体构成,分别为沿海经济带、京广京哈经济带、包昆经济带、陇海兰新经济带和长江经济带。

第五,十九大城市群。2018年,中共中央、国务院发布的《中共中央　国务院关于建立更加有效的区域协调发展新机制的意见》明确指出,以京津冀城市群、长三角城市群、粤港澳大湾区、成渝城市群、长江中游城市群、中原城市群、关中平原城市群等城市群推动国家重大区域战略融合发展,建立以中心城市引领城市群发展、城市群带动区域发展新模式,推动区域板块之间融合互动发展。"十四五"规划进一步提出,以促进城市群发展为抓手,全面形成"两横三纵"城镇化战略格局。优化提升京津冀、长三角、珠三角、成渝、长江中游等城市群,发展壮大山东半岛、粤闽浙沿海、中原、关中平原、北部湾等城市群,培育发展哈长、辽中南、山西中部、黔中、滇中、呼包鄂榆、兰州-西宁、宁夏沿黄、天山北坡等城市群。建立健全城市群一体化协调发展机制和成本共担、利益共享机制,统筹推进基础设施协调布局、产业分工协作、公共服务共享、生态共建环境共治。优化城市群内部空间结构,构筑生态和安全屏障,形成多中心、多层级、多节点的网络型城市群。

11.4.3 主体功能区

在国家"十一五"规划中,提出要进行主体功能区的划分。

划分主体功能区,体现了以人为本谋发展的理念,目的是逐步使不同区域的居民都有公平地接受教育、实现就业、享受公共服务的机会,共同分享发展的成果;

划分主体功能区,打破行政区域谋发展的理念,使各个地区的发展内涵和结构都建立在当地资源环境承载能力的基础上,并符合区域的主体功能;

划分主体功能区,尊重自然规律谋发展的理念,强调在全国全部国土空间上,既要有开发,更要有保护,引导经济布局、人口分布适应自然,从源头上、根本上扭转我国生态环境恶化的趋势,逐步实现"一方水土"与"一方经济""一方人口"相协调的空间开发格局。

《中共中央关于制定国民经济和社会发展第十四个五年规划和二〇三五年远景目标的建议》提出构建国土空间开发保护新格局,逐步形成城市化地区、农产品主产区、生态功能区三大空间格局,形成主体功能明显、优势互补、高质量发展的国土空间开发保护新格局。

我国主体功能区的发展方向,如表 11.1 所示。

表 11.1 我国主体功能区的发展方向

主体功能区	优化开发区域	重点开发区域	限制开发区域	禁止开发区域
定义	国土开发密度已经较高、资源环境承载能力开始减弱的区域	资源环境承载能力较强、集聚经济和人口条件较好、发展潜力较大的区域	资源环境承载能力较弱、对全国和较大区域范围生态环境具有重大影响的生态相对脆弱的区域	依法设立的各种自然保护区域
发展方向	把提高经济增长质量和效益放在首位,着力推动产业结构升级,化解资源环境瓶颈制约,提高参与国际竞争的层次	应该逐步成为支撑我国未来经济发展和聚集人口的空间载体	重点加强生态环境保护,发展可承载的特色产业,引导人口有序转移,强化生态功能	实行强制性保护,严禁不符合主体功能定位的任何开发和建设活动

资料来源:依据相关文件整理。

第一,城市化地区。城市化地区的主体功能是提供工业品和服务产品。从城市化的角度就是城市群地区。京津冀、粤港澳大湾区、长三角以及成渝地区等是我国重要的城市化地区或城市群地区。城市化地区要实行开发与保护并重的方针,开发主要是工业化城市化开发,保护主要是保护区域内生态环境和基本农田。

第二,农产品主产区。农产品主产区的主体功能是提供农产品。东北平原、黄淮海平原、长江流域、汾渭平原、河套灌区等都是我国重要的农产品主产区。农产品主产区要实行保护为主、开发为辅的方针,保护主要是保护耕地,禁止开发基本农田;开发主要是以增强农产品生产能力为目标的开发,而不是大规模高强度的工业化城市化开发。

第三,生态功能区。生态功能区的主体功能是提供生态产品。我国大小兴安岭森林生态功能区、三江源草原草甸湿地生态功能区、祁连山冰川与水源涵养生态功能区,以及青海三江源国家公园、东北虎豹国家公园、大熊猫国家公园等各级各类自然保护地都是生态功能区。生态功能区要实行保护为主、限制开发的方针,保护主要是保护自然生态系统,限制或禁止开发主要是限制或禁止大规模高强度的工业化城市化开发,在某些生态功能区甚至要限制或禁止农牧业开发。

11.5 本章小结

区域规划是解决生产要素现在和未来在特定区域的配置或部署的问题。它以现实的各类生产要素的组合为基础,根据发展条件和环境的变化,安排未来时期要素的组合、运行。本书为区域规划所下的定义是:区域规划是一定地域范围内区域发展的战略策划和产业发展与布局的方案设计及其实施对策的总和,是优化区域空间结构、缩小区域发展差距和解决区域发展方向问题的重要手段。

区域规划的特点有:区域规划的战略性,表现为当前决策的未来性的特点;区域规划的科学性,表现为规划过程是建立一种科学思路和模式的过程;区域规划的权威性,表现为政府主导规划过程的特点。切实加强区域规划的调控功能,优化空间结构和开发秩序,是区域规划的主要作用。区域规划以调整空间地域中长期发展为主要目标,成为进行政府干预的重要手段之一。

国内从 20 世纪 80 年代开始进行区域规划的活动,对规划过程的认识也有一个由浅入深的过程,目前基本形成了一个三阶段的模式:区域规划的目标、任务和对象的确定阶段;区域规划方案的设计阶段;区域规划方案的评价、实施与监督实施阶段。

区域经济发展战略规划是对区域经济总体发展的设想、思路和谋划。它根据不同地区生产要素条件的分布情况和该地区在国家经济体系中的地位和作用,对地区未来发展的目标、方向和总体思路进行谋划。区域经济发展战略规划的制定包括:制定区域经济发展战略的指导思想,进行区域定位,提出区域经济发展的战略目标,制定区域经济发展的主要任务,制定区域政策,等等。

复习思考题

1. 谈谈可从哪几个角度阐明区域规划的概念。
2. 区域规划的定义是什么?
3. 什么是区域规划的战略性?
4. 区域规划的任务由哪几个部分构成?
5. 区域规划分为哪些类型?
6. 区域经济发展战略的一般制定过程有哪些?
7. 如何制定区域规划?
8. 我国主体功能区的主要内容是什么?

建议阅读书目

[1]孙久文:《区域规划原理》,北京:商务印书馆 2022 年版。

[2]肖金城:《中国区域发展——理论、战略与布局》,光明日报出版社 2021 年版。

[3]彼得·霍尔(英):《城市和区域规划》,邹德慈等译,北京:中国建筑工业出版社 1985 年版。

[4]约翰·利维(美):《现代城市规划》,张景秋等译,北京:中国人民大学出版社 2003 年版。

[5]吴次芳、潘文灿:《国土规划的理论与方法》,科学出版社 2003 年版。

12
区域经济政策

重点问题

- 区域经济政策的作用
- 区域经济政策的类型
- 地方政府制定区域经济政策的职能

12.1 区域经济政策的概念与作用

区域经济政策是政府处理区域性事务的工具和手段,区域经济政策的实施也是区域经济学应用性的具体体现。

12.1.1 区域经济政策的概念

区域经济学界对区域经济政策有各种表述方法。美国学者认为,区域经济政策是处理“区域问题和在何处进行经济发展”①的一种经济政策。中国学者认为,区域经济政策是指中央政府为推动和协调地区经济发展、调控区域经济运行而采取的一系列方针、政策和措施的总称。② 归纳起来,区域经济政策是由政府针对区域问题而制定的一系列政策的总和,它的着重点是区域经济发展,它的必要性是纠正市场机制在资源空间配置方面的不足,它的目标是实现资源在空间上的优化配置和促进区域经济的协调发展。区域经济政策是一种典型的政府行为。

区域政策是区域经济研究的重要内容,对区域政策的科学界定是一切理论研究和实践活动的前提。自20世纪30年代区域政策产生以来,有关区域政策内涵与外延的讨论层出不穷,各派学者都从当时当地的发展阶段、制度环境与理论背景出发,对区域政策做出了相应的界定,这些界定也必然打上体制和时代的烙印。

(1)区域政策的内涵

制定区域政策的目标是优化资源配置、促进区域发展。具体来说:一是促进优势区域崛起,打造具有国际竞争力的增长极,进而促进国民经济竞争力的提高;二是缩小区际差距,实现区域协调发展。

随着经济发展和技术创新的区域特征日益明显,区域层面的竞争力培育和优势区域崛起,日益成为制定区域政策的共识。经济发展的区域特征越来越明显,发展不会在不依附于任何地理和空间背景的真空中发生。在激烈的国际竞争压力下,区域政策应当在力图缩小区际差距的同时承担国家使命,打造提高国际竞争力的空间载体,促进优势区域加快成长为具有国际竞争力的增长极。因此,为实现第一个目标,区域政策应当以优势区域为实施对象,力图促进经济发达的优势区域崛起,打造地区发展和国家竞争力提高的空间抓手。为实现第二个目标,区域政策应当以问题地区为实施对象,努力推动落后地区和萧条地区的开发,抑制膨胀地区的经济过热和无序建设。

我国是实行社会主义市场经济制度的发展中国家,基本经济制度和特定发展阶段决定了我国区域政策一方面不能像西方国家一样,只关注区域差距和问题地区的协调发展;另一方面也不能像计划经济时代那样,承担全部国土的全部开发活动。中国的区域政策应当一方面关注落后地区和萧条地区的发展,解决区域差距,另一方面加快优势区域崛起,培育具有国际竞争力的增长极。

---

① 张可云. 区域经济政策[M]. 北京:商务印书馆,2005:3.

② 陈栋生. 区域经济学[M]. 郑州,河南人民出版社,1993:257.

(2)区域政策的外延

研究对象外延的合理界定,应当服务于对研究问题更清晰的认识和更恰当的把握。外延过大,往往降低研究的针对性和有效性;外延过小,又往往危害研究的一般性和普适性。在概念的外延方面,区域政策一般分为"狭义"的区域政策和"广义"的区域政策两种。狭义的区域政策是指主动进行区域倾斜和空间干预从而产生区域影响的政策,而广义的区域政策则是指初始目标不是解决区域问题而实际执行中造成了区域影响的政策①。

区域政策作为国家主动实施的空间干预,一方面体现出干预的空间性,另一方面体现出空间干预的主动性,只有两者结合才是真正意义上的区域政策。可以以狭义的区域政策为主要的政策基础,将广义的区域政策与宏观政策的空间效应结合起来,从而拓展区域政策的应用范畴。

12.1.2 制定区域经济政策的目的

制定区域经济政策的基本目的可以归纳为经济稳定化、资源配置高效化、收入分配公平化三种,即解决公平与效率的问题,使国民经济增长最快,资源的空间配置最优,区域间收入、福利、增长等方面的差距缩小。

(1)稳定区域经济发展

发展水平高的中心区域与发展水平低的外围区域存在差距,而经济发展的稳定性在于两类地区的协调发展。低收入地区的经济增长既有利于全国经济总量增长,又有利于缩小区域差距,但经济、市场机会和心理上的偏好等往往都有利于发达的区域,立足于国家参与国际经济竞争也要求加快发达地区的发展,因此,这类地区的发展往往较快。要实现经济稳定发展,必须依据当时当地的经济状况,正确确定两类地区的发展速度,既要保证国家经济保持一定的增长速度,又要保证地区差距不要过分拉大。区域经济政策是协调这个关系的最有效的杠杆。

(2)高效配置资源

要保证区域经济的协调发展,就必须有重点地在区域间进行资源配置,以实现区域经济增长。由于产业经济活动的空间分布不平衡,实施促进产业增长的政策必然要求相应的区域经济增长。但是,这并不是说每一区域都应具有门类齐全的产业结构以实现经济流程的区内自我循环,而是要根据地区优势形成地区的特色产业。

各区域的自然资源禀赋是区域政策无法干预的,但生产要素区际流动即资源的空间再配置是区域政策作用的重要着力点。如通过抑制落后地区人才和资金的过度外流、控制区域间不合理运输等引起的交易成本过高等,来实现区域间及区域内人口、生产等社会经济活动的合理空间布局。

(3)收入分配公平化

缩小区域间在收入、就业、福利等方面的差异,是地区政府的责任。尽管区域间发展差异难以避免,但是区域间收入水平、就业水平、福利水平的差距不能过大,因为这关系到国家的稳定、民族的团结。目前通行的调节方法是补偿原则和转移支付,如果仅凭补偿原则和转移支付不能达到这一要求,就应采取相应的政策措施对落后地区予以帮助,如加大对落后地区的投资,用政策措施鼓励社会资金投向落后地区等。

---

① 张可云.区域经济政策[M].北京:商务印书馆200:3.

12.1.3 区域政策的基本属性

(1)区域政策的空间性

空间性是区域政策最突出的理论特征之一,也是区域政策区别于一般宏观经济政策的关键所在。空间性是经济活动的本质属性,经济生产的空间层次、空间尺度以及空间依赖和异质性问题,是任何国家制定经济政策时都无法回避的现实问题,因此,统一布局、分类指导对区域经济发展十分重要。

区域政策的空间性主要表现在区域政策的层次性和空间尺度上。区域政策必须考虑空间层次性和空间尺度的影响。迄今为止,我国已经形成了四大经济区划分、主体功能区战略和众多综合配套改革实验区、国家级区域规划等一系列空间尺度划分,区域政策的空间层次已有了初步的界定。不同空间层次和空间尺度的区域具有不同的区域内聚性、区际差异性,这将对政策的实施效果产生显著的影响。

我们要防止区域政策在空间层次性和空间尺度上存在的两个偏差:一是对区域政策的空间层次界定过于宽泛、尺度过大,导致政策的普惠性问题突出;二是对空间层次的把握过低、尺度过小造成各地政策"碎片化"和随意性问题。这两种情况不但无法形成区域政策的区际协调的局面,而且容易造成对国家区域政策体系的冲击。因此,把握区域政策的合适层次和尺度,对保障政策实施效果具有重要意义。

(2)区域政策的相互依赖性

地区之间的空间依赖性是指区域经济与周围区域存在显著的相互影响和相互依赖,这种影响可以是正向的,也可以是负向的。空间依赖性最突出的表现,就是产业集群的存在以及城市群、经济带的形成。区域政策的实施效果受空间依赖性的影响,因此,在制定区域政策时,必须考虑不同政策在空间上的相互作用对政策效果的强化或者抵消作用,根据空间依赖的方向和范围确定政策范围和手段。由于空间依赖性是经济活动在空间上自发形成的,该范围与行政区划往往不一致,而我国的区域政策实践是以行政区为空间单位进行政策干预,各行政区之间缺乏相应的组织协调制度,因此区域政策实施中的相互依赖关系往往被行政边境人为割裂,造成效率的损失,这一过程伴随着剧烈的区域矛盾和区域冲突。通过建立完善的区际组织协调机构和制度,对利用区域政策的空间依赖性提高整体经济效益至关重要。

在关注区域相互依赖的关系的同时,也必须关注空间异质性的影响。由于经济活动和结构关系在不同区域有不同表现,区域政策必须考虑到经济版图的空间分异,从空间异质性出发制定差异化的举措,因地制宜地进行区域发展调控和引导。从空间异质性出发,区域政策应当进一步突出分类指导、差异化发展的要求,在保证整体政策协调配合的基础上,分区域实施因地制宜的发展政策。

(3)区域政策的开放性

区域政策的开放性来自区际关系的竞合性。一方面,国家各区域都服从中央政府的统一领导,区际的协调配合符合区域的整体利益。另一方面,各个区域是独立的利益主体,区域之间存在竞争的关系,因而无法使各区域行动完全一致。区域之间的开放十分重要,特别是促进生产要素在区域间的自由流动,是建立国内统一大市场的关键,也是区域政策的主要发力点。

我国的区域政策走过一段弯路。改革开放之后,为了激发地方的发展活力,我国进行了大规模"放权",赋予地方利益主体地位,随之而来的是各地的盲目建设和地方保护主义。区域政策如何把握开放性和发展方向,促进区域之间的关系更多地转到优势互补、合作双赢上来,是摆在我们面前的重要课题。

12.1.4 区域政策的理论基础

在制定指导地方发展的区域政策时,理论的重要性不言而喻。有效的区域政策必须充分考虑影响经济社会发展的各种因素及其相互作用关系,而对这些关系的把握只有通过理论研究才能实现。对区域政策的理论基础无论怎样强调都不过分,离开理论我们将寸步难行。

区域政策关注的重要维度之一就是区域差距和空间上的不平等问题,对这个问题的研究主要从两个方面展开:第一,区域差距和空间不平等能否自行弥合?区域经济发展长期而言是趋同、趋异还是非线性变化的?第二,针对区域差距的变动趋势,我们应该实施怎样的区域政策?

经济增长的空间不平衡是经济发展的客观规律;让一部分地区先富起来是市场机制的必然结果。因此,制定区域政策的基础理论主要有以下三个:

(1)新古典理论

新古典理论采用均衡分析视角,在理性人、代表性参与人和最优化的假设下进行经济分析。新古典理论的基本观点是坚持市场机制对区域差异的调节作用,认为区域经济长期看会走向趋同。

新古典理论的分析建立在三个主要假定之上:第一,劳动力和资本要素具有跨区流动性;第二,技术可以在区域间传播;第三,产品可以进行跨区流动。由于资本和劳动力可以跨区流动,它们必然寻找可以获得最大化利益的区域。发达区域具有更高的资本劳动比,工资相应更高;不发达地区则恰好相反。为获得更多利益,企业有动力向低工资的不发达地区进行投资,劳动者则向高工资的发达地区流动。这种趋势必然导致各地区在长期拥有相同的资本劳动比和增长水平,从而带动区域趋同发展(Barro,Sala-i-Martin,1995)。根据新古典增长模型,技术进步是决定长期中经济增长速度的关键因素。由于技术可以在区域间传播,落后地区必然能够赶上发达地区,从而实现区域的均衡状态(Malecki,1997)。

保证区域趋同发展的另一个重要机制是新古典贸易理论,尤其是要素禀赋理论和"要素价格均等化定理"。赫克歇尔和俄林(Leamer,1995)指出,在技术水平相同的情况下,两国所生产产品的成本差别取决于各国生产过程所使用的生产要素的丰裕程度的差别,即要素禀赋的差别,并由此差别导致了国际分工和贸易。萨缪尔森在H-O模型基础上证明,两国间的贸易最终会导致两国的生产要素价格趋于一致,这就是"要素价格均等化定理"。在这一理论的基础上,区域趋同成为区域发展的必然趋势。

新古典理论坚持区域趋同的长期趋势和市场对区域差距的调节能力,其政策建议主要围绕发挥市场作用展开:第一,政府应当纠正市场失灵,发挥市场对区域差距和空间不平等的矫正作用;第二,放松市场尤其是劳动力市场管制,保障要素市场的灵活性和流动性。

(2)结构主义发展理论

结构主义理论认为,新古典理论在实践中有效的前提是市场的有效性,而这在现实中是无法满足的;同时,凯恩斯主义一方面是一种短期分析,另一方面它所分析的需求不足和资本闲置问题不适合发展中国家的情况。结构主义经济学家关注市场的不完全性,分析地方经济社会结构的刚性在地方发展中的作用。由于存在结构刚性,市场价格变动的资源配置作用无法有效发挥,经济无法自动实现均衡。因此,新古典理论对区域趋同的预判是不现实的。

结构主义理论强调对经济系统的结构和关联分析，其中一部分理论更多地强调部门间的结构分析，比如罗森斯坦·罗丹（Rosenstein-Rodan，1943）的“大推进”理论、赫希曼（1991）的“不平衡增长”理论。而增长极理论（佩鲁，1988）和循环累积因果关系理论（缪尔达尔，1991）更多地关注区域和空间层面的结构分析，对区域政策具有重要意义。

增长极理论承认经济发展的空间不平衡性，认为培育具有增长带动作用和前后向联系的推进型单元，能够对其他区域的经济增长形成有力的促进。经济发展最重要的驱动力是创新，增长极是创新活动和主导产业的空间聚合体，不断对周围其他区域产生“极化”和“扩散”作用。极化作用产生的对要素的吸附力，将促进优势区域的发展并损害其他区域的发展，这一过程导致区域差距的扩大；扩散作用则起到缩小区域差距的作用。区域发展不必然导致区域的趋同，这取决于极化作用和扩散作用的博弈。在增长极产生发展的过程中，区域差距的扩大是合意的，这一阶段主要伴随增长极的极化作用；当增长极发展到成熟阶段，缩小区域差距符合区域发展趋势和扩散作用的发挥。循环累积因果关系理论强调经济活动的动态性，将经济发展分为三个环节：初始变化，次级强化，上升或下降。一个地区经济扩张成为优势地区之后，会通过对其他区域的生产要素的吸附以及自身需求、投资增加导致进一步的扩张。这一过程不断强化，最终形成空间上的“二元经济”，造成区域差距和空间不平等的产生。区域差距的程度取决于极化作用与扩散作用的博弈。

结构主义理论不再局限于新古典理论对市场的修补，而是从市场的刚性和结构分析出发，强调对经济活动进行干预。一方面，结构主义对于崛起中的增长极或优势区域进行积极的培育和扶持，促进创新和主导产业的发展，以发挥对其他区域的带动作用；另一方面，由于区域趋同很难自发达到，结构主义主张对落后地区实施积极的政策援助。通过基础设施建设和转移支付等措施，促进落后地区发展，缩小区域差距。

（3）新经济地理学

核心边缘模型是新经济地理学中具有代表性的经典模型，分析两个区域、两个部门（农业和工业）和两种劳动力（农业劳动力和工业劳动力）的空间聚集和不平衡发展问题（Krugman，1991）。克鲁格曼借鉴了缪尔达尔的“循环累积因果关系”理论，分析区域经济从均匀分布向核心边缘分布的演化，其中的关键机制是人口向核心地区流动，增加当地市场规模，并进一步吸引企业前来的“市场规模效应”，以及企业在核心地区聚集导致该地价格水平下降，进一步吸引企业和劳动前来的“价格指数效应”。两种效应产生强大的聚集力，使得原本平衡的空间格局演化为严重不平衡的核心边缘格局。对这种循环累计因果关系形成制衡的，是核心地区企业聚集导致企业间竞争加剧的“市场拥挤效应”产生的分散力。而区域间的交易运输成本对区域发展的结果是空间平衡分布还是核心边缘分布具有重要作用，它直接影响位于哪种均衡状态以及均衡状态的稳定性。而区域空间结构多均衡的存在会导致区域发展的“路径依赖”，历史的选择对区域当前的发展具有重要意义。打破现有均衡的区域政策冲击，能够产生均衡状态的跳跃，能够对区域发展的空间格局产生根本性的影响。

新经济地理学最基本的政策含义是，区域开放可能导致核心区域的崛起和边缘区域的衰落，形成核心—边缘结构，扩大区域差异和空间不平等状况。它认为促进区域间交通成本下降、贸易自由度提高的政策会扩大区域差距和空间不平等，并促进国家经济增长；促进区域间技术溢出的政策将减小区域差距和空间不平等，并促进国家经济增长（鲍德温，2003）。一定强度的政策冲击能够造成均衡状态的跳跃，永久性改变区域发展的空间格局。

12.2 区域经济政策的类型

科学而合理的区域经济政策应该是由一系列相互联系、综合协调的单项政策共同组成的政策体系,是中央政府和较高级的地方政府制定的、旨在规划各区域的产业重点及方向、协调区际关系的政策的总和。区域经济政策由一系列促进地区发展的具体经济政策组成,并在区域发展中起着不同的作用。

12.2.1 区域产业发展政策

在市场经济体制下,生产要素在生产者之间、产业之间、地区之间的分布组合,主要是经济主体通过要素市场来进行的,但市场调节不能解决总量与结构的问题,它需要政府运用产业政策来调节。区域产业发展政策是以区域产业为对象,通过对各产业的保护、扶植、调整和完善,直接或间接参与产业或企业的生产经营活动以影响区域布局和发展的政策的总和。区域产业发展政策的意义不仅在于调整资源配置结构,更在于加快结构合理化及高级化的步伐。

区域产业发展政策包括三个方面的内容:

(1)产业结构政策

产业结构政策是指政府调节资源在产业间配置及其关联性的政策,涉及结构协调和结构进化两个问题。由于经济发展速度的差异,地区间必然形成发达地区与落后地区在产业发展上的差别,即发达地区生产高附加值的产品,落后地区生产初级产品、低附加值产品,落后地区在区域分工中处于不利地位。因此,落后地区必须实施强有力的产业政策,使地区的产业结构逐步趋近于发达地区的产业结构,并具有自己的特色和优势。促进支柱产业的发展可采用多种政策措施,包括:提高技术水平和扩大市场份额;将政府财政资金的支持用于技术开发、技术引进,各种补贴和奖励;提供低息贷款;支持企业的合作、兼并行为;等等。

(2)产业组织政策

产业组织政策是指地区政府调控一个产业内的资源配置结构的政策。产业组织政策主要是关于产业内结构的问题,也就是说,产业内的企业如何分配生产要素。在激烈的市场竞争下,企业必然会扩大规模、降低成本和采用先进技术,同时,劣势企业会被淘汰,生产要素加速向优势企业集中。集中是竞争的必然结果,它有利于形成规模经济效益,但过度集中则会形成垄断,垄断会破坏公平竞争的条件,干扰资源的有效、合理配置,使企业丧失竞争效益,这便是规模经济和竞争效益的两难抉择。在制定产业组织政策时,政府应倾向于发展规模经济,即政府支持支柱产业的重点企业合理扩大生产规模,以获得规模经济效益。但倾斜应当适宜,以不破坏企业竞争活力为下限。

(3)产业布局政策

产业布局政策指调整资源在地理空间的配置结构的政策,它的目标是既要提高区域经济整体效益,又要缩小地区间经济发展水平的差距。产业布局目标的选择应以经济开发为主,把启动当地经济的内在活力、追求区域系统综合效益的优化作为产业布局的中心目标,以促进落后地区经济加速发展和人民生活水平稳步提高。在产业建设上,应坚持基础结构优先的方针,因地制宜，发挥地区比较优势，建立适合国情的合理、高效的产业布局模式。产业布局的空间选择，即在空间布局上，应统筹规划，突出重点，坚持点轴开发与协调发展相结合，非农业布局与城镇体系建设相结合，促进地区间合理分工和城乡的相互支持，从打通对外通道、改善交通及流通入手，把发挥地区比较优势与开拓国内外两个市场结合起来，逐步建立外向型经济，带动资源开发、基础设施建设和产业发展。

12.2.2 区域协调发展与合作政策

国家利用手中掌握的人力、物力和财力，通过运用政策，协调地区发展，是区域经济政策作用的重要方面。区域协调发展与合作政策可以分为两个方面：

(1) 区域协调发展政策

区域协调发展是指在区域开放的前提下，各地区实现相互促进、相互适应、相互依存的状态和过程。其中包括各地区经济发展水平、发展速度的总量协调，区内外产业发展的合理化与协调。区域协调发展政策既有助于落后地区的开发，又能促进发达地区经济布局的协调，以及各区域之间的利益关系、交换关系、地位关系等经济关系的协调。

要实现区域的协调发展，不可能完全靠区域之间的协商，而必须靠中央政府的权威和财力的影响。中央政府通过实施协调发展政策，可达到以下三个目的：一是建立合理的中央与地方的关系，增强中央的调控能力，使中央政府成为地方经济发展的协调人；二是理顺地区的利益关系，克服因产业结构差异和发展水平差距造成的区域利益和地区人民收入的不平等；三是调整产业布局，克服因资源分布不合理而造成的产业布局的矛盾，特别注意调整国家重点项目的地区分布，尽量防止因经济发展水平和产业布局因素而产生的区域经济水平严重的两极分化。

(2) 区域合作政策

区域合作是区域协调发展政策的延伸和拓展，区域合作政策的重点是克服区域利益矛盾引起的区域经济冲突，以达成一种合理与和谐的分工。

通过实施区域合作政策达成的区域合作，有五个方面的标志：①各区域通过专业化分工，经济优势都能够得到充分发挥；②通过发挥各自的优势，各区域都能够形成较强的自我发展能力；③在自我发展的过程中，生产要素能够在区域间自由流动；④通过各类生产要素的流动和产品的自由销售，形成全国的统一大市场，并促使区域间互相开放市场；⑤经过长期的合作、发展，各区域的经济效益和经济利益都能得到提高，各地区的经济发展水平和人民收入水平也都能得到提高。

区域协调发展与合作政策是通过运用政策手段，有效解决区域经济关系的重要武器。区域协调发展与合作政策的制定和实施，使区域之间关系的解决有了依据和准则。

12.2.3 区域开发政策

政府的开发行为既包括政府的直接开发与投资，也包括它对本地区企业和个人开发与投资的影响。地区在进行开发时，需要制定区域发展战略，然后制定开发规划①，选择优先发展的主导产业，使之有效地承担起全国地域分工的任务，并提高其带动地区经济发展的辐射力；配套发展关联性产业，特别是主导产业的前后向关联产业。

① 关于区域发展战略、区域规划以及主导产业选择，因本书有专门章节阐述，这里不再赘述。

(1) 区域开发的投资环境建设

一般来说,经济发达地区的投资硬环境优于经济不发达地区,如果经济发达地区的投资环境优于经济不发达地区,那么其总体开发环境将大大优于经济不发达地区。在地区开发中的投资环境建设当中,硬环境主要指交通运输业、通信业、金融业等产业,它们是区域内、区域间经济联系的手段,这些产业一般具有外部经济性和规模经济的特点。硬环境一次性投资大,应由政府投资或融资、集资建设。软环境包括提升政府服务水平,完善法律法规,制定市场规则,维护市场秩序,保障生产者和消费者权益等方面。所以,要在较短的时间内解决地区经济发展不均衡的问题,应尽可能使经济不发达地区的投资软环境向经济发达地区看齐。

(2) 区域开发的投资产业选择

从产业选择来看,应尽可能延长产业链条,提高支柱产业的产业素质,保持、巩固其已有的支柱作用,积极发展基础性产业特别是其中的瓶颈产业,克服其对地区经济的制约作用,扶持潜在主导产业,使原有主导产业在因条件变化而主导作用被削弱以后,新的主导产业可以及时接替上来,保证区域经济系统正常的新陈代谢。

12.2.4 区域财政金融政策

(1) 区域财政政策

财政政策是调节国民经济总量的重要手段,也是配合产业政策和投资政策,促进区域产业合理分工和区域经济协调有序发展的重要手段。

区域财政政策具有三个目标:

第一,区域经济发展的效率目标。保证区域经济的有效增长,是区域经济发展的首要目的。在区域经济当中,生产的根本目的是满足人民的需要,无效的增长不可能达到这个目的。区域经济有效增长的第一要素是充足的资本,国家和地区的财政政策是达到效率目标的基本保证。

第二,区际公平目标。保证社会经济资源的合理配置和区域间经济发展水平、收入差距不要拉得过大,保证区域间的公平分配,是国家和地区区域财政政策的重要目标。区域公平与代际公平一样,是可持续发展的重要组成部分,要靠区域财政的资金支持来达到目的。

第三,区域发展的稳定性目标。促进区域经济稳定、协调,避免出现波动,无疑是保证区域经济向前发展的重要目标。区域经济发展与宏观经济发展一样,发展本身的可逆性是存在的,发展多年积累的财富有可能在短期内消失殆尽。需要有源源不断的资本供应,才能保证这种情况不会发生。

区域财政政策的实施手段通常包括两个:

一是地区税收杠杆。从财政收入来看,关税、消费税等归中央,房地产税、个人所得税归地方,企业所得税、资源税、增值税由中央和地方共享。地方的收入直接成为地区经济和管理的资金来源,增加地方的收入是地方政府长期追求的一个重要目标。中央的收入经过二次分配,有一部分返回地方,成为地区重点项目建设的主要资本来源之一。

二是财政分配。中央政府的投入是保证地区生产经营活动正常进行和社会经济环境正常建设的重要因素,主要用于全国性和地方性的能源、原材料等基础工业,交通、邮电通信等基础设施,以及农业、教育、科技等基础产业的建设。这类建设包括地区企业的技术改造,高新技术开发和基础设施建设,以及能源、原材料基础工业的重点开发等。

(2)区域货币政策

货币流动带动生产要素流动,货币如果不能在全国范围内根据市场利率流向效益最好的企业和区域,或者根据发展的需要流向最合适的企业和区域,那么,生产要素就不可能在空间上达到优化配置。

建立市场经济体系,只有发育和形成金融市场,才能打破资金的封闭性,才能充分运用时间差、行业差、地区差来加速资金的流动,为生产要素的空间合理配置和地域分工合作提供资金上的保证。区域货币政策的着力点是区内和区外的货币流动、中小企业的资金供应、生产经营项目的资金保证,以及农业生产资料资金的筹集等。

(3)区域转移支付政策

转移支付政策,是由于中央和地方之间的纵向不平衡和各区域之间的横向不平衡而产生和发展的,是国家为了实现区域间各项社会经济事业的协调发展而采取的一项区域经济政策。转移支付是政府将一部分财政资金转移到社会福利和财政补贴等费用的支付上。实行区域转移支付政策,包括三个方面的内容:

第一,缩小地区差距方面的转移支付。按各地区人均 GDP 水平排序,有区别地分配中央财政援助额,同时考虑少数民族等因素,以便缩小地区差距。例如,我国对西藏自治区和内蒙古自治区等少数民族自治地区、革命老区、边疆地区、西部贫困地区等给予财政上的补贴、援助,都是为了达到这个目的。

第二,基本公共服务设施建设方面的转移支付。转移支付的目的是使贫困地区能够达到全国性基本公共服务水准,即全国基本公共服务标准均等化,这一标准是全国公共服务和公共投资的最低标准。中央政府及其相关部门只负责援助那些低于全国最低标准的地区,而不负责已高于全国最低标准的地区,从而使中央有限的财政资源最大限度地发挥其所承担的在全社会范围内的公平分配的职能。

第三,扶贫开发方面的转移支付。在区域经济发展当中,贫困人口问题始终困扰着地方政府。中央政府帮助地方政府解决贫困人口问题,主要采取转移支付的区域经济政策。在市场经济转型过程中,中央政府对欠发达地区进行援助的目的是帮助和促进这些地方政府实现中央的经济发展目标和社会发展目标。转移支付的资金一般用于人力资源开发以及解决贫困人口的基本生产和生活问题。扶贫方面的转移支付由无条件援助转变为有条件援助,是市场经济条件下转移支付的新形式。

12.2.5 区域创新政策

区域创新政策是指国家经济政策、国家科技政策和地区产业政策的结合,是一个整合的概念。由于创新涉及从发明到产业化的技术、设计、生产、管理和销售各个环节,所以,能够影响创新的手段是相当多的。

(1)区域创新政策的作用领域

首先是基础研究领域。大多数基础研究是没有直接收益的,但它们是大多数创新得以产生的基础。在市场经济制度下,企业一般不会去做没有直接经济收益的基础研究,这就需要超越企业局部利益的中央和地方政府承担起组织和资助基础研究的责任。通过政策手段资助基础研究是区域创新政策的重要方面。

其次是基础设施建设领域。以基础设施建设为中心的许多公共设施,如交通、通信、互联网和城市基础设施等,是技术创新活动能够进行的环境基础。由于这些公共设施具有公共产品的性质,因而有赖于政府的投资和建设。通过政策手段资助基础设施建设,能够为区域创新提供保障。

最后是主导产业领域。如果一些产业如电子技术、AI 产业、能源、运输等是地区的主导产业,那么它们的创新将会极大地促进区域经济的发展,中央和地方政府都应积极促进这些领域的创新活动,通过政策手段加快主导产业的发展,使区域经济政策成为地区发展的主要机制之一。

(2)区域创新政策的主要手段

实施区域创新政策的手段主要有三种:

一是政府资助地区的研究与开发项目。对研究与开发项目给予直接的资助,是各国政府普遍采取的手段,只不过侧重点不同而已。虽然各国的研发经费近年来在一国财政支出中的比例不尽相同,但都呈上升的趋势。此外,政府资助研究与开发项目的手段还包括政府拨款给公共研究与开发部门,通过建立政府研究所及实验室、资助大学研究等,使创新活动普遍化。

二是政府购买创新产品。政府购买创新产品促进区域创新的原因可归结为两个方面。首先,政府部门的需求构成了一个大市场。政府既可以为本身购买,也可以采取合适的手段,要求能源、交通等部门采用某些产品。这种市场的保证自然有利于创新产品的问世。其次,政府部门的购买起着拉动需求的作用,对于落后地区而言,由于其生产的产品的竞争力有待提高,通过政府购买可以保证其一部分市场。在产业发展的早期阶段,这种拉动尤为重要,特别是在落后地区发展新兴技术产业方面,政府购买所起的推动作用要比政府直接资助落后地区研发的作用大得多。

三是政府直接投资。资金缺乏在区域经济落后地区是普遍现象。国家将一些基础设施和产业、技术领域作为优先发展的对象,制定这些领域的具体发展战略、方案,对它们进行直接投资。也有政府与地方企业合作投资,尤其是在风险高、资金需求多、涉及技术领域多的创新产业,政府与企业的合作性投资已成为一个趋势。这种合作能够减少双方的风险并减轻资金压力。

12.3 区域经济政策推进区域经济发展的途径

区域经济政策通过以下几个方面推进区域经济发展。

12.3.1 调节区域资源配置

区域经济发展的资源是有限的,而且各地区资源的分布极不平衡。政府对资源的配置体现了它对资源的所有权,市场对资源的配置则旨在使资源利用达到最大效益。区域经济政策的作用是使这两种配置结合起来,达到最优化。

(1)调节区域资源结合的形式

产业发展的资源组合,亦即劳动力、资金、技术、原材料等的配给情况,只有通过市场才能达到合理的平衡。市场作为看不见的手,可以自动协调各种要素的供求关系,增强各类要素的弹性,并通过价格变化调整各类要素的供求量,调整替代关系,并通过区际贸易弥补本区域某种要素的不足。但是,市场在许多情况下具有盲目性,政府区域政策的作用在于克服市场的盲目性,使资源配置更适合绝大多数人的利益要求。

(2)调节区域资源配置的数量比例

资源配置的数量在一定区域的一定时间内受到区域市场发育状况的限制。投资数量的多少与区域内能够提供的资金数量有关,而区域内的投资量又受到区域储蓄率的制约,影响区域储蓄率的最直接因素是当地居民的人均收入。所以,区内投资量是一定的,扩大投资的办法是通过资金市场吸纳区外的投资。一个区域能够容纳的劳动力数量与当地的投资情况有关,与当地的其他生产资料的供应亦有关。如果一个地区不能容纳过多的劳动力就业,解决劳动力就业的办法就只有允许其自由流动,令其到区外的劳动力市场中去寻求出路。区域经济政策的作用在于引导投资和人力资源流向最需要的地区或国家亟待发展的地区,形成公平发展的态势。

(3)调节文化教育的资金投入

文化教育发展的前提是增加投入。在国家投入的同时,地方政府的投入也应相应增加,同时鼓励企业增加投入。各级政府的投入主要应用于改善条件、增加设备以及改善生活环境。企业的投入侧重于对教育、科研经费的补充。加强对文教设施的投入不可能全靠政府,社会办高等教育是发展的方向。教育管理机构应当管理、监督并普及初中教育,政府应通过各种措施引导企业将资金投入到教育部门中来。这一切都有赖于区域经济政策的合理安排。

(4)调节区域发展中的科技投入

科学技术对社会发展的作用更直接、更明显。培养出优秀的科技人才,用先进的技术手段装备企业,是一个地区立于不败之地的必要保证。尽管各地区的条件不同,但都应当在区域经济政策中明确以发展科学技术为方向。沿海地区应瞄准国际先进水平,让本地区的产品在高技术的领域里参与国际竞争;内地则应根据本地的情况建立合理的技术结构,并在自己具有优势的技术领域参与国际经济合作。

12.3.2 加快区域经济的要素流动

区域经济政策对区域经济发展的作用表现为对区域要素流动的推动作用。不同区域的生产要素分布丰富程度不同,区域经济政策的实施目的在于改变过去那种生产要素静止不动的状况,使之流动起来,通过要素流动输出多余的要素,输入缺少的要素,使区域经济获得新的活力。

(1)劳动力的区际流动

由于劳动力的迁移性流动受到种种条件的限制,目前劳动力区际流动主要是以迁移性劳工流动和部分迁移性人才移动为主体。例如,我国的民工流动基本上是从西部、北部流向东部、南部,农村劳动力大量流向城市。民工流动的速度加快,规模扩大,对区域经济发展的影响十分明显。

一般来讲,劳动力流出地区的人均国民生产总值远远低于流入地区,而总人口、经济活动人口却相当多,职工人数较少,有向外流出的条件。劳动力流入地区则由于其人均国民生产总值较高,职工人数占经济活动人口的比重大,新增加的劳动力大量由外地民工来补充。

劳动力区际流动的主要作用在于其催化了劳动力市场,加速了城市化的进程。对流入地区来说,劳动力区际流动解决了新增劳动力的来源问题,特别是第三产业发展的劳动力来源问题;对流出地区来说,劳动力区际流动解决了一部分农村剩余劳动力的就业问题,同时又为当地发展积累了一部分资金。劳动力区际流动中产生的问题,则应通过规范市场、加强管理来解决。

(2)资本的区际流动

资本作为生产要素在各区域间的流动,基本上有三种类型:第一,直接投资,即经济主体跨区域投资兴办企业。第二,融资。通过金融机构将其他区域的资金引入某一区域来实现。第三,区际贸易。通过产品或服务的款项在区际的往来实现。

关于第一种形式,以中国为例,随着各地区经济发展速度的加快,特别是各主要城市经济技术开发区的兴起,区域间的直接投资呈多样化趋势。区域经济政策的作用在于规范和引导资本的区际流动,特别是引导资本流入那些资源丰富、资本缺乏的地区,以创造新的发展活力。

通过金融手段来融资,是促进资本区际流动的更为重要的方面。最常见的是通过发行股票及股票交易筹集建设资金。企业对股票上市之所以积极性很高,是因为通过上市可以在短期内筹集到大量资金,对企业扩展很有好处。但如果企业准备不足,没有能够获利的投资项目,也会背上一个大包袱。中国政府在上市公司额度的分配方面适当向落后地区倾斜,是解决落后地区资金筹措困难的必要手段,也体现出政府对资本市场发展方向、区域分布的政策调节力度。

(3)技术的区际流动

技术的区际流动包括技术人员的区际流动,以及技术设备、产品、信息的区际交换。

技术人员的流动往往与经济发展水平、生活环境、收入预期等有很直接的关系。区域技术人员流动典型的是我国长江三角洲地区,苏南乡镇企业的很多技术人员来自上海。最初是乡镇企业招聘一些“星期日工程师”,让上海企业中的技术人员利用休息时间为乡镇企业服务,并获取一定的报酬;然后是招聘一些离退休的技术人员,为他们提供很好的生活条件,使之能发挥余热;现在则发展到以优厚的待遇招聘现职的技术人员、大中专毕业生等,以及通过企业间的合作,由上海的企业向乡镇企业派出技术人员。这种技术人员的流动范围也在扩大,从一开始时限于苏南地区,发展到苏北、浙江、安徽等地。在北京、天津及其他大城市周围也有类似的情况,只是规模要小些。

技术设备、产品、信息的区际交换,往往与区际的投资和产品贸易有直接的关系,同期流动。在一些中心城市,技术产品交易会、拍卖会和博览会等都在一定程度上促进了技术的区际转移。

12.3.3 优化区域经济的产业结构

通过制定区域经济政策来促进地区产业结构的调整,以达到产业结构的合理化,是政府的重要职能。

区域产业结构受区域市场规模、区域要素供给的双重制约。根据英国经济学家克拉克的分析,生产要素随着经济发展水平的提高而在不同产业之间流动。劳动力从第一产业流向第二、第三产业,并在第二、第三产业间不断流动,以寻求最高的收入;资金也同样在各产业部门间流动,新增加的资金投入不断地在不同部门间改变投入比例,以获取更高的收益率。但是,在收入水平一定的情况下,区域的市场需求是一定的,要素投入发生变化的直接后果是产业部门的规模发生变化,和新生部门的发展相伴而行的是,低收益部门萎缩、被淘汰。区域经济政策的作用在于支持国家鼓励发展的部门,限制要淘汰的部门,从而达到优化资源配置的作用。

产业结构调整的关键在于发展有创新力的新的产业部门。如果继续保持目前的产业结构而不加以改变,大多数发展中国家要保持继续快速发展就有很大问题。所以,改变产业结构、实现产业结构的高级化是刻不容缓的任务。高新技术产业、汽车工业、机械工业、电机电器工业、化学工业等技术、资本含量高的产业部门应当是发展的重点，工业结构的重型化是不可避免的。

此外，对产业结构的趋同应当有正确的分析和认识。产业结构的趋同往往是低水平上的趋同，而不是高水平上的趋同。发展中国家目前存在的技术水平的差距或梯度现象，并不意味着产业的发展必须遵循等距及平等的原则。

12.3.4 中国的四大区域发展政策

为贯彻落实区域发展战略，国家制定实施了一系列区域发展政策。概括起来，主要包括以下四个方面：

(1)区域发展先行先试政策

先行先试是中国改革开放的一条重要成功经验。从改革开放初期设立5个经济特区、14个沿海开放城市，到各地设立经济开发区、高新技术区、产业园区，再到近年来先后设立自由贸易试验区、海南自由贸易港、跨境电商综合试验区、服务贸易创新发展试点城市、“双创”示范城市等，这些做法就是要在一些地方先行先试，探索积累经验，然后在全国复制推广、全面铺开。2020年10月14日，中央召开深圳特区建立40周年庆祝大会，深圳成为中国改革开放先行先试取得辉煌成就的一个突出代表。2019年深圳经济总量超过香港，人均地区生产总值超过台湾，财政收入也超过台湾，国际专利申请量超过德国、韩国，深圳被称为“中国硅谷”“世界创新之都”。中央提出要在深圳建设中国特色社会主义先行示范区，就是要让深圳在改革开放中继续走在全国前列，努力创建社会主义现代化强国的城市范例。

(2)中央财政转移支付和税收优惠政策

1994年中国实行分税制改革，近年来全面推行营业税改征增值税，这是中央与地方财政划分的两次重大调整。目前，中国财政收入占国内生产总值的比重为20%左右，中央财政收入占全国财政收入的43.5%，地方财政收入占全国财政收入的56.5%；与此同时，中央财政支出仅占全国财政支出的32%，而对地方的转移支付为74 415亿元，占到中央财政支出的68%。从地方财政收入来看，地方本级收入占57.6%，中央转移支付占42.4%。现在财政净上缴的省份只有8个，从多到少依次为广东、上海、北京、江苏、浙江、山东、天津、福建；其他23个省份都是中央净转移支付的省份。特别是一些西部地区，中央财政转移支付已经占到了大头，如西藏财政支出中有90%由中央转移支付。中国实施西部大开发战略，对西部地区实行的一项重大税收优惠政策，就是企业所得税由25%降低为15%，鼓励国内外企业到西部地区投资。这些财政税收政策对支持中西部地区经济社会发展、促进区域协调发展发挥了至关重要的作用，充分体现了中国特色社会主义的制度优势，这是其他许多国家做不到的。

(3)地区协作和对口支援政策

国家开展东中西地区协作，国家部委、中央企业和东中部地区对口支援西部贫困地区，特别是支援西藏和四省藏区、新疆地区发展，派遣干部援藏、援疆，重点支援当地交通水电等基础设施建设、学校和医院建设以及产业发展、人才培养等，并且支援地区每年援助资金按当地财政收入的一定比例安排。这充分体现了全国一盘棋和各地区团结协作的互助精神，也是中国区域发展政策的一项创举。现在西部地区的城乡面貌发生了巨大变化，交通、通信等基础设施，学院、医院、居民住房等都焕然一新，正在逐步赶上甚至在一些方面超过内陆地区的发展水平。

(4)跨区域协同发展政策

国家制定实施了一系列跨区域、跨流域发展政策措施，出台并实施了一些重大举措，包括推进京津冀协同发展,疏解北京非首都功能,建设雄安新区,推进粤港澳大湾区建设、长三角一体化发展、长江经济带发展、黄河流域生态保护和高质量发展等。这些都需要在中央层面协调推进跨区域发展战略,出台实施相应的区域发展政策。为了统筹推进大江大河流域上、中、下游发展,特别是推进生态建设和环境保护,国家也在探索实行区域生态环境补偿政策。

12.4 本章小结

区域经济学应用性的具体体现是区域经济政策的实施。区域经济政策是由政府针对区域问题而制定的一系列政策的总和,具有空间性、相互依赖性、开放性等基本属性,其基本目的在于经济稳定化、资源配置高效化、收入分配公平化。制定区域政策的基础理论主要有新古典理论、结构主义发展理论和新经济地理学理论。区域经济政策由一系列区域产业发展政策、区域协调发展与合作政策、区域开发政策、区域财政金融政策和区域创新政策组成。我国区域发展政策主要包括区域发展先行先试政策、中央财政转移支付和税收优惠政策、地区协作和对口支援政策、跨区域协同发展政策四大发展政策,通过调节区域资源配置、加快区域经济的要素流动、优化区域经济的产业结构,推进区域经济发展。

复习思考题

1. 如何理解“超国家层次的区域经济政策”?
2. 区域经济政策的作用表现在哪些方面?
3. 简述区域经济政策中的区域产业和投资政策。
4. 区域创新政策作用于区域经济发展的哪些方面?
5. 如何估量地方政府对区域经济发展的作用?
6. 你对目前关于区域经济政策理论的争论有什么看法?

建议阅读书目

[1]任保平等:《经济理论与实践研究 30 年》,北京:中国经济出版社 2014 年版。

[2]孙久文:《区域经济学学科前沿研究报告(2021)》,北京:经济管理出版社 2023 年版。

[3]尼古拉．阿克塞拉(意):《经济政策原理:价值与技术》,郭庆旺等译,北京:中国人民大学出版社 2001 年版。

[4]范恒山:《中国区域合作的理论、政策与操作》,北京:中国财政经济出版社 2022 年版。

[5]范恒山:《国家重大区域发展战略研析》,北京:中国财政经济出版社 2021 年版。

[6]胡乃武:《当代中国经济发展中的政策选择》,北京:中国金融出版社 2013 年版。

[7]王东京等:《国家治理——中国政府转型》,重庆:重庆大学出版社 2018 年版。

13
中国区域经济发展的若干重大问题

重点问题

- 落实区域发展战略
- 优化重大生产力布局
- 加快基础设施建设
- 加快生态经济发展

当前，我国经济社会发展正经历着结构性变革，城镇化进程、人口发展趋势与经济发展形势目前都已步入新阶段，将深刻影响区域发展。踏上新征程，区域发展应在实践中遵循区域协调发展与区域可持续发展两条主线，努力构建优势互补、高质量发展的区域经济布局和国土空间体系。

13.1 落实区域发展战略，促进区域协调发展

党的二十大报告指出，“深入实施区域协调发展战略、区域重大战略、主体功能区战略、新型城镇化战略，优化重大生产力布局，构建优势互补、高质量发展的区域经济布局和国土空间体系”，为新征程上的区域协调发展指明了前进方向和全新的历史使命。

13.1.1 落实区域重大战略

区域协调发展离不开推进京津冀协同发展，推进长江经济带发展，推进长三角一体化发展，推动黄河流域生态保护和高质量发展，粤港澳大湾区发展，高标准、高质量建设雄安新区，推动成渝地区双城经济圈建设等区域重大战略的支撑。

(1)推进京津冀协同发展

作为我国重要的经济增长极，京津冀地区是我国人口集聚和经济发展的主要空间载体，对推动全国尤其是北方地区经济稳定和高质量发展至关重要。从2014年2月习近平总书记首次提出京津冀协同发展，到2015年4月《京津冀协同发展规划纲要》审议通过，再到2022年10月党的二十大报告中强调推进京津冀协同发展，高标准、高质量建设雄安新区，经过8年的发展，京津冀三省市总体上都取得了较快的发展。从经济总量来看，2021年京津冀地区的GDP为96 355.9亿元，占全国经济总量的8.4%。其中，天津地区生产总值15 695.1亿元，按可比价格计算，比上年增长6.6%，协同发展以来年均增长5.0%；北京地区生产总值40 269.6亿元，比上年增长8.5%，协同发展以来年均增长6.3%；河北地区生产总值40 391.3亿元，比上年增长6.5%，协同发展以来年均增长6.3%。在创新投入方面，京津冀地区创新动能持续增强，创新水平不断提高。2021年京津冀地区的研究与试验发展(R&D)经费为3 949.1亿元，区域R&D投入强度达到4.1%，其中北京保持在6%以上，继续处于全国领先地位，天津和河北分别为3.7%和1.9%。同时，随着京津冀协同发展的不断推进，京津冀区域间的联系更加紧密，要素流动速度不断加快，城乡居民收入差距有所缩小，协同发展初见成效。2021年北京城乡居民人均可支配收入比缩小为2.45∶1，天津和河北分别为1.84∶1和2.19∶1。

(2)推进长江经济带发展

长江经济带横跨我国东中西三大地带，覆盖面积超过205万平方公里，是我国覆盖面最广、纵深最长、影响最大的黄金经济带，对我国经济社会繁荣和稳定起到重要支撑作用。2014年长江经济带发展上升为国家级三大战略之一，此后陆续出台《关于依托黄金水道推动长江经济带发展的意见》《长江经济带综合立体交通走廊规划(2014—2020)》等文件，依托黄金水道构建综合立体交通走廊，联通东西，加快推动区域产业结构优化升级和生态环境保护。2016年9月中共中央正式印发《长江经济带发展规划纲要》，确立了长江经济带“一轴、两翼、三极、多点”的发

展格局。2018 年 11 月，中共中央、国务院明确要求以生态优先、绿色发展为引领，推动长江上、中、下游地区协调发展和沿江地区高质量发展。改革开放以来，长江经济带发展取得了巨大成就，为我国经济社会发展做出了巨大贡献。在经济发展方面，1978 年长江经济带的 GDP 总量为 1 516.7 亿元，2021 年长江经济带的 GDP 总量达到了 530 227.7 亿元，是 1978 年的 349.6 倍；长江经济带 GDP 总量占全国 GDP 总量的比重也由 1978 年的 43.9% 上升到 2021 年的 46.6%。

(3) 推进长三角一体化发展

长三角包括上海、江苏、浙江和安徽三省一市，区域面积达 35.8 万平方公里，在经济增长、产业实力、绿色发展、普惠共赢、创新能力、对外开放等领域处于领先地位，一体化基础良好。长三角一体化战略由来已久，1982 年国务院提出成立的上海经济区是长三角的最初雏形，进入 21 世纪后上升为战略性协作，区域性协作层级逐步提升，直至 2018 年在首届进口博览会上，习近平总书记宣布长三角一体化上升为国家战略，长三角一体化得到前所未有的重视并从国家层面全面推进。2019 年《长江三角洲区域一体化发展规划纲要》发布，为长三角一体化的发展构筑了清晰蓝图。在“一极三区一高地”的战略定位下，长三角地区在高质量发展、区域一体化和深化改革开放等方面取得长足进展，构成我国经济发展的强大动能。2021 年，长三角经济总量已达 27.6 万亿元，占全国经济总量比重高达 24.3%，城乡居民可支配收入亦处于全国前列。长三角地区内部经济差距不断缩小，且科技创新优势显著，拥有上海张江、安徽合肥两个综合性国家科学技术中心，上海、南京、杭州和合肥四市研发强度均超过 3%，在此环境下孕育了大批科技水平高、发展活力强的企业。

(4) 推动黄河流域生态保护和高质量发展

黄河流域规划范围涵盖山东、河南、青海等 9 个省区，横跨我国东中西部，覆盖面积 130 万平方公里，是我国重要的生态屏障和经济地带。2019 年 9 月，习近平总书记在黄河流域生态保护和高质量发展座谈会上宣布，黄河流域生态保护和高质量发展上升为重大国家战略。2021 年 10 月，《黄河流域生态保护和高质量发展规划纲要》印发，为系统推进黄河流域生态环境保护与科学发展提供了指南。习近平总书记强调黄河流域生态保护和高质量发展是重大国家战略，要共同抓好大保护，协同推进大治理。近年来，黄河流域生态保护和高质量发展持续推进，黄河大保护行动稳步推进，污染防治、生态保护修复、深度节水控水等重大工程项目深入实施。2021 年，黄河流域 9 省区总人口达 4.2 亿人，占全国总人口的 29.8%；GDP 总量超过 28.7 万亿元，占全国 GDP 总量的 25.1%；黄河流域监测断面中，Ⅰ～Ⅲ类水质断面占 81.9%，比上年上升 2.0 个百分点；劣Ⅴ类占 3.8%，比上年下降 1.1 个百分点。未来黄河流域应坚持聚焦生态建设和绿色发展，统筹推进山水林田湖草沙综合治理，改善黄河流域生态环境，保护传承和弘扬黄河文化，推动建设生态保护和高质量发展先行区。

(5) 粤港澳大湾区建设

作为世界大湾区之一，粤港澳大湾区承担着引领改革开放和创新驱动发展的重要使命。粤港澳大湾区涵盖香港、澳门 2 个特别行政区和广东省广州、深圳、珠海、佛山、惠州、东莞、中山、江门、肇庆 9 市，覆盖面积约为 5.6 万平方公里，2020 年大湾区常住人口规模达 8 617.15 万人，其中广东省 9 市常住人口为 7 801.43 万人。粤港澳大湾区亦是我国对外开放程度最高、经济活力和创造力最强的地区之一，2020 年粤港澳大湾区经济总量达 11.36 万亿元，以占全国 0.58%的国土面积创造全国 11.2%的产出，对于辐射带动南方地区和带动改革开放深入推进具有重要作用。

粤港澳大湾区经济发展势头良好,2020 年粤港澳大湾区创造了全国 11.2%的 GDP,人均 GDP 高达 16.15 万元,远高于全国平均水平;产业体系完备且结构高端化,集群优势明显,珠三角九市已初步形成以战略性新兴产业、先进制造业和现代服务业为主体的产业结构,产业国际竞争力持续增强。其中,制造业持续向中高端推进,空间上布局集中于珠三角地区,结构上先进制造业和高新技术产业已成主体。

(6)高标准、高质量建设雄安新区

雄安新区设立于 2017 年 4 月,规划范围包括雄县、容城、安新三县行政辖区(含白洋淀水域)及周边部分乡镇,总面积达 1 770 平方公里,重点承接北京高端优质资源,集聚大数据、人工智能、生物技术、现代金融等创新型产业,逐步发展为京津冀科技创新和先进产业集聚高地。设立雄安新区,是以习近平同志为核心的党中央深入推进京津冀协同发展做出的一项重大决策部署。雄安新区的建设有利于疏解北京非首都功能,可以优化京津冀的城市布局和空间结构,为京津冀协同发展战略培育创新驱动发展新引擎。2018 年 4 月发布的《河北雄安新区规划纲要》为新时代建设雄安新区提供了根本遵循,明确了雄安新区的发展定位和建设目标,提出把雄安新区建设成为绿色生态宜居新城区、创新驱动发展引领区、协调发展示范区以及开放发展先行区。2019 年 1 月,《中共中央国务院关于支持河北雄安新区全面深化改革和扩大开放的指导意见》发布,确定了基本原则、主要目标,提出了强化驱动发展等九大重点任务。经过 4 年多的治理,2021 年雄安新区白洋淀区整体水质为Ⅲ类,水环境质量改善幅度前所未有,首次步入了全国良好湖泊行列。2022 年 8 月,《京津冀协同发展报告(2022)》发布,报告中提出加快建设雄安战略科技力量集聚平台,培育区域战略科技力量体系,为京津冀战略科技力量建设与布局提供保障。

(7)推动成渝地区双城经济圈

作为新时代区域重大战略的重要组成部分,成渝地区双城经济圈建设具有独特且关键的战略地位。首先,从地理位置上看,它位于长江经济带和"一带一路"的交汇处,具有沟通西南和西北地区的独特优势;其次,从经济发展程度上看,它是我国西部地区开放程度最高、产业基础最雄厚、市场前景最广阔的区域。2020 年 1 月,习近平总书记在中央财经委员会第六次会议上强调推动成渝地区双城经济圈建设,为新时代成渝地区的发展提供了根本遵循和重要指引。为进一步促进成渝地区产业、人口及各类生产要素合理流动和高效集聚,推动成渝地区双城经济圈建设,《成渝地区双城经济圈建设规划纲要》于 2021 年 10 月颁行,纲要围绕合力建设现代基础设施网络、协同建设现代产业体系、共筑长江上游生态屏障、联手打造内陆改革开放高地、共同推动城乡融合发展、强化公共服务共建共享,展望了未来发展的美好图景。经过多年发展,成渝地区双城经济圈的经济实力和发展活力不断增强。从经济发展水平来看,成渝地区的人均 GDP 和经济密度高于东南亚、南亚的许多国家和地区。2021 年成渝地区的 GDP 总量为 7.4 万亿元,占全国 GDP 总量的 6.5%,占西部地区 GDP 总量的 30.8%,已经成为西部地区综合竞争力最强的区域。成渝地区以不到西部十分之一的面积承载了超过西部一半的人口,劳动力资源丰富,市场潜力巨大。成渝地区双城经济圈产业优势显著,根据显性比较优势指数,成渝地区在机械设备、通信计算机和电子设备、非金属矿物制品等领域产业优势明显。

13.1.2 统筹东中西、协调南北方

在中国式现代化的实践中坚持区域协调发展,需要自觉纠正重经济增长、轻质量优化,重效

率提升、轻公平正义,重物质成果、轻人文价值,重眼前利益、轻长远福祉的不良倾向,避免社会经济发展陷入失衡状态。为此,在区域高质量协调发展过程中,需要统筹协调好各板块间、东西部与南北方间的发展。

(1)缩小"四大板块"的发展差距

改革开放以来,我国经济实现了飞速发展,人均收入水平不断提高,2021 年我国人均 GDP 达到 81 370 元。回顾我国区域经济发展的历程可以发现,1978 年至今,我国区域经济差距整体上经历了先缩小再扩大后缩小的波动式变化。具体来看:

1978—1991 年为经济差距缩小阶段。1978 年我国开始实施对外开放的政策,显著提高了区域经济发展的活力,促进了各地区经济的快速发展。由于我国之前重点支持中西部地区的发展,所以改革开放初期,中西部地区发展较快,东中西区域经济差距处于缩小趋势。

1992—2004 年为区域经济差距扩大阶段。随着改革开放的不断推进,东部沿海地区凭借率先发展的政策优势,加上良好的发展基础和区位优势,逐步形成了我国制造业发展基地,加快了东部沿海地区的经济发展。而中西部地区由于发展条件较差,开放程度较低,逐步落后于东部地区的发展,东中西部区域经济差距逐渐扩大。

2005 年至今为区域经济差距缩小阶段。为了遏制区域经济差距进一步扩大的趋势,从 1999 年开始,我国根据各地区发展的实际情况,制定了各具特色的区域发展战略,逐步形成了"西部大开发、东北振兴、中部崛起、东部率先发展"的区域协调发展战略,促进了中部、西部和东北地区的快速发展,使区域经济差距逐渐缩小。

回顾新中国成立以来"四大板块"经济发展水平的变化过程可以发现,区域发展战略和区位优势是影响区域经济发展水平的关键因素。① 首先是东部地区。作为我国最早解放的地区,新中国成立初期我国十分重视东北地区的经济发展,苏联支持我国工业化建设的 156 个项目中,其中有 58 项分布在东北地区,占全部项目的 1/3 以上。加上东北地区良好的经济基础和丰富的资源优势,东北地区经济发展迅速,是当时新中国的工业摇篮和重要农业基地,占国民经济的比重一直维持在 15%左右。但随着改革开放和率先发展东部沿海地区的提出,东北地区的竞争优势逐渐消失,经济发展速度放缓,经济总量的占比开始下降,近年来维持在 5%左右。而东部地区凭借率先发展战略和区位优势,抓住发展的机遇,逐步拉开了与其他地区的发展差距,成为全国经济发展的领头羊,经济总量占全国的比重由 1949 年的 40.4%上升至 2020 年的 51.9%,占据全国经济发展的"半壁江山"。中西部地区由于身处内陆,新中国成立以来发展较为稳定,随着西部大开发战略、中部崛起战略的相继实施,以及深化改革、扩大开放的不断推进,近年来中西部地区发展相对较好,经济总量占比始终维持在 21%左右。

随着我国社会主义建设进入新时代,区域发展差距变化趋于稳态甚至处在差距缩小的平缓期。我国发展正居于蓄势调整的关键期,如何进一步缩小区域发展差距,促使社会主义现代化建设迈入新征程变得尤为重要。当前世界百年未有之大变局加速演进,国际环境日趋复杂,国内经济发展面临需求收缩、供给冲击、预期转弱三重压力,我国经济增长的不稳定性不确定性增加。因此,未来我国必须完整、准确、全面地贯彻新发展理念,主动构建新发展格局,蹄疾步稳推进改革,坚定不移扩大开放,深入实施区域协调发展战略,构建优势互补、高质量发展的区域经济布局和国土空间体系。

---

① 孙久文,张皓. 我国区域发展差距的多尺度考察及其"十四五"趋向[J]. 改革,2021(11).

(2)正确认识南北方发展差距

近年来,随着我国区域协调发展战略的深入推进,东部、中部、西部、东北“四大板块”间的发展差距逐渐缩小,但南北地区的经济发展差距却日益扩大。2020 年南北地区人均 GDP 差距高达 14 495 元,并且有进一步扩大的显著趋势。从整体上看,南北地区经济发展差距变化可以分为两个阶段:第一个阶段是 1978—2002 年,南北地区经济发展处于相对均衡阶段;第二个阶段是 2003—2020 年,南北地区经济差距经历了先扩大后缩小再逐渐扩大的剧烈变化阶段。具体来看,首先是相对均衡的第一阶段,这个阶段南北地区经济发展的差距总体变化不大。1978—1993 年,南北地区经济发展一直是北方领先于南方;而 1994—2002 年,南方地区经济实现反超,南方经济发展水平高于北方。其次是剧烈变化的第二阶段。2003—2011 年,南北地区经济发展差距逐渐扩大,北方地区发展水平领先南方;之后 2011—2015 年,经济发展差距逐渐缩小,但仍是北方地区发展较好;2016—2020 年,南方地区经济发展超过北方,并逐渐拉大发展差距。同时,从南方地区和北方地区内部发展情况看,2004 年以来,二者内部发展差距均处于缩小趋势,而且变化趋势基本相同,这说明南北地区发展差距不是某一个省份单独造成的,而是因为南方地区的发展整体优于北方地区。

近年来南北地区经济发展差距逐渐扩大,究其根本,是多种因素共同作用造成的。一是地理位置。与北方地区相比,南方地区拥有更长的海岸线,与南亚多个国家接壤,便于发展对外贸易,地区经济发展活力较强。二是体制机制。纵观中华民族的发展历史,政治中心一般在北方地区,而南方地区往往为经济中心,南方地区在发展过程中更注重经济效率,从微观个体到行政执法部门都以经济发展为根本。三是居民思维模式。南方地区居民自我创业意识较强,加上政府重视优化营商环境,支持民营企业的发展,因此,南方地区的民营企业发展迅速,为南方地区的经济发展奠定了坚实的微观基础。比如,截至 2022 年底,广东省实有民营企业(含个体工商户)1 571 万户,居全国首位。南方的快速发展使北方地区的人口、资源等大规模向南方流动,进而形成循环累积效应,进一步拉大南北地区发展差距。

为了缩小南北地区发展差距,未来应积极发挥北方地区的发展优势。首先,北方地区资源众多,全国能源分布主要集中在北方地区,可以通过优化生产力布局,引导资源型产业向北方地区转移,发挥北方地区的资源优势,促进北方地区的经济发展。其次,北方地区人均可利用土地面积较大,有利于国家重大项目建设,也可以通过相关政策,合理引导经济资源向北方地区转移,加快北方地区的发展,缩小南北经济发展差距。虽然相对于东中西发展差距而言,南北发展差距产生时间较短,但是其进一步扩大的趋势显著,必须引起足够的重视。在解决东中西横向发展差距的同时,也要遏制南北纵向发展差距进一步扩大的趋势。

13.1.3 优化国土空间体系

优化国土空间体系的关键是健全主体功能区制度。我国的主体功能区制度是“十一五”提出,“十二五”形成,“十三五”和“十四五”逐步深化的。立足资源环境承载能力,发挥各地区比较优势,促进各类要素合理流动和高效集聚,推动形成主体功能明显、优势互补、高质量发展的国土空间开发保护新格局,是国民经济“十四五”规划纲要提出的优化区域经济布局新实践,也是促进区域协调发展的重要环节,还是构建新发展格局的关键所在。

2011 年 6 月,《全国主体功能区规划》正式发布,规划坚持自然条件适宜性开发的理念,基于优化结构、保护自然、集约开发、协调开发、陆海统筹五大开发原则,把国土空间划分为城市化地区、农产品主产区和国家重点生态功能区三种类型。规划的出台为国土空间的合理布局提供了战略指引。从本质上讲，主体功能区规划是立足于区域的环境承载力，综合分析区域的现有开发强度和未来发展潜力，明确不同区域的主体功能定位，进而统筹谋划国家经济布局，优化国土空间利用，逐步形成人口、资源、环境相协调的国土空间开发格局。① 2022 年 10 月，党的二十大报告中再次强调健全主体功能区制度，优化国土空间发展格局，构建优势互补、高质量发展的区域经济布局和国土空间体系。

作为事关全局发展的关键性战略，新时代健全主体功能区制度，促进区域协调发展形成新局面，需要坚持以下两点原则：

首先，区分区域的主体功能，明确区域发展的定位。一个区域在发展过程中可能具有多种功能，但是必须有一个主体功能。根据区域的主体功能，确定区域的开发方式和发展任务。同时需要注意的是，主体功能不等于唯一功能，也并不排斥其他功能。比如，作为区域经济发展中的关键区域，城市化地区的主体功能是提供工业品和服务产品，但是城市化地区在发展过程中也必须具有农产品安全意识和生态文明思想，形成城市化地区、农产品主产区和生态功能区协调发展，这也是区域协调发展过程中的一种协调。

其次，不同主体功能区在发展过程中必须加强交流合作，形成优势互补的发展新局面。城市化地区可以和农产品地区、生态功能区建立长期有效的沟通合作机制，在推进城乡一体化过程中保护耕地和生态环境。农产品主产区以提供优质农产品为基本目标，借助城市化地区科技创新优势，积极发展现代农业，加快社会主义新农村建设，促进农产品主产区的经济发展。重点生态功能区的主体功能是保障国家生态安全，建设人与自然和谐相处的示范区。通过把部分人口转移到城市化地区或农产品主产区，降低人口对生态环境的压力。严格控制开发强度，发展环境友好型产业，以提供生态产品为主要目标。农产品主产区和重点生态功能区也可以发展新兴旅游产业，吸引城市化地区人口游赏，形成良性协调发展。

13.1.4 优化重大生产力布局

区域高质量发展，实际上就是要实现区域经济资源和自然资源的合理配置，优化重大生产力布局。生产力布局是一定空间范围内生产要素的分布和配置，优化重大生产力布局可以提高资源要素的利用效率，有效解决发展不平衡和不充分的问题，促进经济社会实现高质量发展。回顾我国经济社会发展的历史可以发现，生产力布局调整一直影响着我国社会经济的发展。新中国成立初期，毛泽东同志提出均衡布局工业的思想，既要发展沿海工业，也要加强内地工业的发展，实现沿海与内地的均衡发展；20 世纪 80 年代，邓小平同志提出优先发展沿海地区，使一部分人、一部分地区先富起来，进而沿海和内地的发展差距逐渐扩大；随着社会主义进入新时代，我国社会主义现代化建设进程不断推进，高质量发展成为全面建设社会主义现代化国家的首要任务，习近平总书记审时度势，做出了优化重大生产力布局，构建优势互补、高质量发展的区域经济布局和国土空间体系的战略部署。

现阶段我国发展不平衡和不充分问题依旧突出，建设社会主义现代化国家面临的形势仍然严峻，优化重大生产力布局的主要内容应包括以下四个方面：②

首先是划分经济区域。新中国成立以来，我国经济区域的演变大致上可以分为三个阶段，第一阶段，新中国成立初期到改革开放前，我国实行生产力均衡布局，可以把全国划分为沿海和

① 叶海涛，沈利华．我国主体功能区规划的空间政治学解析[J]．学海，2022(4)．

② 参阅孙久文：《优化重大生产力布局的途径探索》，《人民论坛·学术前沿》2022 年第 22 期。

内地两大经济地带;第二阶段,改革开放后到20世纪末,沿海地区凭借自身发展的有利条件以及中部和西部地区的支持,逐渐拉开与中西部地区的发展差距,全国开始分为东部、中部和西部三大经济地带;第三阶段,21世纪初至今,我国经济发展水平不断提高,综合国力显著增强,但随之而来的是区域之间的发展差距也逐渐扩大,我国开始实行西部大开发、东北振兴、中部崛起等一系列区域协调发展战略,加上东部地区率先发展,“四大板块”逐渐形成。

其次是协调地区经济关系。由于“四大板块”之间经济发展水平存在差异,发展条件也各不相同,实现优化重大生产力布局必须厘清各个板块之间的经济关系。通过调整国家对不同地区间的投资比例,进而协调“四大板块”间的经济关系,促进重大生产力布局的优化。

再次是优化产业部门布局。产业布局的优化是优化重大生产力布局的关键所在,我国地域辽阔,各个区域之间资源要素、发展条件等各不相同,充分发挥地区的竞争优势,合理布局产业部门,对重大生产力布局的优化起到至关重要的作用。

最后是重大项目优化布局。新中国成立以来,我国经历了“一五”时期的156项重大项目的布局、20世纪80年代初期的钢铁化工和石油化工等重大项目布局、21世纪的高新技术产业项目布局、“十三五”期间的重大科研装置布局以及“十四五”期间的“东数西算”重大项目布局等,每个时期的重大项目布局都对我国区域经济发展产生了重大影响。

优化重大生产力布局作为新时代实现高质量发展的重要环节,必须坚持四大基本原则。第一,均衡协调原则。优化重大生产力布局的根本目的是实现区域协调发展,既要服务于国家发展战略,也要厘清地区发展的自身定位。第二,保障战略安全原则。国家安全是民族复兴的根基,社会稳定是国家强盛的前提。优化重大生产力的生产体系和布局,打造现代化经济体系,必须以国家国防安全为基础。第三,发挥优势原则。各个地区之间发展条件存在差异,发展水平也各不相同,必须充分发挥区域优势,实现产业优化和合理布局。第四,优化要素组合原则。实施重大项目的组合布局,要以城市群、都市圈和主要中心城市为载体,建设创新型地域经济综合体。

13.2 加快基础设施建设

13.2.1 基础设施区域配置的方式与途径

(1)基础设施区域配置的方式

按照市场和政府在基础设施空间配置中的关系和作用程度,可将基础设施区域配置方式分为三种:

第一,政府或公共部门利用指令性计划方式进行基础设施的空间配置。其特点是在基础设施建设、决策和投资过程中进行政府计划配置,排斥市场机制的作用。多见于计划经济体制的国家,如苏联和改革开放前的中国。这种方式的结果往往是投资规模太大、战线拉得太长、建设周期拖长、投资效率低下等。实践中,各国基本上已很少使用这种方式。

第二,以市场配置方式为主进行基础设施的空间配置。这种方式多见于主要的市场经济国家,如美国。这种方式的投资主体是私有企业,投资的空间流向取决于预期投资收益的高低。除私人投资外,资本市场融资也是这种方式的主要途径。

第三,以市场配置为基础,政府制定指导性计划做引导,进行基础设施的空间配置。在这种方式中,政府既指导和管理市场的配置,又直接投资于基础设施建设。投资的目的是弥补市场失灵,维护公平和布局均衡。这种配置方式尤其在环境保护和生活性、减灾性等无利或亏本的基础设施建设方面发挥重要作用,它要求政府有较完备的法规和较为雄厚的财力。

(2)基础设施区域配置的途径

基础设施区域配置的途径往往影响到不同区域经济发展的速度,影响到区域可持续发展的顺利实现。归纳起来主要有三种:

第一,空间分散投资配置。即将资金分散投入遍布各个区域的许多项目中,而不是集中于个别示范性大项目。这种途径往往是在国家初始发展阶段过度强调区域均衡发展的表现,并由于缺乏大项目管理的人才和资金供给,不得已采取的发展途径,结果是各区域都没有获得快速的发展机会,普遍表现为低水平的均衡发展。

第二,空间集中投资配置。当某个区域或城市呈现出较快的发展势头时,就会形成对资本集约型的基础设施的迫切需要。一方面,可以直接加大国家对增长区域的直接投资;另一方面,也可以放开私人对增长区域投资的限制,让市场利益机制自发地引导私人投资投向这一区域,结果不但会使资金使用转变为集中使用,而且还会使单个基础设施的投资总额大量增加。集中的投资配置将使投资增长区域获得快速的发展,与其他地区间的差距逐渐扩大,国家进入非均衡发展阶段,区域间公平发展受到挑战。

第三,促进落后地区发展的投资配置。当增长区域与落后区域之间的差距不断扩大,并已经影响到整体经济发展和社会稳定的时候,就要对落后地区进行专门的基础设施投资,以满足经济发展和人民生活的需要。尤其在基本公共品的提供方面,政府要起到主导作用,使区域可持续发展得到满足。

13.2.2 基础设施规模与区域发展

从基础设施与工业化的关系来看,基础设施建设与工业发展是相辅相成的。工业发展对交通、能源、通信等基础设施提出了要求,希望其帮助解决其市场和原料等问题,并为基础设施的不断增长提供新的技术设备。

从基础设施的产业属性来看,它基本上属于第三产业,其中一小部分属于第二产业。因此,基础设施的建设过程也就是区域产业的发展过程。工业生产规模的扩大带动了区域经济规模的扩大。区域人均 GDP 水平的提高要求基础设施与之相适应。世界银行的研究表明,人均 GDP 每增加 1%,就要求基础设施总量增加 1%,居民获得安全饮用水增长 0.3%,铺砌的公路增长 0.8%,电力增长 1.5%,电信增长 1.7%[①]。

在区域当中,城市规模和城市居民生活质量的变化,也对基础设施系统不断提出新的要求。城市居民生活方式的变化,对家庭轿车、地下交通等为代表的交通运输系统及移动通信系统、互联网等提出了新的要求。城市基础设施不足,将影响城市居民生活质量的提高,从而影响城市的可持续发展。以城市的交通运输为例,城市交通运输设施是城市生产和人民生活赖以正常进行的保障条件。城市交通是城市的骨架,为城市生产建设和人民生活服务。城市良好的道路系统将降低企业的运行成本,缩短居民的出行时间,使城市经济发展的成本降低,收益增加。如果

① 王延中. 基础设施与制造业发展关系研究[M]. 北京:中国社会科学出版社,2002:4.

城市交通运输设施严重短缺,成为城市发展的"瓶颈",交通运输建设投资就十分必要,此时的投资对经济增长的促进作用十分明显。

所以,增加基础设施建设投资,加快各类基础设施的建设,是区域可持续发展的必然要求。

13.2.3 加快区域基础设施建设的途径

(1)加快区域能源建设

加快区域能源建设包括加快电力设施的建设、石油天然气开采加工能力的建设和煤炭生产、加工、储运能力的建设。

在现有的大区域中,区域能源的供应问题成为区域可持续发展的关键问题之一。区域的供暖、供热、交通和居民的日常生活,都必须有能源做保证。所以,我们必须解决好三方面的问题,以保证区域的经济发展。第一,保证区域能源的日常供应。一个大区域需要的能源数量也相当大,需要国家和区域有稳定的供应系统,如电站、煤炭基地、石油基地和天然气供应管道等。第二,有与区域能源的日常供应和区域经济发展水平相适应的区域能源储备。我们应当把区域的能源储备当成国家储备的一个有机的组成部分来对待,但又要根据区域的能源消费特点来选择储备的能源种类。第三,增加区域清洁能源的使用比例。从区域可持续发展的要求来看,为保证区域空气的清洁和居民的健康,增加区域清洁能源的使用数量是正确的选择。例如,北京市为迎接奥运会,大规模改变区域的能源消费结构,使区域煤炭的使用量大量下降,而清洁型的天然气的使用量大幅度上升,再加上提高汽车尾气的控制标准,从而使区域的空气质量大为提升。随着机动车辆数量的快速增加,区域经济发展对石油的需求与日俱增。保证石油供应,必须与国家在一定时期的能源政策和石油生产供应的形势统筹起来考虑。建设成品油输送管道,培养专业运输队伍,建设专用油品码头、车站和油库,是保证石油供给的主要措施。天然气是重要的城市能源,而且是重要的清洁能源。保证天然气供应,是保证城市居民生活的需要,也是保证城市运营的需要。在我国大多数地区,煤炭仍然是重要的城市能源,重点能源区域的煤炭基地建设是区域煤炭供应的保障。此外,城市还需要加快太阳能、地热能、风能、生物质能等可再生能源的开发与利用,使这些新能源在城市生活中的作用逐步得到加强。

(2)加快区域基础设施投融资体制改革

政府资本的有限性、投融资体制的局限性以及经营的低效率,往往使基础设施的建设跟不上经济发展的需要。为了适应经济发展和人民生活的需要,必须调整传统的以政府居于绝对统治地位、以计划方式为主的投融资体制,努力创新投融资方法。

其一,以政府投资为主转向以市场融资为主。以政府投资为主体的体制排斥市场机制的作用,阻碍民间资本的参与,限制了基础设施建设的规模。随着社会经济的不断发展,对基础设施的要求逐渐提高,基础设施的种类也逐渐增多,非竞争性和非排他性的基础设施范围逐渐扩大,各种私人资本进入该领域的门槛逐渐降低。为了适应经济社会的快速发展,仅靠政府投资已经很难满足需求,必须进行投融资体制的改革,转向以市场为主的投融资体制。

除了能够更大规模的发展基础设施,引入私人资本还可以避免很多政府投资中的弊端,如避免由于缺乏利益激励而导致的基础设施经营效率低下,避免由于独断专权而导致的基础设施布局失误,避免由于决策主体组成单一而造成的不顾穷人需要或破坏生态环境问题等。

其二,要强化在以市场为主体的投融资体制下政府的作用。在以市场为主体的投融资体制下,政府仍然要发挥相应的作用。从宏观层面看,主要集中在以下几个方面:第一,规划、引导、服务和监督私人的投资行为。引导私人资本的投入方向,建设完善的体制和制度环境,对基础设施进行提前规划并提供相应的技术服务,监督私人投资的基础设施合法运营与有效经营。第二,弥补和纠正市场失灵。要处理好公平与效率的关系,尽量使基础设施建设能够普惠到全体人民,实现区域间的可持续发展。第三,根据各类基础设施的特点,实行不同的投融资模式。明显属于纯私人物品或外部效应较小的基础设施等交由私人投资经营,而仍需由国家经营的基础设施,则应遵循商业化和市场化的原则。

从区域层面看,由于各个区域之间无论是自然地理条件、历史发展状况还是现有基础水平都具有较大差别,所以,政府应该制定具有差别化的区域基础设施建设战略,以满足不同类型区域的要求。例如,地理条件比较恶劣的区域,投资的回报率自然较低,甚至为负,这就需要政府大力提供财政支持,以建设最基本的基础设施,并创造较为优惠的政策条件,吸引外来的私人投资;对于自然条件较好、经济发展水平较高、投资回报率较高的区域,政府的主要职责则在于制定完善的法律和制度环境,服务和监督私人资本投资,并适当控制投资规模,预防市场经济机制造成的基础设施投资膨胀。

其三,加快区域基础设施管理体制建设。关于基础设施管理体制的研究,学术界存在着两种截然相反的观点。一种观点认为基础设施代表着巨大的社会公共利益,有些还关系到国家的经济命脉,如果交由私人经营,则很难实现既定的社会目标,而且,基础设施的公共物品属性、自然垄断属性和外部经济属性等,都会导致市场失灵,因而政府应该是基础设施的所有者和经营者,部分的效率牺牲是不可避免的。另一种观点则认为,根据产权经济学原理,所有制决定效率,政府或国有企业的产权特征决定了基础设施供给和经营的低效率和浪费,因此,私有化投资和经营是解决问题的最好办法。

笔者认为两种观点都有些极端,政府投资和经营缺乏有效激励,效率低下不可避免;但基础设施的准公共物品属性决定了市场机制在该领域存在失灵,因此,两者适当的结合是实现优化管理的重要途径。主要做法是:政企分开,按照商业化原则经营;在基础设施建设和运营的过程中积极引入竞争机制等。

13.3 实现区域生态环境可持续发展

区域生态环境可持续发展,是以区域空间范围内的物质实体和社会因素长期持续演进为依托,既满足当代区域发展的现实需要,又不影响区域未来发展的能力。

13.3.1 区域生态环境可持续发展的特点

区域生态环境具有内容丰富、结构复杂等特点,是一个开放的系统,由自然、经济、社会等环境因素构成。其中,自然可持续性是基础,经济可持续性是条件,社会可持续性是目标,三者的协调发展是区域生态环境可持续发展的基本特点。

第一,自然资源与环境的可持续性是区域生态环境可持续发展的基础。城市发展比较重视人工生态环境的建设,对自然资源和环境的保护意识比较薄弱。城市人口急剧膨胀,造成区域资源短缺,整体环境恶化,反过来就会限制城市的发展。因此,自然资源与环境保护是区域生态环境可持续发展的重要内容。其可持续性表现在城市环境应得到最大限度的保护,城市开发建设应保持在城市环境与资源的承载能力之内,城市的发展方向、规模与水平应决定于城市所在区域的环境容量和资源承载力。

第二,经济增长的可持续性是区域生态环境可持续发展的保障。城市发展要不断满足居民日益增长的物质要求,要不断改善环境质量、进行生态建设,这些都需要资金和物质的支持,只有经济的不断增长才能保证这些目标的顺利实施。但经济的增长要与城市的环境、资源、人口相协调,要在保护生态环境的基础上发展经济,转变经济的增长方式,走新型工业化之路,调整城市内部与城市之间资源和产业的合理分工与布局。

第三,社会发展可持续性是区域生态环境可持续发展的最终目标。实现科学的发展观,最重要的是以人为本。可持续发展区域谋求的最终目标是提高人类的生活水平,具体包括居民基本权利的实现、人居环境的改善、社会资源的公平分配、不同层次人群的需要都可以得到满足、社会保障体系的健全、社会心理的稳定等。

因此,要实现区域生态环境的可持续发展,必须在可持续发展理论的指导下,以人与自然的和谐发展为价值取向,更新观念,树立环境价值观,正确处理城市发展建设过程中社会经济和环境之间的关系,力求城市与自然共生共荣,与区域和谐统一,以保证城市经济不断增长、人民生活质量水平不断提高、区域生态环境系统良性循环的发展目标的实现。

13.3.2 区域生态环境可持续发展的内容

区域生态环境可持续发展的内容主要包含以下几个方面。

(1)区域经济与生态和谐发展

所谓区域经济与生态和谐发展,是指在一定时空范围内影响经济与生态发展的各种因素的总和(包括自然环境、经济发展、法治环境等诸多方面),通过经济链、生态链以及经济与生态链环所构成的相互作用、相互影响、相互联动的庞大系统的和谐发展。区域经济与生态和谐发展水平可用区域经济与生态发展的和谐度来表示。所谓区域经济与生态发展和谐度,是指一个特定区域范围内,报告期经济发展与生态发展之间所结成的和衷共济、相互适应、协调运行的良好状态关系的程度。区域经济与生态发展的和谐度越大,表示区域经济与生态发展越和谐;区域经济与生态发展的和谐度越小,则表示区域经济与生态发展越不和谐。

(2)区域经济与生态发展和谐度指标的设置原则

区域经济与生态发展和谐度通过统计指标来反映,而统计指标的设置又必须服从于经济与生态和谐发展变化的特殊规律性。在现实经济生活中,究竟应该选取哪些指标,建立什么样的统计监测指标体系,才能既有利于计量评价,又有助于严密监测和科学决策,这是非常值得深入研讨的现实课题。总体来说,综合评价经济与生态和谐发展水平的指标体系,应当遵循以下6项原则:

第一,客观性。设置的评价指标能够真实地反映出经济与生态和谐发展水平运动变化状况的现实特征。

第二,完备性。完备性是指从整体出发,多角度、全方位地反映经济与生态和谐发展水平,它包括空间完备性和时间完备性。空间完备性是指评价指标体系要成系统,应包括经济与生态和谐发展的主要方面;时间完备性是指评价指标体系作为一个有机整体,不仅要从各个不同角度反映出经济与生态和谐发展的运行现状,更要反映出经济与生态和谐发展水平的运行态势。

第三,科学性。科学性是指标体系中的每一个指标都应具有确定的、科学的内涵。应该根据区域经济与生态和谐发展的内在联系,选择含义准确、便于理解、易于合成计算及分析的具体、可靠和实用的指标,以客观、公正、全面、科学地反映区域经济与生态和谐发展的本质和规律性。

第四,系统性。区域经济与生态发展和谐度是一个由具有一定结构和功能的要素构成的有机整体。在选择和确定具体指标来构建指标系统时,既要选择能够反映和衡量系统内部各个子系统发展状况的指标,又要包含反映各个系统相互协调的指标;既要有反映和描述区域经济与生态发展和谐系统状况的静态指标,又要有反映和衡量系统质量改善和提升的动态指标。并且,各指标间应当具有清晰的层次结构,由局部到整体,由复杂到简明,在科学分析和定量计算的基础上,最终形成对区域经济与生态和谐发展水平的直观结论。

第五,可比性。评价指标既要便于纵向比较,又要便于横向比较;既要能够进行时序比较分析,又要能够进行不同区域之间的比较分析。这就要求在选择指标时,必须考虑到指标的延续性、综合性和关联性,同时考虑支撑分析和预测的可能性、可行性和有效性,准确地分析和研究统计资料及其含义,参考统计年鉴和其他相关年鉴及文献,选用范围和口径相对一致的相对指标和平均指标。

第六,实用性。经济与生态和谐发展的指标体系应该简单明了,所要求的数据资料能够及时、正确、完整地取得,计量评价上要简便易行。指标的含义必须十分明确,指标数据的选择、获得、计算或换算,应立足于现有统计年鉴或文献资料,或至少容易获得、计算或换算,并采取国际认可或国内通行的统计口径,便于有效地进行定量的分析和评估。

13.3.3 实现区域生态环境可持续发展的原则

第一,以预防与保护为主的原则。目前很多城市环境污染和资源损害已构成对发展的威胁。自然生态的脆弱性已经警示人们,只注重经济增长的发展几乎走到了尽头。全球性的环境问题已使人类社会难以为继。因此,必须以预防和保护为主,将城市经济发展和居民对生物圈的影响限制在环境承载力范围之内,不断提高经济发展的技术含量。

第二,发展的量与质相统一的原则。可持续发展的核心是发展,发展的重要内容是经济的发展,经济的可持续发展要求既要注重数量的增长,又要注重质量的提高,强调质与量的统一。一方面,经济增长要尽量减少资源的消耗量,依靠科学技术进步推进增长;另一方面,城市发展强度要与城市发展能力相适应,即发展的规模、密度、频度要与提供给城市本身的各种要素的数量、质量相适应。

第三,可持续观念原则。区域生态环境的可持续发展,必须建立在与之相适应的文化意识与道德观念基础之上,其核心是尊重自然,确立自然界是人类生命之源的战略地位,真正把人类看成自然界的一部分,建立自然环境和社会协调平衡发展等环境伦理道德观念。

第四,全面协调发展的原则。区域生态环境是一个自然、经济和社会复合共生的生态系统,区域生态环境的可持续发展必须建立在各方面高度和谐、协调的基础上,强调在保持资源和环境永续利用的前提下促进社会经济的全面发展。因此,应强化生态环境建设,建立科学的城市运行、调控与管理系统,以维护复合系统的全面协调发展。

13.3.4 区域生态环境可持续发展的实现途径

(1)大力发展循环经济

如前文所述,传统经济是“资源—产品—污染物排放”的线性单向流动经济模式,而循环经济是“资源—产品—再生资源”闭路式的反馈流程经济模式,是在物质不断循环的基础上发展经济,在生产和生活过程中运用链的技术建立起不同层次的循环链接,实现良性循环,达到经济、社会、环境相统一。循环经济的主要优势在于:有利于提高资源的利用效率,促进经济增长方式的转变;有利于开发利用可再生资源,培育新的经济增长点;有利于进一步削减污染排放,从根本上改善环境质量;有利于促进资源枯竭地区的结构调整,实现资源型城市的经济转型;有利于开发二次资源,发展替代产品,促进经济转型。对生产来说,要使资源得到充分利用,如将上游企业产生的废物转换为下游企业的原料,以实现生产成本的最低、经济效益的最好、生态环境的最佳;对生活来说,应建立循环利用圈,如城市生活污水处理后的中水回用、生活垃圾的分类回收利用等。循环经济是从根本上解决社会经济发展过程中出现的环境问题的有效措施。

(2)强调清洁生产

联合国环境规划署工业与环境活动中心提出的定义为:“清洁生产是指将综合预防的环境政策持续用于生产过程和产品中,以减少对人类和环境的风险。”或者可以说,清洁生产是保持整个生产过程(从原料到最终产品)处于清洁状态。《中国21世纪议程》对清洁生产的定义为:“所谓清洁生产,是指既可满足人们需要又可合理使用自然资源和能源并保护环境的实用性生产方法和措施,是对生产过程和产品的整个生命周期实施综合防治战略。”以往提倡的“无废”“少废”工艺观念,现已发展为“清洁生产”概念,其实质是一种消耗最少的人类生产活动的规划和管理,主张将废物减量化、资源化、无害化,或消灭于生产过程之中,同时生产对人体和环境无害的绿色产品。

就生产过程而言,清洁生产就是指节约能源和原材料,淘汰有害原材料,尽可能不使用或少使用有毒有害的化学品和原材料,以减少产品使用过程中和报废之后对人体和环境的污染和危害。就生产工艺来说,清洁生产是改进工艺流程和改善企业管理,改进操作步骤,实现物料闭路循环,废物循环利用,工业废物转化为二次原料,通过资源综合利用,使废物减量化、资源化或无害化;就产品而言,清洁生产是指革新原有的产品体系,开发清洁产品;就服务而言,清洁生产是指将预防性环境战略结合到服务的设计和提供服务的活动中。清洁生产对实现区域生态环境的可持续发展具有重要意义。

(3)倡导绿色消费

绿色消费是指既能满足人的生存需求,又能满足环境资源保护需求的一种消费形式。它的内涵如下:

首先,节俭消费,减少污染和浪费资源。随着生产力的发展和生活水平的提高,人们的消费动机日益呈现出多元化的趋势。提倡绿色消费,即提倡节俭,减少污染。人应当主动放弃多余的物质消费,充实精神生活,提高精神境界。在中国,节俭消费是大多数人的日常行为规范,在环境问题日益严重的现代社会,提倡节俭消费尤其重要。

其次,绿色生活,环保选购。即指消费绿色产品、绿色食品与绿色能源。

再次,重复使用,多层利用,分类回收,循环再生。提倡对废物的资源化处理,通过重复使用和多层利用,提高物质利用率,改变过去对资源利用的一种单通道、高排放的线性过程,促进废物的循环利用,变废为宝。

最后,保护物种,万物共生。绿色消费主张不食用珍稀动植物及其制成品,保护珍稀动植物,维护物种的多样性等。多样性意味着稳定性,稳定性意味着可持续发展。

(4)发展环保产业

环保产业是指那些在国民经济结构中以防治环境污染、改善生态环境、保护自然资源为目的的经济技术活动。它是以信息技术和生态技术重整传统的生产工艺系统,有利于提高人类生存环境质量的新兴产业。

发展环保事业,既是培育新的经济增长点的有效途径,又是调整经济结构、实现可持续发展的重要手段。大力发展环保产业,可以为防治环境污染、改善生态环境质量、保障资源永续利用、实现可持续发展提供物质条件和工程技术支持,在保护区域生态环境、促进经济发展中起到重要作用。因此,要大力发展环保产业,实现区域生态环境的可持续发展。

13.4 发展循环经济

区域可持续发展的一个重要方面,是发展循环经济。通过对生产资源的循环利用,使资源利用效益达到最大,从而达到发展经济、节约资源的可持续发展目的。

13.4.1 循环经济的理论

探寻循环经济的学科基础,是研究循环经济的哲学渊源、指导原则和基本规律,对明确循环经济的研究目标和手段十分重要。

第一,生态学基础。生态学是研究生物与环境之间的一门科学。正如仿生学一样,循环经济学也是研究人类仿照自然界物质代谢、循环、共生等的规律,并用以安排经济活动。一个生态系统,包括生物有机体及其周围一切空间和所有直接或间接影响生物有机体的环境。对生物的生长、发育、繁殖、形态特征、生理功能和地理分布等有影响的环境条件,即为生态因子。生态系统的规律可以总结为整体、协调、循环、再生等,这些生态规律已经被应用于农业、工业等领域的循环经济实践中。

第二,经济学基础。从经济学诞生之日起,资源配置特别是稀缺资源的配置就是经济学的研究对象。在生态环境逐渐稀缺的条件下,经济学将研究的对象拓展到生态环境也就不足为奇了。资源经济学认为,经济的本质是人将自然资源转换为生存资料。资源有社会资源和自然资源之别。社会资源包括人力、知识、信息、科学、技术,以及累积起来的资本及社会财富等,其最大特征是累积性和可变性。自然资源包括土地、森林、草原、降水、河流湖泊、能源、矿产等,其本质特征是有限性,且其中一些类型的资源是不可再生的。与循环经济研究有关的资源经济学的内容包括供求关系、价格和税收对供求关系的影响等。能否形成产业之间的"废物变原料"的联系,最终由资源经济学决定。

各国政府之所以要推进循环经济的发展,其中还涉及一个外部性的问题。福利经济学告诉我们:如果一种商品的生产或消费会带来一种无法反映在市场价格中的成本,就会产生一种"外部性"。外部性是指一些产品的生产与消费会给不直接参与这种活动的企业或个人带来有害或有益的影响。其中,有益的影响称为"外部经济",否则就是"外部不经济"。生态环境属于公共产品。作为公共产品的环境,由于消费中的非竞争性,往往导致"公地悲剧",即过度使用;由于消费中的非排他性,往往导致"搭便车"心理——供给不足。通过发展循环经济,在提高自然资源利用效率的同时,也可以达到保护环境的目的。

第三,产业生态学基础。产业生态学是模仿自然生态学建立起来的一门学科。1997 年耶鲁大学和麻省理工学院合作,出版了全球第一本《产业生态学杂志》。其主编 Reid Lifset 在发刊词中提出:产业生态学是一门迅速发展的系统科学分支,它从局部、地区和全球三个层次上系统地研究产品、工艺、产业部门和经济部门中的能流和物质流,其重点是研究产业界在降低产品生命周期中环境压力的作用。“产业生态学试图仿照自然界的物质循环,通过企业间的系统耦合,使产业链显示生态链的性质,实现物质循环利用和能量的多级传递、高效产出和资源的永续利用。”在自然生态系统中,生产者的生产量、消费者的消费量和再生者是相对简单而稳定的,但生态工业系统无论是技术水平还是相互之间的联系,还远没有达到自然界的水平。

第四,生态经济学基础。生态经济学是一门跨社会科学(经济学)与自然科学(生态学)的边缘学科。生态经济学是一门研究再生产过程中经济系统与生态系统之间的物质循环、能量转化和价值增值规律及其应用的科学。这里,生态环境已经从单纯自然意义上的人类生存要素转变为社会意义上的经济要素,它有两层含义:第一,符合人类生活需要的良好生态环境已经短缺,拥有良好的环境已经成为人们追求幸福的目标之一。第二,自然生态环境对于废弃物的吸纳能力已经或接近饱和,局部地区甚至已经超载,继续利用它进行生产就必须再生产出新的环境容量,因而需要投入资金进行“建设(生态恢复和污染治理)”,良好的生态环境已成为劳动的“产品”。换句话说,良好的生态环境已经具有二重特征,即从生活的角度看是目标,从生产的角度看已经变成生产要素和条件①。

13.4.2 循环经济的工业生态学方法

循环经济的工业生态学方法可以大致归为以下几类。

(1)工业代谢

工业代谢是 20 世纪 80 年代中期由阿瑞斯(Ayres)和西蒙尼斯(Simonis)等提出的。工业代谢通过研究物质、元素和能量代谢关系,分析经济运行中物流、能流和环境的影响,把握工业系统的整体运行机制,识别其中存在的主要问题和优先解决的目标,促使人们采取有效措施控制和预防环境污染。

(2)生命周期评价

生命周期评价(LCA)已经有了国际标准(ISO14040 系列)。国内应加紧研究适合我国国情的生命周期规划、设计与评价方法,研究实现循环的方法,建立相应的软件平台和数据库。

(3)非物质化和非碳化

非物质化是指通过小型化、轻型化、使用循环材料和部件以及提高产品寿命,在相同甚至更少的物质基础上获取最大的产品和服务功能,或者在获取相同的产品和服务功能时,实现物质和能量的投入最小化。非碳化是指能源替代和减轻温室效应的非物质化手段。非物质化和非碳化是国际研究的热点,我国应加强此方面的理论方法的研究。

(4)生态效率

根据世界可持续发展工商理事会(WBCSD)的定义,生态效率是“提供有价格竞争优势的、满足人类需求并保证生活质量的产品或服务,同时逐步降低对生态的影响和资源消耗强度,使

① 参阅冯之浚:《循环经济论》,北京:人民出版社 2005 年版。

之与地球的承载能力相一致”。根据世界可持续发展工商理事会的度量方法,生态效率可以表示为产品或服务的价值与环境影响之比。生态效率越高,表示越能以较少的环境代价获得较大的经济收益。这与循环经济的宗旨一致①。

13.4.3 循环经济的概念和特点

循环经济是以可持续发展为原则的,以区域经济发展中的资源减量化和循环利用为标志的一种社会经济与资源环境协调发展的经济形态。其特点可归纳为以下几个方面:

第一,可持续发展的经济增长方式。在传统经济理论自然资源取之不尽、用之不竭的观念影响下,数量型经济增长方式长期存在,特别是资源的高开采、低利用、高排放,造成了世界上资源濒临枯竭的危害。而循环经济采取符合可持续发展和生态学规律的、质量型的、新的经济增长方式,以求实现资源的低开采、高利用、低排放,有助于转变世界资源的利用态势。

第二,社会物质财富和精神财富同步增长的发展目标。传统经济采取“资源—产品—污染排放”单向流动的线性经济,大量耗费土地、劳动力、资本等生产要素,追求的是经济效益最大化和物质财富的快速增长;循环经济采取“资源—产品—再生资源”的反馈式流程进行生产,强调劳动力、资本、环境、自然资源和科学技术等经济发展要素的有效利用,通过资源利用的减量化、产品生产的再使用和废弃物的再循环,实现生态环境改善基础上的社会物质财富和精神财富的同步增长。

第三,和谐的人与自然的关系。传统经济采取污染末端治理的方式,反映出人与自然的矛盾,人类高高在上,人征服自然,生态环境的恶化在所难免;循环经济采取污染源头治理、提倡清洁生产的方式,反映出人与自然的协调发展,将促使生态环境向好的方向转化。

第四,先进的企业价值观。传统经济中的企业金钱至上、竞争无度,逐利性是其基本的价值观,追求利润的最大化、污染治理的外部化,是一种落后的企业价值观;循环经济中的企业采取清洁生产基础上的效益最大化、污染治理的内部化,先进技术既用于经济发展更用于生态环境的改善,追求经济、社会、人类、自然和环境的协调发展,是一种先进的企业价值观。

13.4.4 循环经济的发展方向与原则

技术进步是建立和发展循环经济体系的关键。循环经济技术的研发起点要高,要有前瞻性,以引导循环经济的长期发展;要站在国家乃至全球可持续发展的角度,研究循环经济的技术发展方向;要在广泛调查分析的基础上,对循环经济的关键支撑技术进行识别和优选,研究和制定支撑技术清单。

(1)循环经济的发展方向

地球资源储备和环境容量有限。从长远角度看,循环经济的发展目标应尽量少用或不用不可再生的自然资源和能源,以维系人类在这个星球上的不断繁衍和永续发展。

第一,逐步减少不可再生能源、资源的使用。加强可再生能源,包括太阳能、风能、水能、生物质能、地热能和其他可再生能源(如太阳能光伏发电技术、燃料电池、氢能、海洋能等)的利用技术的开发;同时,通过多学科交叉研究,培植和利用生物资源,以有效的加工系统人工合成各种工业原料,以此替代传统的石油烃类化工产品和其他初级原材料,改变远古时代以来人类开

① 参阅孙启宏、段宁:《循环经济的主要科学研究问题》,《科学学研究》2005 年第 4 期。

采矿产资源的模式。

第二，促进可再生资源和生态系统的再生和恢复。发展那些使得水、其他可再生资源、生态系统和环境在使用后能迅速恢复原先数量和质量的技术，包括资源循环和生态恢复等技术。

第三，不造成新的生态破坏和环境污染。同样的自然资源，对其采取不同的加工使用方式，可能导致完全不同的生态和环境影响，即资源使用量与生态环境质量之间不存在必然的比例关系，应发展那些不造成任何新的生态系统和环境破坏的技术。

(2)循环经济发展的原则

第一，生命周期评价(LCA)原则。我国人口众多，经济增长快，资源需求和环境压力大，因此应根据国家资源、能源和生态环境质量的约束条件，合理规划资源、能源的利用途径。一个技术、生产过程、产品(服务)或经济形态是否有益于循环经济的发展，也要从系统的角度，用整体论的思想来衡量。生命周期评价综合考虑了各环节的资源、环境影响，符合系统观、全局观，符合循环经济的目标。生命周期评价原则适用于以下方面：循环经济支撑技术的评估、识别，循环经济支撑技术的开发，产品的生态设计，循环经济指标体系的制定，循环经济系统(包括循环经济区、生态工业园区等)的评估，循环经济发展战略研究，等等。

第二，源头控制原则。循环经济的发展中，减量原则是第一位的，因此，应该从源头进行控制，着眼于产业结构、产品结构的调整，最大限度地减少废弃物的产生。遵循源头控制原则，首先要求合理设计产品的代谢过程。根据中国环科院的研究，工业代谢可以分成产品代谢和废物代谢。在工业生态系统中一般同时存在产品代谢和废物代谢，只是有的系统以废物代谢为主，有的系统以产品代谢为主。基于产品代谢形成的产品链不同于传统工业系统中的产品链，两者有着本质的区别：传统的产品链构建以经济利益为驱动，较少考虑资源稀缺性和环境影响，常常导致高开采、高排放；而生态工业中的产品链则采用生命周期的观点和方法，采用生态设计方法，考虑从原材料开采、加工过程、产品运输、产品使用到废弃物处置的整个生命周期的资源消耗和环境影响，使产品生命周期中的资源消耗最少、废物产生最小、易于拆卸回收，由此优化产品结构，提高资源效率，降低环境排放。

循环经济的发展不能停留在废物代谢阶段，即在废物产生之后，还应考虑如何再利用和实现循环。应主动研究和优化产品代谢过程，通过革新现有的产品链、补充和完善产品代谢链网，使废物在产生以前就被减少或消除，或者在产生以后可以再生利用。我国正处在经济高速增长阶段，技术更新换代快，经济结构调整潜力大，实施源头控制原则的现实意义重大。

第三，协调高消费和低污染原则。循环经济的目标是"一高两低"，即产品高消费、自然资源低消费、废弃物低排污。所谓的可持续消费，是要不断提高人们的生活质量，而并不是抑制人类的合理消费需求。但同时，地球上现有的资源有限，如果不改变现行的生产和消费模式，人类的发展也不会持续太久。发展循环经济，就是要协调高消费和低污染的矛盾，研究采取哪些技术途径，既能满足人类日益增长的消费需求，又能最大限度地降低资源消耗，减少或消除环境破坏。这也是国家循环经济发展战略制定的基础。

13.4.5 强化区域层面循环经济的发展

区域循环经济是指在企业、园区和城市实现了循环经济的基础上，在区域内更高层次上、更大范围内实施的循环经济，是社会循环经济的基础。区域循环经济是建立在区域经济或区域发展基础之上的循环经济，它不能背离区域发展的规律，而应与区域经济规律相一致。区域循环经济又必须按照自然界的生态循环原则，以物质和能量的自然流动为基线，构造其产业结构，促进物质资源的循环。循环经济在区域经济中的应用,将促使整个区域节约生产资源,提高资源利用效率、经济效益,强化区域联系,缓解区域冲突,最终保护好人类赖以生存的地球环境。因此,在企业、园区和城市实施循环经济的同时,更要在区域层面实施循环经济,其必要性在于:

第一,实现废料再资源化的需要。发展循环经济是实现区域可持续发展的重要途径。要实现经济的可持续发展,就必须自觉地将环境资源因素纳入经济增长体系之中,走经济发展与资源环境相互协调、经济效益和环境效益同步提高的生态型、环保型经济增长之路。区域循环经济同样以资源利用最大化、废物排放最小化和经济活动生态化为根本目标,强调在物质循环利用的基础上发展经济,促进自然资源的循环使用和循环替代。在现实当中经常出现这种情况:某一企业、园区、城市的废弃物在异地可成为被再度利用的资源,比如说,炼铁的残渣、矿泥、粉尘、化工下脚料等可以在异地成为生产水泥、制造肥料、铺路、提取稀有金属的原料,即这些废料在区域层面可以再资源化。但是,如果不利用甚至花高额成本治理,就会造成极大浪费,违背循环经济的基本要求。由于信息不对称,不能循环利用资源的情况实际上经常发生。因此,加强区域间的信息发布、合作,对促进循环经济在区域层面的发展有必要性和可行性。通过对废弃物的有效利用,能够达到少排放甚至零排放的目的,推动经济的低代价增长,实现经济与资源、环境的协调发展。

第二,提高循环经济规模效益的需要。集约型增长方式以更高的效率促进工业增长,同样,对废弃物的再资源化也需要以集约型增长的方式加以处理,以较低的成本达到有效利用的目的。有些问题在企业、园区、城市层面难以解决,需要在区域层次上解决才更有效率。比如说,生活垃圾的处理和电子废弃物的回收,单靠在一个城市建一个处理厂(特别是中小城市)是不经济的,必须在整个区域进行处理才能因规模经济而获得相应的效益。在某些领域,只有整个区域范围实行循环经济,才具有经济上的合理性和实施上的可行性。

第三,实现区域内平衡发展的需要。从宏观层次看,由于区域内发展必然存在不平衡,各地推进循环经济的能力有差异,尤其在经济相对落后的地区,受就业、地方财政收入、群众生活需求等因素的制约,污染无法有效治理,资源过度开采难以有效制止。这些问题靠落后地区自身的力量难以解决,而需要通过整个区域的统筹发展才能获得较好的结果。这时,发达的大城市可以有责任帮助落后地区开展循环经济,促进整个区域循环经济的平衡发展。发达的大城市可以通过加强生态保护、开发旅游资源、调整产业结构、培训人才、对口就业安置等方式,帮助落后地区发展循环经济,而这反过来也能对大城市的产业结构调整起到积极作用,并保持和增强区域环境资源优势,实现双赢。

第四,落实重大循环经济措施的需要。伴随着经济的发展,资源浪费、环境污染等一系列严重的社会经济问题不断凸显。中国是资源消费大国,更是资源浪费大国,资源的使用效率只有发达国家的1/3。某些资源的循环利用、环境保护等,单在一个城市推行效果并不明显,而需要整个区域乃至全社会达成共识,采取联合行动才能取得较好的效果。比如说白色垃圾问题、过度包装问题、一次性产品问题等,只在某一城市解决是不彻底的,只有点的突破,没有面的推广,就不可能持久。只有整个区域乃至全社会长期的共同行动,才可能取得区域内甚至全社会的实际成果。

第五,解决区域性项目的需要。有些循环经济的项目本身就是跨区域的,单一城市无法解决,必须从区域层面进行协调处理。比如说,为治理沙漠化的防护林带建设、淮河流域治理、长江流域治理、黄河流域治理、海洋污染治理、沿海生态保护、国家自然保护区的保护等,如果没有区域内各地政府和企业的共同行动,就很难取得成效。

13.5 本章小结

站在新的发展阶段,区域经济发展应在实践中贯彻区域协调发展与区域可持续发展两条主线。区域协调发展离不开推进京津冀协同发展、长江经济带发展,推进长三角一体化发展,推进黄河流域生态保护,高标准、高质量建设雄安新区与推动成渝地区双城经济圈六项区域重大战略的支撑,需要统筹协调好"四大板块"间、东西部与南北方之间的发展,努力构建优势互补、高质量发展的区域经济布局和国土空间体系。区域可持续发展是区域层面对全面发展与公平发展的落实与细化。加快基础设施建设,实现区域生态环境可持续发展,发展循环经济,是实现区域可持续发展的重要途径。

复习思考题

1. 简述区域协调发展战略的实践方向。
2. 简述基础设施建设与区域发展的联系。
3. 简述循环经济的发展方向和原则。
4. 简述区域生态环境可持续发展的内容和实现途径。

建议阅读书目

[1]孙久文等:《新型城镇化与区域协调发展》,北京:中国人民大学出版社2023年版。

[2]孙久文:《中国区域经济结构调整与国土开发空间格局优化》,北京:人民出版社2023年版。

[3]肖金城:《中国区域经济发展》,北京:光明日报出版社2021年版。

[4]冯之浚:《循环经济论》,北京:人民出版社2005年版。

[5]王延中:《基础设施与制造业发展关系研究》,北京:中国社会科学出版社2002年版。

[6]孙久文:《中国区域经济发展报告——中国区域经济中长期发展研究(2020)》,北京:中国人民大学出版社2021年版。

[7]北京师范大学中国扶贫研究中心:《中国绿色减贫指数报告》,北京:经济日报出版社2016年版。

14
区域经济分析方法

重点问题

- 区域经济学的研究方法
- 区域经济分析的方法体系
- 区域经济分析的常用方法

区域经济学是一门应用科学。把区域经济学的原理应用于实践,使其能够服务于经济发展,需要有一套完整的区域分析的方法。本章从区域分析的方法论和分析方法的应用的角度,阐述这个问题。

14.1 区域经济分析的方法论与研究方法

14.1.1 区域经济分析与研究的方法论

区域经济学的哲学基础或哲学意义上的方法论,是区域经济分析最高和最抽象层次的基本方法论,是关于方法论的方法论。区域经济分析的基本方法论是从价值论、科学观、真理观等角度考察区域经济学问题的方法论,其内容包括:对区域经济学研究对象的哲学思考或经济世界观的考察,认识区域经济学的科学性的方法,看待空间经济活动主体、区域经济学和区域经济学者的价值标准,等等。区域经济学不同流派的差异,主要体现在基本方法论方面的不同。

区域经济学方法论是区域分析哲学意义上的方法论之下层次的方法论。它是对区域经济学进行研究的思维原理和方法,或者说,是区域经济学者从事区域经济理论研究、构建理论体系的方法。它不直接涉及真理观、价值观、世界观等高度抽样问题,对区域分析提出了明确要求,具有可操作性。

14.1.2 区域经济的分析方法

(1)规范分析和实证分析

规范分析和实证分析是现代经济学中非常重要的研究方法,在区域经济研究中也被经常运用。

第一,规范分析。

区域经济的规范分析是指从一定的价值判断出发,提出一些衡量区域经济活动的标准,根据这些标准来研究分析区域经济现象和处理区域经济问题,将其作为制定区域经济政策的依据,并研究区域经济活动通过何种途径才能达到符合这些标准的区域经济问题分析方法。因此,规范分析力求回答应该是什么或不应该是什么、应该做什么或不应该做什么的问题,也就是为什么要做出这种选择而不做出另外一种选择的问题。例如,对于区域经济增长问题,从规范分析角度而言,就是要分析一个区域其经济增长究竟是好是坏,多高的增长率是好的,多高的增长率是不好的,应该保持多高的增长率等问题。

第二,实证分析。

区域经济的实证分析是与规范分析相对应的一种分析方法。区域经济的实证分析是指企图超脱或排斥一切价值判断,只研究区域经济本身的内在规律,分析区域经济是如何运行的以及它为什么是这样运行的,并根据这些规律,分析和预测人们的经济行为的效果。它要回答“是什么”或“不是什么”的问题,而不对事物的好坏做出评价。仍以区域经济增长问题为例,从实证分析角度来研究,则要说明区域经济增长的标准是什么,即什么是区域经济增长,它是怎样增长的,增长的原因是什么,等等。

第三,规范分析与实证分析的关系。

规范分析与实证分析作为以不同假设前提为条件的两种不同分析方法,既有区别又有联系。

二者的区别是:第一,规范分析依据一定的价值判断对区域经济现象进行分析和研究,实证分析超脱价值判断去研究区域经济本身的内在规律。第二,实证分析要解决的是"是什么"的问题,而规范经济学要解决的是"应该是什么"的问题。第三,实证分析研究问题所得到的结论具有比较强的客观性,结论可以根据事实进行检验,而规范分析研究问题所得到的结论则具有比较强的主观性,结论无法通过客观事实来验证。

二者的联系是:尽管规范分析与实证分析存在差异,但二者又相互联系、相互影响。规范分析会影响人们对于实证分析的态度,而实证分析则能增进人们对于区域经济活动和政策运用的了解,有助于减少认识上的差异。一般而言,区域经济研究的问题越具体,实证分析的成分越多;而研究的问题层次越高,越带有较强的决策性,则规范分析的成分一般就越多。由此可见,两种分析方法是不同目标层次上的研究,它们之间并不矛盾。因此,在对区域经济现象进行分析的过程中,需要将这两种方法结合起来加以运用。例如,对于某区域8%的年经济增长速度的目标,实证分析就要分析在多大的投资比例和加速系数下可以达到这一目标,并且可以检验结论的正确性;而规范分析就要研究8%的增长速度目标本身是否正确,它能不能成为目标,实现该目标对社会产生的后果怎样等。

(2)微观研究与宏观研究

第一,微观研究。

区域经济学中的微观研究方法,也叫个量研究方法,主要以区域单个经济主体活动为视角和研究对象,在假定其他条件不变的前提下来研究个体的经济行为和经济活动。其特点是不考虑外在复杂因素而突出个体经济主体运行特征。区域分析中单个企业的选址布局与区位决策问题的研究,其典型的研究方法就是微观研究方法。例如,一个企业在进行区位选址决策时,会对外界条件作相对静止的假定(如技术条件相对不变、运输方式和工具不变、市场需求稳定等),然后根据这种假定选择费用最低的区位来布局以实现自身利益的最大化。

第二,宏观研究。

区域经济学中的宏观研究方法,也叫总量研究方法,主要以区域总体经济为视角和研究对象,在假定制度不变和区域经济个量不变或已知的前提下,来研究宏观经济总量及个量间的相互关系。这种研究方法由于抓住了区域经济运行的总体状况及其总体结构的基本状况,因而其研究结果对把握区域经济全局具有重要的作用。

20世纪20年代开始,世界经济发展过程中出现了宏观性的区域发展差距和结构性失调问题,发达国家一些原本经济繁荣的地区陷入了结构性危机;20世纪30年代世界性经济大危机又爆发了,一些萧条和落后地区经济状况恶化,加剧了发达国家的区域经济不平衡。发展中国家在经济发展过程中的区域差距问题也日益凸显。缩小地区发展差距,必须从区域整体的宏观研究视角展开,强调从宏观层面来解决问题,促进区域协调发展,即强调宏观上应加强国家、政府对区域发展的干预问题。

第三,微观研究与宏观研究的关系。

作为区域经济分析的两种研究方法,微观研究方法和宏观研究方法都十分重要。微观和宏观的关系不是简单的加总关系,有些区域经济分析问题,从微观和宏观两个不同的角度来观察和研究,所得结论会有所不同。最明显的例子就是,微观上分析所得的企业最佳布局区位,在宏观上分析也许不是最优选择。因此,这两种方法都有其适用的范围并具有互补性,在区域经济研究中应灵活运用。

要正确运用微观研究方法和宏观研究方法，就要对所研究的问题进行分析和综合，分析和综合是我们科学认识区域经济问题非常基本的思维方法。分析是指在思维活动中将认识对象分解为各个部分、方面或要素分别加以研究的方法。综合是指在思维活动中将事物的各个简单要素联结起来，形成对客观对象统一整体认识的研究方法。分析和综合是互相依存、互相转化、互相渗透的。我们要把分析和综合贯穿于区域经济问题研究的始终，正确进行微观和宏观的研究。

(3)静态分析与动态分析

第一，静态分析。静态分析是在有关生产要素等假设条件不变的情况下，对经济现象的均衡状态以及有关经济变量达到该均衡状态时所需要具备的条件进行研究的一种经济分析方法。[①] 静态分析不涉及时间因素所引起的变动，不考虑均衡变动过程，只考察一定时期内各种变量之间的相互关系。由于静态分析研究的是经济现象相对静止的状态，因此也可以说，静态分析是一种状态和事物横断面的分析。

第二，动态分析。动态分析是通过分析各个时期经济体系中各个经济变量的连续变动，来研究整个经济体系运动的一种经济分析方法。[②] 动态分析涉及时间因素所引起的变动，考察各种变量在不同时期的变动情况，是一种过程分析或时间序列分析。动态分析研究的是经济现象的发展变化过程。

第三，静态分析与动态分析的关系。早期的区域经济研究主要应用的是静态分析方法[③]，如古典区位论在研究区域差异时运用的就是静态研究方法，从聚集、运费和地租等方面研究区域的空间差异，认为经济要素在地理空间上的差异是由集聚和消聚两种力量决定的。但后来区域经济学的发展更为注重动态分析方法的运用，例如，研究区域产业结构的演变、区域空间结构的演化、区域发展阶段的分析、区域经济的增长、区域差距的变动等，通常会更偏向于使用动态分析方法。应该指出的是，静态分析和动态分析这两种方法在区域研究中都是十分重要的。事实上，这两种方法各有优点，静态方法简单、直观、分析难度小，可以有效地说明均衡条件，为我们了解区域横截面状态和不考虑复杂时间因素情况下分析区域问题提供了基本思路；而动态研究可以观察到经济的变化根据和变化的过程，为我们动态地、较精确地考察区域经济现象随时间的变化规律提供了帮助。

(4)均衡分析与非均衡分析

第一，均衡分析。均衡分析就是假定所涉及的区域经济变量中的自变量为已知的和固定不变的，以观察因变量达到均衡状态时所出现的情况以及实现均衡的条件。在观察过程中，外界条件不断地发生变化，均衡可能是转瞬即逝的一刻，也可能永远达不到，但在均衡分析中，我们只考察达到假想中的均衡时的情况。均衡分析中通常抽掉了时间因素，因而它又总是与静态分析联系在一起。现代微观经济学与宏观经济学运用的主要分析工具是均衡分析。比如，微观经济学中的均衡分析，是以理性的经济人假设为前提，以实现最优化为目标，主要通过边际分析方法来进行均衡状态分析。

第二，非均衡分析。非均衡分析则认为，经济现象及其变化的原因是多方面的、复杂的，不

① 参阅陈宪：《经济学方法通览》，北京：中国经济出版社 1995 年版，第 235~236 页。

② 同上，第 239~240 页。

③ 参阅任保平：《区域经济理论、方法与政策》，北京：经济科学出版社 2004 年版，第 142 页。

能单纯用有关变量之间的均衡与不均衡来加以解释,而应采取历史、制度、社会等因素分析的方法作为基本方法。

第三,均衡分析与非均衡分析的应用。在区域经济学研究中,均衡与非均衡方法主要体现在对空间均衡分析方法的运用上,着重研究的是区域资源配置的空间均衡问题。因为经济学的基本问题不仅包括生产什么、为谁生产和怎样生产,还包括在何处生产,企业的管理者不仅要进行产品数量和生产技术方面的决策,还要进行空间区位决策。空间均衡分析主要研究空间的供给、空间的需求,在此基础上进一步研究空间的均衡及其形成。①

(5)定性分析与定量分析

第一,定性分析。定性分析就是分析研究经济现象内在的性质与规律性。具体地说,就是运用历史和逻辑相统一的抽象方法,对所获得的各种社会经济材料进行思维加工,去粗取精、去伪存真、由此及彼、由表及里,以高度抽象为基础,归纳出影响经济运行机制的主要因素,再对主要因素进行分析和综合,演绎出经济发展的一般规律。定性分析得出的结论一般是回答各种主要因素对经济运行有怎样的影响,各种主要因素之间有何抽象关系,经济发展的历史过程是怎样形成的,未来发展趋势的概貌如何等。

第二,定量分析。定量分析是将所研究的经济现象的有关特征及其变化程度进行量化,然后对取得的数据进行数学处理,再从对事物量变过程的分析中得出结论和揭示经济现象规律。从根本上说,定量分析渗透着这样的观念:世界上一切事物不依赖人的主观意志而存在,是可以被认识的;它们的各种特征都表现为一定的量的存在或以不同的量的变化所表现的变化过程。定量分析是要说明事物或现象是"如何变化"或"变化过程与结果怎样"的问题。

第三,定性分析与定量分析的关系。定性分析与定量分析相互补充,相得益彰,具有不可分离的关系,二者处在统一的连续体之中。例如,在分析区域城市化问题时,讨论究竟采取何种城市化道路及各种道路的利弊分析时,主要采用定性分析方法;但在研究一个区域城市化进程和城市化效率时,则侧重采用定量分析方法。在更多的情况下,为了使区域研究具体化、精确化,一般要求将定性分析与定量分析结合起来,国内外区域研究的实践已充分证实了这种结合的必要性。②

14.1.3 区域经济研究方法

(1)边际分析研究方法

边际分析是西方经济学普遍采用的分析方法,是利用边际概念对经济行为和经济变量进行数量分析的方法。所谓边际(marginal),是指自变量发生小量变动引起因变量相应变动的变动率。经济学家运用边际量对经济行为和经济变量如效用、成本、收益等进行的分析,就是边际分析。区域经济研究在空间问题上也引入了边际分析的方法。例如,在确定城市最优规模的时候,就运用了边际收益和边际费用这种边际分析思想来分析城市的规模与其损益的关系,进而确定城市的最优规模。③ 此外,在分析空间聚集经济规模效益、区域主导产业确定等问题时,也都会运用边际分析的思路。

---

① 参阅任保平:《区域经济理论、方法与政策》,北京:经济科学出版社2004年版,第140页。

② 参阅周起业等:《区域经济学》,北京:中国人民大学出版社1989年版,第539页.

③ 参阅周起业等:《区域经济学》,北京:中国人民大学出版社1989年版,第389~391页。

(2)历史分析研究方法

历史分析研究方法是人们对各种事物、事件、现象进行分析研究,根据它们发生、存在的历史条件,考察其历史进程,揭示其变化发展规律的一种方法。

任何事物都产生和存在于一定的历史条件之下并与之相适应,因此,运用历史分析研究方法,要求人们立足现实,以开阔的历史眼光回顾过去、考察现在和预测未来,按照历史提供的线索,发现事物发展的规律。

历史分析研究方法历来是专家学者们重视的方法。辩证法大师黑格尔把历史分析方法作为建筑其庞大唯心主义哲学体系的基本方法;马克思、恩格斯、列宁等人从辩证的历史的唯物主义观点出发来研究社会经济问题;在西方经济学领域,甚至由于李斯特、罗雪尔和施穆勒等经济学家特别注重历史分析研究方法而形成了颇具影响的历史学派。

在区域经济领域,任何一个区域的发展都有其历史的发展过程和历史的延续性,并表现出一定的历史发展规律,因此,任何一个区域的问题研究都不能与其历史基础割裂开来,既要分析其面临的现实环境条件,也要考察其历史发展阶段,唯有如此,才有可能为区域问题的解决提出合适的正确的方案。历史研究的方法论要求我们,在研究区域问题时,要历史地辩证地分析问题。历史是现实的前提,要全面地理解现实的区域经济问题,就必须注重研究区域的发展历史,运用历史归纳法来研究区域的经济社会现象和总结其变化规律。

(3)制度分析研究方法

制度经济学家把制度作为变量引入经济理论研究中,并用正统经济学的研究方法来分析制度的构成和运用,采取结构分析法、历史分析法和社会文化分析法等来研究经济问题,揭示制度对社会经济发展的影响,以及发现这些制度在经济体系中的地位和作用,建立了更为接近现实经济活动的制度分析方法。

第一,制度分析研究方法的假定条件。制度分析方法以三个假定为分析的条件:第一,人类行为与制度具有内在的联系;第二,人的有限理性;第三,人的机会主义倾向。以这些条件为基础来分析人类行为与制度的关系,说明了制度作为一种变量能够改变人们为其偏好所付出的代价。①

第二,制度分析研究的核心。制度分析总是围绕制度的内涵和构成、制度变迁和创新、产权制度等这些具体制度范畴展开的。在制度的内涵与构成分析上,使用"制度安排"将制度内涵具体化,认为"制度安排"是约束特定经济行为和关系的一整套行为规则,这些规则包括正式约束、非正式约束和制度的实施机制;在制度变迁的研究中,具体涉及制度变迁的成本与收益分析;在产权制度的研究中,以具体的产权制度为典型,分析产权制度的起源和功能,以及产权制度的演进,并从具体的经济目标出发,研究和探讨如何制定一种具体的制度和规则,以保证行为主体进行创新活动,实现激励。

第三,制度分析研究方法的应用。我国目前正处于经济体制的转型时期,由于新的经济体制还有待完善,旧的经济体制的影响还没有完全消除,同时,还由于一些与市场经济相适应的规则和制度的不健全,在经济体制改革的过程中出现了大量的问题,这些问题完全靠传统经济理论所提供的办法是难以解决的,因而,用制度分析方法研究转型时期的经济问题,具有重要的意义。

例如,我国从新中国成立后到1978年,总体上实施区域均衡发展战略;到十一届三中全会

---

① 任保平. 当代西方经济学主要研究方法述评[J]. 经济评论,2001(3):52-55.

决定搞改革开放、实施东部沿海倾斜发展战略,再到 1999 年决定实施西部大开发,2002 年实施东北振兴战略,2004 年实施中部崛起战略。决定这些区域发展战略的因素更多的是来自制度领域。同样,我国地区发展差距、城乡发展差距、利用外资空间分布差异等问题,都可以从制度分析的角度得到解释。制度分析是区域经济分析的重要方法之一。

(4)结构分析方法

结构分析方法是对经济系统内部诸要素的组织方式或联结方式进行分析的方法。相对于宏观(总量)分析方法、微观(个量)分析方法而言,结构分析方法有其特定的研究领域,具体来说就是产业结构、空间结构和制度结构等。研究这些构成(结构)的状态及其变动是结构分析方法的基本任务。

结构分析方法强调对事物内部关系和结构的研究,强调同时性分析,强调整体对于部分的重要性。结构分析方法的一般过程是:①

第一,找出构成系统的要素和成分;

第二,分析这些成分、要素之间的关系,探讨成分、要素的变化而引起的其他成分、要素的变化;

第三,确定系统的结构,找出模式,并使之数量化、形式化;

第四,发现不同结构之间的转换关系和转换方式;

第五,用这种模式去理解同类的或相同形式的客体。

区域经济学是以空间结构为研究对象的经济学科,主要研究国民经济在空间上的整体与部分即一国经济与该国各地区经济之间的关系,以及各地区经济相互之间的关系;研究生产力的空间布局规律与原则;研究空间上的各种结构性矛盾。显然,对这些问题的研究,结构分析方法的运用很重要。结构分析主要是一种存量分析,通常是假定总量不变,通过改变结构,以达到某种目标或目的。结构分析方法与总量分析方法具有互补性,有时结合使用。

14.2 区域经济分析的一般过程和方法体系

14.2.1 区域经济分析的一般过程

区域经济分析的一般过程,是从区域某一研究问题出发,界定研究范围和确定研究目标,之后进行调查研究并收集资料,再对相关数据、资料进行分析和处理,建立适用模型,进行模拟运算和仿真试验,然后对运算和试验结果进行比较和评价,最后整理成完整的方案或综合的有效信息,供区域决策者参考使用。其过程如图 14.1 所示。

14.2.2 区域经济分析的方法体系

区域经济分析的方法体系是指分析并揭示区域经济总体变化、内部元素间关系及其外部联系的各种方法,以及根据一定的规范对这些方法进行归类所形成的结构系统。

---

① 陈宪. 经济学方法通览[M]. 北京:中国经济出版社,1995:70-71.

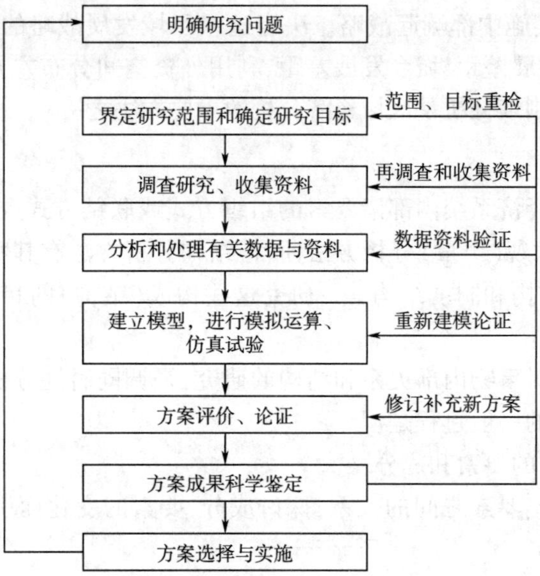

图 14.1　区域经济分析的一般过程

第一，区域空间分布模式分析类方法。这类方法主要是对区域经济要素的空间分布特征及规律进行分析，包括均值、方差、标准差、变异系数、峰度、偏度、锡尔系数、变差系数、威廉森系数等统计特征值分析方法和概率分析方法、分形分析方法等。

第二，区域经济要素间相互关系分析类方法。这类方法主要是对区域经济要素、区域经济子系统之间的相互关系进行定量分析，包括相关分析、灰色关联分析、回归分析、模糊贴近度、投入产出分析、主成分分析、因子分析等。

第三，区域经济类型分析类方法。这类方法主要是对区域经济现象的类型和各种经济区域进行划分，包括模式识别、判别分析、对应分析、聚类分析、经济区划等。

第四，区域网络分析类方法。这类方法主要是对区域交通通信网络、行政区划、经济区域等的空间结构进行定量分析，包括几何学网络分析、图论分析、网络优化、城市交通模型、城镇体系模型等。

第五，区域要素空间变化规律分析类方法。这类方法主要是对区域要素进行分析以展示其空间变化规律，包括回归分析、趋势面分析、克拉克分析、克吕格分析、空间自相关分析、空间关联分析、空间洛伦兹曲线、对应分析等。

第六，空间相互作用分析类方法。这类方法侧重于定量分析区域要素在区际流动的方向与强度，包括线性规划、投入产出、人口流动模型、引力模型、重力模型、潜力模型、极大熵模型（空间相互作用模型）等。

第七，区域发展过程模拟仿真与预测分析类方法。这类方法主要是通过模拟或分析区域经济现象随时间运动和变化的过程以定量地揭示规律，并对其未来发展趋势做出预测或得到仿真结果，包括回归分析、时间序列分析、区域增长收敛性分析、马尔可夫分析、灰色系统模型、系统动力学模型、模糊数学模型、元胞自动机等。

第八，区域经济结构分析类方法。这类方法旨在分析区域经济的产业结构、空间结构特征，包括多样化指数、集中化指数、专业化指数、区位商分析、聚类分析、投入产出分析、洛伦兹曲线、基尼系数、对应分析、主成分分析、因子分析、基础—非基础分析模型等。

第九，区域空间决策分析类方法。这类方法主要是对区域经济活动的空间行为决策进行定量分析，包括线性规划、多目标规划、多维灰色规划、层次决策分析（AHP）、风险型决策分析、（非）确定性决策分析、模糊决策分析、灰色局势决策分析、蒙特卡罗分析、功能对比分析、生产函数模型、价值工程分析、计量经济分析等。

第十，区域经济优化调控分析类方法。这类方法主要是运用系统控制论等有关原理与方法研究区域经济优化调控问题，包括线性规划、非线性规划、动态规划、目标规划、网络规划、现代控制论方法、耗散结构论、协同学、大系统理论、灰色去余控制理论等。

第十一，区域经济运行诊断分析类方法。这类方法主要是对区域经济运行是否存在病理及病理原因进行分析，包括转移—分享分析、投入产出分析、成本—效益分析、相对增长分析、波特钻石模型、聚类分析、主成分分析、判别分析等。

第十二，区域系统复杂性分析类方法。这类方法旨在研究区域经济系统中的复杂性问题，包括突变论、混沌理论、分形分析、小波分析、神经网络分析、模糊网络分析、遗传算法、元胞自动机等。

14.3 区域经济分析的常用方法

前面我们介绍了区域经济分析的方法体系框架，从中可以看出，区域分析的方法是丰富的，而且还在不断发展充实中。这里选取几种常用的方法进行介绍。

14.3.1 主成分分析

(1)主成分分析方法的基本思路

很多区域经济问题的分析都是多变量的，数学上称为多元分析。由于反映经济问题的各指标间具有比较复杂的相关关系，一般不直接也不宜直接研究这些单个的指标，而是转而研究由它们的线性组合构成的少数几个综合指标。例如，区域投资环境影响因素分析、区域工业企业经济效益评价等问题，都涉及多指标分析。对这些综合指标的要求是，它们既能将原来各个指标所包含的差异集中表现出来，使各样本在综合指标上反映出来的差异尽可能明显，同时各综合指标间又能彼此相互无关，即要求将重叠的信息去掉，以使综合指标数目大大减少。这样的综合指标就被称为主成分。实际上，主成分分析就是指标降维的过程。

(2)主成分分析的数学表示

假设研究区域实际问题时，出现了 p 个指标，即有 p 个随机变量，主成分分析就是要把这 p 个指标的问题按照保留主要信息量的原则，转变为讨论这 p 个指标的线性组合问题。所谓保留主要信息量，是指以前面 q 个主成分的累积方差和占总方差和的比例（这个比例称为累积方差贡献率）$\geqslant 80\% \sim 85\%$ 的最少的主成分数 q 作为保留了的主要信息量。将 p 个指标分别记为 $X_1, X_2, \cdots, X_p$，它们是 p 个随机变量，将第 1 主成分记为 Z_1，第 2 主成分记为 $Z_2, \cdots$，第 p 主成分记为 Z_p，则有：

$$\left.\begin{aligned} Z_1 &= l_{11}X_1 + l_{21}X_2 + \cdots + l_{p1}X_p \\ Z_2 &= l_{12}X_1 + l_{22}X_2 + \cdots + l_{p2}X_p \\ &\cdots\cdots \\ Z_p &= l_{1p}X_1 + l_{2p}X_2 + \cdots + l_{pp}X_p \end{aligned}\right\} \tag{14.1}$$

上述 p 个主成分 $Z_1, Z_2, \cdots, Z_p$ 的方差总和等于原来 p 个随机变量 $X_1, X_2, \cdots, X_p$ 的方差总和,且它们之间两两互不相关。

设 p 个随机变量 $X_1, X_2, \cdots, X_p$ 的自协方差 σ_{ii} 和互协方差 $\sigma_{ij}(i,j=1,2,\cdots,p)$ 构成协方差矩阵 $\sum =(\sigma_{ii})_{p\times p}$。事实上,当协方差矩阵 $\sum$ 的 p 个特征值由大到小排列为 $\lambda_1 \geqslant \lambda_2 \geqslant \cdots \geqslant \lambda_p \geqslant 0$ 时,可以证明第 j 个主成分 Z_j 的系数向量 $L_j=(l_{1j}, l_{2j}, \cdots, l_{pj})'$ 恰好就是 $\sum$ 矩阵第 j 个特征值 λ_j 所对应的正则化的(即单位的)特征向量 $(j=1,2,\cdots,p)$,而且,λ_j 也正好就是第 j 个主成分 Z_j 的方差量。因此,所谓保留主要信息量,就是要考核当 $(\lambda_1+\lambda_2+\cdots+\lambda_q)/(\lambda_1+\lambda_2+\cdots+\lambda_p) \geqslant 80\% \sim 85\%$ 时 q 的最小值。在许多应用问题中,满足这个条件的 q 常为 1 或 2,至多不超过 3,这使主成分法在应用中变得可取。下面通过具体例子来说明主成分方法的运用。

(3)主成分分析的案例说明

某 20 个区域的工业企业的有关资料如表 14.1 所示,其中包括 x_1:固定资产的产值率(%);x_2:劳动生产率(元/人);x_3:百元产值的流动资金占用率(元);x_4:百元产值利润率(元);x_5:百元资金利润率。现要求对这些区域工业企业的经济效益进行分析。

表 14.1 某 20 个区域工业企业的经济指标

区域	x_1 (1)	x_2 (2)	x_3 (3)	x_4 (4)	x_5 (5)
1	243.87	16 521	6.46	34.57	149.85
2	240.31	8 210	8.89	15.92	55.89
3	211.15	15 349	10.09	29.77	80.13
4	413.18	16 760	7.67	24.14	105.35
5	349.6	7 721	6.47	15.27	99.41
6	205.47	8 123	12.33	18.48	46.18
7	298.11	13 308	5.05	27.35	138.76
8	415.94	13 781	4.10	15.65	98.20
9	295.05	14 043	4.29	15.67	58.35
10	303.93	11 126	7.63	19.39	74.23
11	608.40	22 392	2.93	24.56	118.70
12	433.92	12 508	2.69	20.06	110.43
13	572.63	12 102	2.78	12.08	75.55

续表

区域	x_1 (1)	x_2 (2)	x_3 (3)	x_4 (4)	x_5 (5)
14	533.78	11 990	3.80	11.59	61.19
15	499.90	9 678	3.55	9.46	48.15
16	330.41	6 513	6.41	12.83	162.11
17	572.07	18 664	4.31	15.76	76.68
S_i	409.86	7 329	6.89	12.23	233.58
19	564.02	13 596	6.90	28.50	80.48
x_i	221.20	8 359	13.15	30.25	106.59

依照以下步骤进行主成分分析：

第一步，将原始数据矩阵化。得到

$$X = (x_{ij})_{n\times p} \quad (i = 1,2,\cdots,n;\ j = 1,2,\cdots,p;\ n = 20,p = 5) \tag{14.2}$$

第二步，求各指标的样本均值 $\bar{x}_i$ 及样本标准差 S_i 。首先按下列公式计算：

$$\bar{x}_i = \frac{1}{n}\sum_{t=1}^{n} x_{ti} \quad (i = 1,2,\cdots,p) \tag{14.3}$$

$$S_i = \sqrt{\frac{1}{n-1}\sum_{t=1}^{n}(x_{ti} - \bar{x}_i)^2} \quad (i = 1,2,\cdots,p) \tag{14.4}$$

再利用公式 $y_{ti} = (x_{ti} - x_i)/S_i \quad (i = 1,2,\cdots,p;t = 1,2,\cdots,n)$ 将样本数据矩阵的数据标准化，得到标准化的样本数据矩阵：

$$Y = (y_{ti})_{n\times p} \tag{14.5}$$

第三步，求各变量（样本）的相关系数，列出样本相关矩阵 $\boldsymbol{R}$。利用样本相关系数公式 $r_{ij}^2 = \frac{1}{n-1}\sum_{i=1}^{n} y_{ti}y_{tj}(i,j = 1,2,\cdots,p)$，求出第 i 个变量 x_i 与第 j 个变量 x_j 之间的样本相关系数 r_{ij}，得到样本相关矩阵：

$$\boldsymbol{R} = (r_{ij})_{p\times p} = \frac{1}{n-1}Y^T Y \tag{14.6}$$

经计算，这里的样本相关矩阵为：

$$\boldsymbol{R} = \begin{pmatrix} 1 & & & & \\ 0.420\,2 & 1 & & & \\ -0.725\,3 & -0.399\,5 & 1 & & \\ -0.350\,5 & 0.454\,2 & 0.398\,6 & 1 & \\ 0.572\,1 & 0.707\,7 & -0.343\,1 & 0.494\,9 & \end{pmatrix} \tag{14.7}$$

第四步，求相关矩阵 $\boldsymbol{R}$ 的特征值 λ_i 及相应的正则化的特征向量。由 $\boldsymbol{R}$ 的特征方程 $R - \lambda I_p = 0$，求得 p 个非负特征根，按大小顺序排列为 $\lambda_1 \geqslant \lambda_2 \geqslant \cdots \geqslant \lambda_p \geqslant 0$，且有 $\lambda_1 + \lambda_2 + \cdots + \lambda_p = p$ 。它们对应的正则化的特征向量为：

$$L_j = (l_{1j}, l_{2j}, \cdots, l_{pj})' \quad (j = 1,2,\cdots,p) \tag{14.8}$$

求得 $\lambda_1 = 2.718\,9, \lambda_2 = 1.738\,9, \cdots\cdots$

对于 $\lambda_1 = 2.7189$，求得正则化的特征向量为：

$$L_1 = (0.503, 0.500, -0.479, 0.060, 0.513)' \tag{14.9}$$

对于 $\lambda_2 = 1.7389$，求得正则化的特征向量为：

$$L_2 = (-0.337, 0.292, 0.382, 0.746, 0.315)' \tag{14.10}$$

第五步，决定主成分个数。决定主成分个数以累积方差贡献率≥80%～85%为原则。本例中，$(\lambda_1 + \lambda_2)/(\lambda_1 + \lambda_2 + \lambda_3 + \lambda_4 + \lambda_5) = 4.4578/5 = 89.2\%$，所以，主成分的个数取 $q = 2$。

第六步，结果分析。

根据计算结果，可分别得到第 1 和第 2 主成分的表达式为：

$$Z_1 = 0.503y_1 + 0.500y_2 - 0.479y_3 + 0.060y_4 + 0.513y_5 \tag{14.11}$$

$$Z_2 = -0.337y_1 + 0.292y_2 + 0.382y_3 + 0.746y_4 + 0.315y_5 \tag{14.12}$$

第 1 主成分 Z_1 中，y_4 的系数 0.060 很小，表明 y_4 在其中负荷量很小，所以 y_4 所起的作用也很小。y_1、y_2、y_5 的系数都在 0.5 左右，它们在 Z_1 中所起的作用相当。y_3 的系数为负值(-0.479)，对 Z_1 起着明显的减值作用，也就是说，y_3(百元产值的流动资金占用率)取值越大，Z_1 值就越小。y_3 是反映区域企业经营能力的变量，因此，Z_1 在综合了其他变量反映的信息的基础上，突出地反映了经营能力的大小。根据第 1 主成分的公式，我们可以计算出 20 个区域的工业企业的第一主成分结果，见表 14.2。从中可以看出，区域 11 的工业企业的经营能力最强(为 3.792)，区域 6 的工业企业的经营能力最差(为-2.702)。

表 14.2 区域工业企业经济效益主成分分析结果

区域	Z_1	Z_2	区域	Z_1	Z_2	区域	Z_1	Z_2
1	0.480	2.428	8	0.529	-0.643	15	0.035	-2.169
2	-1.938	-0.207	9	-0.261	-0.427	16	-1.520	-1.332
3	-1.051	1.988	10	-0.970	-0.063	17	2.270	-0.184
4	0.441	0.838	11	3.792	0.928	18	-0.941	-1.310
5	-0.804	-0.567	12	0.892	-0.486	19	1.986	1.337
6	-2.702	0.415	13	1.200	-1.723	20	-2.325	1.915
7	0.358	1.079	14	0.549	-1.757			

第 2 主成分 Z_2 中，y_4(百元产值的利润率)的系数最大，为 0.746，其他各个变量系数的绝对值都在 0.3 左右。y_4 取值大，Z_2 的取值也明显地增大。因此，Z_2 在综合了其他变量反映的信息基础上，突出地反映了盈利水平的高低。根据第 2 主成分的公式，我们可以计算出 20 个区域工业企业的第 2 主成分结果，见表 14.2，从中可以看出，区域 11 的工业企业的盈利能力 (0.928) 比区域 6 的工业企业的盈利能力 (0.415) 强。不过，区域 11 的工业企业的盈利能力还不是最好的，最好的是区域 1 的工业企业的盈利能力(2.428)。实际上，从原始数据表中也可以看出，区域 1 的百元产值利润率确实是 20 个区域中最高的，百元产值创利润 34.57 元。

根据 Z_1, Z_2 两个主成分的数值，可以把 20 个区域的工业企业的经营能力和盈利水平描绘在坐标体系中(见图 14.2)。纵轴右边的 11 个区域 (11,19,1,4,7,17,13,12,14,8,15) 经营能力较好，横轴上方的 8 个区域 (1,19,7,11,4,3,20,6) 盈利水平较高。经营能力和盈利水平都好的区域有 5 个 (11,1,19,7,4)。

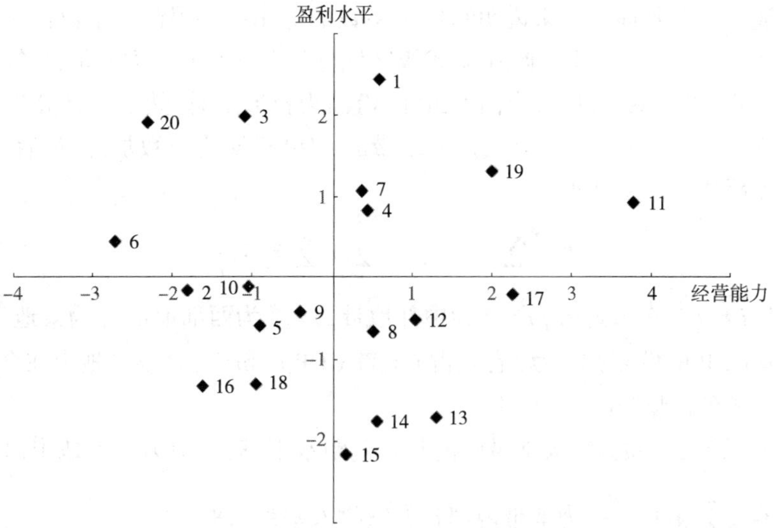

图 14.2　20 个区域的工业企业经济效益主成分分析结果

14.3.2　锡尔系数

锡尔系数由锡尔(H. Theil)于 1967 年提出。锡尔运用信息理论提出了一个可以按加法分解的不平等系数,该系数满足庇古(Pigou)转移原理。锡尔系数可以用来衡量两组变量差异,在地区差异分析中经常使用。锡尔系数分锡尔 U 系数和锡尔 T 系数两种。①

(1)锡尔 U 系数

锡尔 U 系数按下式计算:

$$U = \sqrt{\frac{\sum (x_i - y_i)^2}{n}} \Big/ \left(\sqrt{\frac{\sum x_i^2}{n}} + \sqrt{\frac{\sum y_i^2}{n}}\right) \tag{14.13}$$

锡尔 U 系数的优点是,在因 x 和 y 变化的差异,而使 x 和 y 间缺乏相关以及 x 和 y 的平均数之间存在差异而产生失衡的情况下,可以将它进行分解。其缺点是,依赖于所用的基本数据,必须进行无量纲化处理。U 值在 0 ~ 1 之间变化,若 $U = 0$,表示两变量间的差异最小即最大的平等;若 $U = 1$,表示两变量间的差异最大即最大的不平等。

(2)锡尔 T 系数

锡尔 T 系数按下式计算:

$$T = \sum_{i=1}^{n} \frac{y_i}{Y} \log \frac{y_i / x_i}{Y/X} \tag{14.14}$$

式中:$Y = \sum_{i=1}^{n} y_i$,$X = \sum_{i=1}^{n} x_i$。

锡尔 T 系数可分解成两个部分,即集合间(如国内地区间)和集合内(如地区内)的不平等。T 值在 0 ~ $\log n$ 之间变化,若 $T = 0$,表示最大的平等;若 $T = \log n$,表示最大的不平等。如果将 T 转换成 $T' = T(\log n)^{-1}$,则 T' 值将在 0 ~ 1 之间变化。

① 参阅陈栋生:《区域经济辞典》,大连:东北财经大学出版社 1992 年版,第 380~381 页。

下面我们通过一个具体例子来说明锡尔 T 系数的应用——用锡尔系数计算中国各省之间收入水平的差距。首先,将中国内地 31 个省级区域分为东、中、西三大地带,计算出三大地带之间的收入水平差距,以区域 GDP 占全国 GDP 的份额为权数加总;然后再计算三大地带内部各省域之间的收入差距,以各省域 GDP 占所属地带的 GDP 份额为权数加总;最后,两者相加之和为全国收入的差距水平。公式如下:

$$T = \sum_{i=1}^{3} Y_i \log \frac{Y_i}{P_i} + \sum_{i=1}^{3} Y_i \sum_j Y_{ij} \log \frac{Y_{ij}}{P_{ij}} \tag{14.15}$$

式中: i 为地带, $i = 1$ 为东部地带, $i = 2$ 为中部地带, $i = 3$ 为西部地带; j 为某地带内的省域; Y_i 为 i 地带占全国 GDP 的份额; Y_{ij} 为 j 省域占 i 地带 GDP 的份额; P_i 为 i 地带在全国中的人口份额 ; P_{ij} 表示 j 省域在 i 地带中的人口份额。

式(14.15)右边第一项为三大地带间的收入差距水平,第二项为三大地带内部各省域收入差距之加权总和。$\sum_j Y_{ij} \log \frac{Y_{ij}}{P_{ij}}$ 为地带内部各省域收入差距水平。

1979—2018 年我国人均 GDP 历年的锡尔系数见表 14.3,绘制成图可见图 14.3。

表 14.3　我国 1979—2018 年的锡尔系数

年份	锡尔系数	地带间差距	地带内差距	年份	锡尔系数	地带间差距	地带内差距
1979	0. 151	0. 026	0. 126	1999	0. 130	0. 066	0. 064
1980	0. 152	0. 028	0. 124	2000	0. 127	0. 061	0. 066
1981	0. 134	0. 029	0. 106	2001	0. 140	0. 068	0. 072
1982	0. 124	0. 029	0. 095	2002	0. 144	0. 071	0. 073
1983	0. 117	0. 027	0. 091	2003	0. 150	0. 074	0. 077
1984	0. 115	0. 029	0. 086	2004	0. 145	0. 071	0. 074
1985	0. 114	0. 032	0. 082	2005	0. 141	0. 070	0. 071
1986	0. 112	0. 032	0. 079	2006	0. 136	0. 067	0. 069
1987	0. 108	0. 036	0. 073	2007	0. 128	0. 062	0. 065
1988	0. 106	0. 039	0. 067	2008	0. 119	0. 055	0. 064
1989	0. 101	0. 040	0. 061	2009	0. 115	0. 053	0. 062
1990	0. 095	0. 035	0. 060	2010	0. 104	0. 046	0. 058
1991	0. 105	0. 041	0. 065	2011	0. 095	0. 040	0. 055
1992	0. 115	0. 049	0. 065	2012	0. 088	0. 036	0. 052
1993	0. 130	0. 062	0. 068	2013	0. 084	0. 034	0. 050
1994	0. 125	0. 062	0. 063	2014	0. 083	0. 033	0. 050
1995	0. 132	0. 067	0. 064	2015	0. 084	0. 034	0. 050
1996	0. 115	0. 059	0. 056	2016	0. 087	0. 033	0. 053
1997	0. 119	0. 060	0. 059	2017	0. 085	0. 033	0. 052
1998	0. 124	0. 061	0. 062	2018	0. 083	0. 031	0. 052

数据来源:根据国家统计局数据计算。

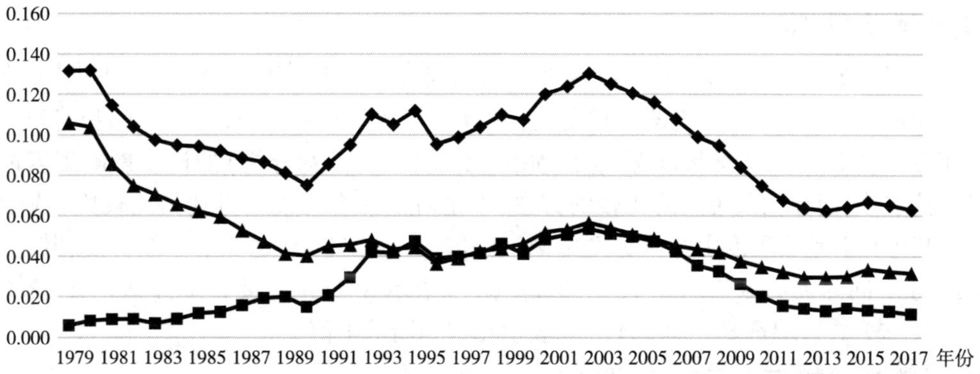

图 14.3　我国 1979—2018 年人均 GDP 历年锡尔系数的变化情况

改革开放以来,我国区域差距遵循“缩小—扩大—缩小”的演变轨迹,锡尔系数由 1979 年的 0.151 下降至 1990 年的 0.095,随后在波动中攀升至 2003 年的 0.150,又从 2004 年起出现下降,在 2018 年下降为 0.083。从锡尔系数的分解来看,三大地带内的差距总体呈下降态势,但地带间的差距呈现出先扩大再缩小的变化规律。

14.3.3 层次分析法

层次分析法(analytic hierarchy process,AHP)在 20 世纪 70 年代由美国运筹学家 Satty 提出,它是一种定性与定量相结合的决策分析方法。运用 AHP 方法,通过对复杂问题进行层次和因素的分解,决策者在各因素之间进行简单的比较与计算,就可以得出不同方案重要性的权重,为最优决策提供依据。利用 AHP 方法求解区域问题的步骤如下。

(1)建立区域问题的递阶层次结构

区域问题往往比较复杂,涉及众多因素,因此,首先要把复杂的区域问题分解成元素的组成部分,再将这些元素按属性分组以形成不同的层次。同一层次的元素作为准则,对下一层次的元素起支配作用,同时又受上一层次元素的制约。这是一个递阶层次结构,最顶层只有一个元素,即要达到的决策目标,中间层次是因素层和子因素层(准则层、子准则层),最底层各元素就是措施层,如图 14.4 所示。

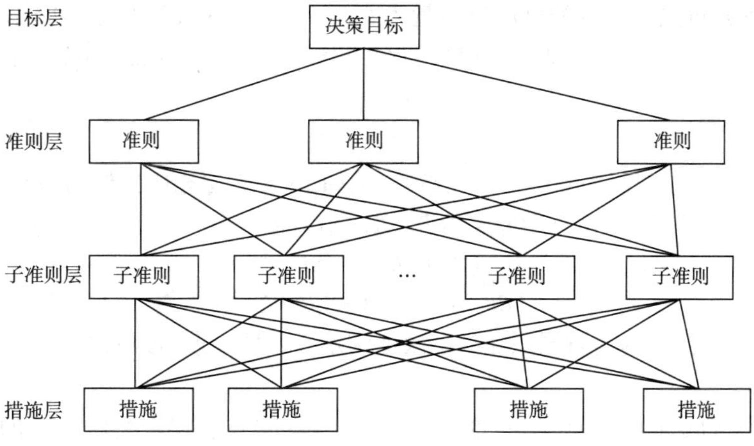

图 14.4　AHP 分析法层次结构示意图

(2)构造判断矩阵

递阶层次关系确定了各层元素间的隶属关系。假设某一层次的元素 C_k 作为准则，则其下一层次的元素 $A_1, A_2, \cdots, A_n$ 便受该准则支配。在 C_k 准则下针对 $A_1, A_2, \cdots, A_n$ 的相对重要性赋予它们相应的权重，但由于区域问题研究（如区域投资环境问题分析）的许多影响因素的权重不容易直接求取，而往往采用两两比较的方法，于是对于 n 个元素可得到其比较判断矩阵 $A = (a_{ij})_{n\times n}$，其中相对重要程度由 9 个标度给出。一般取 1,3,5,7,9 这 5 个等级标度，其意义为：1 表示 A_i 与 A_j 同等重要，3 表示 A_i 较 A_j 重要一点，5 表示 A_i 较 A_j 重要得多，7 表示 A_i 较 A_j 更重要，q 表示 A_i 较 A_j 极端重要。而 2,4,6,8 表示相邻判断的中值。

(3)计算单一准则下的元素相对权重

计算单一准则下的元素相对权重，其本质是确定权函数 $W(A) = [W_1(A), W_2(A), \cdots, W_n(A)]^T$，$\sum_{i=1}^{n} W_i(A) = 1$。我们可以通过求解 $AW = \lambda_{\max} W$ 来确定 $W(A)$。为避免分析依据失真，我们还需要进行一致性检验：

首先，计算一致性指标 CI：

$$CI = (\lambda_{\max} - n)/(n - 1) \tag{14.16}$$

然后，选取平均随机一致性 RI 值，见表 14.4。

表 14.4　平均随机一致性指标

阶数 n	1	2	3	4	5	6	7	8	9
RI	0	0	0.52	0.89	1.12	1.26	1.36	1.41	1.46

最后，计算一致性比例系数 CR：

$$CR = CI/RI \tag{14.17}$$

(4)计算各层元素的组合权重

为得到最底层即待分析区域元素相对于决策目标的排序权重，需对最后一步的计算结果进行适当的处理，并进行总的判断——一致性检验，这个过程是由上而下逐层进行的。假设已计算出第 $k-1$ 层元素相对于决策目标的组合排序权向量 $a^{k-1} = (a_1^{k-1}, a_2^{k-1}, \cdots, a_m^{k-1})$，第 k 层在第 $k-1$ 层第 j 个元素准则下元素的排序权向量为 $b_j^k = (b_{1j}^k, b_{2j}^k, \cdots, a_{nj}^k)^T$，其中不受支配的元素权重为 0，令 $b^k = (b_1^k, b_2^k, \cdots, a_m^k)^T$，则第 k 层第 n 个元素相对于决策目标的组合排序权向量由下式确定：

$$a^k = b^k \cdot a^{k-1} \tag{14.18}$$

对于各层次的组合判断都要做一致性检验，例如，对第 k 层相应指标的检验为：

$$CI_k = (CI_k^1, CI_k^1, \cdots, CI_k^1)a^{k-1} \tag{14.19}$$

$$RI_k = (RI_k^1, RI_k^1, \cdots, RI_k^1)a^{k-1} \tag{14.20}$$

$$CR_k = CR_k - 1 + CI_k/RI_k \tag{14.21}$$

当 $CR_k < 0.1$ 时，认为递阶层次在 k 层次上满足一致性要求，否则，在该层次上需要重构判断矩阵。

AHP 法可将区域决策分析中一些难以量测的指标元素进行量化，将复杂的决策问题分而治之，这对于区域决策分析问题是有效的。但 AHP 法的最终结果是得到各待分析区域元素相对于决策目标的优先顺序权重,对于某些定量化要求较高的决策分析问题(如投资硬环境评价问题),不能很好地满足。该方法主要适合于区域决策分析中主观指标的定量化,以及与其他决策方法相结合作为目标加权方法。

14.3.4 经济基础—非基础分析模型

区域经济可分为两大部分,一是直接或间接为区外服务,承担区域分工职能的专业化部门,即基础部门;二是随着基础部门的发展和经济的增长,为满足本地消费需要服务的非专业化部门,即非基础部门。根据基础—非基础理论,基础部门的发展是决定区域发展的主导力量,非基础部门则处于从属地位,它取决于本区的经济增长。

(1)基础—非基础分析模型Ⅰ

设 Y 为区域总收入, Y_b 为基础部门收入, Y_n 为非基础部门收入, m 为总收入与基础部门收入之比, m 为经济基础乘数,则有

$$m = Y/Y_b = 1 + Y_n/Y_b \tag{14.22}$$

$$Y + \Delta Y = m(Y_b + \Delta Y_b) \tag{14.23}$$

$$\Delta Y = m\Delta Y_b = (1 + Y_n/Y_b)\Delta Y_b \tag{14.24}$$

那么,区域收入增量 ΔY 为基础部门收入增量 ΔY_b 的 m 倍,这反映了区域外部需求增加对经济增长的意义。假若基础部门与非基础部门对区域提供的收入比为 1∶1,即 $m = 2$,则当区外需求增加 1 000 万元时,基础部门收入增加 1 000 万元,通过乘数作用,区域总收入将增加 2 000 万元。经济基础乘数较大的发达地区,经济发展对外界需求反映极为灵敏,对这种地区稍加引导就可以促进经济高速发展。这同时也表明,提高区域经济基础乘数对经济增长具有重要意义。

(2)基础—非基础分析模型Ⅱ

设区域基础部门产生的收入、投资产生的收入、消费产生的收入分别为 E_r, I_r, C_r,则区域总收入为:

$$Y = E_r + I_r + C_r \tag{14.25}$$

由于区域内投资与消费有一部分通过输入转化为区外的收入,因此区域内总的投资与消费不一定等于 I_r 与 C_r。记 I 为区域总投资, I_1 为总投资占总收入的比例(即积累率), I_2 为区域总投资产生区内收入的比例, C 为区域总消费, C_1 为总消费占总收入的比例(即消费率), C_2 为总消费中消费于区内产生区内收入的比例,即 $I_1 = I/Y, I_2 = I_r/I, C_1 = C/Y = 1 - I_1, C_2 = C_r/C$,因此, $I_r = I_1 I_2 Y, C_r = C_1 C_2 Y$。

从短期看,可把 E_r 和 I_r 均归于基础部门,故有

$$Y_n = C_r,\ Y_b = E_r + I_r,$$

$$m = Y/Y_b = 1/(1 - Y_n/Y) = 1/(1 - C_1 C_2),$$

$$\Delta Y = m\Delta Y_b = (\Delta E_r + \Delta I_r)/(1 - C_1 C_2)$$

设 $C_1 = 0.7, C_2 = 0.5$,则经济乘数 $m = 1/(1 - C_1 C_2) = 1.54$,也就是说,基础部门收入或由投资引起的收入增加 1 元,区域总收入增加 1.54 元。

从长期看,仅 E_r 归于基础部门, I_r 和 C_r 均归于非基础部门。因此,

$$Y_n = C_r + I_r = (C_1 C_2 + I_1 I_2)Y,$$

$$Y_b = E_r,$$

$$m = 1/(1 - Y_n/Y) = 1/(1 - C_1 C_2),$$

$$\Delta Y = m\Delta Y_b = \Delta E/(1 - C_1C_2 - I_1I_2)$$

设 $C_1 = 0.7, C_2 = 0.5, I_1 = 0.3, I_2 = 0.5$,则经济乘数 $m = 1/(1 - C_1C_2 - I_1I_2) = 2$,基础部门收入或由投资引起的收入增加 1 元,区域总收入增加 2 元。由于 $1/(1 - C_1C_2 - I_1I_2) > 1/(1 - C_1C_2)$,所以,长期经济基础乘数大于短期经济基础乘数。

在上述基础—非基础分析模型中,区域发展的外部条件主要表现为区外需求的变化,区域发展的内部条件体现在经济基础乘数及其变化。区外需求增加越多,区域经济发展越快;经济基础乘数越大,区域经济发展对区外需求的反应越灵敏。可见,区域经济发展是区域内外条件共同作用的结果。

(3) 经济基础乘数的确定

进行上述基础—非基础分析的关键,是确定经济基础乘数,即确定基础部门与非基础部门之间的比例。确定方法有调查法、假设法、最小需求法等,但最常用的是区位商法。

地区 i 产业 j 的区位商 Q_{ij},表示产业 j 在地区 i 和全国该产业中的地位,其计算公式为:

$$Q_{ij} = \frac{e_{ij}}{e_i} \Big/ \frac{E_j}{E} \tag{14.26}$$

式中:e_{ij} 为地区 i 产业 j 的就业人数;e_i 为地区 i 的总就业人数,$e_i = \sum_j e_{ij}$;E_j 为全国产业 j 的总就业人数,$E_j = \sum_i e_{ij}$;E 为全国总就业人数,$E = \sum_j E_j = \sum_i \sum_j e_{ij}$。

假设全国范围内各部门供需平衡,各地区消费水平、消费结构、生产技术、劳动生产率一致,并且各地区根据就近供应的办法进行消费,则 $Q_{ij} > 1$ 的地区,产业 j 的产品量高于全国水平,可输出产品;$Q_{ij} < 1$ 的地区,产业 j 的产品量低于全国水平,需输入产品;$Q_{ij} = 1$ 的地区,产业 j 的产品量供需平衡。根据定义,只要将地区 i 区位商 $Q_{ij} > 1$ 的所有产业就业人数减去其供区内消费部分所需就业人数然后求和,即可得到该地区基础部门的就业人数。

第一,地区 i 用来生产输出 j 产业产品的就业人数为:

$$x_{ij} = (e_{ij}/e_i - E_j/E)e_i = (e_{ij}/E_j - e_i/E)E_j = (1 - 1/Q_{ij})e_{ij} \tag{14.27}$$

第二,基础部门的就业人数为:

$$x_i = \sum_j x_{ij} = \sum_j (1 - 1/Q_{ij})e_{ij} \tag{14.28}$$

第三,地区 i 的经济基础乘数为:

$$m_i = e_i/x_i = e_i/\sum_j (1 - 1/Q_{ij})e_{ij} \tag{14.29}$$

在实际中,计算区位商时上述假设不一定能够得到满足,因此,有必要对区位商按下面情况进行调整:

若全国范围内 j 部门产品供需不平衡,需要进口或出口,记进口量占生产量的比例为进口比例 I_j,出口量占生产量的比例为出口比例 Q_j,那么在有进口时,尽管 $Q_{ij} > 1$,实际上地区 i 仍可能是不输出 j 部门产品的地区,因此 Q_{ij} 应调低,即

$$Q'_{ij} = \frac{e_{ij}}{e_i} \Big| \frac{E_j(1 + I_j)}{E} = \frac{Q_{ij}}{1 + I_j} \tag{14.30}$$

在有出口时,尽管 $Q_{ij} < 1$,地区 i 仍可能输出 j 部门产品,因此 Q_{ij} 应调高,即

$$Q'_{ij} = \frac{e_{ij}}{e_i} \Big| \frac{E_j(1 - Q_j)}{E} = \frac{Q_{ij}}{1 - Q_j} \tag{14.31}$$

若各地区消费结构、消费水平不一致,地区 i 对 j 部门产品的消费高于或低于全国水平的比

例为 H_{ij} 或 L_{ij}，则消费水平较高时 Q_{ij} 应调低，即

$$Q'_{ij} = \frac{e_{ij}}{e_i} \Big/ \frac{E_j(1+H_{ij})}{E} = \frac{Q_{ij}}{1+H_{ij}} \tag{14.32}$$

而消费水平较低时 Q_{ij} 应调高，即

$$Q'_{ij} = \frac{e_{ij}}{e_i} \Big/ \frac{E_j(1-L_{ij})}{E} = \frac{Q_{ij}}{1-L_{ij}} \tag{14.33}$$

若各地区生产技术、劳动生产率不一致，地区 i 在生产过程中对 j 部门产品的消耗高于或低于全国水平的比例为 T_{ij} 或 P_{ij}，那么消耗高时 Q_{ij} 应调低，即

$$Q'_{ij} = \frac{e_{ij}}{e_i} \Big/ \frac{E_j(1+T_{ij})}{E} = \frac{Q_{ij}}{1+T_{ij}} \tag{14.34}$$

而消耗低时 Q_{ij} 应调高，即

$$Q'_{ij} = \frac{e_{ij}}{e_i} \Big/ \frac{E_j(1-P_{ij})}{E} = \frac{Q_{ij}}{1-P_{ij}} \tag{14.35}$$

区位商调整后的经济基础乘数为：

$$m'_i = e_i / \sum_j (1 - 1/Q'_{ij}) e_{ij} \tag{14.36}$$

式(14.36)中，经济基础乘数 m'_i 越小，表示基础部门所占比例越高，相应的经济专业化程度和开放程度越高，一般为较发达的地区；反之，经济基础乘数越大，表示基础部门占的比例越低，相应的经济专业化程度和开放程度越低，一般为欠发达、落后的地区。

14.3.5 区域经济增长因素分析模型

在区域经济活动中，在一定的技术经济条件下，生产要素的投入量 $(x_1, x_2, \cdots, x_n)$ 与区域产出量 Y 之间的函数关系可用下式表示：

$$Y = f(x_1, x_2, \cdots, x_n) \tag{14.37}$$

在区域经济分析中应用较多的是柯布—道格拉斯生产函数（简称柯—道函数）和索洛生产函数（简称索洛函数）。

(1)基于柯—道函数的区域经济增长因素分析

柯—道函数的形式如下：

$$Y = A_0 e^{\lambda t} K^{\alpha} L^{\beta} \tag{14.38}$$

式中：Y 为区域产出量，一般用产出的价值量表示，如工业总产值、地区生产总值等；K 为资本量；L 为劳动量。

Y, K, L 这三个量的数值可以直接从区域统计资料中获取。t 为时间变量，一般以年为单位；λ 为年广义技术进步率；A_0 为基年技术进步水平；α, β 分别为资本弹性系数和劳动弹性系数，都在 $(0,1)$ 间取值，一般二者之和为 1，即 $\alpha+\beta=1$。$A_0, \lambda, \alpha, \beta$ 均为待定系数，可通过时间序列数据经回归分析得到。

柯—道函数是一个非线性函数，可通过两边同取对数对其线性化，即

$$\ln Y = \ln A_0 + \lambda t + \alpha \ln K + \beta \ln L \tag{14.39}$$

现假定区域的资金和劳动投入量与区域的产出量按同等速度增长，即假定 $\alpha + \beta = 1$，则柯—道函数可变为：

$$Y = A_0 e^{\lambda t} K^{\alpha} L^{1-\alpha} \tag{14.40}$$

经变形和两边同时取对数整理可得：

$$\ln(Y/L) = \ln A_0 + \lambda t + \alpha\ln(K/L) \tag{14.41}$$

令 $y = \ln(Y/L)$，$b_0 = \ln A_0$，$x = \ln(K/L)$，则有：

$$y = b_0 + \lambda t + \alpha x \tag{14.42}$$

根据最小二乘法(OLS)，可得到正规化方程组：

$$\begin{cases} \bar{y} = b_0 + \lambda\bar{t} + \alpha\bar{x} \\ l_{tt}\lambda + l_{tx}\alpha = l_{ty} \\ l_{xt}\lambda + l_{xx}a = l_{xy} \end{cases} \tag{14.43}$$

式中：

$$l_{tt} = \sum t^2 - (\sum t)^2/n$$

$$l_{tx} = l_{xt} = \sum tx - (\sum t)(\sum x)/n$$

$$l_{ty} = \sum ty - (\sum t)(\sum y)/n$$

$$l_{xx} = \sum x^2 - (\sum x)^2/n$$

$$l_{xy} = \sum xy - (\sum x)(\sum y)/n$$

下面我们用某区域的具体例子(资料见表14.5)来说明如何求取该区域柯—道函数的各参数，进而了解各投入要素对区域产出的贡献。

表14.5 某区域2009—2018年生产性固定资产投资、职工数和工业总产值情况

年份	t	工业产值（亿元）	固定资产投资（万元）	职工人数（万人）	$\ln(Y/L)$	$\ln(K/L)$	$e^{0.094t}$	$K^{0.315}$	$L^{0.685}$	$\hat{y}^*$
2009	0	153.0	60 643	88.8	9.75	6.53	1	32.11	21.61	140.9
2010	1	176.8	104 860	92.7	9.86	7.03	1.099	38.15	22.26	189.5
2011	2	219.6	127 425	96.3	10.03	7.19	1.207	40.57	22.84	227.0
2012	3	294.6	187 673	98.2	10.31	7.56	1.326	45.83	23.15	285.6
2013	4	342.6	190 950	99.2	10.45	7.56	1.456	46.08	23.31	315.5
2014	5	374.9	210 453	103.2	10.50	7.62	1.600	47.51	23.95	369.6
2015	6	409.5	256 633	105.4	10.57	7.80	1.758	50.57	24.30	438.5
2016	7	493.9	420 748	108.2	10.73	8.27	1.931	59.10	24.74	573.1
2017	8	704.0	511 684	109.4	11.07	8.45	2.121	62.85	24.93	674.6
2018	9	909.7	728 532	110.1	11.32	8.80	2.33	70.25	25.04	832.0
合计					104.59	76.81				4 048.3

根据表14.5的资料可计算出各参数的值，如表14.6所示。

表14.6 某区域柯—道函数各参数的估计值

参数	A_0	λ	α	$1-\alpha$
值	2030	0.094	0.315	0.685

因此,2009—2018 年某区域的柯—道函数为

$$Y = 2030 \cdot e^{0.094t} \cdot K^{0.315} \cdot L^{0.685} \tag{14.44}$$

可以利用该函数求出某区域 2009—2018 年的产出估计值(见表 14.5 的最后一列)。

(2)基于索洛函数的区域经济增长因素分析

索洛函数是在柯—道函数的基础上,以 A_t 表示第 t 年的技术进步,即 $A_t = A_0 e^{\lambda t}$。从而

$$Y = A_t \cdot K^{\alpha} \cdot L^{\beta} \tag{14.45}$$

对上式求偏导,可得:

$$\frac{\partial Y}{\partial A} = t \cdot K^{\alpha} \cdot L^{\beta} \tag{14.46}$$

$$\frac{\partial Y}{\partial K} = \alpha \cdot A_t \cdot K^{\alpha-1} \cdot L^{\beta} \tag{14.47}$$

$$\frac{\partial Y}{\partial L} = \beta \cdot A_t \cdot K^{\alpha} \cdot L^{\beta-1} \tag{14.48}$$

则

$$\frac{\Delta Y}{Y} = \frac{\frac{\partial Y}{\partial A} \cdot \Delta A + \frac{\partial Y}{\partial K} \cdot \Delta K + \frac{\partial Y}{\partial L} \cdot \Delta L}{A_t K^{\alpha} L^{\beta}} = \frac{tK^{\alpha}L^{\beta} \cdot \Delta A + \alpha A_t K^{\alpha-1} L^{\beta} \cdot \Delta K + \beta A_t K^{\alpha} L^{\beta-1} \cdot \Delta L}{A_t K^{\alpha} L^{\beta}} \tag{14.49}$$

即

$$\frac{\Delta Y}{Y} = \frac{\Delta A}{A} + \alpha \cdot \frac{\Delta K}{K} + \beta \cdot \frac{\Delta L}{L} \tag{14.50}$$

这就是索洛经济增长模型的具体形式,其经济含义是:区域产出的增长速度等于区域技术水平增长速度、资本投入增长速度与劳动投入增长速度之和。

利用表 14.5 的数据资料,可以分析技术进步、资本投入和劳动投入对某区域 2009—2018 年产出量增长的影响率、对产出增长速度的贡献率以及对产出增长的绝对影响值。

第一步,计算各已知量的平均增速:

$$\text{总产值 } Y \text{ 的平均增速} \frac{\Delta Y}{Y} = \sqrt[9]{\frac{909.7}{153}} - 1 = 21.9\%$$

$$\text{资本量 } K \text{ 的平均增速} \frac{\Delta K}{K} = \sqrt[728\,532]{60\,643} - 1 = 31.8\%$$

$$\text{劳动量 } L \text{ 的平均增速} \frac{\Delta L}{L} = \sqrt[9]{\frac{110.1}{88.8}} - 1 = 2.4\%$$

第二步,计算各因素对产出增长的影响率:

$$\text{资本对产出增长的影响率} = \alpha \cdot \frac{\Delta K}{K} = 0.315 \times 31.8\% = 10.02\%$$

$$\text{劳动对产出增长的影响率} = \beta \cdot \frac{\Delta L}{L} = 0.685 \times 2.4\% = 1.65\%$$

$$\text{技术进步对产出增长的影响率} = \frac{\Delta Y}{Y} - \alpha \cdot \frac{\Delta K}{K} - \beta \cdot \frac{\Delta L}{L} = 10.24\%$$

第三步,计算各因素对产出增长速度的贡献率,即各因素对产出增长的影响率在产出增长率中所占比重:

$$资本的贡献率 = \alpha \cdot \frac{\Delta K}{K} \Big/ \frac{\Delta Y}{Y} = \frac{10.02}{21.9} \times 100\% = 45.75\%$$

$$劳动的贡献率 = \beta \cdot \frac{\Delta L}{L} \Big/ \frac{\Delta Y}{Y} = \frac{1.64}{21.9} \times 100\% = 7.49\%$$

$$广义技术进步的贡献率 = \left(\frac{\Delta Y}{Y} - \alpha \cdot \frac{\Delta K}{K} - \beta \cdot \frac{\Delta L}{L}\right) \Big/ \frac{\Delta Y}{Y} = \frac{10.24}{21.9} \times 100\% = 46.76\%$$

第四步,对产出增长的绝对影响值进行分析:

$$产出的平均增长量 = \overline{\Delta Y} = (Y_n - Y_0)/n = (909.7 - 153)/9 = 84.08$$

$$资本对产出增长的绝对影响值 = \overline{\Delta Y} \cdot \alpha \frac{\Delta K}{K} \Big/ \frac{\Delta Y}{Y} = 84.08 \times 45.75\% = 38.47$$

$$劳动对产出增长的绝对影响值 = \overline{\Delta Y} \cdot \beta \frac{\Delta L}{L} \Big/ \frac{\Delta Y}{Y} = 84.08 \times 7.49\% = 6.30$$

$$广义技术进步对产出增长的绝对影响值 = \overline{\Delta Y} - \left(\overline{\Delta Y} \cdot \alpha \frac{\Delta K}{K} \Big/ \frac{\Delta Y}{Y} + \overline{\Delta Y} \cdot \beta \frac{\Delta L}{L} \Big/ \frac{\Delta Y}{Y}\right) = 39.31$$

将以上计算结果归总,如表 14.7 所示。

表 14.7　某区域 2009—2018 年经济增长影响因素分析

2009—2018 年	总产值	资金	劳动	广义技术进步
区域平均增长速度(%)	21.9	31.8	2.4	-
各因素对产出增长的影响率(%)	-	10.02	1.65	10.24
各因素在产出增长中的比重(%)	-	45.75	7.49	46.76
各因素对产出增长的绝对影响值(亿元)	84.08	38.47	6.30	39.31

14.3.6　数据包络分析

数据包络分析(data envelopment analysis, DEA)是美国著名运筹学家 A. Charnes, W. W. Cooper 及 E. Rhodes 等人于 1978 年提出的一种系统分析方法。它是以相对效率概念为基础,根据多指标投入和多指标产出对同类型决策单元(decision making units, DMU)进行相对有效性和多目标决策分析的一种新方法。

(1)DEA 方法的基本思路和特点

DEA 方法的基本思路是:判断某个 DMU 是否相对有效,就要看是否有一个虚构的 DMU(一般它是实际观察到的 DMU 的某种组合)比它更"好"(相同产出条件下投入更少和相同投入情况下产出更多)。若有这样的 DMU,则原 DMU 就不是相对有效的,否则,则是相对有效的。DEA 方法有以下特点:第一,DEA 可以处理多输入尤其是多输出决策单元的相对有效性评价问题。DEA 的这一特点对于许多区域评价问题十分有意义。区域评价问题受众多因素影响,这些因素可看成是区域这一复杂系统的输入,而区域评价往往是多目标性的,比如,要兼顾经济、社会、环境等多方面效益的平衡要求,这些目标可当作区域的输出。

第二,DEA 不必事先设定决策单元的具体输入输出函数。这符合许多区域评价问题没有固定模式可循的特点。

第三,DEA 在测定若干决策单元的相对有效性时,注重的是对每一个决策单元进行优化,所得出的相对效率是其最大值,所得出的权重也是最优的。利用这一点,可以为每一个评价区域找出其差距和优化方向。

第四,对于非有效决策单元,DEA 不仅能指出有关指标调整的方向,而且能给出具体的调整量。这一点对于区域政策的制定及改善具有指导意义。

第五,DEA 的有效生产前沿面仅由有效 DMU 组成,因而剔除了非有效决策单元,从而排除了由于统计误差等因素对有效生产前沿面的影响。对于要处理众多统计数据的区域评价问题而言,DEA 无疑可提高评价精度。

(2) DEA 模型

DEA 的模型有很多种,这里仅给出 C^2R 模型和 C^2GS^2 模型两种。

第一,评价规模有效性和技术有效性的 C^2R 模型。

设有 n 个 DMU,每个 DMU 都有 m 种投入和 s 种产出,分别用输入 x_j 和输出 y_j 表示,其中

$$x_j = (x_{1j}, x_{2j}, \cdots, x_{mj})^T \tag{14.51}$$

$$y_j = (y_{1j}, y_{2j}, \cdots, y_{sj})^T \tag{14.52}$$

式中:x_{ij} 为第 j 个 DMU 的第 i 种输入向量;y_{rj} 为第 j 个 DMU 的第 r 种输出向量;$i = 1,2,3,\cdots, m$;$j = 1,2,3,\cdots,n$;$r = 1,2,3,\cdots,s$ 。

依据 DEA 方法的评价思想,可构造线性规划模型:

$$\text{从产出不变投入减少角度构造:}(D)\begin{cases}\min\theta = V_D \\ \sum_{j=1}^{n}\lambda_j x_j + s^- = \theta x_{j_0} \\ \sum_{j=1}^{n}\lambda_j y_j - s^+ = y_{j_0} \\ \lambda_j \geqslant 0,\ j = 1,2,\cdots,n\end{cases} \tag{14.53}$$

$$\text{从投入不变产出增加角度构造:}(D')\begin{cases}\max\alpha = V_D' \\ \sum_{j=1}^{n}\lambda_j x_j + s^- = x_{j_0} \\ \sum_{j=1}^{n}\lambda_j y_j - s^+ = \alpha y_{j_0} \\ \lambda_j \geqslant 0, j = 1,2,\cdots,n\end{cases} \tag{14.54}$$

式中:λ_j 为 n 个 DMU 的某种组合权重;$\sum_{j=1}^{n}\lambda_j x_j$ 和 $\sum_{j=1}^{n}\lambda_j y_j$ 分别为按这种权重组合的虚构 DMU 的投入和产出向量;x_{j_0} 和 y_{j_0} 分别为所评价的第 j_0 个 DMU 的投入和产出向量。

$$s^- = (s_1^-, s_2^-, \cdots, s_m^-)^T \tag{14.55}$$

$$s^+ = (s_1^+, s_2^+, \cdots, s_s^+)^T \tag{14.56}$$

式中:s^-, s^+ 为松他变量向量。

这里不加证明地给出 DEA 有效判定定理:

定理 1 对于线性规划 (D) :若 (D) 的最优值 $V_D = 1$,则第 j_0 个 DMU 为弱 DEA 有效,反之亦然;若 (D) 的最优值 $V_D = 1$,并且它的每个最优解 $\lambda^*, s^{*-}, s^{*+}, \theta^*$ 都有 $s^{*-} = 0, s^{*+} = 0$,则第 j_0 个 DMU 为 DEA 有效,反之亦然。

第二,评价技术有效性的 C^2GS^2 模型:

$$
(D)\begin{cases}
\min\theta = V_D \\
\sum_{j=1}^{n}\lambda_j x_j + s^- = \theta x x_{j_0} \\
\sum_{j=1}^{n}\lambda_j y_j - s^+ = y_{j_0} \\
\sum_{j=1}^{n}\lambda_j = 1 \\
\lambda_j \geqslant 0, j = 1,2,\cdots,n \\
s^+ \geqslant 0, s^- \geqslant 0\text{(每一分量非负)}
\end{cases} \tag{14.57}
$$

式(14.57)所示模型中各符号的含义同前。其判定定理为:

定理 2 设 (D) 的最优解为 $\lambda^*, s^{*-}, s^{*+}, \theta^*$,若 $\theta^* = 1$,则第 j_0 个 DMU 为弱 DEA 有效(C^2GS^2);若 $\theta^* = 1$,且 $s^{*-} = 0, s^{*+} = 0$,则第 j_0 个 DMU 为 DEA 有效(C^2GS^2)。

(3) DEA 方法应用于区域评价问题的思路

这里以区域投资环境评价为例,来说明 DEA 用于区域评价问题的过程。DEA 既可用于特定区域的投资环境评价,也可用于多个区域的投资环境评价。前者是将特定区域不同时段的投资环境状态当成一个 DMU 处理,后者则是将同一时段多个区域的投资环境状态当成 DMU 集合,但二者的评价思路和过程基本一致。

第一,确定评价目标。DEA 的基本功能是进行多个同类样本间的"相对优劣性"的评价。为了正确地选用 DEA 方法,得到科学的评价结论和有用的决策信息,必须针对不同的区域投资环境目标建立相应的输入、输出指标体系和选择适当的 DEA 模型。对于区域投资环境整体系统而言,其投资环境质量好,意味着等量的因素资源(输入)获得较大的投资环境效益(输出)。对于区域投资环境子系统如硬环境中的基础设施而言,是指等量因素(输入)对区域投资环境定量的贡献度(输出)。

第二,选择 DMU,即确定评价参照集。从技术与经验上看,DEA 评价中参照集元素的个数不得少于输入、输出指标总数的 2 倍。为了更好地研究各 DMU 的相对有效性,可以考虑在原样本中加入一些公认"理想"的 DMU,如区域投资环境"样本区"或理论推证得到的理想 DMU。这样可克服 DEA 原样本的某些"表面"有效现象,从而更清楚地分析影响区域投资环境质量的主要因素。

第三,建立输入、输出指标体系。首先,选取输入、输出指标的首要原则是指标应能反映评价目标和评价内容;其次,从技术上应避免指标间的强线性关系,在选取前做筛选工作是必要的。由于在不同的指标体系下 DEA 评价结果可能不同,因此,在应用中应考虑 DEA 评价结果随指标体系的改变而变化的情况以及其中所包含的有价值的信息,找出敏感因子和关键因子,为区域投资环境建设提供依据。

第四,选取 DEA 模型和实施 DEA 评价分析。在区域投资环境评价中,可根据问题的实际背景和评价目的选择合适的 DEA 模型,还可以应用不同的 DEA 模型从不同的角度进行评价,以得出综合结论。评价实施时,首先对区域投资环境进行试探性 DEA 分析,根据所得结论的科学性与合理性决定是否调整指标体系及重选模型。由于区域投资环境评价涉及的因素往往较多,指标体系庞大,应用 DEA 时有一定难度,这就需要对指标进行适当综合。

第五,调整输入、输出指标体系。当对 DEA 评价结果不满意时,就需要调整指标体系,重新求解。反复调整输入、输出指标体系,进行不同的 DEA 分析,对比不同结果,可以观察到哪些指标对 DMU 的有效性有显著影响,这对区域投资环境建设有重要的指导意义。

第六,汇总综合评价结果报告。通过 DEA 评价区域投资环境可得到如下信息:各 DMU 的

DEA 有效性，各 DMU 的相对规模收益情况，相对有效性生产前沿面及各 DMU 在其上的投影，各 DMU 的相对有效性与各输入、输出指标间的关系，不同指标对各 DMU 相对有效性的影响，等等。根据这些信息，结合区域投资环境实际背景状况，汇总成评价结果报告，可以为投资决策提供有用的信息。

14.4 本章小结

区域经济学的哲学基础或哲学意义上的方法论，是最高和最抽象层次的基本方法论，是关于方法论的方法论。区域经济学方法论是对区域经济学进行研究的思维原理和方法，或者说，是区域经济学者从事区域经济理论研究、构建区域经济理论体系的方法。

现代区域经济学研究需要掌握的方法有规范分析和实证分析方法，微观研究与宏观研究方法，静态分析与动态分析方法，均衡分析与非均衡分析方法，定性分析与定量分析方法，边际分析方法，历史分析方法，制度分析方法，结构分析方法等。

区域经济分析的一般过程是从区域某一研究问题出发，界定研究范围和确定研究目标，对区域进行调查研究并收集资料，分析和处理有关数据与资料，建立适用模型，进行模拟运算和仿真试验，对运算和试验结果进行比较和评价，最后形成研究和规划方案。

本书介绍的具体方法有主成分分析方法、锡尔系数方法、层次分析法、经济基础—非基础分析模型方法、区域经济增长因素分析模型方法、数据包络分析方法。其中，主成分分析方法、锡尔系数方法是需要重点掌握的方法，其他方法是需要了解的方法。

复习思考题

1. 现代区域经济学的研究方法包括哪些？
2. 规范分析和实证分析方法的内容各是什么？
3. 静态分析与动态分析方法的内容各是什么？
4. 区域经济分析的方法体系由哪些类型的方法构成？
5. 简述主成分分析方法的主要内容。
6. 如何使用锡尔系数分析区域发展差距？

建议阅读书目

[1] 陈宪：《经济学方法通览》，北京：中国经济出版社 1995 年版。
[2] 任保平：《区域经济理论、方法与政策》，北京：经济科学出版社 2004 年版。
[3] 周起业等：《区域经济学》，北京：中国人民大学出版社 1989 年版。
[4] 陈栋生：《区域经济辞典》，大连：东北财经大学出版社 1992 年版。

15 政策效应评估方法

重点问题

- 区域政策评估方法
- 区域经济政策优化
- 区域经济重大问题

在国家和区域不断出台各类规划、政策,推进经济、社会发展的背景下,如何对其实施效果进行评估,是区域经济领域重要的理论与现实问题,相关的理论和方法也不断涌现。政策效应评估源于政府干预,经过两个世纪的发展,已逐渐成熟并衍生出相应学科,对经济社会发展起到重要的辅助作用,用于评价各项政策的实际效果。政策评估不仅包括重大决策出台前的可行性论证与环境、经济等各方面的风险评估,也包括对政策实施效果和社会影响的评估。对政策效果科学、准确地评估,有助于正确制定、执行和完善政策,提高政策的科学性,从而有助于实现政策运行和决策,更好地配置政策资源,提高政府正确履行职责的能力和水平。

现如今,国内外常用的政策评估方法主要有三大类,分别是准实验、随机受控实验与匹配方法。随机受控实验的结果是最客观可信的,但在实际操作中很难做到控制组完全不受政策影响,且耗费成本较高,不易实现,因此在研究中,准实验和匹配方法更易被接受。

常见的准实验包括工具变量(IV)、断点回归(RD)、双重差分(DID)、合成控制法(SCM)等方法。匹配方法大致可分为协变量匹配(covariant matching,CVM)和倾向得分匹配(propensity score matching,PSM)等。其中,CVM 涉及多个协变量,会导致“维度灾难”、计算过于复杂等问题。如果协变量能使得条件独立假设(conditional independence assumption,CIA)成立,那么倾向得分(propensity score,PS)作为协变量的一个函数,当然也能使得 CIA 成立。通过将协变量中蕴含的信息转移至 PS 中,PSM 可以克服 CVM 的劣势,成功降维,从而在实践中应用更多。

15.1 工具变量法

15.1.1 基本思想与原理

政策的真实影响反映的是一种因果效应而非相关性,而政策评估者在甄别因果效应时常常面临内生性的干扰。考虑如下计量方程:

$$y_i = \beta_0 + \beta_1 Policy_i + X\gamma + \varepsilon_i \tag{15.1}$$

其中,$Policy$ 为政策时点变量,X 为各种控制变量的行向量,ε_i 为误差项。

如果政策本身受到了内生性的干扰,则会导致政策变量与误差项的相关性,即 $cov(Policy_i,\varepsilon_i) \neq 0$,进而导致政策评估者无法得到政策效应系数 β_1 的一致估计量。一般情况下,内生性根源于以下三个方面:一是互为因果,若政策效应的变量本身就作为政策制定者的参考依据,那么,在上述计量方程中,y_i 也将影响着 $Policy_i$;二是遗漏变量,政策评估者无法穷举所有与政策变量相关的控制变量,这一遗漏直接导致了政策变量与误差项的相关性;三是测量误差,任何与政策变量相关的解释变量的测度如果与真实数据存在误差,也将导致内生性问题。

计量学者先后提出了解决或缓解内生性问题的诸多方法,其中,工具变量法因其优越的适用性与有效性被广泛应用。所谓工具变量,即寻找一个外生的变量 z_i,这一变量同时满足两个特性:首先,该变量具有相关性,即与政策变量 $Policy_i$ 相关,其次,还需要满足外生性,即在控制政策变量 $Policy_i$ 后,工具变量不存在影响结果变量的其他途径,有 $cov(z_i,\varepsilon_i) = 0$。通过这样一个工具变量,政策评估者可以将政策变量中与误差项相关的部分进行剔除,从而得到一致的政策效应估计系数。

15.1.2 模型与估计方法

传统的工具变量法一般通过二阶段最小二乘法(2SLS)实现,即通过两步回归完成。

在第一步,用具有内生性的政策变量对工具变量回归,提取回归的政策变量拟合值,以上述计量方程为例,则该拟合值列向量可以表示为:

$$\widehat{Policy} = Z(Z'Z)^{-1}Z'Policy \tag{15.2}$$

式中,Z、$Policy$ 分别为工具变量与政策变量的列向量。

第二步,将被解释变量对第一步中的拟合值回归,得到如下拟合值估计系数:

$$\hat{\beta}_{1\,2SLS} = (\widehat{Policy}'\widehat{Policy})^{-1}\widehat{Policy}'y = \{Policy'Z(Z'Z)^{-1}Z'Policy\}^{-1}\{Policy'Z(Z'Z)^{-1}Z'y\} \tag{15.3}$$

定义投影矩阵 $P_Z = Z(Z'Z)^{-1}Z'$,则可得到

$$\hat{\beta}_{1\,2SLS} = (Policy'P_Z Policy)^{-1}Policy'P_Z y \tag{15.4}$$

容易证明,在工具变量同时满足相关性与外生性的前提下,该估计量即为政策效应的一致估计量。

以上情形仅仅适用于球形扰动项的严格假设,而多数现实情况并非如此。相对于二阶段最小二乘法,广义矩估计方法(generalized method of moments,即 GMM)则成了更为有效的估计方法。GMM 作为一种改进的矩估计方法,其不再基于整个分布的假设,而是通过假设随机变量遵循特定的矩条件展开估计,从而保证了即使存在扰动项自相关与异方差时,该方法仍然是稳健与最优的。某种意义上,GMM 之于 2SLS,正如 GLS 之于 OLS。

考虑到工具变量的相关性与外生性假设直接决定着该方法的有效性,因此在采用工具变量法进行估计时,还需要对工具变量的选取进行诸多检验与论证。对于相关性,如果一个工具变量与内生政策变量仅仅是微弱相关,则会导致最终估计量的渐近方差变得很大。直观上,由于工具变量仅包含很少与内生变量有关的信息,即使在大样本条件下,利用这部分信息得到的估计结果也无法准确,一般地,将这种相关性较弱的工具变量称为“弱工具变量”。关于弱工具变量的检验,一个经验规则是,对于第一阶段回归中“工具变量的回归系数为 0”这一原假设,如果 F 统计量大于 10,则可证明不存在弱工具变量问题,若小于等于 10,则需要寻找相关性更强的工具变量作为替代,或者采用有限信息最大似然估计法替代二阶段最小二乘法进行估计,若存在多个工具变量,则可以使用最小特征值统计量作为参考。而对于外生性,多数情况下计量模型均为恰好识别,即工具变量个数等于内生变量的个数,此时就无法通过统计检验来甄别工具变量的外生性,而往往需要基于经济学理论进行定性讨论分析。

15.1.3 应用案例介绍

基础设施建设既可以促进就业、拉动私人投资、提高区域生产率,也可以增加地区间的人员流动,进而促进知识的传播和溢出,是地方政府刺激区域经济增长的主要政策之一,Agrawal 等(2017)[①]便重点研究了美国 20 世纪 80 年代的道路修建政策对于地区创新的影响。在此研究中,一个关键问题便是要着手解决道路修建与地区创新的内生性问题,考虑到创新水平低下的地区往往伴随着经济衰退的发生,而地方政府可能会通过修建道路的方式应对经济衰退,从而在道路和创新之间产生逆向的负相关关系。在这种情况下,OLS 的估计将低估高速公路对创新的因果影响。

① Agrawal A ,Galasso A ,Oettl A. Roads and Innovation[J]. Review of Economics and Statistics,2017,99(3):417-434.

为解决这一问题,作者除了在计量模型中额外增加了大量与之相关的控制变量以外,还同时采用了三个工具变量进行识别。

一是 1947 年州际公路系统计划,用以衡量 1947 年全国规划的高速公路总公里数。Duranton 和 Turner(2012)利用 1947 年公路规划的数字图像构建了这个变量,计算了每个统计区州际公路的公里数。许多 1947 年规划的高速公路最终都被建成,1983 年州际高速公路里程的对数值与 1947 年规划的高速公路里程的对数值之间的相关性为 0.62。州际公路系统的 1947 年计划的外生性在于它是短期计划,是基于 20 世纪中期的国防需求和经济条件,而这些条件很可能与 20 世纪 80 年代的创新活动不相关。

二是 1898 年的铁路路线。Duranton 和 Turner(2012)通过将路线图转换成数字图像,计算出 1898 年每个统计区的铁路公里数。1983 年州际公路长度的对数与 1898 年铁路长度的对数之间的相关性等于 0.53。Duranton 和 Turner(2012)及 Duranton 等(2014)表明,铁路的发展主要是为了运输谷物、牲畜和木材,这种农业商品的流动不太可能与 20 世纪 80 年代的创新活动有关。此外,铁路通常是由私营公司建造的,这些公司希望在短期和中期获利。

三是 1528—1850 年的主要探险路线,用以衡量通过每个统计区主要的探险路线数量。Duranton & Turner(2012)将记录了 1528—1850 年主要的探险路线地图数字化,计算出每个统计区的主要探险路线数量。探险路线数量与 1983 年州际公路公里数的相关系数为 0.43。这种相关性来源于徒步、骑马或乘马车的好的探险路线很可能就是修建公路的路线。该变量的外生性是基于除了道路的适宜性,探险者对路线的选择与任何影响未来几个世纪地区创新活动的因素无关。探险的目的在于寻找黄金,寻找移民路线或向太平洋扩张美国领土。

该研究发现:首先,一个地区高速公路存量增加 10%,五年期间的区域创新增长就会增加 1.7%;其次,就机制而言,交通基础设施通过降低成本,从而提高从较远地区获取本地知识的能力,促进了本地知识的流动。这表明,即使在缺乏由新工人流入而产生集聚经济的情况下,道路交通也可能刺激区域增长。

15.2 断点回归法

15.2.1 基本思想与原理

断点回归(RD)是一种样本选择和数据生成的机制,通过这种机制构造出一个局部随机试验,可以用来识别自然实验或结构性政策变化附近的局部处理效应,进而得以在反事实下进行因果的推断。

断点回归设计是一种准自然实验,基本思想是存在一个连续变量 X,该变量能决定个体在某一临界点两侧接受政策干预(或说接受处理)的概率,由于 X 在该临界点两侧是连续的,个体针对 X 的取值落入该临界点任意一侧是随机发生的,即不存在人为操控使得个体落入某一侧的概率更大,则在临界值附近构成了一个准自然实验。断点回归就是利用靠近这一断点附近的样本值来有效估计处理效应。断点附近的同质性样本能够提供有效的反事实观察,同时避免样本选择偏差和参数估计内生性的问题,断点回归被广泛运用于社会学、经济学领域中的政策效应评估。

更直接的说法是，处理变量在某一点处出现了一个断点，使得断点左右两侧得到处理的概率不同，从而影响了结果。

断点回归的使用需要两个前提假设：一是断点附近的样本除了需考察的变量以外，其他不含处理效应的控制变量的分布是连续的，不存在断点处的跳跃；二是样本在断点附近的分布是随机的，不存在自选择问题，样本是否接受处理不能由主观操纵。

15.2.2 模型与估计方法

断点回归的基本思想是基于连续变量 X 随机划定组别，因而一般将该连续变量 X 称为分组变量(assignment variable)。

按照在断点处个体得到处理效应概率的变化特征可以分为两种类型：一种类型是精确断点回归设计（sharp regression discontinuity design，SRD），另一种类型是模糊断点回归设计(fuzzy regression discontinuity，FRD)。满足处理条件并不意味着实际受到了处理——当处理条件与实际受到处理的情形一致时，称之为精确断点回归设计(Sharp RD)，否则称之为模糊断点回归设计(Fuzzy RD)。如图 15.1 所示。

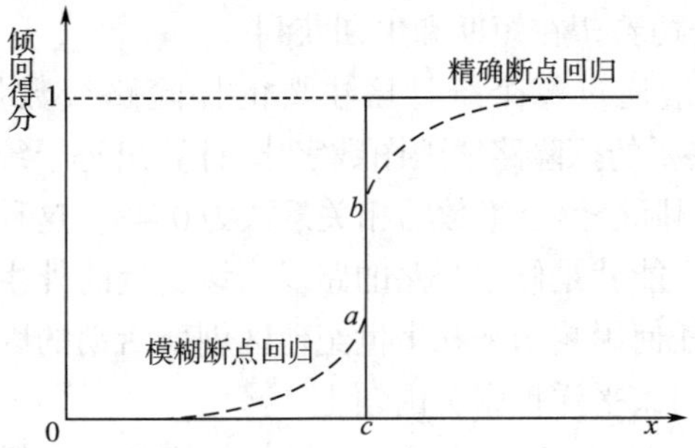

图 15.1　精确断点回归与模糊断点回归

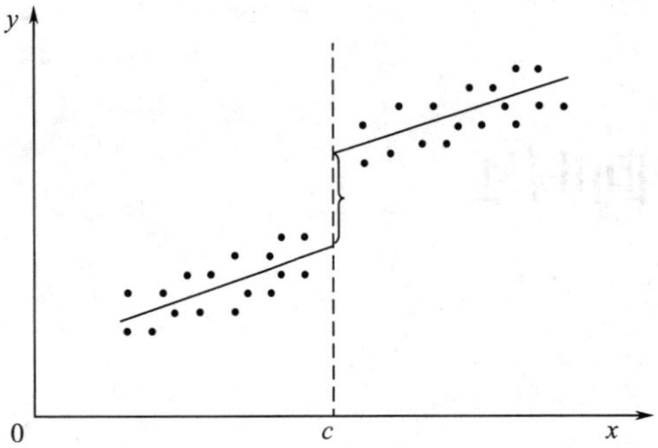

图 15.2　断点回归示意图

(1)精确断点回归设计(SRD)

精确断点回归设计的特征是在断点(也就是上面所说的临界点) $X=c$ 处，个体接受政策干预的概率从 0 跳跃到 1，即处理变量 D 从 0 变为 1。模型设计如下：

一般地，假设断点为常数 c，分组规则为：当 $X_i \geqslant c$ 时，$D_i = 1$；当 $X_i < c$ 时，$D_i = 0$。假设在实验之前，变量 Y_i 与 X_i 之间的线性关系如下：

$$Y_i = \alpha + \beta X_i + \varepsilon_i \quad (i = 1,\cdots,n) \qquad (15.5)$$

假设处理效应为正，则 Y_i 与 X_i 之间的线性关系在 $X_i = c$ 处存在一个向上跳跃的断点，见图 15.2。由于在 $X_i = c$ 附近，个体在各方面均无系统差异，故造成条件期望函数在此跳跃的唯一原因只可能是 D_i 的处理效应。

为了估计此跳跃，将方程改写为下式，对此方程进行 OLS 回归，所得到的估计值就是 $X_i = c$ 处的局部平均效应估计值。

$$Y_i = \alpha + \beta(X_i - c) + \delta D_i + \gamma(X_i - c)D_i + \varepsilon_i \quad (i = 1,\cdots,n) \qquad (15.6)$$

(2)模糊断点回归设计(FRD)

在断点 $X=c$ 处，个体接受政策干预的概率从 a 变为 b，其中 $a \neq b$，$0<a<b<1$，即 $X>c$ 时，处理变量 D 不一定从 0 变为 1，但是得到处理的概率存在不连续的跳跃。

模型设计：一般来说，影响处理变量 X 的其他因素也会影响结果变量 Y，导致在回归方程中处理变量 D 与扰动项 ε 相关，存在内生性问题，OLS 不一致。为在模糊断点的情况下识别平均

处理效应,需要引入以下条件独立假定:

假定:给定 X,则$(Y_1 - Y_0)$独立于 D,由于 $Y = Y_0 + D(Y_1 - Y_0)$,故有下式:

$$\begin{aligned} E(Y|X) &= E(Y_0|X) + E[D(Y_1 - Y_0)|X] \\ &= E(Y_0|X) + E(D|X) \times E[(Y_1 - Y_0)|X] \end{aligned} \tag{15.7}$$

式中,$E(D|X)$为倾向得分,$E[(Y_1 - Y_0)|X]$是平均处理效应。

模糊 RDD 的两阶段步骤,如表 15.1 所示。

表 15.1 模糊断点回归的两阶段步骤

阶段	公式	设定
1	$D_i = \alpha + \beta(X_i - c) + \delta Z_i + \nu_i$	X:运行变量 c:分界线 $Z = \begin{cases} 1, X < 0 \\ 0, X > 0 \end{cases}$
2	$Y_i = \alpha + \beta(X_i - c) + \tau \hat{D}_i + \nu_i$	$\hat{D}_i$(从阶段公式 1 中得出的 D_i 的估计值)

(3)断点回归估计过程和方法

断点回归的估计过程为:

第一步,检验处理变量在断点 c 处是否存在跳跃(散点图+拟合线)。

第二步,平均处理估计效应。使用局部线性回归法,假定在断点邻域中的处理效应为线性,通过在左右两侧邻域分别进行线性回归并比较两侧回归系数差异来进行识别;局部回归检验的一个重要环节在于断点邻域大小的选择,也即 RDD 分析里带宽选择的权衡问题。

第三步,检验控制变量在断点处是否存在跳跃。使用局部平滑性检验,检验除了结果变量以外的所有其他变量在断点附近是否出现跳跃现象;也可以利用图形直接观察,将每一个协变量作为安慰剂结果变量,使用断点回归方法进行检验。

第四步,检验处理变量 D 和结果变量 Y 在断点以外的其他点是否存在跳跃。

第五步,检验结果对不同带宽、不同多项式次数的稳健性。

第六步,检验结果对加入前定变量的稳健性。

断点回归的估计方法:对平均处理效应系数进行估计,分为两种方法:

非参数化方法和参数化方法。非参数化方法主要是指局部线性回归方法(local linear regression),参数化方法主要是指局部多项式回归(local polynomial regression)。

其中带宽就是断点邻域大小的选择,简单理解就是在该领域考察是否存在跳跃。在局部线性回归中,选取合适的带宽是至关重要的,带宽的选择是在准确和偏差之间进行权衡,一般来说,如果带宽选择很大,则可供估计的观察值越多,估计结果更准确,平均处理效应估计值的偏差将越大。

15.2.3 应用案例介绍

断点回归在区域经济学领域中的应用,主要是利用各个地区行政区域划分的特点。贾俊雪等(2021)[①]以重庆升级为中央直辖市为主要考察对象,利用重庆从四川省的分离,研究了政府等级制度内的权力分配对区域经济发展的影响。

具体而言,作者利用空间断点,对比了川渝分离后两侧边界城镇的经济发展情况(用夜间灯光增长强度衡量),并进一步从财政与行政的角度分析了重庆政治等级提升带来的权力变化如何影响经济发展。重庆市在 1997 年脱离四川省升级为中央直辖市,相当于省级城市。重庆政治等级的提高,使其在行政、人事、财政等方面的决策权大幅提升。在重庆政治等级提升时,川渝边界两侧的大多数预处理特征几乎相同。即居住在边界附近的镇具有相似的民族构成、地理条件、文化等特征。在重庆升为直辖市后,川渝边界附近的重庆下属镇经济活动增长明显优于四川的镇。因此,作者将 2013 年的卫星图像与中国行政边界结合起来,获得了 1992—2013 年在川渝边界镇级的灯光强度测量值;然后采用空间断点回归,选择位于重庆与四川边界线两侧的地区作为处理组和对照组,比较了靠近川渝边界的城镇,以灯光强度的变化衡量了重庆政治等级提高对区域经济发展的影响。

该研究发现:第一,增加地方政府的政治等级能够促进区域发展。重庆市从地级市升级为中央直辖市,对自身经济增长有积极影响,使重庆的 GDP 年增长率提高了约 1.8 个百分点,而对四川经济增长没有显著影响;第二,由于靠近北部边界的重庆的城镇比靠近南部边界的重庆的城镇在政治等级和决策权力上有更大的提升,因此,重庆北部边界的城镇经济增长明显高于南部边界的城镇;第三,重庆市的升级减少了行政支出,增加了基建投资,减少了公款挪用,增加了公共产品(地方公路、学校和医院)的供给,改善了商业环境,推动了经济的增长。此文的贡献主要体现在学术贡献和社会价值方面。就学术贡献而言:由于难以衡量分权的非财政因素,以往的研究中大多数集中在财政分权的影响上,而此实证研究利用空间断点回归模型,以重庆升为直辖市为研究对象,从经济、行政等方面对关于区域分权的文献进行了补充。就社会价值而言:此文的研究结果表明,在具有严格政治等级制度国家,赋予地方政府官员权力可以促进区域发展;并且,完善的地方领导人奖惩制度可以限制权力下放所导致的地方腐败。

15.3 双重差分法

15.3.1 基本思想和原理

Heckman 等(1985)最早提出使用双重差分法(DID)对社会公共政策的实施效应进行评估。该方法的基本思想,是根据时间和组别进行两次差分,去除共同体趋势和个体异质性。假定不可观测因素 U_{it} 可分解为 $U_{it}=\varphi_i+\theta_t+\mu_{it}$,其中 φ_i 是个体固定效应,不随时间变化;θ_t 是个体所处的共同环境带来的效应,对于所有个体而言都相同;μ_{it} 是个体时点效应。DID 假定处理组和控制组在研究的区间内具有相同的个体时点效应,也就是说 μ_{it} 相同,因此,通过对截面单位在项目实施前后的结果取差值,就能排除 φ_i、θ_t 的影响。反之,若在政策实施条件下,个体时点效应 μ_{it} 不相同,则 DID 就不再是一致估计量。应用 DID 评估政策效应的一个关键假设是平行趋

① Junxue J, Xuan L, Guangrong M. Political hierarchy and regional economic development: Evidence from a spatial discontinuity in China[J]. Journal of Public Economics, 2021: 194.

势,它只有在处理组与控制组性质非常接近时才是合理的。图 15.3 显示了 DID 方法的基本思想,处理组和控制组趋势相同,δ 就是政策效果。

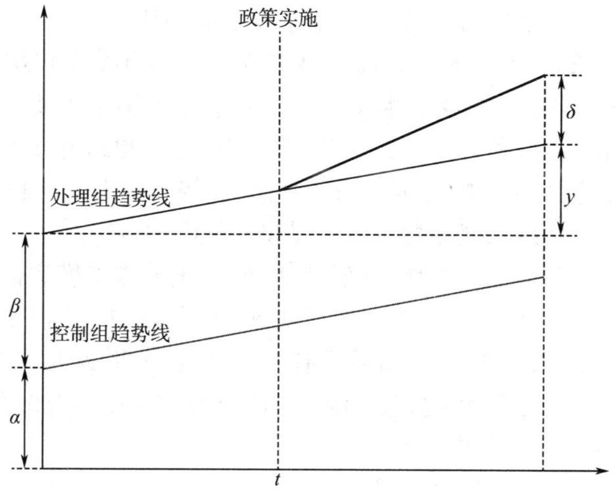

图 15.3　DID 模型的基本思想

15.3.2　模型与估计方法

应用 DID 评估政策效应的基本步骤是,利用面板数据建立双固定效应模型并估计参数,模型的基本形式如下:

$$Y_{it} = \beta_0 + \beta_1 T_i + \beta_2 A_t + \beta_3 T_i A_t + \varepsilon_{it} \tag{15.8}$$

其中,$T_i = 1$ 表示处理组对象,反之则表示控制组对象;$A_t = 1$ 表示政策实施后的区段,反之亦然;$T_i A_t$ 是交互项,其系数 β_3 表示处理组对象在接受政策后结果变量的变动程度,反映了政策变动的效应,是目标变量。参数 β_1 表示没有政策干预时,实验组与控制组的经济行为如何随时间变动,而参数 β_2 则反映处理组和控制组中任何不随时间变动的差异。

检验平行趋势假设除了画图之外,还有就是运用事件分析法检验,通过将模型中 DID 交互项的时间虚拟变量替换为年份虚拟变量,生成一组政策实施的提前期与滞后期变量,进而检验提前期变量的系数是否在统计上显著异于零,同时可以估计动态政策效应。公式如下:

$$Y_{it} = \beta_0 + \sum_{l=-m}^{m} \beta^l A_t \cdot T_i^l + \theta X_{it} + \mu_i + \lambda_t + \varepsilon_{it} \tag{15.9}$$

若政策发生前都不显著,之后显著,则说明政策干预是造成变量 Y_{it} 发生变化的原因。

15.3.3　应用案例介绍

虽然城市密度对集聚经济和经济增长至关重要,但新冠疫情可能改变了家庭对它的偏好。目前的研究表明,在疫情防控期间,出价—租金曲线变得更加平坦,这表明家庭对远离市中心的房地产越来越感兴趣。与对水平价格梯度的影响不同,新冠疫情对城市发展垂直模式的潜在影响很少受到关注。Huang 等(2022)①利用中国最大的在线房地产中介机构提供的单位级住房

① Naqun H, Jindong P, Yanmin Y. JUE Insight: COVID-19 and Household Preference for Urban Density in China. [J]. Journal of urban economics, 2022, 133.

交易数据,分析了疫情对房价以及水平和垂直房价梯度的影响。由于疫情暴发的时间与春节(即中国农历新年)非常接近,作者采用双重差分法来剥离春节的混合影响。该 DID 模型将 2020 年的结果变量与 2019 年同一农历期间的结果变量进行比较。除 DID 外,文章还使用事件研究法来探索新冠疫情的动态影响,并说明疫情暴发前的趋势。

由于新冠疫情暴发(2020 年 1 月 23 日武汉封城)于 2020 年春节(2020 年 1 月 25 日)之前,该文采用双重差分法来消除春节的潜在混淆效应。春节是中国最重要的节日,在春节期间,家庭可能会考虑来年在哪里生活和工作。文章将处理组定义为 2020 年 1 月 1 日至 2020 年 9 月 1 日之间 35 周内(对照组定义为 2019 年同一农历期间,2019 年 1 月 15 日至 2019 年 9 月 16 日之间的 35 周)的公寓交易。两组均涵盖春节前 3 周和春节后 31 周。

该文 DID 方法不同于处理组和对照组经历同时期变化的传统模型设定。由于新冠疫情同时影响着所有城市,很难找到住房市场没有受到疫情影响的城市,于是该文将 2019 年的房地产市场表现作为对照组。隐含的假设是,如果没有发生新冠疫情,2020 年的住房市场表现将与 2019 年相当。尽管如此,该文模型的思想与传统 DID 方法相同,因为识别的是 2019 年和 2020 年春节前后房价(梯度)变化的差异。

该文分析发现,疫情暴发后,房价立即下降了 2%,但到 2020 年 9 月初,房价已恢复到疫情前的水平。医院附近的住宅区、附近有新冠感染确诊病例的小区以及采取严格社交距离政策的城市的房价都出现了更大幅度的下跌。新冠疫情还改变了水平和垂直房价梯度。结果表明,新冠疫情拉平了房价相对于与市中心距离的梯度,因为靠近市中心的公寓价格下降幅度更大。即使控制了水平房价梯度的变化,新冠疫情还影响了人们对于垂直密度(以建筑高度和楼栋内楼层数衡量)的偏好。具体而言,在疫情防控期间,较高住宅楼的公寓价格下跌幅度更大;并且,与同一住宅楼内较低楼层的公寓相比,较高楼层的公寓价格上涨幅度更大。所有这些发现都与新冠疫情降低了家庭对居住在高感染风险地区的偏好的解释一致。

15.4 倾向匹配得分法

15.4.1 基本思想与原理

假设个体 i 中有多个变量影响政策效应,设这些变量的集合是 X_i 并作为匹配变量,目的是使匹配后的对照组和处理组在匹配变量上没有显著区别。再假设处理虚拟变量 G_i,若个体 i 进入处理组,则 $G_i=1$;反之,个体 i 进入对照组,则 $G_i=0$。此时,个体 i 为处理组的条件概率 $p(X_i)=P(G_i=1|X=X_i)$。

该条件概率就是个体 i 的倾向得分。由于被解释变量 G_i 是离散的,且个体 i 只有两种选择,所以在使用数据估计倾向得分时,可以选择 Probit 或 Logit 模型进行估计。

估计出倾向得分后,需要根据某种匹配原则进行匹配。

15.4.2 模型与估计方法

(1)使用条件

其一,样本量尽量大。如果样本太小,会导致处理组许多样本在对照组中找不到能匹配的样本;或者能匹配但是距离很远,也就是对照组的这个样本与处理组的这个样本相对是最匹配的,但是绝对匹配度依然不高。

其二,处理组与对照组的倾向得分有较大共同取值范围,否则会丢失较多样本,导致匹配的样本不具备代表性。

(2)模型设定

对于个体 i,根据是否进行某项处理可以分为两种结果:

$$Y_i = Y_i(D_i) = \begin{cases} Y_{0i}, \text{若 } D_i = 0 \\ Y_{1i}, \text{若 } D_i = 1 \end{cases} \tag{15.10}$$

式中,D_i 表示个体 i 是否进行某项处理,1 表示处理,0 表示未处理;y_{1i} 表示个体进行处理的结果;y_{0i} 表示个体未进行处理的结果。

在给定可观测特征变量 x_i 的情况下,个体 i 进入处理组的条件概率为:

$$p(x_i) = \Pr(D_i = 1 \mid x = x_i) = E(D_i \mid x_i) \tag{15.11}$$

根据上述两式可得参与者的平均处理效应(ATT)为:

$$\begin{aligned} ATT &= E(y_{1i} - y_{0i} \mid D_i = 1) \\ &= E[E(y_{1i} - y_{0i}) \mid D_i = 1, p(x_i)] \\ &= E[E(y_{1i} \mid D_i = 1, p(x_i))] - E\{E[y_{0i} \mid D_i = 0, p(x_i)]\} \end{aligned} \tag{15.12}$$

(3)假设条件

一是共同支撑假设。对于 x_i 的任何可能取值,都有相应的对照组与处理组。

二是平行假设。给定 $p(x_i)$,则 D_i 独立于 x_i。此假定意味着,对于给定的 $p(x_i)$,处理是随机的,即在接受处理之前,处理组和对照组之间没有差异,处理组产生的效应完全来自处理变量。

(4)步骤

第一步:计算倾向值(可以使用 probit 或 logit 模型估计)。一是选择共变量。共变量必须是发生在干预之前的,若是控制发生于干预后的共变量,反而会使得干预效用的估计值产生偏差。发生于干预后的共变量,又往往发生在结果变量之前,称为中介变量或中间结果变量。二是加入中介变量,就无法“干净”地了解干预效用,干预效用可能含有中介变量的影响;真正的干预效用也可能发生在中介变量和结果变量之间。

第二步:选择匹配方法。进行得分匹配有三种方法。一是最邻近匹配(nearest neighbor matching,NNM)(是否使用卡尺 with or without caliper)。以倾向得分为依据,在对照组样本中向前或向后寻找最接近干预组样本得分的对象,并形成配对。二是半径匹配(radius matching)。设定一个常数 r(可理解为区间或范围,一般设定为小于倾向得分标准差的 1/4),将处理组中得分值与对照组得分值的差异在 r 内进行配对。三是核匹配(Kernel Matching)。将干预组样本与由对照组所有样本计算出的一个估计效果进行配对,其中估计效果由处理组个体得分值与对照组所有样本得分值加权平均获得,而权数则由核函数计算得出。

第三步:评定匹配后的平衡性。平衡性检验主要是检验共变量分布的重合程度,共变量分布缺乏重合比缺乏平衡所造成的偏差可能更为严重。检验共变量是否缺乏重合并不容易,理论上说,倾向值既然将共变量总结成一维的值,透过匹配,应该不会有缺乏重合和缺乏平衡的情形,但是我们无从得知干预变量与其他共变量的真实关系。最新是使用贝叶斯非参数回归模型估计倾向值,利用所得倾向值的标准误差来检验缺乏重合的情况。关于缺乏重合的情况,最佳策略还是放弃缺乏重合部分的因果推论,将推论谨慎地局限在重合的部分。

第四步:计算平均干预效果(ATT)。

第五步:计算调整后的干预效果。在 psmatch2 命令运行后,会默认生成样本权重变量_weight,它能够表示某个观测值是否成功匹配以及匹配的重要性程度,因此,可以使用样本权重代入回归方程(在回归命令中加入 [,pw = _weight]),计算调整后的估计系数,与基准回归结果进行比较。

第六步:进行敏感性分析。进行敏感性分析可以确保样本没有选择性偏差的问题,我们虽然无法控制隐藏性偏差对于分析结果的影响,但我们可以探究在无法控制遗漏变量的情况下,分析结果在选择性偏差的合理范围内是否依然稳健有效。这种迂回的分析方式为敏感性分析(sensitivity analysis)。两个受测的个体接触干预的概率不同,即存在隐藏性偏差。隐藏性偏差的特点:无法知道偏差的原因,或者即使知道原因也找不到合适的共变量,导致无法控制。敏感性分析即是探究不同程度的隐藏性偏差对于干预效用造成的决定性影响。

(5)局限

一是 PSM 通常需要较大的样本容量来实现高质量匹配,因此,有时不适用于小样本容量的研究。二是 PSM 要求立足于对照组的倾向得分有较大的共同取值范围,否则会丢失较多的观测值,导致剩下的样本不具有代表性。三是 PSM 不能解决不可观测因素导致的内生性问题。

15.4.3 应用案例介绍

董艳梅和朱英明(2016)①基于新经济地理理论视角,将“高铁建设”因素纳入经济空间组织的研究框架,构建了“高铁建设对地区就业、工资和经济增长影响”的空间经济模型,并把中国大规模的高铁建设看作准自然实验,运用倾向匹配倍差法(PSM-DID),从就业、工资和经济增长的综合视角实证检验了高铁建设对中国经济空间的影响。具体内容是:①对 Redding and Sturm 的多区域空间经济模型进行扩展,构建“高铁建设”影响下的就业、工资和经济增长的多区域空间经济模型。②从 285 个城市中筛选出 153 个城市进行倾向得分匹配(PSM,Propensity Score Matching),找出其中的最佳匹配对象。③利用 PSM-DID 方法对模型假设进行实证分析。④多角度对实证结果进行稳健性检验。⑤根据实证结果得出相应启示。

该文考虑到城市之间异质性很大,很难具备完全一致的时间效应,因此,在做 DID 差分之前,最好先选取一批各方面特征与处理组“尽可能相似”的“非高铁城市”作为匹配组。目前,以 Heckman、Rosenbaum 和 Rubin 为代表的计量经济学家逐渐发展起来的倾向得分匹配法(PSM)可以消除样本选择偏差。其具体步骤为:①计算倾向得分值(pscore)。建立一个回归模型,因变量是一个二元虚拟变量,取 1 为处理组,取 0 为对照组,自变量是评价两组相似度的若干指标,依此计算每个城市成为处理组的概率,即倾向得分(pscore)。②根据计算出的倾向得分值(pscore),对每个确定为处理组的城市 i,从对照组中寻找与其 pscore 最相近的一个城市作为其对照组,其匹配准则为:趋势评分必须满足平衡性。这种平衡性一方面指处理组城市的 pscore 与对应的对照组城市的 pscore 要尽量接近,另一方面指各匹配变量在处理组和对照组之间不存在显著差异。PSM 能解决样本选择偏差问题,但不能避免因变量遗漏产生的内生性问题,而 DID 能通过双重差分很好地解决内生性问题并得出“政策处理效应”,但不能很好地解决样本

① 董艳梅,朱英明. 高铁建设能否重塑中国的经济空间布局:基于就业、工资和经济增长的区域异质性视角[J]. 中国工业经济,2016(10):92-108.

偏差问题,基于此,该文最终采取 PSM 与 DID 相结合的方法,以便能更精准地估计高铁的经济空间重塑效应。

对处理组和对照组进行最近邻倾向匹配后绘制了核密度函数曲线(见图 15.4)。从图 15.4(a)可以看出,在核匹配之前,处理组分布较为松散,而对照组倾向左偏且分布较为集中,两组样本的倾向得分值的概率密度分布存在明显差异,如果不加以匹配,直接比较这两组样本城市之间的差异,必然产生严重的估计偏误。在完成最近邻匹配后,保留下来的两组样本的概率密度分布明显趋于一致,如图 15.4(b)所示,这表明匹配后两组样本城市各方面的特征已非常接近,样本的选择性偏差基本消除。此外,样本平衡性检验结果表明,两组样本之间的数据特征已趋于一致,符合可比性要求。总体上看,两组样本的匹配效果相对比较满意。

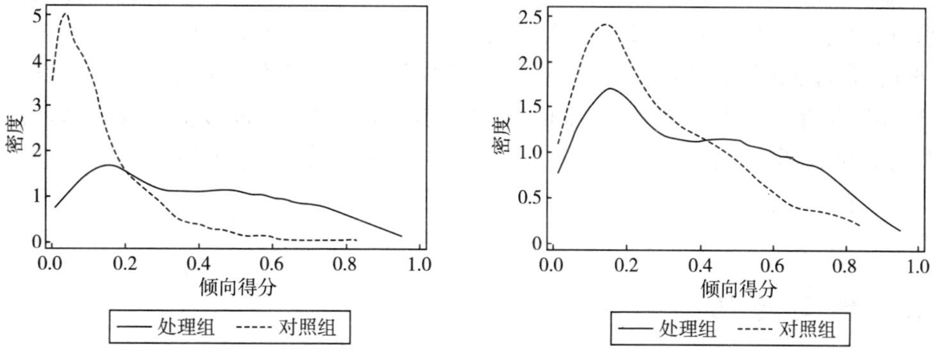

(a)匹配前倾向得分的核密度

(b)匹配后倾向得分的核密度

图 15.4 最近邻倾向匹配前后处理组和对照组倾向得分值的核密度分布对比

该研究结果表明:从全国层面看,高铁建设通过就业,对高铁城市工资和经济增长产生的间接负效应均小于直接正效应,高铁建设对高铁城市的就业、工资和经济增长的总效应显著为正,其弹性系数分别为 0.206 7、0.190 7 和 0.149 1。从分地区和分城市规模相结合的层面看,高铁建设显著提升了东中部大型高铁城市的就业水平,特别是东部大型高铁城市的建筑业及高附加值行业、中部小型高铁城市的制造业及消费性服务业的就业;高铁建设给东部大型高铁城市带来的企业生产率增长效应显著,表现为高铁建设通过就业对该地区的工资和经济增长等间接效应均为正,但对中西部中、小型高铁城市相应的间接效应均为负;总体上看,高铁建设主要扩大了东部大型高铁与非高铁城市的工资差距和东部中型高铁与非高铁城市的经济增长差距。该结果证实了该研究理论推理的正确性,即高铁建设直接或间接地影响了地区就业、工资和经济增长空间,重塑了中国的经济空间,这为各地区进一步借助高铁建设拓展区域发展空间,促进地区就业和经济增长,因地制宜地制定相关政策提供了依据。

15.5 合成控制法

15.5.1 基本思想与原理

合成控制法最初由 Abadie 和 Gardeazabal(2003)提出,是一种用于因果推断的统计方法,主要用于评估政策干预或处理(例如政策改变、技术创新或医疗干预等)的效果。这种方法特别适用于"准实验"设计,即那些不能通过随机分配来确定处理和控制组的情况。合成控制法的基本思想是,通过一个"合成控制组"来近似实验中的控制组。这个合成控制组是通过加权平均多个潜在控制单元(例如其他没有接受干预的地区、企业或个体)来创建的。这样做的目的是,使合成控制组在干预发生之前的观测结果尽可能接近实验组(即接受干预的单元),从而提供一个合适的对照,以评估干预的因果效应。合成控制法和双重差分法既有相似也有不同,二者的相似之处在于都要求面板数据,在时间尺度上需要多期数据;不同之处在于合成控制法只有一个干预组,干预组中只有一个个体被干预。

15.5.2 模型与估计方法

合成控制法假设有 $J+1$ 个观察单元(例如,国家、州、公司等),其中 $j=1$ 是实验组(即接受干预的单元),而 $j=2,\cdots,J$ 是潜在的控制组个体。对于时间点 $t=1,2,\cdots,T$,处理发生前时期 $t=1,2\cdots,T_0$,处理发生后时期 $t=T_0,T_{0+1},\cdots,T$。估计目标为处理发生后被处理个体的处理效应。当 $t>T_0$ 时,处理效应如下式所示:

$$\tau_{it}=Y_{1t}^{I}-Y_{1t}^{N} \tag{15.13}$$

式中,τ_{it} 表示处理效应,Y_{1t}^{I} 和 Y_{1t}^{N} 分别表示处理组的结果、未接受处理组的结果。

"合成控制"即控制组个体的加权平均值。公式如下:

$$\hat{Y}_{1t}^{N}=\sum_{j=2}^{J+1}w_jY_{jt} \tag{15.14}$$

此时,处理效应如下式所示:

$$\hat{\tau}_{it}=Y_{1t}^{I}-\hat{Y}_{1t}^{N} \tag{15.15}$$

对于权重的选择,分为不同控制组个体的权重选择,以及不同变量间的权重选择。对于控制组个体的权重选择,Abadie & Gardeazabal(2003)与 Abadie, Diamond and Hainmueller(2010)建议,所选择的权重应使得合成控制组(即加权平均的潜在控制单元)在干预之前的表现尽可能接近实验组,即找到一个权重向量 $W=(w_2,\cdots,w_{J+1})$,其中 $w_j\geqslant 0$, $w_2+\cdots+w_{J+1}=1$,使下式最小化:

$$\|X_1-X_0W\|=\left(\sum_{h=1}^{k}v_h(X_{h1}-w_2X_{h2}-\cdots-w_{J+1}X_{hJ+1})^2\right)^{\frac{1}{2}} \tag{15.16}$$

对于不同变量间的权重选择,选择 V,最小化该合成控制对 $\widehat{Y_{1t}^{N}}$ 的平均预测误差(MSPE):

$$MSPE=\|X_1-X_0W\|_V=\sqrt{(X_1-X_0W)'V(-W)} \tag{15.17}$$

15.5.3 应用

刘乃全和吴友(2017)①采用合成控制法,研究了中国2010年长三角城市群扩容对整体城市、原位城市和新进城市经济增长的影响。现阶段,长江三角洲城市群(简称长三角)已经成为中国区域经济最具活力、对外开放程度最高、创新能力最强的城市群之一。与此同时,一方面长三角外围城市中刮起了一股“融入长三角”之风;另一方面长三角中心城市却面临着资源匮乏、环境承载力退化、人口集聚过度等问题。长三角过去地域上扩容的经济效果究竟怎样?当前是“停下扩张脚步,谋划内部调整”,还是“继续外向扩展,在扩张中寻求发展”?该文选取1998—2014年中国208个地级市的数据为初始样本,并将2010年长三角扩容后的22个城市设定为处理组,其余186个城市设定为控制组,运用合成控制法等方法,科学检验了长三角扩容影响区域经济增长的作用效果与机制。

考虑到合成控制法仅能对单个分析单元的评估变量进行合成,如果要对多个分析单元进行整体评估,则需要将多个分析单元合并成一个新的分析单元。为了深入评判此次扩容究竟对不同区域经济增长产生何种影响,该文将处理组分为三组:2010年扩容后的22个城市合并成整体城市,长三角原有的16个城市合并成原位城市,新加入的6个城市合并成新进城市。图15.5从左至右分别展示了整体城市、原位城市、新进城市的实际与合成的经济增长路径,其中,实线代表实际经济增长路径,虚线代表合成经济增长路径,垂直虚线代表扩容政策实施的起始年份(2010年)。结果显示,在扩容政策实施年份之前,实际与合成的经济增长路径几乎完全重合,说明合成分析单元较好地拟合了扩容政策实施之前各城市的经济增长路径;而在扩容政策实施之后,整体城市、原位城市和新进城市的实线均在合成虚线之上,说明三大区域的实际经济增长路径均高于其合成的经济增长路径,但是不同区域实际与合成的经济增长态势呈现出差异性。具体来看,对于整体城市而言,2010—2014年,实际经济增长路径缓慢高于合成经济增长路径;对于原位城市而言,2010—2012年,实际与合成的经济增长路径依然高度重合,2013年后才呈现拉大趋势;对于新进城市而言,2010—2014年,实际经济增长与合成经济增长之间的差异快速拉大。由此可见,长三角扩容促进了三大区域的经济增长,且不同区域呈现出差异性。

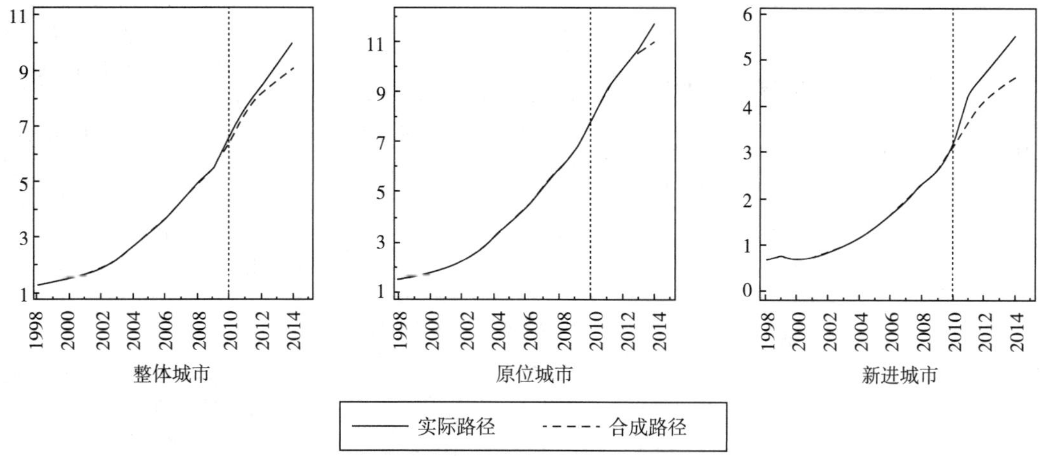

图15.5 三个分析单元实际与合成的经济增长路径对比

① 刘乃全,吴友. 长三角扩容能促进区域经济共同增长吗[J]. 中国工业经济,2017(6):79-97.

为了更具体地观测扩容政策实施对三个分析单元经济增长的影响,该文计算了在扩容政策实施之后,实际与合成的经济增长差异及平均增长率。整体来说,三个分析单元的实际值与合成值之间的差异逐年扩大,如整体城市在2010年实际与合成经济增长的差异仅为1 632元,而在2014年则为9 102元,平均每年增长1 494元,即2010年扩容政策实施促进整个城市平均每年的人均GDP增长了1 494元;同理,受2010年扩容政策的影响,原位城市、新进城市平均每年的人均GDP增长分别达到1 211元、1 611元。

15.6 方法的适用性和优缺点比较

至此,本书介绍了五种最常用的政策效应评估方法,这五种方法模型各有适用条件和优缺点,可总结为表15.2。计量经济学在进行政策效应评估时,一般采用两个思路——工具变量法和虚拟变量法。工具变量法功能强大且简洁明了,但其本身存在的局限性在一定程度上限制了该方法的推广。虚拟变量法以DID为比较对象。其他三种方法与DID之间都存在一定的区别和联系。具体来说:①DID也属于匹配方法。一般的匹配方法直接对潜在结果进行匹配,而DID则是对潜在结果的增量进行匹配。可以将匹配方法同DID模型相结合(如PSM-DID),消除不随时间变化且未观测的混杂因素,以此减轻内生性问题。②断点回归与DID都可以用于一刀切政策,其区别在于DID的目的是比较两组存在差异的群体,而断点回归只能估计断点处的差异,因此断点回归可以使用截面数据而DID则多用面板数据。③合成控制法适用的场景与DID类似,但不同的是,合成控制法要求政策干预在某时刻只影响一个地区或国家,而其他地区或国家在所有时间内都没有受到该政策的影响,而且往往要求结果变量是加总变量(如宏观经济变量)。

表15.2 五种政策评估方法的适用性和优缺点对比

研究方法	适用条件	优点	缺点
工具变量法	•适用于截面数据、面板数据和纵向数据; •工具变量要和内生解释变量相关,但是与扰动项和其他解释变量无关	•在实验个体的处理不符合随机分配的情况下最容易被采用; •可以很好地解决遗漏变量和双向因果问题	•工具变量的选择问题。在政策评估问题中,要找出满足条件的工具变量并不容易。 •如果个体对于政策的反应不同,只有当个体对政策反应的异质性并不影响参与决策时,工具变量才能识别,这是一个很强的假定
断点回归法	•适用于截面数据和纵向数据; •除处理变量以外,其他影响结果的协变量在分界点两侧,不应有明显的断点; •分组变量是连续的	•断点回归类似于随机实验,在随机实验不可得的情况下,断点回归能够避免参数估计的内生性问题,从而真实反映出变量之间的因果关系,因此断点回归因果推断最为清晰,结果最为可信,假设的可检验性也最强	•不能完美模拟随机实验的普遍性;阈值必须是一个真正的随机因素。因此,该方法可适用的范围较小

续表

研究方法	适用条件	优点	缺点
双重差分法	•适用于面板数据或重复截面数据;需要满足平行趋势假设和SUTVA等条件	•控制了未观测的和可观测的不随时间变化特征的异质性,因此不太容易因未测量的混杂因素或测量误差而导致偏差	•数据要求更加苛刻; •个体时点效应未得到控制; •未考虑个体所处的环境对个体的不同影响; •存在溢出效应的风险
倾向得分匹配法	•适用于截面数据和纵向数据; •必须满足很强的假设前提,并且要具有相当的数据量	•不需要对可观测因素的条件均值函数和不可观测因素的概率分布进行假设; •当许多因素与处理相关时,允许进行平衡比较,假定所有因素均已被精确测量,不会有无法测量的混杂因素	•极强的前提假设; •不能为所有的处理组个体找到控制组个体; •数据量要求极大; •结果的稳健性受到多种挑战
合成控制法	•适用于面板数据或者重复截面数据; •要求政策实施前后具有较长的时间跨度	•合成控制法类似于双重差分法,是一种非参数的方法,通过数据驱动对多个控制组备选成员加权来构建实验组的"反事实"值,然后根据实验组数值与"反事实"值的差值估计政策效应。 •双重差分法和合成控制法的区别在于,合成控制法适用于处理组个体较少的政策评估问题。同时合成控制法能较好地解决双重差分法无法克服的由于存在随时间变化的混杂因素而导致的内生性问题	•合成控制法要求进行加总的权重必须保持在0到1之间,因此,如果处理组的特征远远大于或者小于控制组的特征,那么将找不到合适的权重构造处理组的反事实状态,也就无法利用控制组的特征向量的凸组合构建处理组的特征向量

总之,每个政策评估方法都有一定的适用条件,在政策分析的实证研究过程中,应该根据所处的场景判断使用合适的模型,避免由于模型设定错误导致政策评估结果出现偏差。

15.7 本章小结

对区域经济政策实施效果进行评估,是区域经济领域重要的理论与现实问题,相关的理论和方法也不断涌现。现如今,国内外常用的政策评估方法主要有三大类,分别是准实验、随机受控实验与匹配方法。本章对工具变量(IV)、断点回归(RD)、双重差分(DID)、倾向得分匹配(PSM)、合成控制法(SCM)等方法进行了详细的介绍。通过综合对比政策效应评估方法各自的优缺点能够发现,每个政策评估方法都有一定的适用条件,在政策分析的实证研究过程中,应根据所处的场景,判断使用合适的模型。

复习思考题

1. 政策评估的常见研究方法包括哪些?
2. 双重差分方法的假设是什么?
3. 简述断点回归的主要内容。
4. 请分析常见政策评估方法的适用性和优缺点。

建议阅读书目

[1]乔舒亚·安格里斯特,约恩·斯特芬·皮施克:《基本无害的计量经济学》,郎金焕、李井奎译,上海:格致出版社 2012 年版。

[2]乔舒亚·安格里斯特,约恩·斯特芬·皮施克:《精通计量:因果之道》,郎金焕译,上海:格致出版社 2021 年版。

[3]杰弗里·M. 伍德里奇:《计量经济学导论(第四版)》,北京:中国人民大学出版社 2010 年版。

参考文献

[1]阿瑟·格蒂斯,朱迪丝·格蒂斯,杰尔姆·D. 费尔曼. 地理学与生活[M]. 北京:世界图书出版公司,2017.

[2]爱德华·格莱泽. 城市的胜利[M]. 上海:上海社会科学院出版社,2012.

[3]埃德加·M. 胡佛. 区域经济学导论[M]. 北京:商务印书馆,1990.

[4]安虎森. 区域经济学通论[M]. 北京:经济科学出版社,2004.

[5]安虎森等. 新区域经济学[M]. 大连:东北财经大学出版社,2010.

[6]安虎森,孙久文,吴殿廷. 区域经济学[M]. 北京:高等教育出版社,2018.

[7]艾萨德. 区域科学学导论[M]. 北京:高等教育出版社,1991.

[8]保罗·克鲁格曼. 地理与贸易[M]. 北京:北京大学出版社,中国人民大学出版社,2002.

[9]蔡昉,贾朋. 中国地区差距类型变化及其政策含义[J]. 中国工业经济,2022(12).

[10]陈栋生. 区域经济学[M]. 郑州:河南人民出版社,1993.

[11]程必定. 区域经济学[M]. 合肥:安徽人民出版社,1989.

[12]博加特. 城市与郊区经济学[M]. 上海:上海财经大学出版社,2014.

[13]大卫·奈. 百年流水线:一部工业技术进步史[M]. 北京:机械工业出版社,2017.

[14]丁嘉铖,安虎森. 投入产出、资源禀赋与产业空间分布[J]. 经济纵横,2023(6).

[15]董亚宁,顾芸,杨开忠. 市场一体化、比较优势与产业区位[J]. 工业技术经济,2020(3).

[16]董亚宁,杨开忠,顾芸. 创新成本、空间分割与创新增长分异研究:基于空间经济增长理论[J]. 中国软科学,2021(7).

[17]杜肯堂. 区域经济管理学[M]. 北京:高等教育出版社,2004.

[18]樊杰,王亚飞,梁博. 中国区域发展格局演变过程与调控[J]. 地理学报,2019(12).

[19]樊杰,赵艳楠. 面向现代化的中国区域发展格局:科学内涵与战略重点[J]. 经济地理,2021(1).

[20]樊杰,赵鹏军. 周尚意. 人文地理学学科体系与发展战略要点[J]. 地理学报,2021(9).

[21]樊杰,赵浩,郭锐. 我国区域发展差距变化的新趋势与应对策略[J]. 经济地理,2022(1).

[22]范恒山. 中国经济学研究范式的偏差与矫正[J]. 区域经济评论,2020(4).

[23]冯·杜能. 孤立国同农业和国民经济的关系[M]. 吴衡康,译. 北京:商务印书馆,1997.

[24]盖文启. 创新网络[M]. 北京:北京大学出版社,2002.

[25]顾朝林,武廷海,刘宛. 国土空间规划前沿[M]. 北京:商务印书馆,2019.

[26]顾朝林. 中国城镇体系:历史·现状·展望[M]. 北京:商务印书馆,1992.

[27]韩增林,杨荫凯,张文尝,等．交通经济带的基础理论及其生命周期模式研究[J]．地理科学,2000(4).

[28]贺灿飞 等．中国制造业区位、区域差异与产业差异[M]．北京:科学出版社,2010.

[29]贺灿飞．高级经济地理学[M]．北京:商务印书馆,2021.

[30]洪银兴,任保平．新时代中国发展经济学[M]．北京:高等教育出版社,2019.

[31]洪银兴,杨玉珍,王荣．城镇化新阶段:农业转移人口和农民市民化[J]．经济理论与经济管理,2021(1).

[32]洪银兴．中国经济学理论体系的构建和创新[J]．马克思主义理论学科研究,2022(3).

[33]洪银兴,曲福田．可持续发展经济学[M]．北京:商务印书馆,2023.

[34]洪银兴,陈雯．由城镇化转向新型城市化:中国式现代化征程中的探索[J]．经济研究,2023(6).

[35]胡序威．区域与城市研究[M]．北京:科学出版社,1998.

[36]胡兆量．中国区域发展导论[M]．北京:北京大学出版社,1999.

[37]胡兆量,韩茂莉,汪一鸣．中国区域发展导论[M]．北京:北京大学出版社,2019.

[38]黄群慧．新时代中国经济发展的历史性成就与规律性认识[J]．当代中国史研究,2022(5).

[39]金碚．竞争力经济学[M]．广州:广东经济出版社,2003.

[40]简·雅各布斯．城市与国家财富——经济生活的基本原则[M]．金洁,译．北京:中信出版社,2018.

[41]杰弗里·M. 伍德里奇．计量经济学导论[M].4 版．北京:中国人民大学出版社,2010.

[42]克里斯塔勒．德国南部中心地原理[M]．常正文,等译.北京:商务印书馆,1998.

[43]李国平,吴爱芝,孙铁山．中国区域空间结构研究的回顾及展望[J]．经济地理,2012(4).

[44]李国平,孙瑀,朱婷．“十四五”时期优化我国经济空间结构的若干对策建议[J]．改革,2020(8).

[45]李兰冰,刘秉镰．“十四五”时期中国区域经济发展的重大问题展望[J]．管理世界,2020(5).

[46]厉以宁．区域发展新思路[M]．北京:经济日报出版社,2000.

[47]厉以宁,程志强,赵秋运．中国道路与经济高质量发展[M]．北京:商务印书馆,2021.

[48]廖什．经济空间秩序[M]．王守礼,译.北京:商务印书馆,1995.

[49]刘秉镰．中国区域产业经济研究[M]．北京:中国人民大学出版社,2020.

[50]刘贵军．大战略:新时代区域协调发展之路[M]．北京:商务印书馆,2023.

[51]刘玉,冯健．中国经济地理:变化中的区域格局[M]．北京:首都经济贸易大学出版社,2018.

[52]刘再兴．中国生产力总体布局研究[M]．北京:中国物价出版社,1995.

[53]刘再兴．区域经济理论和方法[M]．北京:中国物价出版社,1996.

[54]刘志彪．长三角区域经济一体化[M]．北京:中国人民大学出版社,2010.

[55]柳御林.21 世纪的中国技术创新系统[M]．北京:北京大学出版社,2000.

[56]陆大道．区域发展及其空间结构[M]．北京:科学出版社,1995.

[57]陆大道．建设经济带是经济发展布局的最佳选择:长江经济带经济发展的巨大潜力[J]．地理科学,2014(7).

[58]迈克尔·波特．竞争优势[M]．陈丽芳,译．北京:中信出版社,2014.

[59]迈克尔·波特．国家竞争优势[M]．李明轩,邱如美,译．北京:中信出版社,2012.

[60]米凯莱·阿拉塞维奇,安娜·索奇．不平等简史[M]．上海:上海社会科学院出版社,2018.

[61]纳克斯．不发达国家的资本形成问题[M]．谨斋,译.北京:商务印书馆,1966.

[62]尼尔·史密斯．不平衡发展[M]．北京:商务印书馆,2021.

[63]皮埃尔·菲利普·库姆斯,蒂里·迈耶,雅克·弗朗索瓦·蒂斯．经济地理学:区域和国家一体化[M]．北京:中国人民大学出版社,2020.

[64]钱志新．产业集群的理论与实践基于中国区域经济发展的实证研究[M]．北京:中国财政经济出版社,2004.

[65]乔舒亚·安格里斯特,约恩·斯特芬·皮施克．基本无害的计量经济学[M]．郎金焕,李井奎,译．上海:格致出版社,2012.

[66]乔舒亚·安格里斯特,约恩·斯特芬·皮施克．精通计量:因果之道[M]．郎金焕,译．上海:格致出版社,2021.

[67]任保平．区域经济理论方法与政策[M]．北京:经济科学出版社,2004.

[68]任保平．中国发展经济学自主知识体系的构建[J]．南京大学学报(哲学·人文科学·社会科学),2023(2).

[69]石定寰等．国家创新系统:现状与未来[M]．北京:经济管理出版社,1999.

[70]石敏俊,金凤君,李娜,等．中国地区间经济联系与区域发展驱动力分析[J]．地理学报,2006(6).

[71]石敏俊．区域发展政策模拟[M]．北京:中国人民大学出版社,2016.

[72]宋长青,王翔宇,高培超．区域发展质量评价及驱动力分析[M]．北京:商务印书馆,2023.

[73]孙久文．走向2020年的我国城乡协调发展战略[M]．北京:中国人民大学出版社,2010.

[74]孙久文．中国区域经济发展报告:从不平衡到相对均衡的中国区域经济(2012)[M]．北京:中国人民大学出版社,2013.

[75]孙久文．区域经济学[M]．北京:首都经济贸易大学出版社,2014.

[76]孙久文．区域经济学:21世纪区域经济发展研究[M]．北京:中国人民大学出版社,2016.

[77]孙久文．区域经济前沿:区域协调发展的理论与实践[M]．北京:中国人民大学出版社,2020.

[78]孙久文,叶裕民．区域经济学教程[M]．北京:中国人民大学出版社,2020.

[79]孙久文．中国区域经济学的学科发展与创新[J]．区域经济评论,2021(4).

[80]孙久文．区域规划原理[M]．北京:商务印书馆,2022.

[81]孙久文,蒋治．新发展格局下区域协调发展的战略骨架与路径构想[J]．中共中央党校(国家行政学院)学报,2022(4).

[82]孙久文,席强敏,易淑昶．新型城镇化与区域协调发展[M]．北京:中国人民大学出版社,2023.

[83]孙久文．区域经济规划[M]．北京:商务印书馆,2023.

[84]藤田昌久,鲁格曼,维纳布尔斯,等．空间经济学[M]．梁琦,主译.北京:中国人民大学出版社,2005.

[85]藤田昌久,雅克·弗朗斯瓦·蒂斯．集聚经济学[M]．上海:格致出版社,2015.

[86]王辑慈．创新的空间:企业集群与区域发展[M]．北京:北京大学出版社,2001.

[87]韦伯．工业区位论[M]．李钢剑,等译.北京:商务印书馆,1997.

[88]韦伯．经济与社会[M]．北京:商务印书馆,2004.

[89]魏后凯,白玫,王业强．中国区域经济的微观透析:企业迁移的视角[M]．北京:经济管理出版社,2010.

[90]魏后凯．现代区域经济学[M]．北京:经济管理出版社,2011.

[91]魏后凯,刘长全．中国农村改革的基本脉络、经验与展望[J]．中国农村经济,2019(2).

[92]魏后凯,苑鹏,芦千文．中国农业农村发展研究的历史演变与理论创新[J]．改革,2020(10).

[93]文余源,王芝清,孙久文．区域经济学演进的历史回顾与未来展望[J]．学习与实践,2022(9).

[94]沃尔夫冈·希弗尔布施．铁道之旅:19 世纪空间与时间的工业化[M]．上海:上海人民出版社,2018.

[95]吴殿廷,吴昊．区域发展产业规划[M]．南京:东南大学出版社,2018.

[96]吴殿廷．区域经济学[M]．北京:科学出版社,2019.

[97]吴定海等．城市文明论[M]．北京:商务印书馆,2022.

[98]吴敬琏．制度重于技术[M]．北京:中国发展出版社,2002.

[99]吴磊等．城市规模:基于经济学与地理学的交互研究[J]．城市发展研究,2020(5).

[100]吴学花．中国制造业区域集聚研究[M]．北京:经济科学出版社,2010.

[101]雅各布斯．美国大城市的死与生[M]．北京:译林出版社,2006.

[102]杨凤,秦书生．城市经济带的理论问题[J]．城市问题,2007(5).

[103]杨开忠,董亚宁．中国城镇地域治理体系现代化转型研究[J]．经济纵横,2022(10).

[104]杨云彦．区域经济的结构与变迁[M]．郑州:河南人民出版社,2001.

[105]张敦富．区域经济学原理[M]．北京:中国轻工出版社,1999.

[106]张可云．区域经济政策[M]．北京:商务印书馆,2005.

[107]张可云,李晨．区域派生理论与经验研究进展[J]．经济学动态,2019(12).

[108]张可云,孙鹏．区域经济学的研究逻辑:兼论中国气派的区域经济学构建[J]．北京大学学报(哲学社会科学版),2021(3).

[109]张文忠．经济区位论[M]．北京:商务印书馆,2023.

[110]周诚．土地经济学原理[M]．北京:商务印书馆,2023.

[111]周起业等．区域经济学[M]．北京:中国人民大学出版社,1989.

[112]周玉龙,孙久文．经济带增长理论的宏观框架与微观基础[J]．中州学刊,2015(9).

[113]朱善利．产业组织理论[M]．北京:北京大学出版社,2021.

[114] Adamopoulos, Tasso, et al. Misallocation, selection, and productivity: A quantitative

analysis with panel data from china[J]. Econometrica ,Vol. 90,No. 3 ,2022,pp. 1261-1282.

[115] Ahlfeldt, Gabriel M. , et al. The economics of density: Evidence from the Berlin Wall [J]. Econometrica,Vol. 83,No. 6,2015,pp. 2127-2189.

[116] Asher, Sam, and Paul Novosad. Rural roads and local economic development [J]. American Economic Review,Vol. 110,No. 3,2020,pp. 797-823.

[117]Chen,Ting,et al. Trading Favours through the Revolving Door: Evidence from China's Primary Land Market[J]. The Economic Journal,Vol. 133,No. 649,2023,pp. 70-97.

[118]Diemer,Andreas,and Tanner Regan. No inventor is an island: social connectedness and the geography of knowledge flows in the US[J]. Research Policy,Vol. 51,No. 2,2022,pp. 104416.

[119] Gaduh, Arya, Tadeja Gračner, and Alexander D. Rothenberg. Life in the slow lane: Unintended consequences of public transit in Jakarta[J]. Journal of Urban Economics, Vol. 128, 2022,pp. 103411.

[120]Greenstone,Michael,et al. Can technology solve the principal-agent problem? Evidence from China's war on air pollution[J]. American Economic Review: Insights, Vol. 4, No. 1, 2022, pp. 54-70.

[121]Gu,Yizhen,et al. Home Location Choices and the Gender Commute Gap[J]. Journal of Human Resources,2021.

[122]Imbert,Clement,et al. Migrants and firms: Evidence from china[J]. American Economic Review,Vol. 112,No. 6,2022,pp. 1885-1914.

[123]Li,Jing,Liyao Li,and Shimeng Liu. Attenuation of agglomeration economies: Evidence from the universe of Chinese manufacturing firms[J]. Journal of Urban Economics , Vol. 130, 2022,pp. 103458.

[124] Papageorgiou, Theodore. Occupational matching and cities [J]. American Economic Journal: Macroeconomics,Vol. 14,No. 3,2022,pp. 82-132.

[125]Roca,Jorge De La,and Diego Puga. Learning by working in big cities[J]. The Review of Economic Studies,Vol. 84,No. 1,2017,pp. 106-142.

[126] Sheard, Nicholas. Airports and urban sectoral employment [J]. Journal of Urban Economics,Vol. 80,2014,pp. 133-152.

